La fracture coloniale

Sous la direction de
*Pascal Blanchard, Nicolas Bancel
et Sandrine Lemaire*

La fracture coloniale

La société française au prisme de l'héritage colonial

La Découverte / Poche
9 *bis*, rue Abel-Hovelacque
75013 Paris

Cet ouvrage a été précédemment publié en 2005 aux Éditions La Découverte dans la collection « Cahiers libres ».

Ouvrage publié avec le concours du Fonds d'action et de soutien pour l'intégration et la lutte contre les discriminations (FASILD) et de la Délégation interministérielle à la ville (DIV).

ISBN 10 : 2-7071-4939-X
ISBN 13 : 978-2-7071-4939-8

En hommage à

YVES BÉNOT ET PHILIPPE DEWITTE

deux grands historiens qui auraient trouvé leur place dans cet ouvrage, et qui nous ont quittés en 2005.

Sommaire

Partie II

République, « intégration » et postcolonialisme

Introduction

La fracture coloniale : une crise française

Nicolas Bancel, Pascal Blanchard
et Sandrine Lemaire

« Au commencement est le mépris. »
Paul Valéry, *Orient et Occident. Regards sur le monde actuel*, 1931.

« Je n'ai pas le droit, moi homme de couleur, de souhaiter la cristallisation chez les Blancs d'une culpabilité envers le passé de ma race. Je n'ai pas le droit, moi homme de couleur, de me préoccuper des moyens qui me permettraient de piétiner la fierté de l'ancien maître. Je n'ai ni le droit ni le devoir d'exiger réparation pour mes ancêtres domestiqués [...]. Je ne suis pas esclave de l'esclavage qui déshumanisa mes pères. »
Frantz Fanon, *Peau noire, masques blancs*, 1952.

« Les événements à venir vont déterminer le sort de mon pays, et plus que cela. »
Raymond Aron, discours sur la guerre d'Algérie à Harvard, 12 juin 1958.

Les débats sur le passé colonial de la France ne cessent depuis quelques années d'envahir l'espace public et 2005 a été une année de basculement, faisant passer ce débat du « temps de l'invisibilité » à celui du « grand déballage ». Ce surgissement provient de lieux et de groupes divers : d'associations rassemblant des acteurs liés à l'histoire coloniale (rapatriés, harkis, descendants d'anciens colonisés, anciens combattants de la guerre d'Algérie...) ; de l'État à travers l'édification de « lieux de mémoire » ou le vote de textes de loi organisant la « mémoire officielle » ; de l'univers intellectuel et universitaire avec la publication de nombreux ouvrages et essais [1] ; ou encore des médias, qui rendent compte régulièrement de questions contemporaines liées, directement ou indirectement, à la période coloniale [2].

Cette apparition sur le devant de la scène de la « question coloniale » et de son inévitable corollaire, la question postcoloniale – *via* les débats liés à l'immigration ou concernant le « pré carré africain » de la France [3] –, n'est pas un accident, un hasard, mais bien le symptôme d'un « retour du refoulé » : la longue occultation de ce pan de l'histoire nationale explique le caractère désordonné et compulsif de son dévoilement, qui se déploie aujourd'hui dans la confrontation de mémoires concurrentes, chacune tentant d'imposer sa « part de vérité [4] ». Mais ce ressac va bien au-delà de la

---

1 On peut notamment citer, depuis 2003 : Marc Ferro, *Le Livre noir du colonialisme*, Robert Laffont, Paris, 2003 ; Pascal Blanchard, Nicolas Bancel et Françoise Vergès, *La République coloniale. Essai sur une utopie*, Albin Michel, Paris, 2003 ; Jean-Pierre Dozon, *Frères et sujets. La France et l'Afrique en perspective*, Flammarion, Paris, 2003 ; Gilles Manceron, *Marianne et les colonies. Une introduction à l'histoire coloniale de la France*, La Découverte/Poche, Paris, 2003 ; Olivier Le Cour Grandmaison, *Coloniser, exterminer. Sur la guerre et l'État colonial*, Fayard, Paris, 2005 ; Addellali Hajjat, *Immigration postcoloniale et mémoire*, L'Harmattan, Paris, 2005 ; Patrick Simon et Sylvia Zappi, « La politique républicaine de l'identité », *Mouvements*, mars-avril 2005 ; Patrick Weil et Stéphane Dufoix (dir.), *L'Esclavage, la colonisation, et après...*, PUF, Paris, 2005 ; Dominique Vidal et Karim Bourtel, *Le Mal-être arabe. Enfants de la colonisation*, Agone, Paris, 2005 ; Jean-Pierre Rioux, *La France perd la mémoire*, Perrin, Paris, 2006 ; René Rémond, *Quand l'État se mêle de l'histoire*, Stock, Paris, 2006 ; Françoise Vergès, *La Mémoire enchaînée. Questions sur l'esclavage*, Albin Michel, Paris, 2006 ; Jean-Paul Gourévitch, *La France et l'Afrique*, Acropole, Paris, 2006 ; Géraldine Faes et Stephen Smith, *Noir et Français !*, Panama, Paris, 2006 ; Aimé Césaire et Françoise Vergès, *Nègre je suis, nègre je resterai*, Albin Michel, Paris, 2006.

2 On en voudra pour indice la floraison de numéros spéciaux de revues et d'émissions de télévision sur la question. Par exemple, le dossier « Le trou de mémoire » proposé par la revue de la LDH *Hommes & Libertés* au cours de l'été 2005 ; le dossier « Repenser le passé colonial » proposé par la FSU dans sa revue *Nouveaux Regards* (n° 30, juillet-septembre 2005), le dossier du *Nouvel Observateur*, « La vérité sur la colonisation », du 8 au 14 décembre 2005 ; le dossier spécial, en septembre 2005, de la revue *Histoire & Patrimoine* sous le titre « France coloniale, deux siècles d'histoire » ; le dossier de la revue *Hérodote* sur « La question postcoloniale » pour ses trente ans en 2006 ; le « numéro spécial » au mois d'octobre 2005 de la revue *L'Histoire*, sous le titre « La colonisation en procès » ; le dossier hors série du *Monde 2*, en mai 2006, sous le titre « Colonies, un débat français » ; sans oublier l'ensemble des revues de sciences humaines qui, comme *Le Débat* avec Olivier Pétré-Grenouilleau ou *Cités* avec le dossier dirigé par Silyane Larcher, se sont emparées du sujet depuis janvier 2005.

3 François-Xavier Verschave, *La Françafrique. Le plus long scandale de la République*, Stock, Paris, 1998 ; Stephen Smith et Antoine Glaser, *Comment la France a perdu l'Afrique*, Calmann-Lévy, Paris, 2005.

4 Voir Jean-Michel Chaumont, *La Concurrence des victimes*, La Découverte, Paris, 1997.

concurrence des mémoires : l'histoire coloniale et les mémoires qui socialement la construisent touchent la France dans sa propre identité collective, remettant en question les manières dont est représentée notre histoire nationale[5] ; mais aussi, en partie, la mythologie de la supposée spécificité du « génie français », composé de valeurs révolutionnaires et de mission universelle, de droiture républicaine et de tolérance indifférenciée à l'Autre, de « mission civilisatrice » et de peur de la différence. Le sentiment est partagé, aujourd'hui, que la question coloniale fait vaciller cet édifice[6], dont les potentialités émancipatrices réelles sont contredites par les situations coloniales et certaines situations postcoloniales.

Inéluctablement, cinquante ans après le début de la guerre d'Algérie et la « perte » de l'Indochine française, une page se tourne, et le bouillonnement actuel autour des questions coloniales et postcoloniales est symptomatique de la recherche désordonnée de solutions pour affronter certaines formes de la crise que traverse la France[7]. Car il est aujourd'hui devenu difficile d'ignorer la « postcolonialité », tant elle porte des tensions extraordinairement fortes : l'extension, dans les quartiers, de la comparaison entre les situations de relégation (sociale, économique, culturelle, éducative, religieuse...) et la situation coloniale ; la législation sur la bonne manière de construire et de transmettre le « bilan globalement positif » de la colonisation ; les revendications mémorielles des « enfants de la colonisation » dans un contexte de « reprise en main » de l'histoire coloniale ; la montée du « sentiment d'insécurité » face aux immigrations postcoloniales et l'incompréhension des élites républicaines devant les identités « hors normes » qualifiées de « communautaristes » ; les dénonciations médiatiques d'un « racisme antiblanc » au moment même où nous assistons à une crispation du modèle d'« intégration à la française » et où l'on dénonce, sur le ton de l'ironie, une « équipe black-black-black » ; les phobies anti-islam exprimées lors du débat sur le voile[8] ; le rejet de la France en Afrique francophone et les

5 Jean-Pierre Rioux, *La France perd la mémoire*, Perrin, Paris, 2006.

6 Voir, en premier lieu, Pierre-André Taguieff, *La République enlisée*, Éditions des Syrtes, Paris, 2005, et, dans le même mouvement, Alain-Gérard Slama, *Le Siècle de Monsieur Pétain*, Perrin, Paris, 2005 ; Max Gallo, *Fier d'être français*, Fayard, Paris, 2006, et Paul-François Paoli, *Nous ne sommes pas coupables*, La Table ronde, Paris, 2006.

7 Voir Benjamin Stora, *Le Transfert d'une mémoire. De l'« Algérie française » au racisme anti-arabe*, La Découverte, Paris, 1999.

8 Voir Saïd Bouamama, *L'Affaire du foulard islamique. La production d'un racisme respectable*, Geai Bleu éditions, Roubaix, 2004.

politiques de la francophonie[9]... Autant de signes qui font de la *fracture coloniale* une réalité multiforme impossible à ignorer.

Le refus d'intégrer le passé colonial

Comme le demande dans ce livre Achille Mbembe : « Pourquoi, en ce siècle dit de l'unification du monde sous l'emprise de la globalisation des marchés financiers, des flux culturels et du brassage des populations, la France s'obstine-t-elle à ne pas penser de manière critique la postcolonie, c'est-à-dire, en dernière analyse, l'histoire de sa présence au monde et l'histoire de la présence du monde en son sein aussi bien avant, pendant, qu'après l'Empire colonial[10] ? » En effet, comment apprécier, sans référence à la colonisation et à ses prolongements, le poids des discriminations spécifiques qui touchent, en priorité, les immigrés issus de l'ex-Empire et leurs descendants[11] ? Comment apprécier la persistance des représentations coloniales portant sur les populations de l'ex-Empire après quarante années d'occultation du passé colonial ? Comment expliquer les tensions intercommunautaires, les cristallisations identitaires, les rétractions sur les « quartiers » ? Comment comprendre les passions déclenchées autour des mémoires coloniales ? Comment saisir la forme (et les faiblesses) des relations internationales de la France postcoloniale ? Comment comprendre les enjeux actuels de son système d'intégration et l'appel à la « discrimination positive » comme dernier recours[12] ?

Ces questions, et d'autres, appellent à une réflexion dans la longue durée, pour comprendre la généalogie de phénomènes qui restent, trop souvent, pensés dans leur immédiateté. La conjonction des ressacs des mémoires coloniales ouvre la possibilité que soit entrepris un vaste travail d'analyse des histoires coloniale et postcoloniale, dont les enjeux dépassent de loin, on l'aura compris, le travail des historiens. Nous croyons

---

9 Voir Antoine RAYBAUD, « Deuil sans travail, travail sans deuil : la France a-t-elle une mémoire coloniale ? », *Postcolonialisme. Décentrement, déplacement, dissémination*, *Dédale*, n° 5/6, avril 1997. L'auteur y qualifie la francophonie de « simulacre d'hégémonie de la *puissance* française », « le lieu de tous les malentendus et de tous les contentieux entre la France et ses anciennes colonies, dont elle n'a pas pu ou voulu se débarrasser ».

10 Voir *infra*, chapitre 12.

11 Voir Herman LEBOVICS, *Bringing the Empire Back Home*, Duke University Press, Londres, 2003.

12 Voir Gwénaëlle CALVES, « Les politiques françaises de discrimination positive : trois spécificités », *Pouvoirs*, n° 111, 2004 ; et Yazid et Yacine SABEG, *Discrimination positive. Pourquoi la France ne peut y échapper*, Calmann-Lévy, Paris, 2004.

indispensable – et c'est l'objet de ce livre – de proposer une réflexion large sur les situations contemporaines qui gravitent autour de ce point focal de notre histoire contemporaine, afin de mieux définir ce qui tisse la trame de fond de la fracture coloniale.

L'idée de cet ouvrage remonte à 2003, lors de l'élaboration d'une enquête menée à Toulouse, portant sur les mémoires coloniales et de l'immigration [13]. Ses résultats témoignent de manière incontestable de la vivacité des mémoires coloniales, des reconstructions mémorielles à l'œuvre, mais aussi d'une inquiétante tendance à l'« ethnicisation des rapports sociaux » fondée sur la persistance de représentations d'origine coloniale. Précisons immédiatement que nous n'entendons aucunement réduire l'éclairage de la société française contemporaine aux seules lumières des articulations colonisation/postcolonie – les nier reviendrait, à l'inverse, à s'interdire d'en saisir des dimensions essentielles [14] –, ni d'ailleurs invoquer à ce propos un héritage linéaire, une reproduction à l'identique des pratiques du passé : penser la postcolonie, c'est nécessairement comprendre comment les phénomènes engendrés par le fait colonial se sont poursuivis, mais aussi métissés, transformés, résorbés, reconfigurés… C'est accepter que, pour comprendre la France du XXIe siècle et ses crises, il est tout simplement indispensable de tenir compte, lucidement et sans passion de ces facteurs. À l'inverse, ériger une pensée non systémique sur la postcolonialité nécessite aussi de ne plus assigner aux phénomènes qui lui sont liés une interprétation monolithique, tels, par exemple, les effets des rapports sociaux inégalitaires propres à toute société capitaliste. On remarquera que cet ouvrage met l'accent sur les effets culturels de la postcolonialité, précisément parce ces phénomènes ont été jusqu'alors très peu envisagés. Cet accent sur le culturel n'obère pas le fait que ce choix appelle de nouvelles analyses dans lesquelles pourraient se combiner dimensions culturelles, sociales et économiques.

Définir la fracture coloniale dans toutes ses dimensions n'est pas chose aisée, nous l'avons vu au prisme des réactions nombreuses à la sortie de ce livre. Ce concept voudrait à la fois signifier la tension et les effets de la postcolonialité : il recouvre des réalités multiples et des situations hétérogènes, dans la mesure où ces réalités et ces situations peuvent être éclairées, en partie, par des processus de longue durée, reliés à la situation coloniale. Il ne faut donc pas chercher de cohérence systématique dans les effets de cette

---

13 Voir *infra*, chapitre 23, une synthèse des résultats de cette enquête (et une présentation plus détaillée en annexe, p. 263).

14 Voir Achille MBEMBE, *De la postcolonie. Essai sur l'imagination politique dans l'Afrique contemporaine*, Karthala, Paris, 2000.

fracture : elle affecte différemment des champs divers, qui ne sont pas nécessairement liés. Chacun des contributeurs de cet ouvrage tente d'en appréhender une facette, une conséquence, une partie, une dimension mythologique… Chacun en fixe (ou cherche à fixer) les limites ou les extensions. Approche non systémique, donc.

Certains lecteurs trouveront la démarche trop audacieuse, peut-être provocatrice, éventuellement dangereuse (cela ne risque-t-il pas de déstabiliser les valeurs qui fondent le « vivre ensemble » ?) [15]. En réalité, l'audace est très relative et, à la vérité, nous n'inventons rien. Depuis plus de deux décennies, la littérature scientifique de langue anglaise [16], dans les *postcolonial studies*, les *subaltern studies* mais aussi certains aspects des *french studies*, ont fait de la question postcoloniale (*postcolonial theory* [17]) un champ historique pleinement légitime. Même si, aujourd'hui, le terme « postcolonial » est surabondamment repris dans cette littérature, au point qu'il est difficile de donner une définition précise de ce qu'il recouvre, les *postcolonial studies* ouvrent un champ où sont pensées les articulations colonisation/postcolonie dans les pays ex-colonisés tout autant que dans les ex-métropoles [18].

Une littérature récente a d'ailleurs montré que la colonisation a imprégné en profondeur les sociétés des métropoles colonisatrices, à la fois dans la culture populaire et savante (ce que l'on nommera ici une *culture coloniale* [19]), dans les discours et la culture politique, le droit ou les formes de gouvernance. Il est par ailleurs légitime d'excéder les chronologies politiques qui rythment notre appréhension de la période coloniale : il serait trop simple de croire que les effets de la colonisation ont pu être abolis en

---

15 C'est notamment, à différents degrés d'analyses, ce qu'affirment Max GALLO, Paul-François PAOLI, Claude LIAUZU ou Daniel LEFEUVRE, dans un prochain livre, *Pour en finir avec la repentance coloniale*, Flammarion, Paris, 2006.

16 Herman LEBOVICS, *La Vraie France : les enjeux de l'identité culturelle, 1900-1945*, Belin, Paris, 1995 ; Edward W. SAÏD, *Culture et Impérialisme*, Fayard/*Le Monde diplomatique*, Paris, 2000.

17 Moore BART GILBERT, *Postcolonial Theory. Contexts, Practices, Politics*, Verso, Londres/New York, 1997.

18 En France, dès 1997, un numéro de la revue *Dédale* dirigé par Abdelwahab Meddeb (*Postcolonialisme. Décentrement, déplacement, dissémination*, n° 5/6, avril 1997) avait ouvert le débat, avec des contributions de Sami Naïr, Emmanuel Terray, Salman Rushdie, Tzvetan Todorov, Mahmoud Hussein, Édouard Glissant, Jean-Hubert Martin… La même année, on peut aussi signaler la très bonne synthèse, alors passée inaperçue en France, d'Alec G. HARGREAVES et Mark MCKINNEY, *Postcolonial Cultures in France*, Routledge, Londres/New York, 1997.

19 Pascal BLANCHARD et Sandrine LEMAIRE (dir.), *Culture coloniale (1871-1931)*, Autrement, Paris, 2003 ; Pascal BLANCHARD et Sandrine LEMAIRE (dir.), *Culture impériale (1931-1961)*, Autrement, Paris, 2004 ; et Pascal BLANCHARD et Nicolas BANCEL (dir.), *Culture postcoloniale (1961-2006)*, Autrement, Paris, 2006.

1962, après la fin de la guerre d'Algérie marquant celle de l'Empire français. Dans tous les domaines que l'on vient d'évoquer – représentations de l'Autre, culture politique, relations intercommunautaires, relations internationales, politique d'immigration, imaginaire... –, ces effets se font toujours sentir aujourd'hui [20].

De surcroît, la situation de la France vis-à-vis de son passé colonial est singulière. En effet, toutes les autres métropoles coloniales européennes ont envisagé et mis en œuvre des programmes (recherche, enseignement, lieux de mémoires...) liés à cette histoire des Empires, dans une optique visant à dépasser le double simplisme de l'anticolonialisme et de l'hagiographie. D'autres ont décidé de développer l'enseignement de ces questions [21] ou ont tout simplement « banalisé » la question coloniale en l'intégrant – voire en la noyant, comme en Italie – dans les registres de l'histoire nationale. La France, *a contrario*, est pratiquement le seul pays européen à s'être délibérément rangé du côté d'une « nostalgie coloniale » et de l'oubli institutionnalisé jusqu'aux années 1990, tentant de dissocier histoire coloniale et histoire nationale. La seule situation comparable peut être trouvée au Japon – et, à un moindre niveau, dans le « royaume de Belgique » (lequel, avec une exposition sur « La mémoire du Congo » au Musée royal de l'Afrique centrale de Tervuren début 2005, a toutefois initié une réflexion longtemps demeurée taboue sur son passé colonial).

Cette persistance du *déni*, en France, n'est pas sans conséquences. Elle rend possible et attise la concurrence des mémoires [22], renforce le sentiment d'une partie de la population – et en particulier les Français descendants des immigrés postcoloniaux – que son histoire est niée ; et elle favorise l'aveuglement sur les politiques néocoloniales menées en Afrique.

---

20 De même, on pourra s'interroger sur la périodisation choisie (colonial/postcolonial), puisque des phénomènes « postcoloniaux » s'enracinent généalogiquement dans une durée plus longue que la période coloniale moderne, comme c'est le cas, par exemple, de l'histoire des représentations de l'Autre. On se reportera, par exemple, aux difficultés de situer chronologiquement le phénomène des zoos humains, qui semblent s'être déployés *avant* la grande poussée impériale. *Cf.* Nicolas BANCEL, Pascal BLANCHARD, Gilles BOËTSCH, Éric DEROO et Sandrine LEMAIRE (dir.), *Zoos Humains. Au temps des exhibitions humaines*, La Découverte, Paris, 2005.

21 Avant la rentrée 2004-2005, l'OFSTED (qui a en charge les manuels scolaires, les programmes et directives pour le monde scolaire en Grande-Bretagne) a considéré que le temps imparti à la « question impériale », déjà conséquent, devait être augmenté. C'est là un exemple, parmi beaucoup d'autres, de la situation spécifique de la France face à son passé colonial.

22 Enzo TRAVERSO, *Le Passé, mode d'emploi. Histoire, mémoire, politique*, La Fabrique Éditions, Paris, 2005, et Claire ANDRIEU et Danièle TARTAKOWSKY (dir.), *Politique du passé*, Publications de l'université de Provence, Aix-en-Provence, 2006.

Une polémique récente nous semble révélatrice du blocage des élites, y compris pour leurs plus éminents chercheurs : celle nouée autour de la publication aux Éditions du Seuil, en avril 2005, de la traduction d'un pamphlet de l'historien (et militant trotskyste) britannique Perry Anderson [23], que son éditeur français a jugé nécessaire de compléter par un « dialogue » avec l'historien Pierre Nora, membre de l'Académie française et éditeur, chez Gallimard, de la monumentale œuvre collective consacrée aux *Lieux de mémoire* de la France (en sept volumes, comportant cent trente-trois articles, publiés de 1984 à 1993). Le premier reproche (notamment) au second la faible place consacrée dans ces *Lieux de mémoire* à la question coloniale, à l'exception d'un unique article sur l'Exposition coloniale de 1931 (par Charles-Robert Ageron), aux conclusions plus que problématiques.

La réponse de Pierre Nora est, à notre sens, révélatrice de la place ambiguë de la question coloniale dans les représentations d'une partie des historiens et intellectuels français. Ainsi, à l'interrogation de Perry Anderson de savoir si la guerre d'Algérie n'aurait pas dû être évoquée dans les *Lieux de mémoire*, Pierre Nora rétorque que l'événement aurait par trop caractérisé l'entreprise coloniale tout entière ; autrement dit, autant n'évoquer aucun événement. Deuxième argument : « Le deuil colonial, voilà ce qui me paraissait le vrai "lieu de mémoire". » Enfin, troisième argument, le manque de temps : « Quand on a soixante-dix auteurs à "éditer" en même temps et derrière soixante-dix autres, des dates impératives de sortie, il y a des sacrifices qu'il faut consentir. »

Et ces « sacrifices » sont nombreux. Pour n'en citer que quelques-uns, qui sont autant de « lieux » et de moments essentiels, mais largement occultés, de la mémoire française : la conquête de l'Algérie en 1830, la retraite de Fachoda en 1898, la mission Voulet-Chanoine en 1899, l'Exposition coloniale de Marseille en 1922, la Croisière noire en 1925, le Centenaire de la conquête de l'Algérie et les événements du Yen Baï en 1930, les huit cents films coloniaux de 1912 à 1961, les massacres de mai-juin 1945 dans le Nord-Constantinois, la tuerie du camp Thiaroye (Sénégal) en décembre 1945, le bombardement meurtrier de Haiphong en 1946, les dizaines de milliers de morts à Madagascar en 1947 [24], la défaite de Diên Biên Phu en 1954, la répression sanguinaire du 17 octobre 1961 à Paris, le retour des pieds-noirs en 1961-1962... Dans le travail essentiel et fondateur que représentent les *Lieux de mémoire*, et malgré les explications avancées

23 Perry ANDERSON, *La Pensée tiède. Un regard critique sur la culture française* (suivi de « La pensée réchauffée », réponse de Pierre Nora), Seuil, Paris, 2005.

24 Voir Yves BÉNOT, *Massacres coloniaux. 1944-1950 : la IVe République et la mise au pas des colonies françaises*, La Découverte, Paris, 1994.

par leur maître d'œuvre, on ne peut donc que constater que la « part coloniale » de l'histoire de la France est minorée, presque oubliée [25].

Cet exemple fournit une assez bonne illustration de cet oubli, où une partie des historiens ont préféré favoriser le « deuil » à l'histoire [26]. Le grand orientaliste Jacques Berque pensait que la France avait voulu oublier une « déception », car « l'hypothèse coloniale se révèle avoir été stérile à terme et tout aussi gaspilleuse des facultés du colonisateur que de l'existence du colonisé [27] » – et de rappeler que « la colonisation a faussé l'histoire », telle que l'on souhaitait qu'elle soit et non telle qu'elle fut. La première assertion paraît juste, la seconde doit être liée à une certaine conception de la nation, qui ne peut souffrir d'impasses historiques. La conséquence de ces conceptions est en tout cas que les mémoires coloniales sont devenues illégitimes et mutilées, alors que l'histoire nationale a été largement amputée de son versant colonial.

Les ressacs de la colonisation

Dans un tel contexte, on assiste en France, depuis le début des années 2000 et notamment au cours de l'année 2005, à l'émergence d'une véritable « politique de la mémoire [28] », qui se déploie selon deux axes : l'édification d'espaces dédiés à la mémoire coloniale ; et des déclarations officielles et des textes de loi qui tendent à produire une vision normative de l'histoire coloniale.

Les lieux, tout d'abord. Des musées et mémoriaux vont être consacrés à cette histoire : un Musée d'histoire de la France en Algérie (1830-1962) est prévu à Montpellier, sous la conduite des historiens Daniel Lefeuvre et Jacques Frémaux et sous la tutelle de Georges Frêche dont les déclarations polémiques liées à ce passé ont poussé le Parti socialiste à prendre des mesures disciplinaires à son rencontre en mai 2006 ; un autre doit être dédié

---

25 Il faut cependant reconnaître à Pierre Nora le grand mérite d'avoir très sensiblement évolué sur cette question au cours des débats des années 2005-2006, en reconnaissant que l'histoire coloniale et de l'esclavage avait été minorée et en analysant lucidement les rapports entre écriture de l'histoire et construction du « récit national ». Voir son interview dans *Le Monde 2* de mars 2006.

26 *A contrario*, on peut citer Fernand Braudel qui, dans *L'Identité de la France* (Flammarion, Paris, 1986), évoquait la question contemporaine de l'immigration en France comme une « sorte de problème colonial ».

27 Jacques Berque, *Le Maghreb entre deux guerres*, Seuil, Paris, 1978 (rééd.).

28 Nicolas Bancel et Pascal Blanchard, « Les pièges de la mémoire coloniale », *Les Cahiers français*, La Documentation française, n° 303, juillet-août 2001, pp. 75-82.

en 2006 à la guerre d'Algérie et aux « événements » de la décolonisation au Maroc et en Tunisie (à Montredon-Labessonié, dans le Tarn), projet auquel participe l'universitaire Jean-Charles Jauffret ; un troisième projet était en élaboration en 2005 et devrait être dédié aux « rapatriés » et à leurs « mémoires » (dans le Nord, en périphérie de Lille) ; enfin, un « Mémorial national de la France d'Outre-Mer » à Marseille – qui devrait être inauguré début 2007 – va proposer un parcours autour de l'œuvre coloniale de la France en Afrique du Nord et dans les autres espaces impériaux, sous la direction de Jean-Jacques Jordi et Jean-Pierre Rioux.

Ces quatre lieux semblent répondre à une volonté de « valoriser » la présence coloniale française, particulièrement en Afrique du Nord, et plus encore en Algérie. Il est difficile de déterminer quelles sont les ambitions respectives comme les lignes directrices de ces projets (énoncées de façon assez succinctes en novembre 2005 à Marseille au cours d'un colloque programmatique) ; tout au plus peut-on appréhender la démarche des concepteurs, les programmes annoncés, les liens tissés entre les projets et les principes généraux. De cette analyse, il apparaît que l'édification de ces nouveaux « lieux de mémoire » cherche à répondre à des demandes localisées des associations de « rapatriés d'Algérie », dans un but d'« apaisement » et de « reconnaissance de l'œuvre » des Français d'Afrique du Nord, probablement pas dépourvu d'arrière-pensées électorales.

Autre projet bien engagé, la Cité nationale de l'histoire de l'immigration (CNHI) doit s'installer en 2006 à Paris, Porte Dorée, en lieu et place de l'ancien « Musée des colonies ». Ce qui rend *a priori* impossible la création d'un lieu de mémoire sur la colonisation dans cet espace emblématique, l'un des derniers grands bâtiments coloniaux en France [29]. Mais il serait simpliste de réduire cette politique patrimoniale à une simple opération politique (au même titre que les monuments en hommage à l'OAS édifiés par les nostalgiques de l'« Algérie française » à Toulon, à Perpignan et dans plusieurs villes du sud-est de la France). Ces projets mémoriaux semblent au contraire s'inscrire dans une vision d'ensemble de la direction que devraient prendre désormais, aux yeux des représentants de l'État, les recherches universitaires et, surtout, la lecture et l'enseignement de l'histoire coloniale dans les années à venir.

En effet, le second axe de cette « politique de la mémoire » concerne l'officialisation, par la rédaction de la loi du 23 février 2005 – fait sans équivalent en Europe depuis les indépendances –, d'un « jugement de valeur »

---

29 Germain VIATTE, *Le Palais des colonies. Histoire du musée des arts d'Afrique et d'Océanie*, Réunion des Musées nationaux, Paris, 2002. Voir aussi la contribution d'Arnauld Le Brusq dans cet ouvrage, p. 255.

sur l'entreprise coloniale. Cette loi exprime la position officielle de la France face à son passé colonial, en stipulant dans son article premier : « La nation exprime sa reconnaissance aux femmes et aux hommes qui ont participé à l'œuvre accomplie par la France dans les anciens départements français d'Algérie, au Maroc, en Tunisie et en Indochine, ainsi que dans les territoires placés antérieurement sous la souveraineté française. » Cet article – abrogé onze mois plus tard à la demande du président de la République[30] – révèle clairement l'hommage rendu aux groupes de pression qui ont pesé en faveur de la promulgation de la loi, puisque c'est leur « œuvre » et, à travers elle, l'« œuvre » de la France coloniale qui sont glorifiées.

En réduisant la période coloniale à un « bon temps », en oubliant la complexité de la colonisation, mais aussi ses inégalités structurelles, ses violences et ses crimes[31], on ne fait pas simplement œuvre de reconnaissance de l'action des colons, on propose, ni plus ni moins, une vision fausse de l'histoire et, osons le dire, un *révisionnisme colonial*. Cette loi a été critiquée en France – par des enseignants, des chercheurs et une partie des médias, mais bien peu d'élus – et violemment attaquée en Algérie, notamment par un texte du FLN publié le 7 juin 2005, accusant la France de « glorifier l'acte colonial », et dans une interview de Bachir Boumaza, ancien ministre et ex-président du Sénat algérien[32].

Mais le plus inquiétant est que cette loi émet également des directives extrêmement claires sur la manière dont doit être enseignée l'histoire coloniale. Le texte stipule en effet que « les programmes scolaires reconnaissent en particulier le rôle positif de la présence française outre-mer, notamment en Afrique du Nord, et accordent à l'histoire et aux sacrifices des combattants de l'armée française issus de ces territoires la place éminente à laquelle ils ont droit ». Cette volonté de l'État de voir établi un discours colonial « positif » et « normalisé » fait suite à ce que l'on pourrait qualifier de *réaction conservatrice* face à la période coloniale, que l'on voit croître depuis le milieu des années 1990. Ainsi, le 11 novembre 1996, le président de la République Jacques Chirac, à l'occasion de l'inauguration d'un monument « à la mémoire des victimes civiles et militaires tombées en Afrique du Nord », insistait sur « l'importance et la richesse de l'œuvre que la France a accomplie là-bas et dont elle est fière ».

---

30 Jacques Chirac a annoncé le 2 décembre 2005 qu'il confiait au président de l'Assemblée nationale Jean-Louis Debré une mission parlementaire « pour évaluer l'action du Parlement dans le domaine de la mémoire et de l'histoire ».

31 Voir Olivier Le Cour Grandmaison, *Coloniser, exterminer. Sur la guerre et l'État colonial*, *op. cit.*

32 *Le Monde*, 11 juin 2005.

Ce n'est donc pas une loi isolée et sans attaches, mais bien la partie visible d'un mouvement plus vaste et plus profond, qui va bien au-delà de la petite minorité vieillissante des nostalgiques antigaullistes de l'« Algérie française ».

Un « front républicain » aveugle devant le « fait colonial »

Dans ces discours, lieux de mémoire et mesures législatives, on peut en effet déceler un autre argumentaire, centré sur la défense de la « France éternelle ». On retrouve ici les tenants d'une République « en guerre » contre tout ce qui leur apparaît comme une menace de délitement. Ainsi, aux attaques contre cette loi très contestée, le député UMP du Nord Christian Vanneste a opposé, dans différentes interviews, qu'« il n'a jamais été question de peser sur la recherche de la vérité. Mais les livres d'histoire sont toujours une synthèse, une interprétation subjective de faits établis. Et là, le législateur peut tout à fait intervenir pour demander à ce que l'orientation des manuels soit conforme aux valeurs de la République [33] ». Preuve que cette approche est partagée au-delà des clivages partisans – avant le retournement spectaculaire des socialistes français fin 2005 –, le député PS de l'Hérault, Kléber Mesquida, l'a soutenue également dans une interview au journal *Le Monde*, affirmant « en conscience » ne pas penser que « le législateur ait été guidé par un esprit colonialiste [34] ». Mais alors, de quel « esprit » s'agit-il ? En quoi les valeurs de la République seraient-elles conformes à l'« œuvre coloniale » ? Cela signifierait-il que la *République coloniale* n'est pas une « utopie », mais bien une « réalité » ?

Dans la même veine, usant du sophisme, le publiciste Alain-Gérard Slama a défendu cette loi en l'opposant à celle de mai 2001 portant reconnaissance de l'esclavage comme crime contre l'humanité. Et d'affirmer dans *Le Figaro* : « Quel que soit le jugement que l'on porte sur l'ère coloniale, l'histoire de l'implantation d'un million de Français de l'autre côté de la Méditerranée fut une de nos grandes épopées [35]. » En d'autres termes, puisque la traite négrière et l'esclavage sont déclarés crimes contre l'humanité, pourquoi n'aurait-on pas le droit, après tout, de considérer la colonisation comme une période éminemment positive, une « épopée républicaine » ? Une compensation ou un juste équilibre, en quelque sorte.

---

33 Voir *Le Monde*, 10 juin 2005.

34 *Le Monde*, 10 juin 2005.

35 *Le Figaro*, 18 août 2005.

Dans cette posture, l'État n'est donc pas seul : il est au diapason d'une « tendance lourde » promue par une cohorte – en vérité limitée, mais surmédiatisée – de « croisés des temps modernes », aussi disparates que combatifs, aussi médiatiques que peu nuancés, aussi militants que prompts à se dire « humanistes »... Une nébuleuse qui semble unie par la peur d'un monde qu'ils ne comprennent plus et qui a trouvé dans les émeutes d'octobre-novembre 2005 un champ de bataille fertile à leur combat.

On y retrouve quelques ultrarépublicains engagés dans l'anticolonialisme historique, au premier rang desquels le directeur du *Nouvel Observateur*, Jean Daniel, dont on peut suivre l'étonnante évolution de ses positions sur cette question dans ses éditoriaux hebdomadaires [36]. Ou encore le philosophe Alain Finkielkraut, qui a signé en mars 2005 une pétition contre le « racisme anti-Blancs » et qui, dans un débat contradictoire publié deux mois plus tard par *Le Point*, n'a eu de cesse de souligner le fait que, à ses yeux, revenir sur le passé colonial de la France, ce serait entretenir un « climat de guerre civile » [37], démonstration qui va trouver son apogée dans sa longue diatribe pour le journal israélien *Haaretz* fin 2005.

Dans un registre plus attendu, on retrouve des vieux grognards de l'Empire colonial [38], mais aussi les tenants d'une certaine idée de la France issus de la gauche nationaliste, comme Jean-Pierre Chevènement. Ce dernier a fait un parcours étonnant, de l'anticolonialisme actif au moment de la guerre d'Algérie à l'invention revendiquée du concept de « sauvageons » quand il était ministre de l'Intérieur. Le 25 octobre 2001, il listait dans *Le Nouvel Observateur* – sous le titre « Cessons d'avoir honte » – les nombreuses actions remarquables de la colonisation française : « On ne peut juger la période coloniale en ne retenant que son dénouement violent mais en oubliant l'actif et, en premier lieu, l'école, apportant aux peuples colonisés, avec les armes de la République, les armes intellectuelles de leur libération. » Donnant alors corps, par ses lignes, à une pensée rarement aussi explicite à gauche depuis Guy Mollet.

---

36 Voir aussi sa tribune contre l'appel des « indigènes de la République » (« L'anticolonialisme comme alibi », *Le Monde*, 26 mars 2005), en réponse à notre propre tribune : Nicolas Bancel et Pascal Blanchard, « Comment en finir avec la fracture coloniale », *Le Monde*, 17 mars 2005.

37 Débat entre François Gèze et Alain Finkielkraut, « La France est-elle un État colonial ? », *Le Point*, 12 mai 2005.

38 Parmi eux, Bernard Lugan, universitaire lyonnais ultranationaliste, proche du FN et qui défraye la chronique sur son campus par ses outrances ; l'ancien partisan de l'Algérie française et « historien populaire » Pierre Montagnon ; Arthur Comte, nostalgique d'une France définitivement perdue depuis qu'il n'est plus à la tête de l'ORTF.

Cette pensée est aussi relayée par des universitaires spécialistes de la question coloniale [39] ou des chercheurs de l'« antijudéophobie », mais aussi – plus étrangement – par une vieille garde anticolonialiste qui se recycle dans une pensée postmarxiste où le « social » doit rester l'axe dominant de toute analyse concernant notre société postcoloniale. Enfin, par une sorte de porosité intellectuelle, dans le même spectre de pensée on compte des anti-islamiques systémiques, des anarcho-intellectuels « anti-racailles » ou anti-communautarisme très médiatiques et quelques inclassables œuvrant dans les médias, le monde associatif ou la vie politique.

Certes, ces « nouveaux républicains » et « anciens réactionnaires » ne constituent en aucune façon un mouvement structuré. Dans cette nébuleuse hétéroclite de ceux qui ont en commun, pour des raisons très diverses, de rester plus ou moins aveugles aux violences du fait colonial et au poids de ses héritages au sein de la société française contemporaine, s'affirment même de très fortes oppositions et des engagements parfaitement contradictoires. Mais tous, à leur manière, contribuent à renforcer la fracture coloniale et, de ce fait, à aggraver les tensions sociales – alimentées par le racisme et les discriminations – qu'ils prétendent vouloir pacifier.

Entre deux lectures de la mémoire

Ce qui fédère cette « posture » composite, c'est bien la « peur », l'incompréhension et... une « certaine idée de la France ». La peur de l'envahissement de la République, de cette exotisation que l'on ne comprend pas, de ces « indigènes » qui revendiquent alors qu'« on leur a tout donné », de ceux que l'on a combattus là-bas et qui reviennent ici. Cette peur, il est important de le souligner, n'est pas à proprement parler une nouveauté. Elle s'inscrit dans la lignée de l'une des composantes fortes de la tradition républicaine française (à laquelle celle-ci ne saurait évidemment être réduite) : c'est le républicain Ferry qui rencontre Chaudordy, ce leader politique monarchiste qui croyait en la grandeur coloniale de la France ; c'est Clemenceau qui, comme Maurras, va être convaincu à l'issue de la Grande Guerre – après de nombreuses années de doutes et de critiques – par cet Empire qui se lève en armes pour sauver la République ; ce sont Mandel et Blum qui tentent de *réformer* l'Empire aux côtés de Sarraut et Daladier ; ce sont Mollet, Mitterrand et Debré qui assument une fin d'Empire sanglante.

---

39 Que l'on a retrouvée dans un colloque, organisé le 23 avril 2005 au Sénat, sur la nécessité d'une « histoire coloniale revisitée ».

« L'épopée coloniale, précise dans ce livre Michel Wieviorka, lorsqu'elle a été associée à la République, et pas seulement à la nation, a été pensée comme une mission civilisatrice – la "marche de la civilisation contre la barbarie", a même pu dire Victor Hugo [40]. » Beaucoup y ont cru. Le postmarxisme et le post-tiers-mondisme ont permis un retour aux nostalgies du « bon temps » des colonies, dessinant une régression généralisée qui n'affecte certes pas la seule mémoire coloniale.

La nostalgie coloniale fait ainsi écho à la nostalgie d'une « grandeur de la France », dans laquelle l'école – et, éventuellement, l'armée – « intégrait », dans laquelle les hiérarchies étaient respectées et où l'on savait punir récalcitrants, délinquants et… « indigènes ». Ce « front républicain et national » a aujourd'hui ses plumes littéraires, ses polémistes, ses humanistes, ses provocateurs, ses héroïnes… Au-delà de leurs différences, ils n'ont de cesse de démontrer qu'« il faut agir », pour certains contre le désordre dans nos banlieues, pour d'autres afin de retrouver notre place en Afrique. À leurs yeux, la fracture coloniale semble bien faire toujours sens : elle correspond à une « certaine France » qui s'éloigne, achevée par une défaite outre-mer peu compréhensible, trahison en quelque sorte d'une « mission civilisatrice » qui aurait été, tout bien pesé, désintéressée. Une sorte de refus de l'histoire et des transformations qui, inexorablement, érodent et font muer le modèle national. Le militant du MRAP Pierre Tévanian qualifie ce mouvement d'« idéologie nationale républicaine [41] ». Vision trop réductrice : de façon plus complexe, il s'agit plutôt d'un ensemble paradoxal regroupant les héritiers d'une France, de gauche comme de droite, qui n'a pas assimilé entièrement la décolonisation.

Cette situation de blocage semble avoir décidé d'autres acteurs à entrer en jeu, lesquels ont radicalisé un contre-discours. C'est le cas, par exemple, de plusieurs associations voulant notamment représenter les minorités « noires » antillaises ou africaines pour la plupart issues de l'ex-Empire [42]. Mais aussi des initiateurs de l'appel « Nous sommes les indigènes de la République » – se réclamant directement de cette histoire coloniale –, lancé en janvier 2005 à l'initiative de militants se définissant comme « issus des

---

40 Voir *infra*, chapitre 9.

41 Pierre Tévanian, *Le Racisme républicain. Réflexions sur le modèle français de discrimination*, L'Esprit frappeur, Paris, 2002.

42 On peut notamment citer Africagora et le Comité Marche du 23 mai 1998, présidé par Serge Romana, et en 2005 la création du CRAN dans un mouvement plus vaste d'émergence d'une « question noire » en France (*cf.* Géraldine Faes et Stephen Smith, *Noir et Français !*, Panama, Paris, 2006).

colonies, anciennes ou actuelles, et de l'immigration postcoloniale [43] ». Les signataires de ce texte voulaient attirer l'attention sur la persistance de discriminations qui seraient, selon eux, d'origine coloniale.

On peut bien sûr estimer que cet appel est trop systématique – et il l'est –, dans la mesure où il affirme que la situation actuelle serait une simple reproduction de la situation coloniale (« La France reste un État colonial ! ») ; et où il entérine l'« indigénisme » – ce qu'Edward Saïd considérait comme une acceptation *de facto* des « conséquences de l'impérialisme ». Une telle téléonomie est évidemment réductrice. Toutefois, ce texte a l'immense mérite de rappeler que la France est bien une société postcoloniale, encore traversée par les ressacs, prolongements et processus coloniaux et postcoloniaux, héritages évidemment sujets à transformations et métissages...

La raison centrale pour laquelle est si mal perçue toute revendication mémorielle, dès lors qu'elle émerge d'acteurs qui se définissent comme « descendants de colonisés », tient probablement au soupçon de « communautarisme », anathème majeur faisant planer le spectre de la dissolution de la communauté nationale selon le « modèle communautariste anglo-saxon », réputé « catastrophique ». Ces réactions sont un autre symptôme de la fracture coloniale, comme l'est la violence verbale – pour ne pas dire l'hystérie – des débats qui, depuis 1989 (l'« affaire de Creil »), agitent périodiquement la société française autour de la « question du voile », endiablant la polémique autour de fausses oppositions du type « communautaristes » musulmans contre « républicains » laïcs.

De ce champ de bataille mémoriel, se dégage un constat essentiel, à savoir la symétrie des débats entre les défenseurs d'une « positivité » de la colonisation et ceux qui, au contraire, souhaitent que soient reconnus l'oppression, l'exploitation et les crimes coloniaux. C'est là, incontestablement, une fracture des mémoires, travaillée par des minorités qui rejouent souvent le face-à-face des décolonisations. Il est donc plus que temps d'ouvrir des perspectives historiques authentiquement postcoloniales, qui pourraient permettre de saisir les transformations à l'œuvre et de dépasser le manichéisme de ces positions.

Multiplicité de la fracture coloniale

Dans cette optique, répétons-le, il est essentiel de renoncer à chercher une « cohérence systémique » dans les effets contemporains de la fracture coloniale : elle affecte des champs très divers, qui ne sont pas

43 À lire *in extenso* sur le site <www.toutesegaux.net> ; voir aussi *Le Monde*, 22 février 2005.

nécessairement liés. Ce qui fait son « unité », c'est l'origine historique commune des processus. Et c'est d'abord la crise économique structurelle traversée par la France depuis les années 1970 qui a puissamment contribué à exacerber les effets de cette fracture coloniale.

Ces effets, à l'évidence, affectent surtout certaines catégories sociales : comme l'explique dans ce livre le sociologue Didier Lapeyronnie, la banlieue est ainsi devenue un « théâtre colonial » – et non une reproduction à l'identique de la situation coloniale –, où la domination subie « enferme dans des catégories générales et des images dont il est quasiment impossible pour l'individu de s'extraire. Ces mécanismes néocoloniaux ne sont peut-être jamais aussi présents que dans les relations entretenues par les représentants institutionnels avec les habitants des quartiers sensibles [44] ». Les termes employés pour désigner les « quartiers » et leurs populations tendent bel et bien à s'ethniciser sur un modèle colonial, comme l'a montré le vocabulaire employé à l'automne 2005 à l'encontre des émeutes urbaines.

Les médias sont les principaux vecteurs de cette transmission des stéréotypes et images accumulés pendant la période coloniale sur l'espace urbain contemporain [45]. Tous ces énoncés, disparates, forment ce que Michel Foucault aurait nommé une « unité discursive » : la production sur un même modèle d'énonciation de discours qui finissent par prendre un sens général. C'est le cas, de toute évidence, en ce qui concerne les espaces périurbains – envisagés comme des « points noirs », des « cancers », des « zones à reconquérir », voire à « nettoyer » –, où l'accumulation de reportages centrés sur des faits divers, l'insécurité, la violence, le sexisme, la misère, entretient le sentiment d'une coupure radicale entre ces espaces et la France elle-même [46].

La fracture coloniale se retrouve aussi dans la crise de l'identité nationale et la difficulté à intégrer l'épisode colonial dans nos représentations collectives, renvoyant en cela à la difficulté de penser la question de la différence [47]. Cette difficulté place la France dans une position de déni très singulière dans l'espace des ex-métropoles coloniales ; mais c'est aussi une réalité

---

44 Voir *infra*, chapitre 19. Voir aussi : Éric MAURIN, *Le Ghetto français. Enquête sur le séparatisme social*, Seuil, Paris, 2005 ; Hervé VIEILLARD-BARON, *Les Banlieues françaises ou le ghetto impossible*, L'Aube, La Tour d'Aigues, 1994.

45 Voir *infra*, chapitre 17.

46 Jacqueline COSTA-LACOUX, « L'ethnicisation du lien social dans les banlieues françaises », *Revue européenne des migrations internationales*, n° 2, 2001. Voir aussi Jean-Luc RICHARD, *Partir ou rester ? Destinées des jeunes issus de l'immigration*, PUF, Paris, 2004 ; et Lucienne BUI TRONG, *Les Racines de la violence*, Louis Audibert, Paris, 2003.

47 Jean-François BAYART, *L'Illusion identitaire*, Fayard, Paris, 1996 ; Éric DUPIN, *L'Hystérie identitaire*, Le Cherche-Midi, Paris, 2004.

vécue et ressentie par des populations issues des espaces ex-coloniaux, dans les ségrégations subies très concrètement et qui sont souvent reliées – à tort ou à raison – à leurs origines « coloniales ».

La question de la diversité et de l'altérité posée par les situations postcoloniales est également manifeste dans les blocages de la République. Aujourd'hui, plus de sept millions de personnes, immigrés postcoloniaux ou Français d'« origine immigrée » – dénomination qui en dit long sur la transmission d'un statut spécifique d'« éternels étrangers » pour les descendants d'immigrés extra-européens –, vivent concrètement les métissages postcoloniaux, mais aussi des situations de relégation, de discriminations quotidiennes (à l'embauche, à l'emploi), dont nous peinons à nous expliquer l'ampleur, comme l'indiquent notamment Ahmed Boubeker, Nacira Guénif-Souilamas ou Didier Lapeyronnie dans cet ouvrage [48].

En effet, montrent-ils, la fracture coloniale est née de la persistance et de l'application de schémas coloniaux à certaines catégories de population (catégories réelles ou construites), principalement celles issues de l'ex-Empire. L'étude que nous avons réalisée à Toulouse en 2003 confirme à cet égard remarquablement les tendances observées lors de l'enquête menée par Alain Girard et Jean Stoetzel en 1949, qui montrait que 63 % des personnes sondées se disaient hostiles aux « étrangers », avec une perception plus ou moins favorable selon les étrangers considérés [49]. Ce sondage révélait déjà qu'une majorité de la population considérait que les « étrangers nord-africains » avaient davantage de difficulté à s'adapter à la vie française (pour 60 % des sondés, leur adaptation était qualifiée de « difficile », voire « impossible ») que les Belges, Italiens, Polonais, Portugais ou Espagnols, pour lesquels la « communauté de mœurs » ou de genre de vie les faisait apparaître comme plus sympathiques (plus de 60 % des sondés qualifiaient de « facile » leur adaptation). Depuis, la distance physique et culturelle par rapport aux canons hexagonaux n'a fait que se confirmer, au vu des résultats de l'enquête menée à Toulouse, qui montre à quel point les personnes ayant des ascendants issus de l'immigration coloniale souffrent davantage des préjugés de la société d'accueil que celles dont les ascendants sont européens.

L'incapacité du politique face aux mutations de la société française est dès lors saisissante. Il est en effet manifeste que, dès la fin des années 1970, une partie des populations immigrées, notamment maghrébines, a choisi de demeurer en France. Leur concentration géographique, souvent proche

---

48 Voir *infra*, chapitres 16, 18 et 19. Et aussi : François Dubet et Didier Lapeyronnie, *Les Quartiers d'exil*, Seuil, Paris, 1992.

49 Alain Girard et Jean Stoetzel, *Français et immigrés*, PUF, Paris, 1953.

de la ghettoïsation, était alors porteuse de cristallisations identitaires potentielles, pour les Français « de souche » comme pour les populations immigrées. Devant cette situation, le discours intégrationniste s'est rigidifié, alors qu'une minorité de la droite dénonçait la « fin de la nation française » (dans sa perspective d'« unité biologique » et « religieuse ») et une « colonisation de la revanche ».

En 2001, la sociologue Nacira Guénif-Souilamas résumait très bien la situation : « Nous ne prenons pas conscience qu'aujourd'hui les racines des discriminations dénoncées et condamnées remontent à l'époque où l'on prônait trop l'égalité d'accès aux droits et aux devoirs de la République sans jamais en offrir les moyens politiques et institutionnels [50]. » Pourtant, précise Didier Lapeyronnie dans ce livre, « les "banlieues" ne sont pas un territoire conquis et occupé par l'armée et les colons ne sont pas venus s'installer pour "exploiter" les ressources et la population en la maintenant dans une situation de subordination et de dépendance justifiée par le racisme. Mais il n'empêche. Le vécu de la discrimination et de la ségrégation, et peut-être plus encore le sentiment d'être défini par un déficit permanent de "civilisation" dans les discours du pouvoir, d'être soumis à des injonctions d'intégration au moment même où la société vous prive des moyens de la construire, évoquent directement la "colonie" et donc, pour nombre d'habitants issus de l'immigration, un "passé qui ne passe pas" ».

La question nationale au prisme du colonial

On peut donc s'interroger sur les résistances, en France, à assumer ce passé colonial – y compris dans le monde de la recherche [51] –, comme à penser les articulations colonisation/immigration, alors que ce lien est désormais envisagé dans la plupart des autres ex-puissances coloniales européennes et que cette perspective est présente dans les interrogations du présent.

On peut suggérer que ce déni renvoie, rien de moins, à la forme même de notre société et aux manières que nous avons de nous représenter la nation [52]. La colonisation pose en effet la question du statut de l'altérité, de

50 Nacira Guénif-Souilamas, « L'intégration, une idée épuisée », *Libération*, 12 juillet 2001.

51 Dès 1992, Daniel Rivet constatait avec justesse, dans un article fondateur, que « le phénomène colonial souffre de rester sous-analysé et gommé dans le territoire de l'historien » (« Le fait colonial et nous. Histoire d'un éloignement », *Vingtième Siècle*, janvier 1992).

52 Voir Benedict Anderson, *L'Imaginaire national*, La Découverte, Paris, 1996.

la différence et de sa place dans la communauté. Or, comment « faire avec » le fait colonial, lorsque l'on sait que ce sont d'ardents républicains qui, sous la IIIe République, donnèrent l'impulsion décisive aux grandes conquêtes des années 1880-1912 et structurèrent les premiers le discours colonial moderne [53] ? Comment faire avec le fait colonial lorsque la République a posé comme principe intangible l'indifférenciation des individus face à l'État, alors même que les politiques coloniales ont fait assaut de créativité pour inventer des statuts d'infériorité pour les « indigènes » ? Comment faire avec cette généalogie, dans laquelle s'intriquent intimement la République moderne et la colonisation ? Comment oublier que c'est la IVe République qui, de l'Indochine à Madagascar, du Cameroun à l'Algérie [54], et jusqu'à la Ve République avec le 17 octobre 1961, a entraîné la France dans quinze années de guerres interminables ?

Jusqu'à récemment, la réponse à ces questions consistait simplement à évoquer le moins possible ces noces historiques entre le fait colonial et la République. « Elle demande aux citoyens de la respecter, d'en être fiers, quand elle-même refuse de regarder la réalité en face et cherche à masquer, par un rafistolage rapide, les paradoxes du mythe républicain », soulignait ainsi en 2004 l'industriel Yazid Zabeg, proche de la Fondation Montaigne et de l'UMP [55]. L'auteur de ces lignes ne pouvant être qualifié de « rebelle » face aux élites, au pouvoir ou aux institutions, il convient de mesurer le parcours qui l'a conduit à cette analyse. Dans la même perspective, l'historien Patrick Weil, après un long cheminement dans son travail sur la citoyenneté, en est arrivé à une approche assez comparable : il souligne que les « discriminations raciales et ethniques » frappent en priorité aujourd'hui « l'ensemble des Français de couleur, en particulier les Français d'outre-mer [56] ». Précisant qu'il est nécessaire de sortir des blocages anciens et d'ouvrir le spectre historique, car « l'immigration, la colonisation, l'esclavage ne s'opposent pas à l'histoire de France, elles en sont partie intégrante », il conclut ainsi son analyse : « La perception de l'histoire des autres, leur intégration dans l'histoire nationale, c'est l'exigence ultime et nécessaire de la diversité dans la République. »

Est-ce à dire qu'il faudrait placer la République sur le banc des accusés de l'histoire ? Se faire procureur ? Cela n'aurait, pour des chercheurs, pas

53 Voir *infra*, chapitre 1.

54 Yves Bénot, *Massacres coloniaux*, *op. cit.*

55 Yazid Sabeg et Yacine Sabeg, *Discrimination positive. Pourquoi la France ne peut y échapper*, *op. cit.*

56 Patrick Weil, *La République et sa diversité. Immigration, intégration, discrimination*, La République des idées/Seuil, Paris, 2005.

grand sens. En revanche, il est utile d'évaluer les conséquences actuelles des héritages de la période coloniale, pour des millions de femmes et d'hommes issus de cette histoire, mais aussi pour l'ensemble des Français. Il est pour cela nécessaire de reconnaître que l'universalisme peut être, parfois, mis au service de politiques de domination et de discrimination qui s'appuient, en dernier ressort, sur une interprétation des inégalités raciales [57]. Non pour briser les réelles potentialités émancipatrices des valeurs révolutionnaires, mais pour, simplement, se confronter au réel. Cela demande certes un effort conséquent, qui renvoie finalement aux représentations que nous nous faisons de la nation.

Or, il y a plusieurs manières d'être nationaliste, et l'extrême droite n'a pas le monopole de cette posture. L'une de ces manières est de croire en une unicité de la France en tant que territoire formé depuis des temps immémoriaux, et en tant que peuple reposant sur une « base ethnique » prétendument unique. L'historienne Suzanne Citron – dans son ouvrage *Le Mythe national* [58] – a montré très clairement que cette mythologie fondée sur le règne de l'unique a structuré l'enseignement du fait national. L'un des enjeux d'une authentique prise en compte de l'histoire coloniale et postcoloniale est de revenir sur cette conception, afin de montrer que la formation du national est constamment traversée par des flux extérieurs : flux d'hommes (avec les vagues successives d'immigration), de cultures, d'idées, qui irriguent, renouvellent et transforment la nation. La colonisation, sous les formes asymétriques que l'on sait, fut aussi l'une de ces périodes de contacts qui ont favorisé le brassage et le remodelage des mondes. Il s'agit donc de passer de l'un au multiple, opération déjà considérable, et qui permettrait de relativiser ce qui est encore ressassé de manière permanente, à savoir le « génie français » et la « mission universelle » de la France, dans le monde métissé qui est désormais le nôtre.

L'idéologie de l'unique et le principe du « modèle français » gouvernent ainsi le modèle d'intégration des immigrés [59], lequel a d'ailleurs été inventé spécifiquement pour intégrer les immigrés extra-européens, et surtout les immigrés postcoloniaux, au cours des années 1970 [60] – ce qui

---

57 Véronique de Rudder, Christian Poiret et François Vourc'h, *L'Inégalité raciste. L'universalité républicaine à l'épreuve*, PUF, Paris, 2000.

58 Suzanne Citron, *Le Mythe national. L'histoire de France en questions*, Éditions ouvrières/EDI, Paris, 1987.

59 Gérard Noiriel, *Le Creuset français. Histoire de l'immigration XIXe-XXe siècle*, Seuil, Paris, 1998 ; Paul Oriol, *Les Immigrés : métèques ou citoyens ?*, Syros, Paris, 1985 ; Emmanuel Todd, *Le Destin des immigrés*, Seuil, Paris, 1994.

60 Patrick Weil, « Racisme et discrimination dans la politique française de l'immigration : 1938-1945/1974-1995 », *Vingtième Siècle*, juillet-septembre 1995, pp. 77-102.

tendrait à démontrer que ce modèle, dans sa conceptualisation, n'a rien d'universel et est historiquement situé : le modèle d'intégration emprunte massivement, dans sa conception sinon dans ses politiques concrètes, au modèle colonial d'assimilation formalisé dès la fin du XIXe siècle, ayant évolué entre association et assimilation politique, jusqu'à donner naissance tout au début de la guerre d'Algérie au concept d'« intégration » [61].

C'est donc bien la *question nationale* qui est en jeu dans la reconnaissance de l'Autre, et c'est la préservation des valeurs nationales qui autorise, en quelque sorte, à nier celui-ci. Toute la difficulté est de faire de la différence un élément, non de délitement – ce qui est toujours possible –, mais de construction du national. Cela suppose de transformer notre manière de « penser la communauté ». La société française est aujourd'hui traversée par des processus de transformations protéiformes : postcolonial, postindustriel, flux d'immigration, échanges culturels, ouverture à l'Europe, altération des frontières... Comment vouloir figer pour l'éternité ce qui a servi jusqu'alors à construire l'État-nation ? Dans la société métissée qui est la nôtre, cela s'apparente à un pur déni de réalité, déni qui a toutes les apparences d'une fuite en avant, lourde de graves périls.

Comme l'écrivait Pierre Joxe en 1998 : « Il y a encore chez nous l'habitude d'avoir des sujets, de coexister avec des individus de statut inférieur, de faire travailler à notre profit des hommes n'ayant pas tous les droits de l'homme et encore moins ceux de citoyens. [...] D'une certaine façon, il manque à la France une prise de conscience sur les crimes commis en son nom durant la période coloniale et durant la décolonisation [62]. » Pour en sortir, poursuivait-il, il faut faire appel à une « culture historique, qui existe chez une fraction de la gauche et de l'intelligentsia, mais qui n'a pas été présente dans le débat politique, qui a été occultée, alors qu'elle serait nécessaire pour comprendre certaines difficultés actuelles ».

---

61 Dans cette acception, le mot « intégration » est en effet prononcé officiellement pour la première fois en 1955, par le ministre de la Justice François Mitterrand, dans le contexte de l'Empire finissant.

62 Pierre JOXE, *À propos de la France. Itinéraires 1* (entretiens avec Michel Sarrazin), Flammarion, Paris, 1998. Christian Paul (député PS), dans un colloque tenu en mai 2005 sur l'esclavage, se place dans la même perspective : « Vivent en France des populations qui se ressentent exclues, et dont le passé est marqué par la persécution. Il faut promouvoir l'égalité et la vérité, en même temps. »

Dépasser les tabous de l'imaginaire colonial

C'est à cette compréhension que nous avons voulu contribuer avec ce livre, en faisant appel à des chercheurs appréhendant la question coloniale et ses héritages selon des approches aussi diverses que fécondes. Historiens, sociologues, politologues, démographes, éditeurs, écrivains et praticiens croisent ici leurs analyses sur les héritages coloniaux de la société française, éclairant le concept de fracture coloniale. L'objectif de ces approches multiples n'est pas de mettre en œuvre une interprétation unique de ce concept – ce que certaines critiques ont voulu voir –, mais bien d'en mesurer les diverses dimensions et de mettre en lumière les points de convergence, mais aussi les contradictions, dans les différents champs explorés.

Deux grandes parties structurent ces contributions et précèdent l'analyse de l'enquête menée à Toulouse. La première partie, « Histoire coloniale et enjeux de mémoire », dresse un panorama des origines et prolongements contemporains du passé colonial : origines historiques à travers l'indépendance d'Haïti, la guerre d'Algérie ou les discours républicains sous la IIIe République ; débats qui traversent la société française autour de l'islam ou des Dom-Tom ; enjeux de mémoire dans la sphère législative, dans l'enseignement, au sein de l'université ou dans l'univers des musées. La seconde partie, « République, "intégration" et postcolonialisme », s'attache aux effets de cette histoire coloniale sur la société française : notamment dans les pratiques d'intégration/immigration et les discours qui les soutiennent ; dans la politique étrangère et l'humanitaire, dans les « politiques de la mémoire » ou dans le sport ; enfin, dans la question coloniale et postcoloniale, comme analyseur des représentations et de la construction du national. À travers la diversité des approches proposées, ce livre souhaite dépasser les tabous, historiques, historiographiques et politiques, qui contribuent à nous empêcher de comprendre la postcolonialité.

I

Histoire coloniale et enjeux de mémoire

1

Les origines républicaines de la fracture coloniale

Nicolas Bancel et Pascal Blanchard

La colonisation est-elle consubstantielle de la République ? Serait-elle le revers inévitable d'une utopie universelle qui perdrait de sa « pureté » à mesure que l'on s'éloignerait du centre (la métropole) et que la couleur des populations placées théoriquement sous sa « tutelle » s'assombrirait ? Questions complexes et sans doute impossibles à trancher clairement, mais qui ont le mérite, en tout cas, de poser nettement un problème qui a été, jusqu'à présent, le plus souvent évité, parfois caricaturé.

Nous reprenons ici, pour appréhender ces questions dans toutes leurs dimensions, un article publié dans un dossier collectif récent [1], dans lequel les coordinateurs Patrick Simon et Sylvia Zappi engageaient une large « réflexion sur la politique républicaine de l'identité ». Cette approche, dépassionnée et diverse par ses contributions, a montré toute sa nécessité, même si le questionnement peut paraître encore, à certains, « paradoxal ». Les coordinateurs expliquaient ainsi en introduction : « La République s'enorgueillit de ne traiter que du citoyen universel et de ne jamais s'intéresser aux *identités* qui, relevant de la sphère de l'intime, ne regardent ni l'État, ni la chose publique. L'idée même de politique identitaire serait une invention des sociétés multiculturelles qui font fructifier les appartenances et les allégeances, les étiquettes et les emblèmes. Sollicitudes intéressées, considère la République, pour qui l'hypertrophie de l'expression des

1 Nicolas Bancel et Pascal Blanchard, « La fondation du républicanisme colonial. Retour sur une généalogie politique », dossier de la revue *Mouvements* (sous la direction de Patrick Simon et Sylvia Zappi), *La Politique républicaine de l'identité*, n° 38, mars-avril 2005.

particularismes est destinée à évacuer la question des inégalités derrière un apparent respect des convictions et des pratiques. À cette mise en scène des identités et des communautés, la République oppose son credo de l'indifférenciation et de la neutralisation des espaces public et politique. Le citoyen universel joue sur terrain neutre, mais il a choisi les règles et celles-ci semblent bien l'avantager. Car si l'universel tend à la neutralité, il s'incarne comme chacun sait dans des figures historiques qui représentent le groupe dominant. Si l'on devait décrire le citoyen universel idéal dans la France des années 2000 en le déduisant de la sociologie du corps des représentants (personnel politique, médiatique et élites économiques, intellectuelles et associatives), le neutre est un homme blanc des classes moyennes et supérieures. »

Et les auteurs de constater : « À l'examen, l'indifférence républicaine aux identités est plus que douteuse. Elle ressemble fort à une politique des identités qui s'ignore d'autant plus qu'elle est au service des intérêts de ce citoyen idéal. L'indifférenciation formelle qui tient lieu de garantie d'un traitement équitable aboutit de fait à rendre visibles, par contraste, les identités minoritaires. » Nous nous plaçons dans une perspective comparable sur la question de la relation de la République à l'« Autre », ici le colonisé, et souhaitons engager une analyse sur les « premiers instants » de cette relation dans la IIIe République naissante.

Notre première interrogation concerne la généalogie de l'articulation entre République et colonie. Dans cette perspective, le statut de l'autre – descendant d'esclave, de sujet ou d'indigène [2] – ne se pense pas sans rapport avec la réflexion sur l'identité française et son évolution au cours du XIXe siècle. Tout au long de la lente construction du territoire, du rattachement du Languedoc à l'annexion de la Savoie, en passant par l'intégration progressive de la Bretagne, de la Moselle et de la Corse ou les va-et-vient successifs en Alsace-Lorraine, l'espace français est en perpétuelle transformation, en mouvement permanent. Dans ce processus, la nation est une *conquête* permanente. Ce processus se situe entre deux références utopiques : le repli national et l'expansion universelle.

La première est celle d'une Europe carolingienne reconstituée sous l'Empire (et organisée en cent vingt départements « européens »),

---

2 Le statut d'indigène est antérieur à la IIIe République, puisqu'il entre officiellement dans le droit français en février 1862 au sujet de l'Algérie, jugeant les populations locales comme différentes des « Français de France ». Donc des « nationaux » sans « citoyenneté », en d'autres termes des « sujets français ». Mais par les réformes de 1865, ceux-ci pouvaient accéder à la citoyenneté française, ce qui fut généralisé pour les Juifs en 1870 par le décret Crémieux. Autant de situations juridiques que la IIIe République va modifier jusqu'à en effacer tout souvenir, avec les réformes ségrégationnistes de 1889.

fédérative, révolutionnaire et impériale, qui commence à prendre possession des autres mondes (non européens) avec l'expédition d'Égypte après avoir « bradé » ou « perdu » les outre-mers, tels Haïti ou la Louisiane, et rétabli l'esclavage en 1802 [3]. La seconde s'exprime sous plusieurs régimes depuis 1830, mais se cristallise avec Napoléon III – à travers le mythe du Royaume arabe, la politique mise en œuvre en Algérie, la conquête de la Cochinchine mais aussi la désastreuse expérience mexicaine ou les expéditions en Chine –, après avoir « fixé » de façon pragmatique les frontières continentales de la nation. La IIIe République va choisir de fusionner ces deux dimensions, avec un particularisme : intégration des terres, ségrégation envers les hommes. Dans cette posture, elle va même se montrer plus restrictive que l'Ancien Régime et revenir sur des « libéralités » de statuts de nationaux citoyens octroyés avant 1870 [4].

La promotion d'un « modèle français »

L'épopée coloniale sur les cinq continents au nom des valeurs universalistes et des droits de l'homme va permettre, en métropole, de raffermir le régime républicain – et donc le pouvoir de l'État – ainsi que les valeurs portées par les républicains, valeurs qui doivent contribuer à assurer le sentiment national. La dynamique de la « Plus grande France » est dès lors clairement républicaine et postrévolutionnaire, tout en puisant dans – et en construisant délibérément – un imaginaire national traçant, depuis les Croisades, le destin conquérant de l'Hexagone [5]. À chaque fois, on retrouve cette quête d'un destin universel capable de promouvoir le « modèle français » – par définition unique, universel, supérieur. C'est parce que la France postule l'égalité des hommes qu'elle a, plus que d'autres, le droit de coloniser le monde. Avec la vague des conquêtes coloniales contemporaines s'affirme un système de valeurs, que la République fera siennes à partir de 1871. Celui-ci s'enracine dans des épopées, de Clovis à Charlemagne, de saint Louis à Jeanne d'Arc, de Robespierre à Napoléon, de la Restauration au

---

3 On l'oublie souvent, mais, outre le rétablissement de l'esclavage aboli par la Révolution, Napoléon Bonaparte a interdit les mariages interethniques (et leur inscription sur les registres d'état civil) et surtout l'entrée sur le sol « métropolitain » aux « gens de couleur ». Dès ce moment, s'inaugure en France la formation de deux perceptions de l'immigration.

4 Emmanuelle SAADA, « Une nationalité par degré », *in* Patrick WEIL et Stéphane DUFOIX (dir.), *L'Esclavage, la colonisation et après…*, *op. cit.*

5 Suzanne CITRON, *Le Mythe national. L'histoire de France en questions*, *op. cit.* ; Raoul GIRARDET, *Mythes et mythologies politiques*, Seuil, Paris, 1986.

Royaume arabe de Napoléon III, et sera le substrat de l'identité nationale. Ces vagues de conquêtes successives – on l'oublie trop souvent, mais la France sera en guerre de manière quasi permanente de 1856 à 1961 – vont faire la France du XXe siècle et légitimer la poursuite d'une expansion au-delà des mers au début des années 1880, érigeant la IIIe République comme puissance conquérante.

Dans ce contexte, on aurait tort de penser que l'engagement colonial des républicains opportunistes est une sorte d'accident ou de trahison conjoncturelle aux valeurs universalistes. Ce n'est pas non plus – ou pas seulement – une libéralité faite à des milieux d'affaires coloniaux, encore assez peu influents et politiquement émergents, ni seulement une concession à une armée désireuse de redorer un blason terni par la défaite de Sedan [6]. L'intérêt des républicains pour l'expansion coloniale a donc d'autres motifs, plus structurels, même si satisfaire l'armée ou une fraction des milieux économiques participe à la dynamique coloniale. Et on ne voit pas pourquoi on dissocierait les orientations politico-idéologiques générales des républicains des premiers traits d'une idéologie coloniale façonnée eux-mêmes dans les balbutiements de la IIIe République.

Au contraire, tout indique que le projet colonial s'intègre parfaitement au système idéologique émergent du républicanisme. D'abord parce que la colonisation est posée, dès l'origine, comme un grand projet collectif à même de réunir l'ensemble des groupes sociaux et des partis politiques – même si, au début des années 1880, il n'est pas encore mobilisateur et reste fortement discuté au Parlement dans les années 1884-1886... sur des questions de crédits alloués à ces conquêtes. Ensuite parce que le projet colonial est associé aux valeurs essentielles des républicains : le progrès – le positivisme comtien est la philosophie la mieux partagée dans le camp républicain –, l'égalité, la grandeur de la nation [7].

À cet égard, il faut rappeler le contexte difficile de cette politique. La grande poussée impériale est l'œuvre, au début des années 1880, des républicains opportunistes, et cette politique est alors un combat, puisqu'une fraction des républicains, mais aussi une majorité des conservateurs et des monarchistes s'y opposent alors. Pour les premiers, il s'agit de conformer la politique extérieure aux principes révolutionnaires qui fondent la Ire République – et avant tout l'égalité et la liberté –, pour les seconds de ne pas disperser une énergie nationale qui doit se concentrer sur la reconquête de

---

6 En effet, les cadres de l'armée, à l'image de la droite conservatrice à laquelle les officiers issus de l'aristocratie appartiennent presque tous, sont avant tout obsédés par la perte de l'Alsace-Lorraine et la « revanche » contre l'Allemagne.

7 Claude NICOLET, *L'Idée républicaine en France (1789-1924)*, Gallimard, Paris, 1994 (1982).

l'Alsace et de la Lorraine. C'est lors des débats parlementaires du 22 au 25 décembre 1885 [8] que se joue le basculement politique inaugural : il permettra la fusion des visions républicaine et coloniale, pérennisée dans la longue durée par la création progressive, dans les années 1890-1910, d'un consensus colonial.

Deux des arguments présentés alors en faveur de la colonisation par le député et ancien président du Conseil Jules Ferry nous paraissent essentiels. Le premier est que la République doit revendiquer, au même titre que toutes les grandes nations, une politique de puissance coloniale, seule garantie de sa grandeur face à ses concurrents européens (sous-entendu l'Angleterre), perspective faisant suite à la politique d'expansion napoléonienne. Second argument : si les principes universels de la République sont brandis comme des motivations légitimes de l'impérialisme – la volonté de « civiliser » les indigènes et de les amener progressivement aux lumières de la liberté –, Ferry énonce clairement que les « races inférieures » promises à la colonisation ne peuvent bénéficier, sinon à terme, de ces principes. Il s'opère donc une « rupture épistémologique » qui fait de l'acte de conquête l'un des prolongements naturels de la République – muée dès lors en République colonisatrice ; et qui instaure la différenciation entre « Blancs » et populations extra-européennes en principe de discrimination essentiel de l'application des principes républicains. Cette conjoncture est absolument fondamentale, puisqu'elle institue l'inégalitarisme racial au cœur du dispositif républicain colonial.

Le discours racial va ensuite pénétrer en profondeur le corps politique, par différents canaux : anthropologie physique, influence du darwinisme sur toutes les sciences du vivant, conversions sociopolitiques des énoncés scientifiques (à travers par exemple l'anthroposociologie)... Et ce discours, rationalisé par des théoriciens de l'École d'anthropologie de Paris, se diffusera également massivement dans la culture populaire par des médiations sociales originales, comme les « zoos humains », les affiches de spectacles, la presse populaire ou les cartes postales d'inspiration anthropologique [9].

---

8 Voir *Le Journal des débats*, 22-25 décembre 1885 ; et également Gilles MANCERON, *Marianne et les colonies. Une introduction à l'histoire coloniale de la France*, *op. cit.*

9 Nicolas BANCEL, Pascal BLANCHARD, Gilles BOËTSCH, Éric DEROO, Sandrine LEMAIRE, *Zoos humains. Au temps des exhibitions humaines (XIXe-XXe siècles)*, La Découverte, Paris, 2002 (et La Découverte/Poche, Paris, 2004). Sur l'histoire de l'anthropologie physique, voir : Claude BLANCKAERT, *Les Politiques de l'anthropologie. Discours et pratiques en France (1860-1940)*, L'Harmattan, Paris, 2003, qui éclaire très bien l'enracinement scientifique du schème racial ; voir aussi l'excellent article de Laurent MUCCHIELLI, « Sociologie *versus* anthropologie raciale. L'engagement décisif des durkheimiens dans le contexte "fin de siècle" (1854-1914) », *Gradhiva*, n° 21, 1997, p. 77-94.

S'inscrire dans un mouvement républicain

Cette volonté civilisatrice républicaine va s'articuler, très vite, au projet révolutionnaire, en ce sens que les conquêtes sont légitimées par un horizon, atteignable à long terme par les « indigènes » : c'est le principe originel de la « mission civilisatrice », qui va devenir le dogme central du discours républicain colonial, jusqu'aux décolonisations. Le concept de « mission civilisatrice » se forge dans la représentation d'une unicité de la France et dans la croyance en un lien particulier entre la France et le monde, matérialisé par sa mission universelle d'« éducation », mais aussi par un comportement colonial pragmatique qui souhaite revenir sur les libéralités octroyées jusqu'alors dans les « comptoirs » coloniaux (Indes et Sénégal notamment).

Cette unicité de la nation et ce lien particulier, qui prennent forme graduellement à la fin du XIXe siècle, ne sont pas de simples illusions pour les républicains. L'idée d'unicité se matérialise d'abord en métropole par la politique d'alphabétisation et de scolarisation entreprise, dès avant la grande loi de 1880, par les républicains ; puis elle est projetée comme un principe à étendre à l'ensemble de l'espace colonial conquis ou promis à la conquête. On retrouve également dans le discours de la « mission civilisatrice » tout l'argumentaire positiviste sur le progrès guidé par la science, qui est également l'un des socles d'une république laïque et éclairée face à un clergé majoritairement conservateur et monarchiste. De la même manière, l'argument est transposé sans relâche dans les discours républicains sur les espaces coloniaux. Enfin, ces derniers reprennent l'essentiel des idées républicaines sur la liberté et l'égalité, mais remis à un horizon indécidable, lorsque les « sauvages » seront, enfin, « civilisés » – spécifiant la geste coloniale française par opposition à l'anglaise ou à l'allemande.

Se dessine donc, dès l'origine, une transposition de l'idéologie politique républicaine dans la projection impériale. Cette généalogie est capitale, dans la mesure où les républicains abandonneront assez vite, dans les discours, le thème d'une discrimination raciale essentialisée justifiant la légitimité de la conquête. Cet argument, en effet, n'a plus besoin d'être utilisé : dès la fin du XXe siècle, il constitue la base largement admise de l'action coloniale. Mais il éclaire le régime d'exception qui, à des degrés divers et selon des modèles variables en fonction des contraintes locales, sera institué partout dans les territoires coloniaux – c'est même un des grands particularismes français que d'avoir conçu une multitude de situations juridiques pour les « indigènes » et leurs descendants, dont beaucoup sont issues des régimes successifs qui ont contribué au puzzle colonial. C'est aussi, sans doute, ce qui permet d'éclairer l'absence de contradiction apparente entre une représentation de la République qui doit partout se faire le héraut des droits de l'homme, et sa pratique coloniale où ceux-ci sont constamment bafoués. En dernière analyse, la « mission civilisatrice » est un prolongement logique des droits de l'homme, leur avènement étant promis... lorsque les circonstances le permettront, c'est-à-dire lorsque pourront être abolies les différences culturelles, voire raciales.

On retrouve la trace de cette pensée chez les idéologues de la IIIe République – Ferry et Gambetta particulièrement –, mais aussi chez le socialiste Jean Jaurès qui, en 1884, illustre le « cap utopique » républicain pour les trois quarts de siècle qui vont suivre : « Quand nous prenons possession d'un pays, nous devons amener avec nous la gloire de la France, et soyez sûrs qu'on lui fera bon accueil, car elle est pure autant que grande, toute pénétrée de justice et de bonté. Nous pouvons dire à ces peuples, sans les tromper, que jamais nous n'avons fait de mal à leurs frères volontairement : que les premiers nous avons étendu aux hommes de couleur la liberté des Blancs, et aboli l'esclavage [...]. Que là enfin où la France est établie, on l'aime, que là où elle n'a fait que passer, on la regrette ; que partout où sa lumière resplendit, elle est bienfaisante ; que là où elle ne brille plus, elle a laissé derrière elle un long et doux crépuscule où les regards et les cœurs restent attachés [10]. »

Les thèses de Jules Duval (*Les Colonies et la politique coloniale de la France*, 1864), Paul Leroy-Beaulieu (*De la colonisation chez les peuples modernes*, 1874, reprise d'un ouvrage de 1870), ou Ernest Renan (*La Réforme intellectuelle de la France*, 1871) ont ainsi été digérées, adaptées et intégrées par les plus illustres républicains, de gauche comme de droite – de Jules Ferry au prince d'Arenberg, de Maurice Rouvier à Gambetta, de Delcassé à Poincaré. Le consensus colonial, malgré de très fortes contestations initiales, va ainsi s'affirmer dans les deux dernières décennies du XIXe siècle. Et, après la Première Guerre mondiale, la fiction coloniale d'un espace où s'expérimente l'idéal républicain – union de tous les hommes autour d'un même horizon utopique, abolition des divisions politiques, religieuses, sociales – fonctionnera comme le miroir d'une situation désirée pour la métropole elle-même, au point d'effacer presque totalement la réalité des violences imposées aux peuples colonisés.

Ce consensus est encore renforcé par la présentation des colonies comme la réalisation concrète de l'œuvre civilisatrice, dans ses dimensions les plus pragmatiques : essor économique, progrès social, développement des appareils bureaucratiques coloniaux – bref, la matérialisation d'un

10 Jean JAURÈS, Conférence tenue à l'Alliance française, 1884.

processus de « rattrapage » de la métropole. Enfin, le ralliement au projet colonial de la droite conservatrice et ultra au cours des années 1920, la ferveur impériale des républicains et des gauches modérées à la même période, participent également à la production de ce consensus, même si des débats se poursuivent sur les manières de gouverner les colonies. C'est ainsi que se fixe la légitimité de la colonisation en métropole, jusqu'aux indépendances. Concomitamment, s'amorce, dans les imaginaires politiques, la fusion du colonial et du national. À tel point que, au milieu des années 1920, être anticolonial c'est être antifrançais et, à l'inverse, vouloir une grande France, c'est légitimer la « Plus grande France ».

Comme nous l'écrivions dans *La République coloniale*, avec Françoise Vergès, « l'étude de la participation active, infatigable, dévouée des républicains à l'aventure coloniale, à la construction tant juridique, culturelle que politique de l'Empire, a rarement été prise en compte dans sa dimension propre, c'est-à-dire comme une constellation de réseaux, d'intérêts, de désirs qui, s'ils semblaient parfois s'opposer, se retrouvaient autour d'un rêve : construire un Empire colonial où s'épanouiraient les idéaux de la République [11] ». C'est un point crucial, car la volonté républicaine de construire un Empire qui se différencie autant de l'Empire colonial de l'Ancien Régime que de son grand rival, l'Empire britannique, doit être considérée dans toutes ses dimensions, y compris pragmatique et utopique.

À cet instant, un rêve de république « parfaite » a existé. Il a convaincu une grande partie des élites françaises et une forte proportion de Français. La colonie et la métropole se construisent alors l'une avec l'autre et cette réalité a tout autant façonné la nation que les pays aujourd'hui indépendants (ou « domiens » et « tomiens »). Ainsi, le « citoyen républicain » peut devenir un colonial en revendiquant son républicanisme ; il peut être imprégné de la valeur d'égalité tout en pratiquant un « racisme colonial » de bon aloi ; il peut participer à un système de ségrégation outre-mer (y compris en métropole pour les migrants venus des outre-mers) et dénoncer les régimes qui pratiquent un système comparable, comme l'Allemagne dans les années 1930 ou l'Amérique dans les années 1950 ; il peut revendiquer l'universel, tout en le limitant à l'homme blanc et à une minorité d'« hommes de couleur » *via* une « discrimination positive » parfaitement organisée [12]. Ce qui nous apparaît aujourd'hui être contradictoire est alors la norme, y compris pour les principaux responsables politiques, avec par

---

11 Nicolas Bancel, Pascal Blanchard et Françoise Vergès, *La République coloniale. Essai sur une utopie*, *op. cit.*

12 Voir sur ce point l'étonnante synthèse de Dominique Colas, *Race et racisme, de Platon à Derrida. Anthologie critique*, Plon, Paris, 2004.

exemple le double discours d'un Marius Moutet, président de la Ligue des droits de l'homme, défenseur d'un grand nombre de leaders anticoloniaux et ministre des Colonies du Front populaire [13], ou les postures encore vivaces aujourd'hui d'un prétendu « humanisme colonial » d'un Maurice Delafosse, d'un André Demaison, d'un Robert Delavignette ou d'un Georges Hardy.

Est-ce vraiment la République ?

Dans ce processus essentiel de construction de valeurs d'identification et de représentations de l'espace national qui intègre l'espace colonial, quel rôle a joué réellement la République ? Il serait évidemment très excessif d'affirmer qu'elle en est la seule instigatrice, comme si elle était un corps vivant et unique. Mais force est de constater qu'elle a participé pleinement à ce processus. Parce que les valeurs qui fondent l'identité nationale sont des idées profondément enracinées dans l'héritage républicain, leur promotion par les républicains à partir de 1880 est parfaitement logique [14]. Incontestablement, la République a contribué à forger politiquement les archétypes relatifs aux populations coloniales, en légitimant sur la longue durée leur subordination – le Code de l'indigénat étant la plus évidente expression de cette domination légalisée sous cette forme à partir de 1881 – selon un principe originellement racial, jusqu'à inventer culturellement l'« homme/non-homme » et le « citoyen/non-citoyen » qu'est l'« indigène ».

Elle contribue aussi à la dilatation progressive de l'espace national dans l'espace impérial. L'obsession des républicains de concurrencer la droite monarchiste et la droite ultra émergente sur le terrain du patriotisme et de l'expansionnisme continental, les contraint à une double posture : être « nationalistes », et de préférence plus encore que toutes les autres doctrines ou tendances, mais aussi choisir le terrain de leur propre patriotisme, le rendre distinct et visible contre tous les autres. C'est pourquoi, dans tous les discours de propagation de la foi coloniale républicaine, la nation est intimement adossée à la colonie.

13 En 1918, alors que des dizaines de milliers de coloniaux sont au front, Marius Moutet déclare au Parlement : « Si l'on veut faire œuvre pratique, il faut décidément renoncer à l'unité mystique des êtres humains qui pourraient indifféremment recevoir les mêmes lois… »

14 Christophe CHARLE, *Les Élites de la République, 1880-1900*, Fayard, Paris, 1987 ; et Christophe PROCHASSON, *Les Années électriques, 1880-1910*, La Découverte, Paris, 1991.

Ainsi, dès 1890, la confusion entre espace national et espace colonial s'établit. Les républicains étant les principaux promoteurs de cette confusion, elle sera dès lors reprise par tous les moyens institutionnels à la disposition de l'État républicain et, au premier chef, par l'école. La célèbre carte ornant les murs des salles de classe, représentant en rose la France et son Empire, n'est pas anecdotique, un simple souvenir innocent de l'ambition coloniale républicaine : un peu rouge, révolutionnaire et communard ; un peu blanc, tendance Ancien Régime et les « quarante rois qui ont fait la France ». Elle symbolise en réalité la création de cet espace élargi de la nation – tout régime se doit, jusqu'alors en France, d'agrandir les frontières dont il hérite – et permet concrètement de le représenter. Le résultat est que le territoire national est *colonisé* par l'Empire.

Ce dernier permet une « renationalisation » de l'espace français, en donnant une nouvelle vigueur à une identité nationale menacée par des mouvements sociaux révolutionnaires. L'internationalisme des nouveaux mouvements révolutionnaires est en effet perçu comme une nouvelle menace, qui pourrait trouver des forces auprès des populations colonisées. Cet internationalisme, ce *cosmopolitisme* naissant est à combattre et la renationalisation de l'identité française par l'Empire va aider à le contrer. L'ouvrier français, le syndicaliste, la féministe, le curé, le socialiste peuvent eux aussi participer à la mission civilisatrice, c'est une sorte de creuset absolu de la francité, un moule à « fabriquer du républicain [15] », une matrice idéale pour donner vie aux nouveaux héros de la République... C'est le grand Ouest de la France, notre vierge prairie, certes peuplée d'indigènes, mais qui d'une certaine manière ne sont que partie prenante du décor.

La généalogie républicaine de l'idéologie coloniale moderne va entraîner une conséquence que les républicains opportunistes n'avaient certainement pas prévue : la pérennisation d'un double discours colonial. Il existe en effet une différence de nature entre la métropole et les colonies. Dans le premier cas, les réformes républicaines, mêmes si elles ne débouchent pas sur une modification radicale des structures sociales – ce n'est d'ailleurs par leur but –, permettent une certaine mobilité sociale et, au prix de la méfiance envers les langues et les cultures régionales, la formation d'un État-nation dans lequel les Français vont se reconnaître. Il existe donc une adéquation possible entre discours républicain universel et réalisation concrète, en France, de la République. Dans les colonies et au travers des migrations ex-coloniales (les outre-mers de métropole), il en va évidemment autrement. La permanence de la domination directe de la métropole

---

15 Serge Berstein et Odile Rudelle (dir.), *Le Modèle républicain*, PUF, Paris, 1992.

exige des moyens coercitifs importants – c'est d'ailleurs pourquoi on épargne le sang français en inventant le « supplétif » – et le maintien d'une inégalité de fait entre colons et colonisés, entre migrants et nationaux.

La généalogie républicaine du colonialisme moderne peut nous éclairer sur les formes contemporaines de son occultation. Refuser d'envisager la période coloniale comme un processus affectant aujourd'hui les cultures politiques en métropole, et en particulier le républicanisme, n'est-ce pas une manière d'éviter de s'affronter au réel, pour maintenir les tables d'une loi républicaine que l'on sent, confusément, menacée ? Cette attitude est explicable, mais elle est assurément dommageable à la compréhension du processus historique qui a rendu possible la République coloniale, et donc à sa nécessaire décolonisation.

2

Aux origines : l'indépendance d'Haïti et son occultation

Marcel Dorigny

La mémoire coloniale de la France a toujours été double : la légende « dorée » de l'épopée coloniale, de l'exotisme érigé en mythe populaire et souvent en vecteur publicitaire à connotation raciste à peine voilée, d'une part ; les drames de la décolonisation et de ses guerres longtemps non reconnues comme telles, avec leurs massacres, tortures et traumatismes pour les populations, colonisés comme colonisateurs contraints à un retour vers une métropole presque toujours devenue terre étrangère, d'autre part. Ces drames récents, qui dominent sans conteste aujourd'hui la mémoire coloniale, ne furent pourtant pas les premiers de la longue histoire coloniale française. Bien au contraire ils s'inscrivent dans une suite d'échecs inaugurée à la fin du XVIIIe siècle mais que l'histoire nationale a systématiquement oubliés, refoulés, occultés.

Le premier de ces échecs fut la perte du Canada français, à la suite de la défaite dans la guerre de Sept Ans, face à l'Angleterre, en 1763. Pourtant, cette perte des « arpents de neige » tournés en dérision par Voltaire n'a pas laissé de plaies béantes dans la mémoire française – du moins métropolitaine, car nous n'ignorons pas combien les Français du Canada ont mal accepté ce retrait de la « mère patrie »... Bien sûr, les manuels scolaires, ce lieu où s'est édifiée l'identité nationale pour des générations de futurs citoyens soldats de la République, ont conservé la trace de cette « Nouvelle France » perdue, mais sans jamais omettre de rappeler la culpabilité de l'Angleterre, cette éternelle ennemie des intérêts coloniaux français, et que d'autres guerres avaient lavé l'affront, notamment celle d'Amérique où les La Fayette, Rochambeau et de Grasse avaient contribué à la naissance de la

République américaine en détruisant la puissance britannique en Amérique du Nord. Ainsi la perte des terres françaises du Canada était-elle présentée, en fin de compte, comme une affaire intra-européenne, une étape dans le long conflit qui opposa les deux puissances atlantiques dans une « seconde guerre de Cent Ans ».

Aux origines de la fracture coloniale

Ce n'est donc pas là qu'il faut chercher le point de départ de la « fracture » qui caractérise aujourd'hui les rapports de la France avec son passé colonial mal assumé, mais dans la rupture autrement plus radicale qu'imposa à la métropole la proclamation de l'indépendance de la République d'Haïti, le 1er janvier 1804, sur les ruines de la puissante colonie française de Saint-Domingue – la « perle des Antilles », selon la formule consacrée par les voyageurs et les administrateurs de la fin du XVIIIe siècle. Face à une France à l'apogée de sa gloire et de sa puissance, au moment où le Premier Consul s'apprêtait à se faire empereur des Français et à écraser l'Europe de sa force militaire pour lui imposer la « loi des Français », la proclamation d'une « République de nègres » sur une terre française depuis Louis XIV était un affront inouï ; d'autant plus que Saint-Domingue avait été le fleuron de la « colonisation moderne », c'est-à-dire de la plantation sucrière esclavagiste massivement exportatrice pour l'Europe entière. Le choc fut vivement ressenti par les contemporains, du moins ceux qui comprirent que la rupture coloniale était définitive et que jamais cette terre ne redeviendrait française, malgré les innombrables proclamations contraires, jusqu'à celle des puissances européennes réunies à Vienne en 1814 qui reconnurent unanimement le « droit de la France » à recouvrer sa colonie rebelle depuis 1804.

Deux siècles après la rupture irréversible entre Haïti et son ancienne métropole, la fracture n'est toujours pas ressoudée et la mémoire française peine à faire une place, dans son vaste patrimoine postcolonial, à Haïti, pourtant aujourd'hui le deuxième pays francophone du monde après la France elle-même, mais devant le Québec et la Belgique. De multiples signes manifestent cet « oubli » du passé de colonie française de l'actuelle République haïtienne : bon nombre de Français d'aujourd'hui ne confondent-ils pas Haïti avec la lointaine Tahiti ? Un simple sondage autour de soi permet de vérifier la fréquence de la confusion, qui est loin d'être l'apanage des « ignorants »... Une émission de radio de grande écoute, au début de l'année du bicentenaire de l'indépendance haïtienne, ne posait-elle pas naïvement la question : « Mais pourquoi parle-t-on français en Haïti ? »

Et, plus étonnante encore, voire plus inquiétante, la déclaration en mars 2000 du président de la République française, en réponse à cette question d'un journaliste de la République dominicaine : « Que pense faire la France, la France pays riche qui a eu [ici] une de ses colonies ? Que feront d'autres pays pour participer véritablement au développement de Haïti ? » Jacques Chirac affirma tout simplement et, semble-t-il, sans déclencher les sarcasmes ou les commentaires désobligeants de la presse française, métropolitaine ou antillaise : « Haïti n'a pas été, à proprement parler, une colonie française, mais nous avons effectivement depuis longtemps des relations amicales avec Haïti, dans la mesure où notamment nous partageons l'usage de la même langue. Et la France a eu une coopération et a toujours une coopération importante avec Haïti et elle continuera à l'avoir [1]. »

Ainsi l'oubli d'Haïti, première indépendance noire, est solidement ancré dans l'inconscient national, jusqu'au plus haut niveau de l'État où, en une réponse lapidaire probablement non préparée, le président de la République lui-même – dont on ne peut douter de la connaissance des faits – a spontanément formulé le credo français le plus commun : Haïti n'a pas été une colonie française ; et personne sur l'instant n'a relevé l'énormité du propos. Un tel « trou de mémoire » est assurément révélateur d'un malaise profond et ancien. La perte d'une colonie – le Canada par exemple – au profit d'une autre grande puissance européenne pouvait être admise, car elle ne remettait pas en cause le principe colonial lui-même ; de la même façon, l'indépendance des États-Unis, au profit des seuls colons blancs, entrait dans une catégorie que la pensée des Lumières avait su prévoir de longue date. En revanche, la perte de Saint-Domingue par une défaite face à une insurrection d'esclaves transformée en guerre de libération était inacceptable, car elle transgressait un dogme jusqu'alors unanimement admis, celui de la supériorité des Blancs sur les autres peuples. Un État dirigé par des descendants d'Africains était par essence hors de l'ordre politique et relevait de la barbarie. Le mécanisme de l'oubli entra aussitôt en œuvre et fit très rapidement sortir la naissance d'Haïti de l'histoire coloniale française. Les modalités et les étapes de cette « évacuation » peuvent être sommairement reconstituées.

---

1 Conférence de presse conjointe de Jacques Chirac, président de la République, et de Percival J. Patterson, Premier ministre de la Jamaïque et président du Cariforum, Pointe-à-Pitre (Guadeloupe), 10 mars 2000.

Une défaite niée... et des « pères fondateurs » occultés

La première étape de cet oubli organisé se mit en place dès le tout début du XIXe siècle, avant même l'acte d'indépendance du 1er janvier 1804 : le corps expéditionnaire commandé par Emmanuel Leclerc, propre beau-frère de Napoléon Bonaparte, fut vaincu à la fois par les troupes noires et mulâtres de Toussaint Louverture, puis de ses successeurs Pétion, Christophe et Dessalines, et par les ravages occasionnés par les « fièvres » tropicales sur des soldats européens peu acclimatés. À Paris, le pouvoir consulaire, alors tout occupé à construire méthodiquement l'image d'un Bonaparte invaincu et pacificateur de l'Europe ralliée aux idéaux de la Révolution, ne pouvait laisser se répandre une information aussi désastreuse : les presque 50 000 soldats – victorieux depuis 1792 à travers l'Europe – envoyés à Saint-Domingue, pour y rétablir la souveraineté française bafouée par un général noir qui avait osé promulguer une Constitution en sa faveur, ne pouvaient être vaincus par des nègres à peine sortis de l'esclavage. Il était encore moins pensable que la mort du propre beau-frère du « héros des Pyramides » et du « sauveur de la République » fût colportée par la presse l'année même du triomphe de Bonaparte tant à l'extérieur qu'à l'intérieur.

Ainsi, la cérémonie des funérailles de Leclerc, ramené en France *via* Toulon, fut-elle exemplaire de la volonté d'éviter tout retentissement national à la mort du commandant en chef de la plus grande expédition française jamais envoyée outre-mer jusqu'alors et qui tournait au désastre militaire et politique. Le cortège, qui devait rejoindre le château familial de Villers-Cotterêts, évita soigneusement Paris, et la cérémonie et le convoi funèbres furent organisés dans la plus grande discrétion ; la presse ne s'en fit pas l'écho et surtout les références à Saint-Domingue furent minimisées, ou occultées, pour faire du général mort une victime de sa seule bravoure [2].

Aujourd'hui, quel manuel d'histoire générale de la période napoléonienne évoque-t-il la bataille de Vertières (18 novembre 1803), la première grande défaite des troupes napoléoniennes ? Les manifestations commémoratives les plus récentes n'ont pas dérogé à cette pratique du silence, comme l'a confirmé la grande exposition du Musée de la Marine à Paris, de mars à août 2004, *Napoléon et la mer. Un rêve d'Empire*, qui ne consacra pas une

2 Pour un récit détaillé et argumenté de cette cérémonie funèbre, voir Bernard GAINOT et Mayeul MACÉ, « Fin de campagne à Saint-Domingue, novembre 1802-novembre 1803 », *in* Marcel DORIGNY (dir.), *Haïti, première République noire*, Société française d'histoire d'Outre-Mer, Paris, 2004.

ligne, ni une image, à la guerre de Saint-Domingue et à la naissance d'Haïti, l'année même de leur bicentenaire [3].

Mais l'occultation ne se limita pas à l'indépendance de la colonie : elle frappa aussi ceux qui jouèrent un rôle moteur dans la mise en marche de la dynamique révolutionnaire de Saint-Domingue, qu'ils aient ou non souhaité la rupture politique avec la France. Le cas exemplaire de cette occultation est celui de Léger Félicité Sonthonax, l'un des grands oubliés de l'histoire alors qu'il proclama le premier l'abolition de l'esclavage dans une colonie moderne, le 29 août 1793, puis joua un rôle décisif dans la restructuration de la société postesclavagiste. Les dictionnaires, qui sont le vecteur le plus efficace de la transmission de la mémoire historique et demeurent des références pour les générations successives, en témoignent. L'oubli de Sonthonax, dont le nom est indissociable de celui de Saint-Domingue en Révolution, est en quelque sorte inscrit en creux dans les grands dictionnaires en usage en France aux XIXe et XXe siècles. Leur étude, réalisée par Roland Desné [4], est éloquente de l'effacement de la mémoire des événements de Saint-Domingue des années 1793-1803 : sur les trente-huit dictionnaires dépouillés, plus de la moitié (vingt titres entre 1825 et 1990) ignorent totalement jusqu'à son nom, que ce soit sous forme d'article ou de simple référence dans un index. Plus explicite encore est la chronologie des occurrences : plus on se rapproche de la seconde moitié du XXe siècle, moins Sonthonax est présent dans les dictionnaires et, *in fine*, aucune mention ne figure dans l'*Encyclopædia Universalis*, pas plus que dans le *Grand Robert des noms propres*, en quatre volumes.

Plus étonnant encore est sa quasi-absence, et plus généralement celle d'Haïti, dans la plupart des dictionnaires historiques consacrés à la Révolution française parus à l'occasion du bicentenaire : le *Dictionnaire critique de la Révolution française* de François Furet et Mona Ozouf ignore son existence, ce qui surprend peu puisque les colonies elles-mêmes y sont occultées ; et il en est de même dans celui (pourtant très largement biographique) dirigé par Jean Tulard et dans celui de Claude Manceron. Dans sa gigantesque biographie historique, Roger Caratini lui consacre une notice,

---

3 Voir, notamment, le catalogue de l'exposition *Napoléon et la mer. Un rêve d'Empire*, Musée national de la Marine, Paris, 2004. L'occultation de la défaite de Saint-Domingue est totale : la légende du grand portrait de l'amiral Decrès, ministre de la Marine de 1801 à 1815, ne mentionne aucunement son rôle dans la décision de rétablir l'esclavage à Saint-Domingue pas plus que dans l'expédition Leclerc.

4 Roland Desné, « Sonthonax vu par les dictionnaires », *in* Marcel Dorigny (dir.), *Léger Félicité Sonthonax. La première abolition de l'esclavage, la Révolution française et la Révolution de Saint-Domingue*, Société française d'histoire d'Outre-Mer, Paris, 1997 (réédition augmentée en 2005).

mais totalement dépourvue de référence à l'acte abolitionniste, précurseur de la rupture coloniale : « Agent révolutionnaire ; né à Oyonnax le 14 mars 1763, mort dans cette même ville le 28 juillet 1813. Fils d'un négociant aisé, Sonthonax fut chargé avec Polverel et Ailhaud de prendre les mesures nécessaires pour rétablir l'ordre dans la colonie de Saint-Domingue en juin 1792. » Il est difficile de donner moins d'éléments de compréhension au lecteur non informé ! Avec de telles notices, il est aisé de comprendre comment la trace de la « fracture » haïtienne a été enfouie profondément dans la mémoire historique. Seul le *Dictionnaire historique de la Révolution française* [5] lui consacre une notice informative.

Si l'on considère maintenant la postérité de l'autre grand acteur de l'abolition de l'esclavage et de la naissance d'Haïti, Toussaint Louverture, le constat va dans le même sens, avec un degré d'occultation moindre. En effet, si le héros noir de la guerre d'indépendance est une figure plus ou moins connue du grand public aujourd'hui, force est de constater que cette connaissance est floue et surtout a connu de longues périodes d'occultation : le début du XIXe siècle a vu se multiplier les biographies, souvent fantaisistes ou romancées, de Toussaint (Lamartine et Schœlcher, entre autres, lui ont consacré des ouvrages), puis un long silence l'a relégué dans une zone obscure de notre histoire (alors qu'il était érigé en héros national en Haïti) jusqu'à sa redécouverte, mais par des auteurs noirs engagés dans ce qui devenait le « tiers-mondisme » et la « négritude » [6]. C'était le retour du « précurseur » d'Haïti sur le devant de la scène éditoriale, lequel ne s'est toutefois pas traduit, loin s'en faut, par l'entrée de cette histoire dans les manuels scolaires. Si la figure de Toussaint Louverture est parfois évoquée, le plus souvent par un portrait, elle est rarement liée à une étude de l'histoire de la Révolution de Saint-Domingue et moins encore à la proclamation de l'indépendance de la colonie.

Au-delà, ce sont en fait presque toutes les « grandes histoires » de la Révolution française, y compris les plus récentes, qui ignorent la Révolution de Saint-Domingue, où n'y font allusion que par ses incidences sur le cours de la « grande histoire » de l'affrontement révolutionnaire : la flambée des prix des produits coloniaux en 1792, la guerre navale au moment de la formation de la seconde coalition, la défaite de l'Espagne en l'an III et

---

5 Paru à titre posthume sous le nom d'auteur d'Albert Soboul, PUF, Paris, 1989 (2005).

6 Signalons la biographie rédigée par Cyril L. R. James, dès avant la Seconde Guerre mondiale, traduite en français en 1949 (*Les Jacobins noirs. Toussaint Louverture et la Révolution de Saint-Domingue*, Gallimard, Paris, 1949), puis l'essai d'Aimé Césaire, en 1960 (*Toussaint Louverture*, Club français du livre, Paris, 1960) ; et, plus récemment, les biographies successives de Pierre Pluchon, il est vrai fort peu positives pour le héros.

l'avantageux traité de Bâle... Que le lecteur se reporte au chapitre d'Yves Bénot, dans son ouvrage devenu classique[7], intitulé fort judicieusement « Dans le miroir truqué des historiens », et il verra combien les plus grands noms de l'historiographie révolutionnaire, Jean Jaurès et Georges Lefebvre exceptés, ont ignoré la révolution antiesclavagiste de Saint-Domingue et par voie de conséquence son issue haïtienne. Or, et cela est capital pour comprendre les mécanismes de l'oubli, des générations de professeurs d'histoire du secondaire – et d'auteurs de manuels scolaires – ont été formées par la lecture de ces maîtres prestigieux. Comment auraient-ils pu transmettre à leurs propres élèves une histoire qui ne leur avait jamais été enseignée ? Le plus inquiétant est de constater que rien ne semble avoir changé depuis, si l'on se fie aux publications récentes : deux *Révolution française* ont été publiées en 2004, par des auteurs supposés bien informés, sans que la moindre trace des « événements coloniaux » ait été instillée dans le récit et les analyses[8].

Une lente et progressive mise à l'écart

En 1826, après la reconnaissance de son indépendance par la France, Haïti fut le seul État indépendant à être exclu du Congrès de Panama, qui réunissait pour la première fois les « nouveaux pays libres d'Amérique ». Les conditions de la reconnaissance diplomatique de l'indépendance de l'ancienne colonie française contribuèrent grandement à cette non-intégration d'Haïti dans le concert des nations. En effet, après de multiples tentatives de retour, directes ou indirectes, la France s'orienta à partir de 1823-1824 vers l'abandon de tout espoir de reprise de l'île, acceptant enfin les propositions de « rachat » des biens des colons qui avaient été faites par Pétion dès 1813.

Telle fut bien la doctrine qui présida à la promulgation par Charles X, le 17 avril 1825, de la fameuse ordonnance reconnaissant la souveraineté haïtienne : les deux premiers articles imposaient des conditions commerciales inégalitaires et surtout le paiement d'une indemnité de cent cinquante millions de francs or au titre de la perte des propriétés particulières des colons français, alors que le troisième et dernier article reconnaissait en termes des plus équivoques l'indépendance : « Nous concédons, à ces conditions, par la présente, aux habitants actuels de la partie française de Saint-Domingue,

---

7 Yves BÉNOT, *La Révolution française et la fin des colonies*, La Découverte, Paris, 1987 (2003).

8 Jean-Paul BERTAUD, *La Révolution française*, Perrin, Paris, 2004 ; et Jean-Clément MARTIN, *La Révolution française : une histoire sociopolitique*, Belin, Paris, 2004.

l'indépendance pleine et entière de leur gouvernement. » La rédaction de l'ordonnance royale n'évoquait pas une seule fois l'existence d'un État nommé Haïti, et conservait la fiction que la « partie française de Saint-Domingue » existait encore... C'était à la fois admettre la souveraineté des habitants sur cette terre et nier l'existence d'Haïti en tant qu'État nouveau.

Par la suite, un long contentieux opposa la France à Haïti pour le paiement effectif de l'indemnité, revue à la baisse en 1838 mais cette fois sans lier son paiement à la reconnaissance politique de la République d'Haïti. Ce contentieux pesa très lourdement dans les relations franco-haïtiennes au cours du XIXe siècle et ne contribua pas à faire d'Haïti un « État comme les autres » aux yeux de la France alors en pleine phase d'expansion coloniale. Cette République, unique aux Amériques par sa nature, était un mauvais exemple pour les peuples en voie de colonisation, en Afrique surtout. À ce titre, elle fut systématiquement marginalisée, y compris par la puissance régionale émergente, puisque les États-Unis, bien qu'issus également d'une révolte contre leur métropole, ne reconnurent son existence qu'en 1864. Ainsi la France ne fut pas la seule puissance à reculer le plus possible pour admettre l'existence d'un État fondé par des descendants d'esclaves, mais l'ex-maîtresse des lieux eut plus de difficultés que d'autres à l'intégrer pleinement à son histoire. Deux siècles plus tard, le processus d'intégration de ce passé douloureux est loin d'être achevé.

Si Haïti est sorti de la mémoire coloniale française avec une rapidité étonnante, la trace des modalités de cette sortie se lit encore dans les archives de la gestion de la société postcoloniale et plus encore dans l'enracinement d'une pratique qui fera école : les colons rentrés en France après l'indépendance (ou dès la Révolution des esclaves pour beaucoup) ont inauguré, à leur profit, un double système de ce que l'on pourrait appeler des « réparations ».

Ce fut d'abord, dès les premiers retours de Saint-Domingue, en l'an III de la République (1795), la mise en place d'une législation pour leur apporter des secours. Elle fut par la suite sans cesse affinée et précisée, après 1803-1804, mais encore après 1825, puis sous la Monarchie de Juillet, le Second Empire et encore les toutes premières années de la IIIe République. De 1795 à 1873, les régimes successifs de la France postrévolutionnaire ont ainsi versé des secours aux colons de Saint-Domingue, puis à leurs ayants droit, fils, petits-fils voire arrière-petits-fils.

Puis, après la ratification par les autorités haïtiennes de l'ordonnance de Charles X du 17 avril 1825, ce fut la mise en place de la procédure d'indemnisation proprement dite : de 1826 à 1832, le ministère français des Finances, anticipant le paiement des sommes dues par Haïti en application de l'ordonnance reconnaissant son indépendance, versa aux colons la valeur estimée de leurs propriétés perdues irréversiblement. Le calcul de la valeur de ces biens se fit sur la base, non d'une supposée valeur de l'« époque française » qui ne correspondait plus à aucune réalité en 1825, mais sur celle du montant des exportations d'Haïti en 1823, année choisie comme référence : la valeur de ces exportations se montait alors à 30 millions de francs or (contre 150 millions en 1789) ; en estimant le bénéfice à 50 % de ce chiffre, on arrivait à 15 millions de profit par an pour les anciennes propriétés des colons, devenues haïtiennes. Ainsi, la valeur du capital de ces propriétés fut-elle estimée à dix années de profit, soit 150 millions. Ce fut la somme exigée d'Haïti, payable en cinq annuités de 30 millions chacune.

En réalité, Haïti fut incapable de respecter ce calendrier. Après un premier paiement de 30 millions (empruntés principalement auprès des banques françaises), il y eut interruption des paiements jusqu'au traité de 1838, qui réduisit la dette à 90 millions, dont les 30 déjà payés, et étala les paiements sur trente ans. Ce nouveau calendrier ne fut pas davantage respecté et la dernière annuité fut soldée en 1883 seulement. Ainsi Haïti a-t-elle payé intégralement sa « dette de l'indépendance » envers son ancienne métropole, mais au prix de la mise en place d'une double dépendance : financière, d'une part, puisque la dette fut en partie payée par d'autres emprunts ; commerciale, d'autre part, puisque l'exportation du café vers la France fut le seul moyen de se procurer des devises pour payer une dette libellée en francs or [9].

La perte de Saint-Domingue a ainsi permis la mise en place de la première législation postcoloniale destinée à secourir puis à indemniser les « rapatriés », pour utiliser un terme qui reviendra sur le devant de la scène à l'occasion d'autres indépendances coloniales, un siècle et demi plus tard : ce mécanisme servira de matrice pour les autres décolonisations tragiques que la France a connues au XXe siècle – c'est sur ce modèle que sera notamment élaboré le processus d'indemnisation des « rapatriés d'Algérie », après 1962. Car si la mémoire de Saint-Domingue a été oubliée, celle des modes d'indemnisation a vite été retrouvée...

---

9 Voir, pour un résumé simple de la procédure du calcul de la « dette de 1825 » : François Blancpain, « L'ordonnance de 1825 et la question de la l'indemnité », *in* Yves Bénot et Marcel Dorigny (dir.), *1802, rétablissement de l'esclavage dans les colonies françaises. Aux origines d'Haïti*, Maisonneuve et Larose, Paris, 2003, p. 211-222.

Une mémoire retrouvée ?

Qu'en est-il aujourd'hui de cette blessure coloniale profonde causée par le traumatisme haïtien ? La France, qui a commémoré en 1998 le cent cinquantième anniversaire de la seconde abolition de l'esclavage dans ses colonies (sans pour autant se souvenir de la première, celle de 1794...), a-t-elle réintégré Haïti dans sa mémoire ? Si l'on s'en tient aux signes extérieurs que sont les « lieux de mémoire » visibles par tous dans le paysage urbain le plus quotidien, force est de constater que le vide reste la règle : nous sommes face à ce que l'on pourrait appeler le silence des lieux de mémoire.

En effet, nous constatons que Paris, ce réceptacle de la mémoire nationale, a généreusement donné des noms de rues et de places aux territoires qui ont formé le premier Empire colonial français. Ainsi, la Martinique, la Guadeloupe, la Guyane, anciennes colonies devenues départements d'outre-mer, ont des rues à leur nom dans la capitale ; les Antilles et la Réunion ont des places ; le Canada, colonie prise par l'Angleterre, a sa rue, de même que la Louisiane, colonie vendue aux États-Unis en 1803... Mais aucun lieu de Paris ne rappelle le souvenir d'Haïti, pas même sous son nom colonial de Saint-Domingue, et pas davantage à travers les acteurs de sa révolution, puisque les noms de Sonthonax ou de Toussaint Louverture n'ont jamais été gravés sur des plaques de rue ou sur des édifices publics parisiens. Il faut aller jusqu'à Pontarlier pour trouver un lycée portant le nom de Toussaint Louverture, au pied du rocher où est accroché le fort de Joux, lieu d'incarcération et de mort du chef de la rébellion de Saint-Domingue... La fracture coloniale qui efface jusqu'à la trace des faits joue ici pleinement son rôle : on ne grave pas dans la pierre des édifices de la capitale des noms qui rappellent la rupture de 1804 où des Noirs ont pris leur indépendance contre Napoléon lui-même.

Pourtant, un frémissement peut être observé à la faveur de la lente remontée à la surface de l'actualité des épisodes oubliés de la colonisation, y compris de la première, esclavagiste par essence. La mobilisation importante des communautés d'Outre-Mer pour la reconnaissance du crime contre l'humanité que furent la traite négrière et l'esclavage a conduit à l'adoption d'une loi en ce sens, votée le 10 mai 2001 par la représentation nationale unanime [10]. Cette loi a contribué à la prise de conscience, certes encore limitée, des réalités tragiques de cette première colonisation oubliée et dont Haïti constitue le symbole achevé. Dans ce contexte nouveau pour

10 Voir la contribution de Françoise Vergès dans cet ouvrage, p. 67.

la France, une certaine réouverture des portes de la mémoire coloniale semble s'apercevoir, à l'aube du bicentenaire de 1804 : un comité, présidé par Régis Debray, a été chargé par les plus hautes autorités de la République de dresser le bilan des relations franco-haïtiennes et de faire des propositions pour une nouvelle coopération entre l'ancienne métropole et la « première République noire » [11].

Mais personne n'oserait affirmer que la seule nomination d'un « Comité de réflexion et de propositions sur les relations franco-haïtiennes » effacera toute trace de cette profonde cassure qui a fait sombrer Haïti dans un oubli quasi total pour la grande majorité des Français d'aujourd'hui alors que toutes les causes profondes de cette amnésie collective demeurent. Si un jour Haïti réintègre la mémoire française, ce sera au prix d'un long travail où la recherche savante et la diffusion de son histoire dans les manuels et les programmes scolaires auront été organisées à grande échelle, dans une vaste relecture nationale de l'histoire coloniale et de ses séquelles. En l'attente de ce travail de longue durée, s'agissant d'Haïti, le constat reste sévère : la fracture coloniale qui caractérise la mémoire française depuis la fin des processus d'indépendance des années 1960 a pris naissance avec la réaction de Paris face à la rupture unilatérale de 1804. Et elle demeure ouverte depuis maintenant deux siècles.

11 Voir le rapport de ce comité : Régis Debray (dir.), *Haïti et la France. Rapport à Dominique de Villepin, ministre des Affaires étrangères*, La Table ronde, Paris, 2004.

3

Quand une mémoire (de guerre) peut en cacher une autre (coloniale)

BENJAMIN STORA

Dans mon ouvrage paru en 1991, *La Gangrène et l'Oubli* [1], j'avais analysé comment un ensemble subtil de mensonges et de refoulements, de dénis et de trous de mémoire, de part et d'autre de la Méditerranée, s'était longtemps combiné pour occulter, ou déformer, l'histoire de la guerre d'Algérie. Aujourd'hui, la mémoire de cette guerre a fait retour, massivement, dans les deux sociétés, algérienne et française. Mais derrière cette guerre qui revient se dissimule un autre pan d'histoire, bien plus gigantesque, celui de la colonisation. Ce « bloc » d'histoire, toujours si imposant, presque immobile, précisément à l'origine de la guerre d'Algérie, reste encore à explorer, à étudier. Car, en dépit du travail accompli par les historiens depuis plusieurs années, la société française n'a pas vraiment mémorisé l'histoire coloniale [2]. Pour preuve, la façon dont la guerre d'Algérie est « reçue » par la société française.

---

1 Benjamin STORA, *La Gangrène et l'Oubli. La mémoire de la guerre d'Algérie*, La Découverte, Paris, 1991 (réédition, La Découverte/Poche, Paris, 1998).

2 Voir, par exemple : Jean MEYER, Jean TARRADE, Annie REY-GOLDZEIGUER et Jacques THOBIE, *Histoire de la France coloniale, des origines à 1914*, tome I, Armand Colin, Paris, 1990 ; Charles-Robert AGERON, Jacques THOBIE, Gilbert MEYNIER et Catherine COQUERY-VIDROVITCH, *Histoire de la France coloniale, de 1914 à 1990*, tome II, Armand Colin, Paris, 1990 ; Charles-Robert AGERON et Marc MICHEL (dir.), *L'Ère des décolonisations*, Karthala, Paris, 1995 ; et Marc FERRO (dir.), *Le Livre noir du colonialisme. XVIe siècle-XXIe siècle, de l'extermination à la repentance*, *op. cit.*

Un drame périphérique

Cinquante ans après le début de la guerre d'Algérie, les groupes portant la mémoire de ce conflit dans la société française sont maintenant assez bien connus. Tous ses acteurs, trois millions environ en 1962 – essentiellement des soldats (1,2 million), pieds-noirs (1 million), immigrés (400 000), harkis (100 000) –, ont eu des enfants qui sont maintenant devenus adultes [3]. Dans la société des années 1990-2000, ce sont ces derniers qui ont tenté, de différentes manières, de se réapproprier cette mémoire, pour savoir ce qui s'est réellement joué dans ce conflit. De nos jours, sur soixante millions d'habitants que compte la France, six à sept millions de personnes sont donc directement concernées par la guerre d'Algérie. Ce chiffre peut paraître considérable, mais il est trompeur.

Pourquoi, en effet, subsiste-t-il la sensation diffuse que le reste de la société française ne se sent pas « touché » par cette histoire coloniale ? Est-ce que les groupes précités ne sont pas, précisément, isolés dans la société française ? Et non seulement isolés dans la société, mais isolés entre eux ? Dans le fond, ce refoulement de la guerre d'Algérie, si souvent évoqué, n'a-t-il pas été possible justement parce que le cœur de la société française n'a jamais véritablement intégré la question coloniale ? En fait, pourquoi la guerre d'Algérie apparaît-elle toujours comme extérieure, *périphérique*, dans l'histoire générale de la France contemporaine ?

Il est possible d'invoquer l'oubli de cette guerre pour comprendre ce rejet en périphérie. Les lois d'amnistie votées à propos de la guerre d'Algérie ont empêché que soient jugés certains actes commis. Ces lois de 1962, 1964, 1974 et 1982, toujours en vigueur, ont construit une sorte de chaîne fabriquant de l'amnésie. L'État cache ses « secrets ». Mais le plus troublant est de voir comment la société n'a pas voulu regarder, assumer cette guerre. Pour la masse des Français, l'Algérie a longtemps été un territoire lointain, les populations qui la composaient étaient, en fait, peu connues. C'est pourquoi, quelques années auparavant, il avait été nécessaire d'organiser une Exposition coloniale internationale, en 1931, pour leur faire découvrir « leurs » colonies...

---

3 À ces grands groupes, il faudrait ajouter les « pieds-rouges », c'est-à-dire ceux qui ont cru en la bataille d'indépendance de l'Algérie et sont retournés dans ce pays après 1962. Tous ces groupes ont un point commun : leur lien physique, charnel, avec l'Algérie. Tous ont vécu ou sont nés en Algérie, tous ont un lien physique avec les paysages d'Algérie. On peut également y ajouter ceux qui n'ont pas de lien physique direct avec l'Algérie, mais dont la vie est marquée par l'histoire de ce pays : ceux qui se sont engagés dans le combat pour l'indépendance de l'Algérie ou pour l'Algérie française, les porteurs de valise, ou les partisans de l'Algérie française en « métropole ».

Puis, les Français ont découvert l'Algérie essentiellement pendant la guerre elle-même, lorsque le contingent d'appelés y a été envoyé après le vote des « pouvoirs spéciaux » de mars 1956. Auparavant, l'Algérie, même si elle était considérée comme française, n'était pas au centre des préoccupations de la société. Cette histoire du Sud n'était pas vraiment intégrée à l'histoire intérieure française. La France se considérait comme le centre d'une histoire profondément européenne, occidentale, absolument pas comme partie prenante d'une histoire venant de l'Afrique ou du monde arabe.

Là se trouve, en partie, le refoulement dans la société, ou plutôt la dénégation de la guerre d'Algérie : dans la méconnaissance de l'histoire coloniale. Si l'on observe la production cinématographique, il existe très peu de films français qui ont traité, non pas de la guerre d'Algérie, mais de l'histoire coloniale. Or, il faut saisir une histoire dans ses origines, sa genèse, dans sa généalogie. La guerre d'Algérie ne peut se comprendre que si on la « prend » en amont, c'est-à-dire un siècle et demi d'histoire auparavant. Sinon, elle reste incompréhensible dans sa dureté, sa cruauté, ses engrenages. Et le cinéma français n'a pas envisagé de construire des récits historiques d'une grande ampleur sur l'avant, sur l'histoire coloniale. Dans ce sens, la guerre d'Algérie peut être considérée comme une histoire en dehors de la France.

Des images sans histoires

Il est donc possible de mesurer la périphérie de l'histoire coloniale par un regard sur les images de cinéma. Des films montrent effectivement les luttes contre un système colonial agonisant, avec l'indépendance de l'Inde en 1947 ou la guerre d'Indochine, avec le désastre militaire français à Diên Biên Phu en 1954, et la guerre d'Algérie bien sûr. Et les luttes contre une longue présence coloniale, les résistances à une guerre (le Viêt-nam) construisent un continent singulier, parfois négligé par l'absence de liens établis entre ces deux aspects.

Mais le « grand spectacle » à propos d'histoires coloniales est du côté... anglais, et américain. Se voulant à l'écart des films exotiques, « orientalistes », qui entraînent le spectateur dans un monde mystérieux à la beauté immédiate, le cinéma anglo-saxon qui dénonce le système colonial prend même, quelquefois, un côté spectaculaire. Ainsi, dans *Les Cinquante-cinq jours de Pékin* de Nicholas Ray, avec Charlton Heston, Ava Gardner et David Niven, il est question des Boxers, qui, le 20 juin 1900, avec la bénédiction de l'impératrice, attaquèrent les étrangers de Pékin pour les chasser de la Chine. Réalisé en 1982, le *Gandhi* de Richard Attenborough, avec Ben

Kingsley et Candice Bergen, retrace la vie et le combat de l'un des leaders spirituels les plus importants de l'histoire contemporaine, pour l'indépendance de l'Inde. Cette fresque historique fut couverte d'oscars [4].

Mais l'aventure coloniale, dans ses injustices et son fonctionnement inégalitaire, n'a pas vraiment hanté le cinéma occidental, français en particulier. Les guerres de décolonisation apparaissent comme une série de séquences elliptiques et désaccordées, ne livrant que rarement la généalogie des injustices permettant de situer les explosions de violence des « indigènes ». Et l'engloutissement brutal de cet univers colonial bien particulier rend alors incompréhensible le drame colonial [5].

Et à propos de l'agonie de l'histoire coloniale, le cinéma français a surtout construit un imaginaire entre nostalgie sacrée de l'Empire englouti et honte inavouée des exactions commises. Mais, c'est surtout l'*absence* qui frappe : l'absence de l'avant-guerre (le temps colonial), l'absence dans l'après-coup des guerres de décolonisation, et l'absence de la figure du colonisé [6]. Le monde colonial, en un sens, n'a jamais vraiment été *figuré*. L'absence d'images participe de la déréalisation de pays qui s'évaporent, devenant presque abstraits.

La figure du colonisé est absente, et ce manque fabrique des personnages sans territoires qui cherchent des issues. Absence d'ancrages, de repères, seulement des rivages friables, des rencontres fugitives, des pertes. Scénarios dont le cheminement consiste à retrouver la réalité fantasmatique d'un univers à la fois perdu et en gestation, mais jamais réel. Dans le cas algérien, après l'indépendance de 1962, les Algériens ont été obligés de fabriquer du cinéma, en suppléant à l'amnésie du cinéma français sur la

---

4 Face à ces grosses « machines » de production, on trouvera les films de l'Indien Satyajit Ray. Dans *Charulata*, réalisé en 1964, avec Madhabi Mukherjee et Sailen Mukleyee, l'histoire est celle d'un riche intellectuel qui a créé, en 1879, au Bengale, un journal afin de lutter contre la domination anglaise. *La Maison et le monde*, avec Swatileka Chaterjee et Victor Banerjee, évoque la rencontre, en 1908, au Bengale, d'un noble cultivé élevé à l'occidentale, qui reçoit dans sa demeure un vieil ami devenu militant nationaliste. Les films de Satyajit Ray disent l'harmonie menacée d'un monde inégalitaire, qui se trouve dans l'impossibilité de se transformer par lui-même. Il faudra l'intervention d'acteurs extérieurs, qui claquent la porte de leur « communauté » factice (de soldat ou de religion), pour bousculer l'ordre installé et assumer l'audace d'une vie nouvelle.

5 Même si, parfois, des hors-champ sonores, des voix off tentent, dans des documentaires comme ceux qui évoquent la guerre d'Algérie diffusés à la télévision (*Les Années algériennes* de Benjamin Stora et Bernard Favre en 1991, ou *L'Ennemi intime* de Patrick Rotman en 2002), de nous signaler des contextes précis.

6 Sur l'absence de l'Autre dans le cinéma colonial, voir : Adelkader BENALI, *Le Cinéma colonial*, Le Cerf, Paris, 1999 ; Nicolas BANCEL, Pascal BLANCHARD et Francis DELABARRE, *Images d'Empire, 1930-1960. Trente ans de photographies officielles sur l'Afrique française*, La Martinière/La Documentation française, Paris, 1996.

guerre et à une amnésie générale sur l'histoire coloniale. Ils avaient une tâche énorme sur les épaules : fabriquer un imaginaire de l'Algérie en guerre, et suppléer à tout le cinéma, amnésique *avant et pendant* la guerre [7].

Car les films de fiction français sur la guerre, pendant la guerre, sont peu nombreux. Le film de Claude Autan-Lara, *Tu ne tueras point*, interdit, a été tourné en 1958, quatre ans après le début de la guerre. Jean-Luc Godard tourne *Le Petit Soldat* en 1959. *Muriel* d'Alain Resnais est tourné en 1961. Le cinéma français manifeste un évident retard par rapport au développement historique de cette guerre, tel qu'il s'accomplit en temps réel. Il s'agit bien sûr d'un phénomène d'autocensure, conséquence de la puissante censure étatique, qui avait par exemple interdit en 1955 le film de Paul Carpita, *Le Rendez-vous des quais*, sur la guerre d'Indochine.

Il faut dire aussi que la mise en scène du « théâtre colonial » est un défi redoutable. L'histoire coloniale française peut en effet se lire tout à la fois comme une histoire de ségrégation, de racisme, et une histoire française... républicaine. Les deux histoires cohabitaient, se chevauchaient sans cesse. Comment peut-on restituer cet univers « sudiste », où existaient à la fois de la ségrégation et du contact ? Le cinéaste doit relever ce défi pour mettre en scène cette histoire du passage et de la séparation. Dans l'histoire d'un « Sud » d'aujourd'hui, André Téchiné, dans *Loin* (2001), a réussi à le faire pour le Maroc contemporain, en éclairant le double processus de séparation et de circulation. D'un désir inavoué, d'une division des territoires. D'invisibilité communautaire et, en même temps, de cloisonnement par groupes communautaires. Entre les Juifs et les musulmans marocains, les Français. *Les Roseaux sauvages*, toujours d'André Téchiné en 1994, est aussi un film bouleversant qui montre l'histoire de l'attachement et de... la séparation entre l'Algérie et la France, avec une *image* (longtemps dissimulée) : l'enterrement d'un jeune soldat du contingent. La comparaison avec les films de Raoul Walsh ou de John Ford, en ce qui concerne le racisme et la ségrégation, et l'univers paternaliste du mélange, pourrait être porteuse. Les cinémas français et américain gagneraient à être comparés aussi à propos du « Sud », et pas uniquement à propos de la guerre du Viêt-nam.

Ces questions ont été évacuées dans les années 1960, juste après l'indépendance algérienne. Aujourd'hui, les anciens colonisés et les Français doivent montrer de l'intérêt à comprendre ce qui s'est passé dans cette histoire de passions, d'amour et de haines. La montée du Front national en France, le « problème des banlieues » obligent à se poser ces questions du contact,

---

7 Sur ce sujet, voir : Abderrezak HELLAL, *Image d'une révolution : la révolution algérienne dans les textes français durant la période du conflit*, OPU, Alger, 1988 ; *Images et visages du cinéma algérien*, Catalogue Oncic, Alger, 1984.

du refus de l'autre, qui restent des questions décisives. Le retard se paie là et le défi du « sudisme » dans le cinéma français n'a pas été relevé, peut-être par peur de la mélancolie, de la « nostalgéria ». Mais il est temps aujourd'hui de comprendre comment fonctionnait la société réelle, en restituant ce qu'était le système colonial dans sa quotidienneté, en évitant les discours simplificateurs. La jeune génération de cinéastes nés après la guerre pourra-t-elle relever ce défi ? Visiblement, les créateurs qui sont dévorés de l'intérieur par cette histoire ne peuvent que difficilement en parler.

La construction de l'amont n'avait pas eu lieu non plus, tout commençait en 1954. Il n'y avait pas de récit historique antérieur. Quel est le grand film français qui raconte la conquête de l'Algérie entre 1830 et 1847 ? Pourtant, cette conquête avait généré une guerre de dix-sept ans, épouvantable. La prise de Constantine en 1837, par exemple, fut dantesque, bien montrée dans le livre terrible de François Maspero [8]. Il a reconstitué la vie du maréchal Achille Le Roy de Saint-Arnaud, un officier français de la conquête, à partir des lettres qu'il avait envoyées à sa famille, qui témoignent à quel point la guerre de conquête fut terriblement cruelle.

Ce qui rend le monde colonial incompréhensible, en un sens, c'est l'effacement du *commencement* des haines et des guerres. Dans cette absence généralisée, le cinéma des pays anciennement colonisés doit tout faire à la fois : légitimer une nation, construire une identité et se situer dans l'histoire du cinéma [9]. Se voulant en rupture avec le cinéma colonial pour qui l'« indigène » apparaissait comme un être muet, évoluant dans des décors et des situations « exotiques », il témoigne d'une volonté d'existence de l'État-nation. Les nouvelles images du cinéma français peuvent-elles comprendre, et accepter, ce désir d'affirmation d'une identité nouvelle, restituer le mou vement complexe d'un univers colonial en voie d'extinction ?

La solitude des porteurs de mémoire

Le retard pris à aborder la question coloniale peut aussi se voir par la « guerre des mémoires » à propos de la guerre d'Algérie, qui, en ce sens, *fait écran* à la connaissance globale de l'histoire coloniale. La difficulté de mémorisation de l'histoire coloniale permet de comprendre pourquoi la guerre d'Algérie est assimilée à un conflit externe, alors que Vichy est vécu

---

8 François MASPERO, *L'Honneur de Saint-Arnaud*, Plon, Paris, 1993 (édition de poche : Seuil, coll. « Points », Paris, 1995).

9 Pour une comparaison avec le cinéma arabe, voir : Yves THORAVAL, *Les Écrans du Croissant fertile*, Séguier, Paris, 2003.

comme un drame franco-français qui concerne toute la société française. L'Algérie, elle, ne concerne que les groupes porteurs de la mémoire de la guerre coloniale, lointaine : les immigrés, les harkis, ou les soldats. D'où la perpétuelle sensation de solitude de ces groupes. Si la société française a voté pour le principe d'autodétermination par référendum en 1961 et 1962, elle ne l'a donc pas fait, majoritairement, par « anticolonialisme », mais plus pour se débarrasser d'un « Sud » remuant, devenu encombrant. Ce mouvement, très fort dans la société française, pour avoir la « paix en Algérie » n'apparaît donc pas comme un moyen de satisfaire, de comprendre les désirs de l'homme du Sud dans sa souveraineté citoyenne, mais, au contraire, de... *larguer les amarres* avec les populations du Sud. C'est en partie pour cela que, lorsque l'immigration algérienne continue dans les années 1970-1980 et jusqu'à nos jours, cela peut paraître intolérable à des secteurs importants de la société, qui voulaient « oublier » l'Algérie, l'histoire coloniale.

Cinquante ans après le début de la guerre d'Algérie, le malaise du vivre ensemble dans la société française actuelle s'explique à travers des clés plus souvent religieuses ou culturelles qu'historiques. Et le lien est faible entre cette histoire coloniale et le vécu présent. Or, les mêmes groupes, nostalgiques de l'Algérie française (certains pieds-noirs et certains soldats), portent une conception particulière de la guerre d'Algérie qui « contamine » la société. Pour eux, il s'agit d'une mémoire de rumination et de revanche tournée contre les immigrés qui continuent d'arriver. Un autre groupe bouscule la mémoire coloniale traditionnelle, porté par les enfants d'immigrés, voire les enfants de harkis. Ceux-là se battent pour faire reconnaître dans l'espace public français la guerre d'Algérie, l'histoire coloniale au sens large, et également tout ce qui s'est joué dans cette histoire coloniale : la ségrégation, la séparation, mais aussi la convivialité, les métissages échoués et une histoire commune [10].

Mais dans le fond, ces groupes qui se battent entre eux sur l'héritage arrivent-ils à toucher le cœur de la société française ? N'est-ce pas quelque part une querelle à la limite de la périphérie ? Une dispute entre des gens qui ont une mémoire du Sud et qui continuent de s'entre-déchirer dans l'indifférence relative de la société française ? La question reste posée. Cette mémoire reste d'autant plus « périphérique » qu'il n'y a pas eu de consensus, de reconstruction consensuelle sur la mémoire de la guerre d'Algérie. Cinquante ans plus tard, les partisans de l'Algérie française de 1962 peuvent proclamer publiquement leur position, sans tabou, alors que

---

10 Sur cet aspect, voir : Patrick Weil et Stéphane Dufoix (dir.), *L'Esclavage, la colonisation et après…, op. cit.*

dans la société française, il est plus rare d'entendre quelqu'un se réclamer du maréchal Pétain.

La guerre entre les victimes

Un déclic générationnel est possible par rapport à cette mémoire. Si l'on se réfère à mai 1968 – qui était, dans une lecture assez répandue, le règlement de comptes d'une génération avec la génération du « père » collaborationniste, vichyste –, il peut y avoir une demande de règlement de comptes de la nouvelle génération sur ce qui s'est passé il y a cinquante ans en France à propos de la guerre d'Algérie. Mais une difficulté supplémentaire a surgi.

Dans les années post-1968, la dimension de mise en accusation de l'État était très forte, elle apparaît plus faible aujourd'hui [11]. À l'époque, la politique se faisait, pour les jeunes générations politiquement engagées, par des mises en accusation radicales de l'État. De nos jours, des logiques de postures victimaires l'emportent dans la société sur les recherches de responsabilités étatiques ou... personnelles. À propos de la guerre d'Algérie, les pieds-noirs s'estiment victimes du général de Gaulle, les soldats se considèrent comme ayant été entraînés dans un engrenage cruel, les officiers croient en la trahison des politiques, les Algériens se voient en victimes des Français, les harkis vivent leur situation comme une trahison des autorités françaises... Une sorte de cloisonnement, de communautarisation du souvenir par une position victimaire, s'est installée dans une compétition du statut de la meilleure victime. À partir de là, les différents groupes de mémoire, déjà à la périphérie de la société, ne demandent pas à l'État ou aux responsables politiques de rendre des comptes, mais le demandent à l'autre communauté. La concurrence intercommunautaire des mémoires s'installe, aggravée par d'autres conflits comme l'interminable guerre israélo-palestinienne. La responsabilité revient à l'autre.

Il n'y a pas ainsi d'examen de la conduite de l'État, et c'est toujours l'autre communauté, l'autre mémoire qui est responsable. Or, il y a bien eu des logiques étatiques d'abandon à la périphérie de la société de tous ces groupes. Dans cet abandon périphérique, les religieux se sont engouffrés, ont capté la génération des « trentenaires », les premiers touchés, à qui l'on n'a jamais appris l'histoire coloniale. Ils vivent cela comme un déni, une injustice. À leur tour, ils ont touché la génération des 15-20 ans... Le

---

11 Sur ce problème de l'engagement idéologique dans les années de l'après-68, nous renvoyons à notre ouvrage, *La Dernière Génération d'octobre*, Stock, Paris, 2003.

communautarisme est venu occuper un vide. Dans les années 1980-1990, l'enseignement a laissé « filer » cette histoire de la guerre d'Algérie, et du récit colonial au sens large. Le réveil de mémoire sur la guerre d'Algérie [12] dans l'enseignement s'effectue actuellement, mais avec beaucoup de retard. Il a fallu attendre les années 1990 pour voir apparaître les premiers cours d'histoire de la colonisation à l'université.

Il est possible de poser cette mise en périphérie de l'histoire coloniale avec un autre récit : celui de l'immigration, longtemps séparée de l'histoire intérieure française. Aujourd'hui encore, lorsque la société se pose la question des immigrés maghrébins en France, elle le fait toujours dans le registre de l'extrême nouveauté, comme s'« ils » avaient de tout temps été étrangers à l'histoire nationale. Pour une raison : l'histoire des Maghrébins appartient à l'histoire trop méconnue de la colonisation, qui est pourtant partie intégrante de l'histoire de la France.

---

12 Mohammed Harbi et Benjamin Stora (dir.), *La Guerre d'Algérie. 1956-2004, la fin de l'amnésie*, Robert Laffont, Paris, 2004.

4

L'Outre-Mer,
une survivance de l'utopie coloniale républicaine ?

Françoise Vergès

L'Outre-Mer aujourd'hui, ce sont des territoires répartis dans des aires culturelles très diverses : les Caraïbes et l'Amérique (Martinique, Guadeloupe, Guyane, Saint-Pierre-et-Miquelon), le Pacifique (Nouvelle-Calédonie, Polynésie française, Wallis et Futuna), l'océan Indien (Mayotte, La Réunion et les îles Éparses) et l'Antarctique. Ces territoires n'ont pas tous le même statut [1], ni la même histoire, ni la même économie, ni le même peuplement, ni les mêmes cultures. Ils partagent tous cependant un passé colonial et un présent qui en garde des traces (économies fragiles, faible industrie, fort taux de chômage, fortes inégalités).

Que connaît-on en France de l'histoire de ces « outre-mers » ? De leurs cultures ? De leurs luttes ? Quelles images, quelles représentations, quels événements sont rattachés à ces espaces ? On a pu y faire son service militaire, y avoir enseigné, avoir de la famille qui y travaille, y avoir été en vacances... Mais quels stéréotypes, quels clichés ont accompagné ces voyages ? Ces terres, « françaises » dans la loi, restent en dehors du récit national, des grands débats, et même très souvent de l'information. Ainsi, les statistiques nationales sur quelque sujet que ce soit (éducation, chômage, urbanisation, santé, racisme, salaires...) n'incluent *jamais* les outre-mers. L'appellation « outre-mer » n'aide d'ailleurs pas à donner sens à

1 Départements d'Outre-Mer (DOM) et régions d'Outre-Mer (ROM) : Martinique, Guadeloupe, Guyane, La Réunion ; collectivités d'Outre-Mer (COM) : Nouvelle-Calédonie, Polynésie française, Wallis et Futuna et Saint-Pierre-et-Miquelon ; Terres australes et antarctiques françaises (TAAF).

ces espaces. Historiquement, elle a tout simplement remplacé le terme « colonial » dans le discours administratif et ce glissement sans bruit a perpétué l'impression d'un anachronisme sur lequel ni l'opinion française ni la recherche ne considèrent qu'il est essentiel de s'appesantir.

Que sont les outre-mers ?

Il y a donc *des* outre-mers, mais dont l'image est vague, brouillée : quand, comment et pourquoi ces terres ont-elles été rattachées à la République française ? Pourquoi sont-elles toujours françaises ? Parmi ces espaces oubliés, ceux issus de la première colonisation – Guadeloupe, Guyane, Martinique et La Réunion – constituent un cas particulier : reliques de l'Empire prérévolutionnaire (ils sont colonisés au XVIIe siècle) et prérépublicain (donc antérieures à l'Empire colonial constitué à partir de 1830 et qui s'agrandit sous la IIIe République), ces territoires ont connu l'esclavagisme, le système de plantation, l'« engagisme » [2], le travail forcé et le colonialisme. La fin du statut colonial en 1946 et la transformation en départements d'outre-mer n'ont pas signifié pour ces sociétés l'accès à l'égalité qu'elles réclamaient. Elles ont progressivement presque disparu de la conscience française, où elles n'occupent plus aujourd'hui que l'espace de l'exotisme, de la « douceur » et de la « gaieté » créoles, associé à une série d'images clichés – doudous, palmiers, volcans, vahinés, plages, bons musiciens, Chamoiseau, Kassav... –, mais très rarement à celles de sociétés dont l'histoire est complexe et qui furent plurireligieuses et pluriculturelles dès leur naissance. L'État, lui, a oscillé entre paternalisme, cet avatar du racisme, indifférence, négligence et répression.

Cette situation rend difficile leur définition : ce ne sont plus des colonies, mais ce ne sont pas des territoires indépendants et ils restent soumis à des politiques d'exception à la fois positives et négatives (lois spéciales ou exception dans la loi pour tenir compte des retards structurels). Cette question de terminologie n'est pas sans conséquences : n'entrant pas dans des catégories clairement identifiables, ces espaces sont rejetés à la marge, leurs populations renvoyées à des clichés (assistés, Rmistes, communautaristes). Un terme peut cependant être suggéré : celui de « postcolonialité ».

---

2 Après l'abolition de l'esclavage en 1848, les colons, tant à La Réunion que dans les Antilles françaises, remplacèrent les esclaves en « important » des travailleurs « engagés » (Indiens, Chinois, Malais, Malgaches, Mozambicains...), soumis à des conditions de vie et de travail proches de celles de l'esclavage.

La postcolonie ne qualifie pas strictement un régime d'indépendance nationale, mais une situation où perdurent des effets du régime colonial, tout en connaissant de nouvelles expériences engendrées par le déclin des productions locales (sucre, banane, ananas), l'entrée dans l'espace européen (difficulté de rivaliser avec les économies du continent : éloignement de la métropole, coût de la main-d'œuvre), la mondialisation (compétition avec les pays émergents), l'augmentation du nombre de diplômés, l'émergence de revendications de réparation historique (mémoire de l'esclavage, du colonialisme) et d'affirmation de différence culturelle. Ce sont des *postcolonies*.

Une diversité propre aux outre-mers

Dans les DOM postesclavagistes, c'est paradoxalement dans la lutte contre les inégalités que la dynamique de l'interculturalité, de la créolisation a trouvé son principal moteur. En effet, les groupes d'origines diverses qui fondent les populations des outre-mers se sont souvent retrouvés autour d'une demande d'égalité, pour mettre fin aux injustices dont ils étaient, tous, victimes. Ce constat met en cause les analyses qui voient dans la différence culturelle un danger pour la République. Car c'est sur leur diversité même que les populations de ces outre-mers ont construit leur unité.

L'opposition entre différence culturelle et démocratie, entre pluralité religieuse et République, est une opposition opportuniste et idéologique. Toute demande de différence culturelle est vue *a priori* comme une demande communautariste et, s'il est vrai que certaines politiques identitaires s'appuient sur une compréhension essentialiste de l'identité, la République ne peut s'en prévaloir pour éviter d'aborder sa multiculturalité. L'émergence d'affirmations identitaires, de demandes de reconnaissance d'histoires et de mémoires héritées du colonialisme ne peut être simplement attribuée à un désir de repli narcissique. Le débat opposant « républicains » rigides aux « communautaristes » essentialistes fait abstraction de l'histoire, les uns soulignant la nécessité d'une abstraction universaliste, les autres celle d'une identité atemporelle, mais chaque logique masque ses politiques d'exclusion. *Le repli républicain répond au repli identitaire.*

Cette opposition a trouvé ces derniers temps un écho dans les médias nationaux qui se traduit dans le vocabulaire de la lutte entre « modernes » et « obscurantistes ». Il est cependant établi aujourd'hui qu'il n'existe pas une seule modernité, une seule manière d'être moderne, l'européenne. Au-delà de ces querelles et de ces postures d'évitement, le retour sur le colonialisme sous toutes ses formes (esclavage, travail forcé, engagisme, indigénat) est un travail d'histoire qui révèle les formes complexes, les croisements, les territoires produits par les va-et-vient entre métropole et colonie.

Car, ou bien on accepte que les individus et les groupes aient une histoire, une mémoire et une culture singulières à partir desquelles se construit un *récit partagé*, ou bien on exige que chacun devienne citoyen ou membre d'une communauté à partir d'un effacement radical de sa singularité. C'est dans la confrontation des mémoires et des histoires singulières que peut se dégager un récit partagé, qui n'empêche pas la survivance de ces mémoires et histoires singulières. Le récit partagé n'est pas effacement des conflits et des responsabilités, il les éclaire au contraire, mais ne se constitue pas en acte d'accusation.

L'histoire coloniale, dans sa forme ancienne – célébration de l'Empire colonial français – ou dans sa forme critique – faire apparaître les zones d'ombre de l'aventure coloniale –, se soucie peu de l'Outre-Mer. « Ni nationales, ni complètement coloniales [3] », ces terres signalent une impasse dans le récit colonial et postcolonial et ce choix permet d'analyser la présence/absence de l'Outre-Mer dans la longue durée. C'est cette *inexistence*, cette *insignifiance* qui fait cependant sens, car elle révèle le statut ambigu de ces terres. Le récit amnésique de la République témoigne d'une profonde ambivalence : aucune présence des colonies dans les grands ouvrages historiques qui fondent l'idée de la nation *et* l'affirmation de la grandeur de la colonisation française. Je l'ai dit ailleurs : on ne peut sauver la colonisation comme fait politique. Elle a institué l'arbitraire et l'exception. Les pratiques interculturelles qui ont vu le jour en situation coloniale attestent de la capacité des êtres humains à résister, à transgresser les normes et à franchir les barrières qui leur sont imposées, mais elles ne justifient pas la colonisation.

Une histoire qui est une non-histoire...

Partir de cette insignifiance, de cette ambivalence, pour la creuser, en épuiser le sens, nous renseignera sur les raisons d'une minoration. Interroger à partir de leur place marginale toute une série d'affirmations et de présupposés semble pertinent. En marge de l'histoire coloniale, absents de l'histoire nationale, absents de la problématique postcoloniale (car cette dernière est strictement associée, à tort, avec les pays qui se sont libérés de la tutelle coloniale), les outre-mers demeurent un espace exclu de l'histoire tout en faisant partie de l'espace républicain. Il existe d'autres raisons à cette

---

3 Myriam COTTAS, « Le silence de la nation », *Outre-Mers*, tome 90, n° 338-339, 2003, p. 21-45.

invisibilité : point de récits héroïques, point de possibilité pour les Français de s'identifier à une posture de résistance morale et politique (comme pour l'Algérie). L'indépendance politique de l'ancien territoire colonisé permet un retour sur le fait colonial, car deux regards s'affrontent, se croisent : celui de l'ex-colonisé et celui de l'ex-colonisateur. Mais devant cette situation singulière de postcolonialité, le chercheur est perplexe.

Penser la présence/absence des outre-mers, c'est penser deux espaces à la fois : le territoire outre-mer *et* le territoire métropolitain. L'un et l'autre appartiennent aujourd'hui au même corps politique (la République). La constitution du territoire outre-mer *précède* cependant l'avènement de la République. Non seulement celle-ci en hérite à la Révolution, mais elle les revendique comme « partie intégrante » de la France. Cette continuité entre le rêve des Bourbon et celui de la République donne à ces espaces une dimension singulière : vue des colonies, la « métropole » apparaît comme la « France éternelle » plutôt que comme la République ; et, vu de la métropole, l'Outre-Mer apparaît comme le rêve d'une colonisation réussie, une utopie coloniale, sans massacres de natifs, sans génocide.

Cette *mémoire ambiguë* (absence et présence) est particulièrement intéressante à analyser pour étudier les manifestations de fracture coloniale, de mémoire niée et d'histoire marginalisée. Il faut penser la multiterritorialisation de la relation (métropole/colonie) et sa configuration dans le temps prérévolutionnaire, esclavagiste, colonial puis postcolonial. Le point de départ d'une relecture de ces histoires croisées, c'est l'absence de l'esclavage dans le récit national, malgré sa présence dans les mémoires locales. L'absence est un symptôme de la difficulté d'intégrer l'histoire coloniale notamment dans ses manifestations les plus anciennes, la traite négrière et l'esclavage. On connaît les difficultés d'intégrer la figure du colonisé, mais celle de l'esclave reste la grande absente [4].

Un sentiment de « pas assez »

La présence dans le corps national de descendants d'esclaves et de citoyens colonisés jette un autre éclairage sur la « fracture raciale », car elle révèle de manière encore plus forte la résistance à analyser le poids du racisme colonial sur la société française. S'il est difficile de recenser de

---

4 Voir le rapport rendu au Premier ministre en avril 2005 par le Comité pour la mémoire de l'esclavage : *Mémoires de la traite négrière, de l'esclavage et de leurs abolitions*, <www.comite-memoire-esclavage.fr>.

manière précise les discriminations en France, celles subies par les originaires des outre-mers sont encore moins connues.

Le fort mouvement migratoire des DOM vers la France commence dans les années 1960, organisé par le Bumidom [5]. Les Antillais sont massivement employés dans les services publics, surtout en Île-de-France, mais dans les postes les moins qualifiés. Les Réunionnais sont répartis sur tout le territoire et sont employés en majorité dans le privé. Contrairement aux idées reçues, cette immigration ne va pas de soi et « les services sociaux constatent, du moins en région parisienne, que les difficultés des familles des Domiens sont tout à fait identiques à celles que rencontrent tous les immigrés en France [6] ».

Les difficultés à l'embauche, à l'accès au logement, à la promotion que connaît la première génération d'immigrés sont vécues encore plus difficilement par les générations suivantes qui ont acquis des diplômes leur faisant espérer de meilleures carrières que leurs parents et ont une relation plus distendue avec la terre d'origine. Cette dernière est souvent fantasmée, car mal connue. Alors que les premières générations se mobilisaient autour de revendications catégorielles (congés au pays, retour au pays), celles d'aujourd'hui ont investi les terrains de la mémoire et de l'affirmation identitaire. Le silence sur la traite, l'esclavage et le colonialisme a entraîné des phénomènes de mémoire compensatoire qui se sont emparés du vocabulaire victimaire pour exiger une repentance. Le débat politique et économique est marginalisé au profit de la mémoire, ce qui conduit parfois à une surenchère de la demande mémorielle. Mais d'autres formes d'expression existent, surtout à travers les musiques urbaines, et les demandes de reconnaissance s'expriment sur plusieurs terrains. L'expérience d'être de l'Outre-Mer continue à se vivre sur plusieurs territoires physiques et imaginaires.

Le 23 mai 1998 à Paris, lors du cent cinquantième anniversaire de l'abolition de l'esclavage, des dizaines de milliers d'Antillais, Guyanais et Réunionnais défilèrent pour protester contre le slogan gouvernemental « Tous nés en 1848 », qui donnait au décret d'abolition une dimension de mythe fondateur, et pour honorer la mémoire des esclaves. La loi du 10 mai 2001 tendant à reconnaître la traite et l'esclavage comme crimes contre l'humanité a joué ensuite un rôle déterminant car elle a suscité une attente de

---

5 Bureau pour le développement des migrations intéressant les départements d'Outre-Mer : service créé par l'État, chargé d'organiser le départ des Antillais, Guyanais et Réunionnais vers la France métropolitaine.

6 Claude-Valentin Marie, « Les populations des DOM-TOM en France », *Hommes et Migrations*, n° 1090, mars 1986.

gestes symboliques et concrets dans les domaines de l'éducation, de la recherche et de la culture. Cependant, domine chez les originaires d'Outre-Mer le sentiment d'un « pas assez ».

La revendication d'un devoir de mémoire de l'esclavage demeure centrale dans les revendications des Domiens. Mais c'est parfois au risque d'oublier que les situations coloniale et postcoloniale ont aussi lourdement pesé sur le présent. L'esclavage est à la fois obscur et éblouissant, obscur car il reste inconnu, éblouissant car il occupe tout l'espace de son éclat sombre. L'abolition, qui aurait dû en diminuer l'éclat et en éclairer les ombres, a partiellement failli à sa tâche. L'oubli s'installe en France et dans les colonies, où personne n'a l'idée de recueillir les témoignages des esclaves affranchis qui survivent cependant dans la mémoire populaire. L'abolition, comme le fait très justement remarquer Myriam Cottas, fonde l'« effacement des colonies du débat politique et du récit historique [7] ».

L'utopie coloniale inscrit l'espace colonial postabolition comme un espace de régénération sociale, mais au prix d'un déni des contradictions et des inégalités qui se perpétuent. Les républicains veulent croire que leur seule volonté, la seule application des principes transformeront une colonie où a sévi l'esclavage en société harmonieuse. C'est donner aux principes plus de pouvoir qu'ils n'en ont et oublier que la société ne se gouverne pas seulement par des principes. La *citoyenneté paradoxale*, une citoyenneté *colorée*, que j'ai analysée ailleurs (être citoyen *et* colonisé) [8], est un symptôme de cette relation qui produit inclusion *et* exclusion. La citoyenneté, l'égalité, la fraternité sont infléchies : citoyens mais colonisés, égaux mais pas complètement [9], frères mais petits frères.

L'abolition de l'esclavage en 1848, remarquait Aimé Césaire en 1948, fut une date « à la fois immense et insuffisante ». L'approche morale, la condamnation ne suffisent pas. L'esclavage fut un système social, culturel et économique qui exigea une organisation complexe : du guerrier qui capturait un individu au planteur qui l'achetait, il fallait passer par toute une série d'étapes, de métiers, d'intermédiaires. Le développement de la recherche sur la traite et l'esclavage (domaine très négligé en France) fera que ces deux

---

7 Myriam Cottas, « Le silence de la nation », *loc. cit.*, p. 22.

8 Françoise Vergès, *Abolir l'esclavage : une utopie coloniale. Les ambiguïtés d'une politique humanitaire*, Albin Michel, Paris, 1999.

9 Faut-il rappeler que, jusqu'à la fin des années 1980, les taux des aides sociales ou du salaire minimum ont été inférieurs dans les DOM à ce qu'ils étaient en France métropolitaine. En revanche, les salaires des fonctionnaires y étaient plus élevés qu'en France métropolitaine. La notion d'égalité est donc variable : c'est un principe abstrait et aménagé selon les espaces.

événements perdront de leur caractère insondable et que le présent pourra être appréhendé dans ses dimensions complexes.

L'impact actuel de l'esclavage dans les sociétés d'Outre-Mer est multiple : foncier fortement inégalitaire, importance de la « couleur », rapport conflictuel au travail manuel, faible diversification de l'industrie, honte et ressentiment ; mais aussi une langue et une culture créoles, une tradition orale vivante, archive d'une histoire oubliée par les savants. L'esclavage pèse encore à cause du silence qui l'entoure. L'esclavage signait l'*inexistence sociale*, la *mort sociale* d'individus. La reconnaissance de cette histoire se pose comme demande de reconnaissance d'humanité, d'*existence sociale*. La recherche historique révélera la complexité du monde esclavagiste et post-esclavagiste et redonnera à celles et ceux qui luttèrent contre le régime colonial la place qui leur est due.

Ces terres, reliques de l'Empire colonial monarchique, dessinent les « lignes de fracture de l'universalisme républicain », écrit Myriam Cottas. Il faut pousser plus loin cette remarque : l'étude de ces terres et de leurs populations révèle une certaine continuité entre monarchie et République. Elle témoigne de la persistance d'une utopie européenne, celle d'une colonie harmonieuse. C'est peut-être dans cet espace liminal que s'origine l'utopie coloniale républicaine qui reprend et poursuit le vieux rêve européen d'une société réconciliée, loin des conflits et des divisions. On connaît le destin de cette utopie. Mais aujourd'hui, la *diversité des outre-mers*, ces espaces où se joue une altérité que la République semble avoir du mal à intégrer et à reconnaître, met en cause ces vestiges d'une utopie coloniale.

5

Islam et République : une longue histoire de méfiance

Anna Bozzo

Le centenaire de la loi de séparation de l'Église et de l'État promulguée en 1905, occasion de multiples bilans, a mis en évidence le fait que cette loi ne s'applique qu'imparfaitement à l'islam, mais aussi que l'intégration de la deuxième religion de France dans la République est loin d'être accomplie. Et la situation ne semble pas s'améliorer : au contraire, le cahier de doléances de la communauté musulmane ne cesse de s'allonger. Déjà en 1998, la « Commission Islam et Laïcité », groupe de réflexion composé de chrétiens, musulmans, juifs, laïcs nouvellement constitué auprès de la Ligue de l'enseignement pour penser le rapport de l'islam à la laïcité française [1], avait dû prendre acte que, malgré l'existence du droit à la pensée et au culte musulmans, garanti par la loi, « l'expression publique de cette foi pose concrètement problème [2] ».

Force est de constater, sept ans plus tard, que l'inventaire des problèmes établi par la Commission s'est encore alourdi [3]. L'adoption en mars 2004 de la loi sur le port des signes religieux à l'école peut ainsi être considérée comme un échec de la capacité de la République à gérer les différences. La genèse de cette loi « laïque » et le consensus qu'elle a obtenu dans l'opinion publique en tant qu'instrument de défense des valeurs

1 Depuis 2002, la Commission fonctionne sous la tutelle de la Ligue des droits de l'homme et du mensuel *Le Monde diplomatique*.

2 Voir le rapport *Laïcité et Islam en France. Rapport d'étape d'une commission de travail de la Ligue de l'enseignement*, novembre 1998, p. 12.

3 Commission Islam et Laïcité, *1905-2005 : les enjeux de la laïcité*, L'Harmattan, Paris, 2005.

républicaines révèlent, à différents niveaux, la difficulté à admettre que la qualité de citoyen français soit compatible avec la foi musulmane. Bref, la République est loin d'avoir réalisé l'intégration de ses musulmans. Si tout un chacun ne cesse de réaffirmer que « l'islam est compatible avec la République », cela signifie que, pour une partie de l'opinion, il n'en est pas ainsi. Il est donc important d'analyser les racines de la gestion et de la perception de l'islam par la République – et en particulier de comprendre en quoi les difficultés actuelles sont en partie liées à l'héritage colonial.

La difficulté d'être à la fois musulman et citoyen français

Si les croyants musulmans, à l'instar de ceux d'autres religions, ont en principe toute liberté de pratiquer leur culte en France, bien des contraintes sociales s'opposent en pratique à cette liberté. En effet, si le fait d'être musulman se conçoit bien pour des étrangers, cela passe mal quand un croyant qui prétend afficher sa religion se réclame de sa citoyenneté française. Le cadre laïc exige de ne pas le faire de façon ostentatoire, tandis que l'appartenance à l'islam exige au contraire d'exprimer aussi sa dimension publique. C'est pourquoi les musulmans manifestent souvent un malaise réel : ils ne comprennent pas que la laïcité de la République soit mise en avant pour dresser des limites à ne pas transgresser, alors même que les décisions du Conseil d'État, en matière de port du foulard par exemple, ne sont pas toujours appliquées – voire, ce qui est plus grave, sont considérées comme illégitimes, le législateur lui-même pouvant affirmer qu'il est possible de les contourner ou de les interpréter différemment [4].

Plusieurs raisons expliquent ce malaise qui empêche l'instauration d'un rapport de confiance entre un islam en situation minoritaire et la République, alors que les dispositifs juridiques de l'État de droit le permettraient. Quelle confiance cette minorité religieuse, dont nul n'ignore les spécificités, peut-elle avoir dans les garanties républicaines d'égalité de tous les citoyens face à la loi, au sein d'une société dont certains représentants interprètent si vite et si négativement sa pratique religieuse ? D'autant plus qu'ils n'hésitent pas à l'assimiler, sur la base d'amalgames irrecevables colportés par les médias, à l'« intégrisme » et au terrorisme ?

---

4 Comme on l'a vu lors des débats parlementaires précédant l'adoption de la loi de 2004 sur le port de signes religieux à l'école, dont l'approbation avait été facilitée par les recommandations de la commission Stasi.

Quand on sait que cette minorité musulmane, se voulant pourtant citoyenne, tend à attribuer une dimension politique au religieux, ou à vivre le politique à travers une sensibilité religieuse, on ne peut s'étonner des tensions qui s'installent. Sans même évoquer l'influence néfaste et avérée de certains médias dans les représentations collectives [5] – y compris quand les musulmans revendiquent leur qualité de citoyens –, ou encore la présentation insatisfaisante de l'islam dans les manuels scolaires, l'absence de fêtes religieuses musulmanes dans le calendrier, la précarité des lieux de culte et les obstacles bureaucratiques opposés aux associations qui se constituent pour en créer de nouveaux, que dire de la gestion policière de l'islam, que la Commission Islam et Laïcité dénonce depuis des années ?

Une suspicion systématique pèse sur les musulmans, pour lesquels le contrôle policier est une réalité quotidienne. Cela les marginalise et les empêche de participer à un espace politique qui se veut libre et ouvert, comme l'indique le rapport *Laïcité et Islam en France* : « Dans ce cadre sécuritaire, les croyants et surtout les pratiquants, même sans aucune responsabilité associative, subissent eux aussi des discriminations dans leurs démarches administratives. En matière de naturalisation, par exemple, des questions sont souvent posées, comme s'il fallait choisir entre l'Islam et la carte d'identité française. [...] Dans ce contexte, l'influence du racisme anti-arabe n'est pas à minorer. Trois niveaux se mélangent finalement : la lutte contre le terrorisme, qui touche à l'ordre public, la liberté religieuse, que la République doit assurer, et un entre-deux assez mal défini, dans lequel l'autorité administrative choisit les musulmans "fréquentables" et ceux "qui ne le sont pas" [6]. »

Si la mise en place d'un Conseil français du culte musulman (CFCM), en avril 2003, a voulu doter l'islam de France d'une instance représentative, cela ne s'est pas fait sans tensions et résistances. D'autant plus que cette institutionnalisation, si elle a rencontré la faveur de certains milieux libéraux et sécularisés, a été vue par d'autres, en particulier dans les milieux traditionalistes, comme une sorte de « cléricalisation » de l'islam de France qui allait à l'encontre du fait religieux musulman, voire comme une résurgence de pratiques coloniales bien gravées dans les mémoires. Alors qu'il a été conçu pour faciliter les rapports entre islam et République, le CFCM semble au contraire les compliquer : pour nombre de croyants, et pas seulement chez les conservateurs, il est perçu comme le fruit d'une négociation exclusive entre les institutions de la République et des personnes liées aux régimes issus des anciennes colonies françaises – personnes assimilées par

5 Voir la contribution de Thomas Deltombe et Mathieu Rigouste dans cet ouvrage, p. 191.

6 Rapport *Laïcité et Islam en France*, *op. cit.*, p. 13.

certains aux notables « béni-oui-oui » du temps de la colonisation et soupçonnées de vouloir s'approprier illégitimement cette instance au nom de toute la communauté. De fait, le CFCM semble aller plutôt dans le sens d'une logique concordataire, et donc opposée à la notion courante de laïcité à la française, ce qui n'est guère de nature à faciliter l'« intégration » ou la « dissolution » des croyants-citoyens dans la République.

Plus récemment, une nouvelle pièce s'est ajoutée au dispositif censé assurer la gestion de l'islam de France, avec la création, le 21 mars 2005, d'une Fondation qui centraliserait les ressources de la communauté musulmane pour lui permettre de recevoir des dons afin de financer ses œuvres. Cela va apparemment dans le sens d'une application à l'islam – enfin ! – de la loi de séparation entre l'État et les institutions religieuses, puisqu'il s'agirait de doter les associations musulmanes des moyens de s'autogérer. Mais certains considèrent qu'il s'agit d'une « arme à double tranchant », car elle pourrait avoir pour objectif de contrôler l'islam à travers un dispositif de surveillance. C'est le sentiment de certains milieux musulmans, dont Tariq Ramadan, membre de la Commission Islam et Laïcité depuis sa fondation, s'est notamment fait l'écho : « Le gouvernement va-t-il vers l'application de la loi de 1905, ou sommes-nous toujours dans un rapport de suspicion et de contrôle [7] ? » Observation pertinente, dans la mesure où le contexte dans lequel s'inscrit cette nouvelle disposition ne donne pas le sentiment d'une orientation vers plus de confiance et d'indépendance de l'islam de France vis-à-vis de la République.

Un héritage colonial : la surveillance sécuritaire

Ce sentiment de malaise que Tariq Ramadan, avec d'autres, a mis à nu nous ramène en arrière, entre le dernier quart du XIXe et la première moitié du XXe siècle. Un regard historique porté sur la relation coloniale franco-algérienne – qui a fait couler beaucoup d'encre, mais peut-être pas assez – montre en effet l'importance de ce même couple suspicion/contrôle dans le face-à-face obligé entre islam et République dans l'Algérie de cette période. Or, la République, ne l'oublions pas, avait à gérer en Algérie une colonie de peuplement minoritaire, mais dotée de tous les droits civils et politiques, et une majorité d'« indigènes » musulmans, « sujets » français, qui étaient dépourvus – sauf une infime poignée de naturalisés – de ces mêmes droits. Une minorité gouvernait dans ce système républicain et, pour ce faire,

---

7 Entretien à *France-Soir*, 25 mars 2005.

s'attribuait les prérogatives d'une majorité de droit, d'où toutes sortes de distorsions...

La situation coloniale a créé un rapport incontestable de domination sur l'islam : religion de la majorité de la population algérienne, son contrôle a été indispensable au colonisateur français pour s'installer dans la durée. Si bien que le fameux pacte du général de Bourmont – lequel, lors de la conquête d'Alger en 1830, s'était engagé formellement « sur l'honneur » à respecter l'exercice de la religion musulmane, la liberté de tous les habitants, leurs femmes, leurs propriétés, leur industrie et leur commerce – s'en trouva privé d'effet.

Pour autant, les choses ne sont pas si simples. Car la condition coloniale s'est aussi inscrite dans une tradition de mise sous contrôle de la religion musulmane par les pouvoirs en place, qui jalonne toute l'histoire du monde musulman. Comme le rapportait le célèbre historien arabe Ibn Khaldoun au XIVe siècle, tout souverain exerçant son pouvoir sur la *oumma* islamique, depuis les origines de l'islam, devait asseoir les bases de son autorité de manière autoritaire, voire despotique, s'il voulait se maintenir au pouvoir, à l'abri de toute contestation qui aurait pu monter de la communauté des croyants – celle-ci étant dotée d'un droit de critique presque « sacré » de l'autorité chargée de la guider sur le « droit chemin », dès lors que celle-ci aurait failli à sa mission. C'est donc une caractéristique de toute communauté islamique que de se présenter aux yeux de ses gouvernants, quels qu'ils soient, comme pourvue d'une capacité redoutable de contestation à l'égard des pouvoirs constitués, allant jusqu'à leur délégitimation. Ce qui a entraîné souvent dans l'histoire la mise en place, par ces derniers, de dispositifs de recherche du consensus (le corps des oulémas), mais aussi de répression pour prévenir les contestations et se maintenir en place.

Depuis la conquête de l'Algérie, la France a donc attribué à l'islam, à tort ou à raison, selon les époques et les lieux, un potentiel subversif dont elle avait à se protéger. Dans le cas de l'Algérie, cette vision a été largement surdéterminée et structurée par l'administration militaire, après la parenthèse de la IIe République (1848-1851). Au cours du Second Empire, la préoccupation majeure de l'administration sera de mettre en place des dispositifs qui, tout en proclamant la volonté de protection du milieu « indigène », visaient en réalité à endiguer et à garder sous contrôle cette menace permanente, réelle ou présumée, représentée par l'islam [8].

---

8 Les « bureaux arabes », installés dans les bleds les plus reculés et confiés à des officiers qui représentaient l'autorité française en tout domaine, fonctionnaient comme de véritables centres d'écoute des humeurs de la population, dans un but de sécurité plutôt que de gestion pragmatique de ses problèmes.

D'où la mise en place d'un système de contrôle toujours plus efficace et raffiné, allant jusqu'à doter l'islam algérien d'un clergé encadré dans la fonction publique et à créer des *medersas* (écoles supérieures musulmanes) d'État pour y former un personnel « fiable », cela bien avant l'avènement de la IIIe République.

La fausse application de la loi de 1905 à l'islam algérien

L'avènement de la IIIe République en 1870 conduira à renforcer cette surveillance dans le sens sécuritaire[9]. Il en fut ainsi avec la loi de novembre 1905 sur la séparation des cultes et de l'État, qui ne pouvait s'appliquer à l'islam algérien, sauf à remettre en cause tout dispositif de contrôle ; d'où la nécessité de la contourner, tout en sauvant les apparences. Ce sera l'objet, avec tous ses effets pervers, du décret du 29 septembre 1907 « portant application » de la loi de 1905 aux différents cultes en Algérie, mais avec des dérogations pour chacun d'eux de nature à la vider de sa substance. Et effectivement, si les curés, pasteurs et rabbins continuaient à toucher des indemnités de fonction à titre transitoire (qui deviendra permanent), par rapport à l'islam, qui ne disposait plus, depuis la conquête, de ressources propres pour s'autogérer, le dispositif a été bien trouvé : sans vouloir évidemment toucher aux confréries religieuses, qu'on ne voulait surtout pas rendre autonomes, on a eu recours à des associations cultuelles fictives, créées de toutes pièces par l'administration et strictement contrôlées, voire infiltrées par la police, au niveau des trois préfectures algériennes, pour leur permettre de continuer de toucher les subventions administratives.

Cela n'a en définitive rien changé par rapport à la situation antérieure faite à l'islam officiel, qui, dépendant de l'État colonisateur, était déjà placé sous son contrôle. À cet égard, la question des biens habous est à plus d'un titre emblématique. Les habous – instituts de droit musulman assimilables à des fondations pieuses dont les revenus sont destinés traditionnellement à financer, entre autres buts charitables, l'entretien des lieux de culte, les imams et les maîtres des écoles coraniques – avaient été réquisitionnés au

---

9 Parmi les nombreux exemples que l'on pourrait citer, il suffit de mentionner le Code de l'indigénat, ensemble de textes juridiques, décrets et articles de lois visant les « infractions spéciales aux indigènes » : établi en 1874, enrichi et institué en loi en 1881, modifié en 1890 puis en 1914, il s'est appliqué jusqu'à la Seconde Guerre mondiale (voir Jean-Claude Vatin, *L'Algérie politique, histoire et société*, Presses de la FNSP, Paris, 1983 (1974), p. 133).

lendemain de la conquête et annexés au Domaine de l'État. La France s'était bien engagée à pourvoir en échange à tous ces frais, si bien que par la suite un système de fonctionnarisation du culte musulman sera mis en place, avec différentes classes de rétribution des desservants des mosquées, assimilés à un véritable clergé. Il était donc question de restituer ces biens ou ce qu'il en restait, au moins à titre symbolique, si l'on voulait effectivement appliquer à l'islam la loi de 1905. Or cela ne fut pas le cas.

Avec la restitution des biens habous, l'indépendance du culte musulman fut dès lors sans cesse revendiquée par les musulmans algériens, se considérant comme exclus de l'application de cette loi de la République. Une telle loi, qui se voulait égale pour tous, aurait en effet restitué au culte musulman une certaine indépendance.

On voit bien le paradoxe : cette revendication de la séparation de l'islam algérien et de l'État, relancée constamment tout au long des années 1930, 1940 et 1950 par l'Association des oulémas (réunissant les lettrés religieux) qui pourtant se voulait apolitique, et reprise dans tous les programmes et pétitions du mouvement national algérien, allait à l'encontre de la traditionnelle fusion islamique de la religion et de l'État (*din wa dawla*). Et pourtant, les oulémas viendront la poser avec une nouvelle insistance devant l'Assemblée algérienne créée en 1947, multipliant les propositions et les analyses, sans pour autant rien obtenir. Certes, c'était la séparation d'avec le gouvernement colonial que l'on réclamait, mais au bout de quarante ans cette revendication avait façonné les consciences et entraîné – cela ne fait aucun doute – un début de sécularisation des mentalités, aussi inconscient qu'irréversible. Après 1962, cette exigence sera toutefois mise de côté par les démiurges du nouvel État algérien indépendant : ceux-ci, pour des raisons idéologiques, feront un pas en arrière et organiseront un islam d'État, se posant paradoxalement en héritiers de l'État colonial.

Parallèlement, dans l'ex-métropole coloniale, où les musulmans de France sont pour les trois quarts algériens, l'exigence d'une authentique séparation de la religion musulmane et de l'État, dans l'esprit de la loi de 1905 sur la laïcité, n'a pas encore trouvé pleine satisfaction à ce jour. Il serait donc temps d'entreprendre des recherches sérieuses et documentées sur les instruments politico-juridiques dont se dota la IIIe République pour gouverner l'Algérie, car cette période a structuré de manière durable en France la relation entre islam et politique, sur la base abstraite de valeurs républicaines inappliquées. Il est aujourd'hui urgent de procéder, sans complaisance et en dehors des instrumentalisations idéologiques, à une réécriture honnête de l'histoire récente de la relation coloniale entre la France et l'Algérie, pour retrouver les racines des problèmes actuels et envisager des solutions enfin réalistes au « problème » de l'islam de France.

Les « nécessités de l'heure » ont en effet souvent amené la République à contourner sans état d'âme sa propre Loi fondamentale, pour peu qu'elle se sentît menacée par les revendications de la population dominée. Elle a ainsi toujours oscillé entre deux politiques extrêmes : d'un côté, l'assimilation totale de la population d'« origine musulmane », censée faire table rase de la tradition au nom de l'octroi des valeurs de la « civilisation française » ; et, de l'autre, une association qui proclamait vouloir préserver les différences réputées inassimilables – mais qui, en réalité, instaurait une discrimination pure et simple de cette même population. D'où cet étrange négoce entre dominés et dominants, obligé et surveillé par un système de suspicion/contrôle qui, *mutatis mutandis*, est encore de mise aujourd'hui.

6

*L'histoire difficile : esquisse d'une historiographie du fait colonial et postcolonial**

NICOLAS BANCEL

La question coloniale et postcoloniale est aujourd'hui au centre de nombreux débats publics et historiographiques. De ce dernier point de vue, il semble nécessaire de revenir sur la position des objets « histoire coloniale » et « histoire postcoloniale » dans l'institution universitaire pour tenter de comprendre les raisons d'une relative marginalité de l'histoire coloniale et d'une absence, dans l'institution universitaire historienne, de l'histoire postcoloniale.

L'auteur de ces lignes doit à la vérité de dire qu'il en est venu à s'interroger sur cette question à partir de deux expériences. La première, c'est le constat de la faible visibilité internationale de la recherche française dans le champ des *colonial studies* et des *postcolonial studies* [1], et le regard parfois un peu condescendant que portent sur nous certains collègues étrangers, semblant se divertir d'une sorte de « provincialisation » de la recherche française. La seconde s'est formalisée dans une polémique, au sein d'un laboratoire d'histoire, portant sur la légitimité de certains objets historiques : peut-on, vraiment, faire une histoire de la « culture coloniale » en métropole ? N'est-il pas, d'une certaine manière, dangereux que d'exposer à nouveau des productions culturelles dont bon nombre véhiculent la

* Cet article est une version remaniée de ma contribution à la première édition de cet ouvrage.

1 Voir l'analyse très lucide sur cette question de Catherine COQUERY-VIDROVITCH, « Réflexions comparées sur l'historiographie africaniste de langue française et anglaise », *Politique africaine*, n° 3, 1998.

violence symbolique – le racisme – dont a été porteuse la colonisation ? Et puis, n'est-il pas inopportun de tenter une « histoire postcoloniale » de l'ancienne métropole ? En effet, ne risque-t-on pas, en rappelant la construction historique de discriminations actuelles touchant prioritairement les populations issues de l'ex-Empire colonial, d'empêcher l'intégration de ces populations ? Ne va-t-on pas agrandir la fracture postcoloniale qui se dessine entre ces populations et la société globale ?

On perçoit immédiatement à travers ces expériences que deux grandes questions peuvent être identifiées. La première concerne l'histoire de l'institution historienne universitaire : comment l'histoire coloniale s'est-elle déployée, pourquoi s'est-elle brusquement rétractée et comment peut-on expliquer, *en partant de l'institution*, que, d'une certaine manière, l'histoire coloniale en France ait « loupé le coche » de bon nombre de questions historiques qui font actuellement le miel des études contemporaines à l'étranger, particulièrement dans la littérature scientifique de langue anglaise ? Comment expliquer, par ailleurs, la quasi-absence de perspectives postcoloniales ?

La seconde question qui apparaît au regard des appréciations portées durant cette brève polémique porte sur les rapports qu'entretient l'écriture de l'histoire avec le « récit national », dont par hypothèse l'objet est de créer une « histoire commune » dans laquelle chacun, au sein de la nation, puisse se reconnaître. Peut-on identifier un consensus implicite de l'institution historienne, fondamentalement conservateur, selon lequel l'histoire comme production de discours ne devrait pas remettre en cause l'« unité nationale » – discours qui est généalogiquement le sien, puisqu'il répond à la fonction initiale de l'histoire universitaire de « créer de la nation [2] ».

Qu'est-ce que l'histoire coloniale et postcoloniale ?

Mais d'abord, il faut s'entendre sur les termes. Que recouvre l'histoire coloniale et postcoloniale ? Depuis pratiquement l'origine de l'institutionnalisation de l'« histoire coloniale » au sein de l'histoire comme discipline universitaire, à la toute fin du XIXe siècle, l'épistémologie du champ est vacillante : est-ce l'étude de la conquête européenne ? De l'administration des territoires colonisés ? Des sociétés autochtones ? Comme le montrent Sophie Dulucq et Colette Zytnicki, l'histoire coloniale hésite dans la

2 On lira sur cette question Gérard NOIRIEL, *Qu'est-ce que l'histoire contemporaine ?*, Hachette, Paris, 2001 ; François DOSSE donne également des indications intéressantes dans *L'Histoire en miettes*, La Découverte, Paris, 1994.

détermination de ses champs, de ses objets et même de sa chronologie [3]. En revanche, dès l'émergence de l'histoire coloniale universitaire en France, une dimension ne fait pas débat : l'histoire coloniale concerne d'abord l'action du colonisateur et les sociétés colonisées. Il est fort compréhensible que, à son origine, l'histoire coloniale n'ait pu envisager les manières dont la société métropolitaine allait être affectée par la colonisation. Ce qui l'est moins, c'est que cette perspective n'ait jamais trouvé une pleine légitimité à l'intérieur du champ universitaire, lorsque l'on sait que, dès 1969, Raoul Girardet publiait son ouvrage *L'Idée coloniale en France* [4] et que, dès 1976, Michel Foucault proposait d'envisager les effets, en France, de la colonisation [5].

Dès la fin des années 1960, s'esquissait donc une complexification des perspectives historiques : l'histoire coloniale pouvait être envisagée comme un processus dialectique, engageant des transformations croisées dans les colonies et dans la métropole. Un second élargissement aurait pu, au milieu des années 1980, se concrétiser. Il concernait la chronologie canonique séparant colonisation et période postcoloniale. Certes, cette segmentation assise sur l'histoire politique avait été déjà très largement relativisée pour ce qui concerne les pays ex-colonisés.

Malgré ces impasses, il faut cependant souligner ici, et avec force pour qu'il n'y ait pas de malentendu, les progrès considérables de l'historiographie française concernant le fait colonial *dans les pays colonisés* depuis les années 1960 et jusqu'aux années 1990. Approfondissant les effets de l'impérialisme et de l'économie coloniale, analysant les modifications des structures sociales impactées par la colonisation, travaillant à saisir les rythmes propres des sociétés colonisées, une cohorte d'historiens a considérablement enrichi la connaissance du fait colonial, même si ce fait n'était pas toujours, à proprement parler, au centre de problématiques qui tendaient vers la longue durée. On pense ici aux travaux de Charles-André Julien sur le Maghreb, à ceux de Jean Suret-Canale et Henri Brunschwig sur l'Afrique noire durant les années 1950-1960, poursuivis par les contributions de Catherine Coquery-Vidrovitch, de Denise Bouche, d'Helène d'Almeida-Topor, de Marc Michel, d'Elikia M'Bokolo et plus tard, entre autres, d'Odile Goerg. Mais aussi aux travaux de Charles-Robert Ageron sur l'Algérie

---

3 Sophie Dulucq et Colette Zytnicki (dir.), *Décoloniser l'histoire ? De l'« histoire coloniale » aux histoires nationales en Amérique latine et en Afrique (XIXe-XXe siècle)*, Publication de la Société française d'histoire d'Outre-Mer, Paris, 2003.

4 Raoul Girardet, *L'Idée coloniale en France*, Gallimard, Paris, 1969.

5 Dans une intervention au Collège de France en 1976, Foucault suggère que la colonisation doit aussi être envisagée du point de vue de ses effets « en retour » sur la métropole (voir Michel Foucault, *Dits et Écrits*, tome 1, Gallimard, Paris, 1999).

coloniale au cours des années 1970-1980, à ceux d'Annie Rey, de Gilbert Meynier, de Benjamin Stora ou de Daniel Lefeuvre (dans une tout autre optique) sur la même région, aux apports majeurs de Jean-Louis Miège puis de René Gallissot et de Daniel Rivet sur le Maroc ou les contributions de Jean Ganiage ou André Nouschi sur la Tunisie, de Pierre Brocheux ou de Daniel Hémery sur l'Indochine : on ne peut citer ici tous les auteurs, mais ces contributions constituent un legs inappréciable pour la génération qui est la nôtre. La question n'est donc pas ici d'affirmer que le travail historique s'est interrompu, ou qu'il a été de mauvaise qualité (les contributions des auteurs précédemment cités font toujours autorité), mais bien de comprendre pourquoi le « fait colonial » a été saisi uniquement dans ses conséquences dans les pays colonisés et pourquoi l'histoire postcoloniale en métropole n'a pu se développer. C'est pourquoi l'analyse doit se focaliser sur la constitution des objets « histoire coloniale » et « histoire postcoloniale » du point de vue de leur position au sein de l'institution universitaire.

Il est en effet frappant qu'il soit parfaitement légitime d'analyser les situations postcoloniales en les articulant à l'ancienne situation coloniale, *dans les pays colonisés* : c'est le travail de l'historien que d'élucider les transformations historiques dans le temps, en ne se laissant pas dominer par les chronologies canoniques. Il est ainsi évident pour chacun que les indépendances politiques des nations ex-coloniales n'abrogent pas, comme par miracle, les effets sociaux, politiques, économiques, culturels... instruits durant la période coloniale. C'est là, probablement, l'un des effets heuristiques de la perspective instituée par la « longue durée », pour laquelle a inlassablement milité Fernand Braudel.

Pourtant, la *légitimité* d'analyses cherchant à saisir les articulations entre période coloniale et postcoloniale, *en France*, est, en elle-même, problématique : ce que nous considérons comme parfaitement normal pour les pays ex-colonisés prend des allures de transgression dans le cas de la France, y compris dans les milieux universitaires. Et force est de constater que, jusqu'à la fin des années 1990, cette perspective ne s'est pas développée en France au sein du milieu universitaire, alors qu'elle l'était déjà depuis une bonne décennie dans la littérature anglo-saxonne.

Que s'est-il passé ? Et la situation est-elle désormais plus ouverte ? On peut dire que, en France, cette dernière question a pour l'instant été tranchée par la pratique historienne : rares sont ceux qui, aujourd'hui encore, prennent la colonisation du côté de ses effets en métropole, bien que la première moitié des années 2000 ait été marquée par d'incontestables frémissements [6]. Mais il

6 Pour en rester aux historiens, et outre les travaux des trois coordinateurs de cet ouvrage et les travaux pionniers sur les mouvements anticolonialistes de Claude Liauzu ou

est encore plus marquant de constater qu'aucun équivalent aux *postcolonial studies* anglo-saxonnes, appliquées à l'histoire des métropoles, n'existe en France. De fait, l'histoire coloniale en métropole reste marginale et l'histoire postcoloniale en métropole n'existe tout simplement pas. C'est une histoire qui n'a pas voix au chapitre, perçue comme lointaine – puisqu'elle s'applique d'abord aux ex-colonies –, en aucun cas une histoire qui pourrait s'intégrer, de plein droit et de pleine légitimité, à l'histoire nationale. C'est là le signe manifeste d'un blocage, ou, au mieux, d'une indifférence.

La faible reconnaissance de l'histoire coloniale universitaire

Généalogiquement, l'essor de l'histoire coloniale se place sous le double sceau de la formation d'un milieu d'historiens professionnels et d'une instrumentalisation des discours de l'histoire au profit des grandes causes nationales. L'histoire coloniale va donc asseoir ses principaux objets d'investigation au moment où la France étend son Empire, dès les années 1830 avec la conquête de l'Algérie, puis, à partir des années 1880, avec la grande poussée impériale en direction, principalement, de l'Afrique. La concomitance de l'extension de l'histoire coloniale comme secteur de l'histoire encore à légitimer et de la conquête ne doit pas étonner : elle établit très clairement le double mouvement d'accumulation de connaissances (ici, des connaissances historiques) comme possibilité d'objectivation des espaces et des populations conquis (qu'on retrouve dans toutes les sciences humaines en formation), mais aussi d'usage de ces connaissances dans le processus hégémonique qui est en cours. Enfin, la naissance de l'histoire

---

Philippe Dewitte, signalons les récentes contributions de Sylvie Thénault, *Une drôle de justice. Les magistrats dans la guerre d'Algérie*, La Découverte, Paris, 2001, ou de Raphaëlle Branche, *La Torture et l'Armée pendant la guerre d'Algérie*, Gallimard, Paris, 2001, qui analysent l'histoire, dans le contexte de la guerre d'Algérie, des institutions judiciaire et militaire. Les répercussions, sur ces institutions en France, de pratiques coloniales sont envisagées et appellent des recherches à poursuivre. Benjamin Stora s'est également intéressé à la question de la mémoire de la guerre d'Algérie, avec son ouvrage *Le Transfert d'une mémoire. De l'« Algérie française » au racisme antiarabe*, *op. cit.* Signalons aussi le travail d'Emmanuelle Saada (*La « question des métis » dans les colonies françaises : socio-histoire d'une catégorie juridique (Indochine et autres territoires de l'Empire français, années 1890-années 1950)*, thèse de doctorat, EHESS, Paris, 2003), qui envisage les croisements entre droit colonial et droit en métropole à travers le cas des « métis ». Enfin, le travail récent et novateur de Patrick Weil et Stéphane Dufoix (dir.), *L'Esclavage, la colonisation et après...*, *op. cit.*, consacré à une analyse comparative entre les pratiques coloniales et postcoloniales en France et aux États-Unis, s'inscrit dans ce renouvellement.

coloniale doit aussi beaucoup à la dynamique créée par les recherches des sociétés de géographie, recherches encouragées par le « lobby colonial [7] ».

Dans ce mouvement de formation de l'histoire coloniale, plusieurs producteurs de savoirs historiques peuvent être distingués : des amateurs éclairés, tels des administrateurs, militaires ou colons passionnés d'histoire coloniale, mais aussi des universitaires reconnus qui, sans être souvent des spécialistes du fait colonial, viennent apporter le poids de leur légitimité scientifique à des publications collectives [8]. Cependant, et même si des thèses d'histoire sont réalisées entre 1880 et 1890, l'histoire coloniale reste en marge dans l'institution universitaire, et il faudra tout le pouvoir de persuasion et les pressions du lobby colonial pour qu'aboutisse, en 1893, la création de la première chaire de géographie coloniale.

L'histoire de l'institutionnalisation universitaire de l'histoire coloniale est ainsi marquée par les efforts laborieux de ce lobby pour que soit reconnue la discipline, depuis la fin du XIXe siècle jusqu'à la fin de l'entre-deux-guerres. L'enseignement de l'histoire coloniale n'apparaîtra vraiment qu'à partir de 1905 – après plusieurs tentatives de création, inabouties devant le peu d'empressement de l'université –, financé par l'Union coloniale. Après 1917, le cours s'arrête jusqu'en 1942 et c'est à cette date, sur un financement du secrétariat d'État aux Colonies, que la chaire d'histoire de la colonisation est créée à la Sorbonne. Dans l'entre-deux-guerres, plusieurs chaires seront à leur tour créées dans des universités de province, de même qu'un poste au Collège de France : un étroit réseau se constitue, disposant d'un maigre espace au sein de l'institution universitaire historienne. Cette éclaircie sera de courte durée, et en 1961 tout est dit ou presque : la chaire d'histoire coloniale de la Sorbonne, détenue jusqu'alors par Charles-André Julien, est abandonnée [9]. Dès lors, l'histoire coloniale disparaît presque totalement des universités françaises, simultanément à l'effondrement de l'Empire.

Cette brève incursion historique révèle deux caractéristiques essentielles. Première caractéristique : l'histoire coloniale n'a jamais eu de fort

---

7 Gilles de Gantes, « De l'histoire coloniale à l'étude des aires culturelles : la disparition d'une spécialité du champ universitaire français », *Outre-Mers, revue d'histoire*, Société française d'histoire d'Outre-Mer, Paris, 2003 ; Colette Zytnicki, « "La maison, les écuries". L'émergence de l'histoire coloniale en France (des années 1880 aux années 1930) », *in* Sophie Dulucq et Colette Zytnicki (dir.), *Décoloniser l'histoire ?*, *op. cit.*

8 Colette Zytnicki signale ainsi deux ouvrages de ce type : *La France coloniale. Histoire, géographie, commerce*, sous la direction du professeur à la Sorbonne Alfred Rambaud (1886) ; et *Les colonies françaises. Un siècle d'expansion coloniale*, sous la direction des professeurs Marcel Dubois et Auguste Terrier (1901).

9 Gilles de Gantes, « De l'histoire coloniale à l'étude des aires culturelles », *loc. cit.*

rayonnement universitaire, même au plus fort de l'expansion coloniale. Dès l'origine, cette histoire est mal considérée et faiblement reconnue à l'université. Dès l'origine, l'objet est, en quelque sorte, douteux, et ce pour plusieurs raisons. D'une part, des années 1890 à la fin de la Seconde Guerre mondiale, l'histoire coloniale est d'un faible niveau : elle est essentiellement descriptive, en marge des évolutions historiographiques, et propose le plus souvent des études centrées sur les conquêtes de la France et l'administration des territoires colonisés, dans une optique très fréquemment hagiographique, voire utilitariste. L'histoire coloniale semble donc participer à la légitimation idéologique de la colonisation, avec une production scientifique largement conservatrice [10], dans laquelle la « geste » coloniale s'inscrit dans la construction élargie de la nation. D'autre part, la production proprement universitaire de l'histoire coloniale est peu abondante [11]. En réalité, elle s'écrit ailleurs : dans des sociétés savantes, des instituts coloniaux ou encore par des contributions de chercheurs indépendants.

Seconde caractéristique : l'histoire coloniale est liée aux pressions du lobby colonial, qui, on l'a vu, financera les premières chaires universitaires comme les revues d'histoire spécialisées sur le monde colonial (dont les conseils d'administration accueillent chefs d'entreprises, administrateurs ou militaires coloniaux [12]). Dès lors, la situation institutionnelle de l'histoire coloniale est très fragile, car directement liée aux évolutions de l'Empire. Lorsque celui-ci s'effondre, le soutien du lobby colonial et la raison d'être idéologique de la discipline (inclure la geste coloniale dans la construction du national, étudier les « meilleurs moyens de coloniser ») disparaissent simultanément.

À ces facteurs contextuels, s'ajoute un facteur institutionnel : la réorganisation des sciences humaines après 1957, dans laquelle Fernand Braudel joue un rôle notable, et qui fait des « aires culturelles » le nouveau champ où devront s'exercer les savoirs scientifiques, de préférence pluridisciplinaires [13].

---

10 Ce qui ne signifie pas, évidemment, que ces travaux soient sans valeur : souvent sérieux sur le plan méthodologique, ils accumulent des foules de renseignements positifs, souvent utiles pour l'historien d'aujourd'hui. Mais, on l'aura compris, ce qui nous intéresse ici est de comprendre les difficultés actuelles, peut-être en partie issues de cette période fondatrice, à faire de l'histoire coloniale et postcoloniale.

11 Voir, par exemple, Gilles de Gantes, « De l'histoire coloniale à l'étude des aires culturelles », *loc. cit.*, et l'analyse de Marie-Albane de Suremain sur les revues scientifiques, « L'histoire coloniale dans le *Bulletin du Comité d'études historiques et scientifique de l'AOF-IFAN*, 1916-1960 », *in* Sophie Dulucq et Colette Zytnicki (dir.), *Décoloniser l'histoire ?*, *op. cit.*

12 Marie-Albane de Suremain, *ibid.*

13 Gilles de Gantes note également que Charles-André Julien, anticolonialiste notoire et qui s'intéresse d'abord aux sociétés autochtones, favorise cette réorientation (Gilles de Gantes, « De l'histoire coloniale à l'étude des aires culturelles », *loc. cit.*).

Dans ce nouveau cadre, l'histoire coloniale n'a plus sa place [14]. À côté d'une histoire coloniale désormais assurée par des amateurs éclairés mais plus ou moins disqualifiés dans les cénacles scientifiques pour, précisément, leur amateurisme et le fait qu'ils aient été très fréquemment liés aux appareils coloniaux [15], le recentrage des études historiques non européennes sur les « aires culturelles » favorise, au cours des années 1960-1970, la requalification ou la création de chaires désormais consacrées à l'Afrique, à l'Asie ou au Maghreb, et de laboratoires de recherches dédiés à l'étude de ces aires. C'est donc dans la double perspective d'une histoire des « aires culturelles » et de la prédominance de la longue durée que se réaliseront les travaux portant sur l'histoire coloniale. Si cette dernière n'a plus de position institutionnelle (il demeure bien sûr *possible* de travailler sur l'histoire coloniale dans le cadre des « aires culturelles »), nous avons souligné plus haut les incontestables décloisonnements qu'ont apportés ces orientations géographiques et temporelles. Mais cette nouvelle organisation institutionnelle a aussi inhibé des perspectives qui sont désormais approfondies ailleurs.

Il était donc devenu pratiquement impossible, ou en tout cas difficile, d'opérer des comparaisons sur la colonisation dans des aires culturelles distinctes. Et il devenait encore plus difficile, évidemment, de travailler sur les effets de la colonisation en France (sujet qui, du reste, n'avait jamais mobilisé l'attention des historiens du colonial avant 1969). Ainsi, le développement de l'histoire des aires culturelles au détriment de l'histoire coloniale, si elle a permis un renouvellement des travaux et des perspectives, a aussi contribué à une impasse historiographique sur l'histoire de la colonisation.

Une illégitimité universitaire de l'histoire postcoloniale ?

On voit que si l'histoire coloniale comme épopée fondatrice a été très tôt intégrée aux savoirs scolaires [16], elle est restée en marge sur le plan universitaire. Quant à la société française envisagée comme société postcoloniale, c'est tout simplement un sujet qui, encore actuellement, est pratiquement impensable dans le milieu des historiens professionnels.

---

14 Daniel RIVET, « Le fait colonial et nous. Histoire d'un éloignement », *Vingtième siècle*, janvier-mars 1992.

15 Henk WESSELING, « Overseas History », *in* Peter BURKE, *New Perspectives on Historical Writing*, Polity Press, Londres, 1991.

16 Voir la contribution de Sandrine Lemaire dans cet ouvrage, p. 93 ; et Suzanne CITRON, *Le Mythe national. L'histoire de France en question, op. cit.* On notera qu'Ernest Lavisse, parangon d'une histoire nationale mythifiée, sera l'un des rares historiens professionnels à soutenir la création d'une chaire d'histoire coloniale à la fin du XIXe siècle.

Depuis l'origine, l'espace institutionnel de l'histoire coloniale est donc resté réduit, sa légitimité faible, et ce jusqu'à aujourd'hui [17]. La dynamique institutionnelle va donc contre la reconnaissance de l'histoire coloniale et postcoloniale dans l'institution universitaire. Or, on sait les pesanteurs de l'institution et la difficulté à faire émerger et reconnaître un nouveau champ historique. Contrairement aux États-Unis, où la discipline historique est constamment saisie de nouveaux objets traitant de problèmes sociaux immédiats liés à des processus historiques (histoire des minorités, du racisme, du genre, etc.), l'université française semble avoir une extraordinaire capacité de temporisation, de prudence, de conservatisme. Or, l'histoire coloniale et postcoloniale telle qu'elle se présente aujourd'hui est perçue comme recelant de fortes capacités de déstabilisation de l'unité nationale et du corps social – alors que c'est à notre avis sa faiblesse même qui est porteuse de ce péril, mais c'est un autre débat...

À l'inertie structurelle de l'institution qui, comme on vient de le voir, a des origines anciennes, s'ajoutent donc des réticences nées du consensus associé à la genèse de la discipline historique elle-même : construire de la mémoire, préserver la nation. Il ne s'agit pas là d'un procès d'intention : trop de signes font sens en cette direction. C'est pourquoi il n'est pas impertinent d'émettre l'hypothèse que, au-delà de l'organisation de l'institution historienne elle-même, se manifeste une certaine fermeture au renouvellement des problématiques, voire à la simple possibilité d'envisager la France comme une société marquée par la colonisation et la période postcoloniale. Les questions historiques soulevées par une telle perspective – comme en témoignent quelques-unes des contributions réunies dans ce livre – peuvent être ressenties comme une « mise en danger » de l'histoire contemporaine telle qu'elle est écrite, mise en danger qui renvoie à des sujets délicats tels que les aléas de la politique coloniale républicaine, les discours universels et les politiques concrètes de puissance et d'oppression coloniales et postcoloniales, les politiques migratoires, les discriminations et le racisme.

À ce consensus et ces réticences, il faut ajouter que l'histoire coloniale puis l'histoire des aires culturelles ont légué une situation qui est, en propre, celle de l'ancienne puissance coloniale. En 1997, Didier Gondola soulignait dans un article quelque peu amer [18] que les historiens français de

17 Dans les hiérarchies académiques implicites, travailler sur l'histoire de la colonisation est peu valorisant, beaucoup moins, par exemple, que de faire de l'histoire sociale ou politique de la France contemporaine.

18 Didier Gondola, « La crise de la formation en histoire africaine en France vue par les étudiants africains », *Politique africaine*, n° 64, 1997 ; voir les réponses critiques de Jean-Pierre Chrétien, « Une crise de l'histoire de l'Afrique en langue française ? » et de

l'Afrique conservaient ainsi une position de dominants, adossée à une posture d'extériorité et une certaine condescendance pour les travaux des Africains [19]. Le propos est provocateur, mais il n'est pas absurde de penser que c'est peut-être aussi cela que nous lègue l'histoire de l'institution historienne : la réitération d'une situation inégalitaire, confortable en tant qu'elle autorise l'historien français à objectiver la position d'historiens ex-colonisés par rapport à leur trajectoire dans la postcolonie ; et éventuellement à relativiser ainsi la qualité scientifique de leurs travaux en regard de leur engagement (politique ou autre), tout en s'interdisant de saisir la sienne propre dans une société française contemporaine profondément imprégnée par les réminiscences du colonial. Les réticences manifestées par certains historiens sur l'opportunité de développer l'histoire postcoloniale en métropole font peut-être partie, également, de ces réminiscences.

Mais ce sont là, on peut l'espérer, un débat et des positions d'arrière-garde. Ce qui est particulièrement significatif, c'est que le renouvellement de l'historiographie des périodes coloniale et postcoloniale – envisagée dans le cadre de la société française – fasse aujourd'hui signe dans des milieux extrêmement divers. C'est le cas des sociologues réunis dans ce livre, comme Didier Lapeyronnie, Ahmed Boubeker ou Nacira Guénif-Souilamas, mais aussi des travaux récents et novateurs du politologue Patrick Weil, de l'historienne Emmanuelle Saada ou de politistes comme Claire Andrieu. Tous, dans l'analyse de la contemporanéité, brisent le carcan chronologique d'une histoire coloniale qui, en France, s'achèverait en 1962. Tous démontrent des lignes de continuités métissées, des articulations entre périodes coloniale et postcoloniale, articulations non univoques, non téléonomiques, qui s'agencent avec les facteurs de notre modernité.

Mais ce signe, issu de milieux scientifiques divers, montre aussi la carence de l'institution historienne sur ces questions, surtout en comparaison de nombreux laboratoires universitaires dans le monde anglo-saxon. De véritables structures de recherches travaillant sur l'histoire coloniale et postcoloniale en France sont désormais impérieusement nécessaires, ce qui engage à réfléchir à frais nouveau à l'organisation des études historiques. C'est une nécessité scientifique immédiate, et il faudra dépasser des définitions désormais révolues, en choisissant plus hardiment l'étude du phénomène colonial comme un objet légitime en soi, permettant de favoriser les comparaisons entre les différentes zones de colonisation, entre

---

Michel CAHEN, « Africains et africanistes. À propos de l'article de Didier Gondola », *Politique africaine*, n° 68, 1997.

19 Remarque également formulée par Catherine COQUERY-VIDROVITCH, « Réflexions comparées sur l'historiographie africaniste de langue française et anglaise », *loc. cit.*

la colonisation française et les autres colonisations européennes. Mais, aussi, en s'aventurant dans la compréhension de la colonisation comme processus dialectique ayant produit des effets en métropole (sur la culture, les représentations, les catégories d'entendement, l'histoire des sciences, l'élaboration juridique, les formes de gouvernance, les institutions, etc.).

Dès lors, l'histoire postcoloniale s'imposera naturellement, car la borne symbolique de la fin de l'Empire (1962) n'a évidemment que fort peu de sens sur les processus de longue durée que nous venons d'envisager. Mais dynamiser la recherche sur ces questions est aussi une nécessité sociale et politique immédiate. Les textes réunis dans cet ouvrage montrent sans conteste le champ immense qui s'ouvre à l'historien travaillant sur les articulations colonie/postcolonie. Et indiquent que de nombreux processus contemporains, brûlants, ne peuvent se comprendre sans la profondeur de champ historique offert par cette perspective.

7

Colonisation et immigration : des « points aveugles » de l'histoire à l'école ?

SANDRINE LEMAIRE

À écouter les élèves, à suivre les médias ou les résultats de l'enquête réalisée à Toulouse, il semblerait que l'enseignement en France de l'histoire coloniale et de l'immigration souffre d'un net déficit. De toute évidence, l'enquête que nous avons conduite montre une méconnaissance – ou une connaissance très vague – du fait colonial ou migratoire, alors même qu'un réel besoin est clairement exprimé de mieux les connaître, afin de mieux comprendre les événements contemporains.

Pourtant, si l'histoire de l'immigration est effectivement absente des enseignements transmis jusqu'au secondaire, celles de la colonisation et des décolonisations sont traitées dans les programmes scolaires et les manuels d'histoire, qui ont beaucoup évolué sur ce point depuis les années 1980. Alors, comment expliquer ce sentiment et les frustrations révélées par les réponses à notre enquête ? Ces frustrations sont largement exprimées par ailleurs par une frange de la population « issue de l'immigration » ou ayant des ascendants immigrés, de mille façons : injonctions à la reconnaissance officielle d'événements historiques, ouvrages et témoignages [1], multiplica-

1 Ainsi, début 2005, un étudiant de première année à Sciences Po décrivait bien ce sentiment : « À quoi se réduit l'histoire des Noirs, dans les programmes d'histoire ? À quatre cents ans d'oppression. Comme si les Noirs n'avaient rien apporté à l'humanité [...]. Comme l'enfant d'Alsace ou d'Auvergne, qui se reconnaît dans ce que dit le prof, je voudrais, moi aussi, ma petite part de reconnaissance. Et le récit de quatre cents ans d'humiliations ne me la donne pas » (cité par Olivier PASCAL-MOUSSELARD, *Télérama*, 16 février 2005, dans sa critique du livre de Carole DIAMANT, *École, terrain miné*, Liana Lévi, Paris, 2005).

tion des prises de position autour de l'appel pour les Assises de l'anticolonialisme postcolonial des « indigènes de la République » lancé en janvier 2005[2]...

Or c'est effectivement ce sentiment d'absence d'un traitement précis de la colonisation et de l'immigration qui entraîne parfois, chez ceux qui le ressentent, une radicalisation de leurs discours : ils se tournent alors vers une histoire reconstruite à partir des carences de l'enseignement, nourrissant la « fracture ressentie » et l'exclusion réciproque. Cette « fracture du savoir » constitue une sorte de point aveugle, que reflète notamment la loi promulguée le 23 février 2005 portant « reconnaissance de l'œuvre de la France outre-mer ». Une fracture qui ne peut qu'être accentuée par l'article 4 de cette loi, stipulant que « les programmes scolaires reconnaissent en particulier le rôle positif de la présence française outre-mer, notamment en Afrique du Nord[3] ».

L'école, comme dernière institution traditionnelle de socialisation, mais aussi comme moyen essentiel de transmission, est au cœur des enjeux de mémoire. Quel est donc son rôle dans l'entretien d'un sentiment de fracture et quels moyens pourraient être mis en œuvre pour lutter contre des discriminations et des revendications qui se manifestent bien malgré elle ? Sans chercher à proposer des solutions définitives pour réduire cette fracture, il semble néanmoins qu'un meilleur enseignement de ces pans d'histoire nationale pourrait contribuer à apaiser les tensions de certaines cohabitations « intercommunautaires ».

---

2 « Nous sommes les indigènes de la République ! Appel pour les Assises de l'anticolonialisme postcolonial », <http://toutesegaux.free.fr>, 11 janvier 2005 (voir Philippe Bernard, « Des "enfants de colonisés" revendiquent leur histoire », *Le Monde*, 21 février 2005).

3 Sur le contexte de l'adoption de cette loi, et sur le caractère choquant de la volonté d'instituer une histoire officielle et simpliste, voir la contribution dans cet ouvrage d'Olivier Le Cour Grandmaison, p. 121. Et également Thierry Le Bars et Claude Liauzu, « Et l'histoire de la présence française outre-mer ? », *L'Humanité*, 10 mars 2005. Interpellant les députés, ces historiens montrent bien l'incongruité d'un tel article : « En adoptant cette disposition, vous avez pris parti sur le sens à donner à la colonisation dans l'enseignement. Sur le fond, votre position est extrêmement contestable. Qu'il y ait eu des aspects positifs dans le phénomène colonial est indéniable. [...] Mais comment peut-on dire de manière générale que le rôle joué par notre pays outre-mer a été positif quand on connaît les aspects les plus révoltants ? »

Le manuel scolaire au centre du système

Au sein de l'univers scolaire, les principaux acteurs sont les enseignants, qui disposent d'un éventail d'outils de plus en plus ouvert grâce aux avancées technologiques. De tous ces outils, les manuels scolaires restent un des vecteurs primordiaux – pas le seul, mais encore un des plus utilisés. Ils reflètent les initiatives et les grandes lignes qui viennent d'en haut, par le biais des instructions officielles et autres documents d'accompagnement des programmes. Évidemment, ils ne nous disent pas tout du travail au quotidien de l'enseignant : sur la question de l'histoire coloniale ou des immigrations, par exemple, quelques professeurs peuvent aller au-delà des programmes. Mais, très vraisemblablement, ces initiatives restent très localisées et ponctuelles. C'est pourquoi les manuels, parce qu'ils sont les instruments de propagation d'une idée pour des générations, constituent pour les historiens une des meilleures sources quant aux messages étatiques et aux grandes tendances idéologiques du temps. Offrant une synthèse des discours, ils incitent à un voyage au cœur du consensus national, y compris de ses mystifications.

Durant la période coloniale, les auteurs de manuels furent de véritables promoteurs, tout en l'illustrant, de la colonisation. Les manuels d'histoire et géographie, aussi bien que ceux de littérature ou de philosophie, reflétaient le sentiment impérial et prêchaient le *gospel* de l'Empire qui infiltrait déjà la presse populaire. La perception actuelle de l'histoire de la colonisation française se nourrit en partie, au sein de la population des plus de cinquante-cinq ans, de cet enseignement très largement orienté dans leur jeunesse [4]. En effet, le thème de la puissance impériale est récurrent dans la majorité des manuels des années 1920 jusqu'à la fin des années 1950. Ils insistaient sur l'idée que la France était une grande nation parce qu'elle possédait des colonies et valorisaient, à cet effet, ses victoires et acquisitions territoriales. Les élèves étaient ainsi conviés à une exploration de l'histoire de leur pays où glorification de batailles et héros coloniaux, œuvres de « civilisation » et modernisation tenaient une large place, de même que les efforts de « mise en valeur » dont ils pouvaient tirer exemple et fierté.

Le discours scolaire de la période coloniale a été sans aucun doute un maillon essentiel de la pénétration de l'idéologie coloniale dans l'ensemble du corps social, un outil crucial visant à constituer et pérenniser une identité française. L'histoire enseignée à l'école était le reflet des discours politiques consensuels, réunissant la majorité de l'opinion derrière le mythe de

---

4 Comme le montrent les résultats de notre enquête à Toulouse (voir *infra*, chapitre 23, la synthèse de ces résultats ; et aussi les annexes 1 et 2).

la supériorité de l'homme blanc. Il s'agissait en quelque sorte d'un acte de foi patriotique, transmis de génération en génération par l'enseignement autour de l'idée de bonté métropolitaine. Cette histoire valorisante du Français et de ses actes véhiculait simultanément un ensemble de stéréotypes appliqués aux colonisés. Aucun écueil n'apparaît dans cette vision linéaire de l'histoire et nombre de Français ont intériorisé cette vision idéalisée. L'imprégnation a été si réussie qu'on peut en déceler encore aujourd'hui bien des réminiscences. En effet, quel enfant d'hier n'a pas, au cours de ses lectures, été confronté à la lutte du Bien contre le Mal ? Ne s'est pas identifié à son héros luttant contre les méchants, rangé du côté du pouvoir face à la faiblesse avérée de l'autre ? Ne s'est pas associé au civilisé apportant science et progrès aux « primitifs et archaïques indigènes » d'antan et, pour certains, aux « terroristes » d'aujourd'hui ?

Désormais, les programmes et les manuels se font plus circonspects, tenant compte des changements politiques, économiques ou culturels, ainsi que des avancées historiographiques. Mais des enjeux idéologiques majeurs demeurent, comme l'a montré la loi de février 2005 ou les passerelles qui se mettent en place entre l'Éducation nationale et le futur Mémorial de la France d'Outre-Mer en préparation à Marseille. Toutefois, au-delà des « injonctions ponctuelles du politique », du fait des exigences principalement techniques qui les contraignent à synthétiser au maximum, mais aussi parce que les instructions officielles ne reflètent pas cette nécessité, les manuels n'abordent toujours pas suffisamment la complexité du phénomène.

Après les décolonisations, ils reflétaient déjà la difficulté à résoudre l'indicible : comment traiter des indépendances, alors que, jusqu'au dernier moment, le discours officiel était resté inchangé sur la prétendue acceptation du système colonial par des colonisés supposés convaincus de ses bienfaits et de la « mission civilisatrice » française ? Cela explique en grande partie le mutisme des manuels sur cette phase de l'histoire nationale dans la période qui a suivi immédiatement les décolonisations : de 1960 à 1980, cette histoire est comme mise entre parenthèses – lorsqu'elle ne fut pas reprise de manière à peine déguisée autour de la « coopération ». Puis, à partir du début des années 1980, la césure semble s'ancrer.

Une césure nette entre histoire nationale et histoire coloniale

En effet, si le passé colonial est désormais de nouveau étudié, il n'est abordé que de façon périphérique dans l'histoire nationale enseignée dans le primaire et le secondaire. Et on ne peut que constater le schisme qui s'opère dans les mémoires entre *colonial* et *national*, entre histoire coloniale et histoire nationale. Le traitement scolaire de la colonisation en général – et de la guerre d'Algérie en particulier – révèle une des caractéristiques majeures façonnant l'imaginaire historique français contemporain, à savoir la manière dont l'histoire de l'État-nation a été séparée de celle de l'Empire. Si l'Empire est souvent étudié en liaison avec des crises majeures, comme les conflits mondiaux ou la guerre d'Algérie, il est difficile de trouver dans les manuels une interprétation générale de l'histoire contemporaine française donnant toute sa place à l'entreprise coloniale, et notamment aux interactions culturelles qui en ont résulté, pas toujours sur le mode conflictuel. Ou alors, cette histoire s'inscrit dans un cadre élargi, pour l'occasion, à l'Europe.

Ainsi, les derniers programmes d'histoire de première et terminale des sections économiques et sociales et littéraires abordent les thèmes « L'Europe et le monde dominé » et « Tiers monde : indépendances, contestation de l'ordre mondial, diversification » [5], dans une approche comparatiste qui ne serait pas critiquable si elle pouvait permettre de montrer à la fois l'ampleur des phénomènes et toute leur complexité, mais aussi leurs particularismes nationaux. Or, dans ce cadre, tout est survolé et, en quelques idées clés, on généralise sur les raisons de la colonisation européenne, on définit et on dissocie le système colonial anglais du français ou du belge, puis on évoque quelques contestations majeures. À bien lire ces manuels, ils n'évoquent que très peu les hommes, si ce n'est quelques grandes figures de la conquête ou de la résistance, et quelques élites coloniales qui illustrent, plus qu'elles ne personnifient, une période, un système, des croyances. Par ailleurs, les autochtones, les colonisés, sont totalement absents. Et rien sur les opinions publiques, la culture coloniale ou l'impact idéologique sur les élites des métropoles. Ce traitement, comme auparavant, n'accorde toujours pas de place à l'Autre, celui qui a partagé cette histoire, si ce n'est en tant que « victime » anonyme, « leader » charismatique (tel Gandhi) ou « ennemi ».

L'évolution est toutefois nette entre l'histoire véhiculée pendant la période impériale, qui fournissait une véritable hiérarchie raciale justifiant la domination coloniale et sa « mission civilisatrice », et celle des manuels actuels qui, depuis les années 1980, l'ont fait disparaître. Mais cette nouvelle histoire scolaire est comme déshumanisée, désincarnée : elle ne

---

5 Dans les filières scientifiques en terminale, le programme est différent : il traite le thème « Colonisation et indépendance », subdivisé entre « La colonisation européenne et le système colonial » et « La décolonisation et ses conséquences », à l'échelle européenne également.

s'inscrit pas dans un lieu ni un temps précis – d'où la méconnaissance relevée chez les interviewés à Toulouse, et qu'on peut sans risque extrapoler à la majorité de la société française –, mais dans une période allant du milieu du XIXe siècle à 1939 et qui concerne à différentes échelles le monde, l'Europe et la France. Cela devient plus symptomatique encore dans le chapitre particulier que le programme consacre à l'histoire de la France sur la même période : on n'y trouve rien qui puisse indiquer à quel point la colonisation était intrinsèquement liée à l'histoire nationale, au même titre que le cadre territorial et démographique, l'enracinement de la République ou la Première Guerre mondiale. Souvent, ce tableau schématique ne permet même pas d'établir clairement de liens entre les événements.

Qu'on ne s'y trompe pas : il ne s'agit pas ici de dénoncer les auteurs des programmes, et *a fortiori* ceux des manuels qui les appliquent ; et moins encore de revendiquer une histoire spécifique ou « communautariste », voire des « réparations » – objection formulée par nombre de ceux qui souhaitent dédouaner l'école de ses insuffisances en se refusant à évoquer ce qui, selon eux, pourrait affecter l'unité nationale. Il s'agit simplement de faire et transmettre l'histoire de la France dans toute sa complexité, ses zones d'ombre et ses contradictions, à l'image de ce qu'on a commencé à faire pour d'autres pages « sombres » de cette histoire, comme le régime de Vichy.

S'il est encore difficile de le faire, c'est que cette césure instaurée entre histoire nationale et histoire coloniale, cette relative marginalisation du passé colonial dans les manuels, est révélatrice de son éclipse dans la conscience nationale elle-même. Il est significatif à cet égard que seulement 7 % des Français considéraient, au début des années 1990, la guerre d'Algérie comme un des « principaux événements marquants » de l'histoire de France au XXe siècle. En mars 2005, mettant fort justement en avant les amalgames historiques opérés dans l'« Appel des indigènes de la République » précédemment cité, le journaliste Philippe Bernard pouvait souligner ainsi à quel point cet appel « reflète en tout cas le débat sur l'amnésie française face à son passé colonial et sa transmission pour la construction d'une histoire partagée par toutes les composantes de la population française [6] ».

6 Philippe Bernard, « Des "enfants de colonisés" revendiquent leur histoire », *loc. cit.*

Focalisation sur les épisodes traumatiques

Faute de disposer d'une vision retracée dans toute sa complexité, la mémoire française se focalise sur des épisodes *traumatiques*. Chacun reconstruit son propre passé colonial autour d'événements chocs, dont le plus emblématique reste la guerre d'Algérie. Autrefois présentée comme le « joyau » de l'Empire, le « modèle » de réussite du système colonial, véritable prolongement de la France de l'autre côté de la Méditerranée et bénéficiant à ce titre d'une place de choix dans l'enseignement, l'histoire de l'Algérie conserve aujourd'hui ce privilège d'être davantage abordée que l'ensemble du système colonial et des décolonisations, mais plus comme exemple de guerre violente, qui a fait basculer la IVe République. De fait, l'Algérie représentait un enjeu beaucoup plus important que toutes les autres parties du domaine colonial : durablement ancré dans la sphère politique et marquant les esprits de la population, le traumatisme lié à l'accession de ce pays à l'indépendance – qui a touché directement la métropole à travers l'envoi de centaines de milliers d'appelés, mais également par le retour des « pieds-noirs » et des harkis, ou encore les attentats de l'OAS – a conduit à la quasi-occultation des faits dans les manuels pendant près de vingt ans, avant d'être évoqué au début des années 1980, puis de devenir dominant dans l'historiographie « coloniale » à la fin des années 1990.

Mais alors, comment expliquer la méconnaissance à ce sujet, ressentie par ceux qui sont passés par l'école, lorsqu'on sait que les manuels ont largement anticipé les prises de position politiques en utilisant dès le début des années 1980 le terme de « guerre » pour un conflit qui, jusqu'au 10 août 1999, n'avait pas été reconnu officiellement ? Bien qu'abordée par l'institution scolaire, la « guerre sans nom » est l'un des rares épisodes de l'histoire coloniale qui provoque aujourd'hui encore autant de passions, au rythme de « révélations » médiatisées qui enflamment régulièrement la France. C'est donc sur les contenus et sur sa place dans les programmes qu'il faut s'interroger, en croisant cette analyse avec la difficulté d'enseigner une histoire pour laquelle les mémoires des acteurs s'opposent encore. Faute de place, les manuels s'en tiennent aux grandes lignes et très peu évoquent les origines de la guerre d'Algérie (le 1er novembre 1954 est mentionné, mais jamais expliqué). Hormis le changement de République en 1958, aucun n'aborde l'impact de cette guerre sur la vie politique, économique, culturelle et sociale des Français de la « métropole ».

Par ailleurs, l'accent mis sur la guerre d'Algérie, abordée comme exemple de décolonisation violente dont la torture serait la manifestation la plus significative, tend à la fois à réduire le fait colonial à cette seule dimension traumatique et à occulter toute la période précédente. Cette focalisation permet de reformuler un « consensus républicain » cristallisé autour de la condamnation des aspects les plus visibles et révoltants de la colonisation, mais pose simultanément un masque sur le système colonial lui-même. Un réductionnisme alimentant le ressentiment chez les jeunes Français qui se perçoivent – à tort ou à raison – comme les « descendants » des colonisés, et favorisant toute une mythologie sur une lutte de libération idéalisée, ne tenant compte ni des exactions ni des manipulations commises de part et d'autre.

Alors que la recherche historique est de plus en plus opérante pour révéler la complexité du phénomène colonial, les morceaux choisis de l'histoire nationale définis par les priorités officielles, que reprennent les manuels, tendent à traiter l'histoire coloniale non pas comme un élément majeur de l'histoire nationale à aborder sereinement, mais presque comme un épiphénomène. Sa dimension dramatique et sanglante est limitée à la fin d'une période – comme la décolonisation algérienne –, celle de l'histoire du second Empire colonial au monde. En même temps, les élèves sont toujours nourris d'images qui célèbrent, même si elles ne la nomment pas, la « mission civilisatrice » de l'« ex-métropole », ignorant presque tout des profits retirés de la domination, n'ayant jamais eu l'occasion d'analyser le système colonial dans ses manifestations concrètes subies par les colonisés : régime d'exception, racisme, Code de l'indigénat, différence de statut au sein de la République, injustices de toutes sortes, inégalités économiques, sociales, politiques, culturelles ; ou encore les compromissions et les intérêts retirés par les colonisés eux-mêmes. Dès lors, ces élèves ne sont pas à même de comprendre pour quelles raisons, sinon leur « fanatisme » ou leur « ingratitude », les colonisés se sont révoltés, ni pourquoi la France s'est opposée violemment à leur « émancipation », comme le disent pudiquement quelques rares manuels.

Certes, les enseignants ne sont pas obligés de transmettre le message émis dans les ouvrages scolaires : ils sont libres de construire leurs cours comme ils l'entendent et de fournir aux élèves tous matériaux de réflexion qu'ils jugent utiles. Encore faut-il qu'ils soient sensibilisés à cette approche. Or, même si, depuis 2004, certains manuels n'hésitent plus à rendre compte des avancées de la recherche historique – par exemple en évoquant le phénomène d'exhibitions des êtres humains issus de l'Empire, reprenant même l'expression « zoos humains » pour expliciter les constructions du discours sur l'Autre à la fin du XIXe siècle –, les enseignants manquent d'éléments pour sortir des discours qui les ont eux-mêmes formés. Il ne s'agit pas là d'élaborer une théorie du complot ou de l'instrumentalisation, mais bien de comprendre qu'il s'agit du produit d'une culture.

Les lacunes de l'enseignement, terreau de la radicalisation ?

Ces vides laissés par l'enseignement sont en partie responsables de la radicalisation des discours. Ainsi, un sondage IFOP commandé par le ministère délégué à la Ville, réalisé du 12 au 15 juin 2001 auprès de 522 personnes âgées de quinze à vingt-cinq ans, nées en France de parents algériens, marocains, tunisiens ou d'Afrique subsaharienne – mais pas du Sud-Est asiatique –, révèle qu'ils portent un regard critique sur la « capacité intégratrice » de la société française [7]. En effet, plus du tiers des sondés pensent que la situation des jeunes issus de l'immigration n'a fait que se dégrader depuis dix ans et leur sentiment d'être rejetés est beaucoup plus fort que dans la population totale des jeunes du même âge (8 %). Or, aux yeux de ces jeunes, le principal lieu d'intégration reste l'école : 65 % la citent avant le travail (48 %) et le sport (34 %), ce que confirment les résultats de l'enquête réalisée deux ans plus tard à Toulouse. Cette dernière révèle ainsi cette impérieuse nécessité de traiter et surtout d'enseigner cette histoire nationale pour restituer un passé à l'ensemble de la population française.

Sans explication claire des liens entre colonisation et immigration notamment, la mémoire de ces groupes est, de ce fait, niée. Ainsi, on peut retrouver, dans les deux enquêtes citées, certains de ces signes. Outre ce besoin exprimé par plus de 90 % des sondés, les réticences et le racisme qui s'expriment dans l'Hexagone plus particulièrement envers les immigrés d'Afrique du Nord en général ainsi que ceux d'Afrique subsaharienne, mais également envers les « Français d'Outre-Mer [8] », ne sont-ils pas un legs de cette histoire non encore assumée ?

On peut légitimement s'interroger sur les enjeux de mémoire et l'héritage de ces silences. Discours et images tronqués ont produit une culture et se sont intégrés à la mémoire collective des Français, ce qui explique sans doute bien des blocages actuels de la société. On ignore ainsi les problèmes posés dans les mentalités par la présence en France d'anciens colonisés et de leurs enfants et on laisse le champ libre à la stigmatisation des immigrés ou à une radicalisation des discours émanant souvent de leurs descendants. Il en est pour preuve la multiplication des actes, des mots et des images qui continuent de polariser l'actualité sur l'intégration et qui, exploités par une frange de la sphère politique et par les médias, contribuent à ancrer dans les

---

7 Christine Garin, « Un regard critique sur la société française », *Le Monde*, 30 janvier 2002.

8 Jean-Louis Saux, « Les Français d'Outre-Mer se plaignent de discriminations en métropole », *Le Monde*, 11 décembre 2004.

esprits des équations simples : immigration égale problème, immigré égale délinquant... L'immigration maghrébine en particulier et postcoloniale en général est devenue l'objet privilégié sur lequel s'opère la projection fantasmatique des problèmes de la société, et ces peurs conduisent nombre de médias à tenir des discours participant davantage à l'entretien de ces angoisses qu'à un véritable travail d'information.

Concurremment, ces jeunes Français, confrontés aux discriminations, cherchent ailleurs des réponses au sentiment ou à la réalité du rejet qu'ils subissent. Ainsi, certains en viennent à alimenter les fantasmes de la société française en se coulant dans le rôle de « sauvageons » qu'on leur assigne. Par conviction ou par réaction, d'autres expriment leur nostalgie du colonial ou développent une posture de défense face à la « menace » qu'incarne l'Autre.

L'histoire fait en tout cas l'objet d'une puissante demande culturelle de la part d'un public élargi. Loin de menacer les « idéaux républicains » et de faire trembler le « sanctuaire scolaire », il s'agit ici de renforcer leurs fondations. Si auparavant l'histoire produisait moins de compréhension que d'adhésion, ce rôle a clairement et fort heureusement changé. Ainsi, à la rentrée 2004, les nouveaux programmes des classes de terminales ont introduit un chapitre novateur et passionnant intitulé « Bilan et mémoires de la Seconde Guerre mondiale » : il aborde la conjonction d'intérêts qui a conduit à faire le silence sur le régime de Vichy dans la société française de l'après-guerre, donnant lieu à des constructions mémorielles liées à la volonté de préserver le consensus national. Les élèves eux-mêmes, pour la première année d'application, semblent particulièrement intéressés aux modalités de construction de l'histoire et aux mémoires qui en ont résulté.

La France contribue ainsi à exercer l'esprit critique de ses jeunes citoyens en revenant sans détours ni sentiment de culpabilité, sans loi de reconnaissance officielle ni monument particulier, sur la mythologie de l'histoire de la Résistance. Et à aucun moment on n'a vu les élèves, avertis de ses occultations, rejeter la République et ses valeurs, ni les classes s'embraser. La même démarche peut être appliquée à l'histoire coloniale : le simple fait de donner des clés de compréhension et de réflexion à ces jeunes adultes peut permettre de désamorcer les faux arguments que certains se plaisent à véhiculer et d'aider à la « pacification » des mémoires multiples et contradictoires sur ce passé.

Par exemple, ne pas enseigner suffisamment le rôle joué par les troupes coloniales dans la libération du territoire limite la compréhension du passé récent des ex-colonies, des liens tissés aujourd'hui avec la France. De même que trop mythifier cette participation – victimes enrôlées de force comme « chair à canon » ou héros volontaires – peut présenter le risque d'une manipulation de la posture de l'autre comme éternelle victime ou héros reconnaissant de la « Mère Patrie ». Il ne s'agit pas de survaloriser ni de déformer, mais d'énoncer et d'analyser, ce qui permettrait de rapprocher des élèves aux parcours différents, à travers des moments forts de notre histoire, de l'histoire de leur famille, de leur donner finalement des racines pour mieux se construire une identité et leur place de citoyen.

Enfin, sur la période précoloniale, on ne trouve rien, ou presque, dans les programmes scolaires qui évoque l'existence d'Empires, de civilisations autres qu'occidentales ; souvent, l'histoire commence avec l'arrivée des Européens. La perception d'une fracture entre deux mondes radicalement différents ne peut que s'accroître lorsque ces territoires « dénués » d'histoire ne sont étudiés qu'en géographie, comme de grands ensembles régionaux « courant » après le développement. Le clivage Nord/Sud, que doivent parvenir à définir les élèves, accentue la fracture ancienne et repose encore sur des images d'antan entre un monde développé et opulent, sous-entendu civilisé, et un monde en quête de développement, marqué par la pauvreté. Si cela repose sur des vérités incontestables, les nuances seraient les bienvenues pour éviter de conforter l'idée d'un « choc des civilisations ». Cela contribue à entretenir le terrain fertile de la dévalorisation de l'autre : connaissant mal les autres cultures, l'élève puis le futur adulte ne peut les aborder que par des généralisations superficielles et des stéréotypes.

Un autre exemple est celui de l'histoire de l'immigration : phénomène majeur, le fait migratoire n'est pourtant abordé dans aucun des programmes d'histoire et n'est que survolé dans les enseignements de sciences économiques et sociales pour la classe de première, dans le cadre du chapitre sur les politiques d'intégration culturelle. Il ne fait pas de doute que la revalorisation de l'histoire de l'immigration dans les enseignements fondamentaux d'histoire contribuerait à réduire les replis identitaires. Expliquer à tous les besoins de la France d'après-guerre et même remonter aux vagues migratoires précédentes, revenir sur les stigmatisations des Italiens, Polonais, Espagnols ou Portugais durant la première moitié du XXe siècle, aiderait à faire réfléchir les élèves sur les phénomènes de rejet, les arguments fallacieux... De même, il est incroyable que les programmes n'abordent jamais l'histoire des départements d'Outre-Mer, qui restent cantonnés aux images exotiques véhiculées par les affiches touristiques ou à la description de la « France tropicale » dans les manuels de géographie. Comment, dès lors, ne pas comprendre le désarroi de ces Français qui, en France même, sont souvent considérés comme des étrangers ?

Une révision des contenus d'enseignement peut donc contribuer à réduire cette fracture du savoir qui s'instaure dans les failles de l'histoire et de la géographie enseignées. En effet, l'analyse critique des préjugés, l'histoire de la colonisation et de l'immigration, l'explication de l'interdépendance entre les nations et des apports des diverses civilisations et cultures, *via* les migrations, ne peuvent que déconstruire les stéréotypes et proposer un fondement plus solide, parce que partagé, aux élèves. Il s'agit encore une fois d'histoire et non de leçon de morale. Restituer une histoire commune sans parti pris, ni critique ni nostalgique, mais qui relate la participation de chacun à la construction de la nation, constitue un objectif essentiel, ce que formulent d'ailleurs nos enquêtés. Cela ne peut que contribuer à l'apprentissage de la lecture critique des images et discours simplificateurs et porteurs de culture coloniale, transmis notamment par l'information médiatique. En effet, les commémorations et autres lois de reconnaissance officielle, pas plus que les musées [9], ne peuvent suppléer le véritable travail d'information, d'analyse et d'apprentissage incarné par les exigences scolaires.

Il s'agit de donner ainsi des repères à des jeunes situés bien souvent entre deux cultures, ou qui ne possèdent pas de référents historiques parce que nés en France mais confrontés aux discriminations. Car il ne peut y avoir de conscience nationale qui ne soit l'aboutissement d'un passé commun intégré dans le présent. Toutefois, si l'école reste un des piliers de la transmission et de l'évolution des savoirs, elle ne peut, à elle seule, effectuer l'ensemble du travail de socialisation de cette mémoire ni résoudre l'ensemble des problèmes sociaux : elle ne peut légitimement tout assumer puisque, de fait, le projet éducatif de l'école est indissociable d'un projet collectif qui la dépasse. Mais elle peut contribuer à modifier les regards et à restituer l'histoire.

---

9 Sur ce point, voir la contribution dans cet ouvrage de Sarah Froning Deleporte, p. 105.

8

Trois musées, une question, une République[1]

SARAH FRONING DELEPORTE

« Il est bon de discerner les sociétés primitives des sociétés occidentales », précisait en mars 2004 un doctorant lors d'un exposé à l'École des hautes études en sciences sociales. Par ailleurs, « la République de l'égalité est un mythe. [...] Il faut en finir avec les institutions qui ramènent les populations issues de la colonisation à un statut de sous-humanité », indiquait au même moment une pétition citoyenne[2]. Dans une République française dévouée à l'égalité, il est difficile de poser la question des *différences* entre les Français. Pourtant, les propos précités laissent deviner une *fracture ontologique* entre deux types d'humanité dans la France contemporaine.

D'un côté, cette fracture est entretenue par le mythe persistant d'un « nous », les Français « de souche », dont les ancêtres seraient les Gaulois[3]. D'un autre, elle est critiquée par ceux qui éprouvent tous les jours la diversité de cette souche prétendue. Est-il concevable que la transformation de trois nouveaux musées nationaux puisse amener la République à se confronter à la différence mythique entre un « nous » et un « eux » qui

1 Ce titre s'inspire d'une célèbre affiche, créée par Éric Castel en 1941, avec pour slogan : « Trois couleurs, un drapeau, un Empire ».

2 « Nous sommes les indigènes de la République ! Appel pour les Assises de l'anticolonialisme postcolonial », <http://toutesegaux.free.fr>, 11 janvier 2005.

3 Michael DIETLER, « Our ancestors the Gaulois », *American Anthropologist*, n° 96, 1994, p. 584-605 ; Isabelle OESTER, « Nos ancêtres n'étaient pas des Gaulois », mallette pédagogique pour enseignants, service culturel du Musée Albert-Kahn, 2004.

semble peser sur la solidarité nationale, en France comme ailleurs [4] ? Il nous semble nécessaire d'évaluer les enjeux d'un tel débat.

Trois musées pour la mémoire « nationale »

Notre analyse est basée sur les témoignages des bâtisseurs de trois de ces nouvelles institutions : le Musée du Quai Branly (MQB), la Cité nationale de l'histoire de l'immigration (CNHI) et le Musée des civilisations de l'Europe et de la Méditerranée (MCEM) [5]. Les témoignages ont été récoltés lors d'une centaine d'entretiens réalisés entre 2002 et 2005 avec des personnes engagées dans une mission de reclassement du patrimoine français, auparavant dit ethnographique, mission qui coïncide avec l'émergence d'un débat plus général concernant la place de la diversité culturelle dans la République française [6]. Divers courants de ce débat pointent du doigt un silence concernant le passé colonial de la nation, passé auquel ce secteur du patrimoine est inévitablement lié. Le MQB rassemble les collections venant du Musée national des arts d'Afrique et d'Océanie (MAAO), anciennement Musée des colonies puis de la France d'Outre-Mer, et les collections extra-européennes venant du Musée de l'Homme (MDH), qui proviennent pour un grand nombre d'entre elles de l'ancien Empire colonial [7].

Certains informateurs soutiennent que l'État est en train de « détourner » l'histoire coloniale pour en faire un « art universel », une « identité euroméditerranéenne » et une « histoire de l'immigration ». Pourtant, ces trois projets muséographiques n'élaborent pas de tels concepts au détriment d'une catégorie de patrimoine proprement *coloniale*. Les forces qui soutiennent ces projets ne sont pas identiques d'un musée à l'autre. Dans le cas du MQB, le projet relève plutôt d'un « truc Louis XIV », à savoir une volonté présidentielle de développer de grands travaux qui sont à la fois

4 Manuel Castells, *The Power of Identity*, Blackwell, Londres, 1997, p. 52.

5 Puisqu'elle est concentrée sur les musées ethnographiques de caractère national, cette étude n'a pu intégrer d'autres cas comme le Musée des confluences à Lyon, ou le cas spécifique, hors du champ habituel du monde muséal, du Mémorial national de l'Outre-Mer (MOM) en préparation à Marseille.

6 Les propos des « informateurs » resteront anonymes et toujours entre guillemets, identifiés par un chiffre et un titre administratif. Nous les remercions pour leur collaboration – ainsi que la Wenner-Gren Foundation, l'Université de Chicago, l'EHESS et le ministère des Affaires étrangères pour leur soutien financier, qui a permis de mener à bien ce travail.

7 Voir, par exemple, Benoît de l'Estoile, « Le Musée des arts premiers face à l'histoire », *in* Francisco Bethencourt (dir.), *Les Arts premiers*, Centre culturel Calouste Gulbenkian/Jean Touzot, Paris, 2003, p. 41 et 61.

démonstration de pouvoir, outil d'instruction civique et reflet d'une personnalité politique. Le projet du MCEM, quant à lui, relève de la volonté de professionnels dévoués depuis dix ans à l'idée du « musée de société », lieu de réflexion collective sur la dichotomie entre cultures dominantes et cultures minoritaires. Enfin, celui du CNHI, bien qu'il soit dirigé par un élu au Parlement européen, est aussi l'aboutissement du travail collectif des milieux associatifs et universitaires depuis une vingtaine d'années.

Certes, l'État se méfie d'un lieu de mémoire patrimoniale qui comprendrait le mot « colonial » dans son titre (informateur n° 38, haut fonctionnaire). Néanmoins, si aucun des trois projets n'envisage d'effacer l'histoire coloniale française de façon explicite, seul le MCEM interroge ouvertement le rôle des « systèmes coloniaux » européens, dont celui de la France, dans le développement des « formes culturelles de l'Europe d'aujourd'hui [8] ». Bien que l'histoire coloniale soit fortement et nécessairement impliquée dans les trois projets, leur influence en faveur d'une « prise de conscience » nationale de l'histoire coloniale en est encore au stade des balbutiements.

Pour résumer la situation [9], le MQB doit ouvrir en 2006 avec les collections extra-européennes venant du MDH et toutes les collections du MAAO, fermé depuis 2003 [10]. Les anciens locaux du MAAO accueilleront la Cité nationale de l'histoire de l'immigration en 2006-2007 [11]. Le MDH se redéfinit [12], transférant ses collections européennes au Musée national des arts et traditions populaires (MNATP), qui se transformera en MCEM à Marseille en 2010 [13]. Ces mouvements sont aussi complexes qu'énormes et la majorité des informateurs avouent que leurs institutions traversent des « crises d'identité profondes ». Souvent, les informateurs soulignent l'opposition entre le rôle du fonctionnaire muséal et les attentes du grand public.

---

8 Michel Colardelle (dir.), *Réinventer un musée. Le Musée des civilisations de l'Europe et de la Méditerranée à Marseille*, RMN, Paris, 2002, p. 23.

9 Pour une histoire plus détaillée, voir le dernier chapitre intitulé « The dance of the museums » du livre d'Herman Lebovics, *Bringing the Empire Back Home*, Duke University Press, Londres, 2003.

10 Voir Nélia Dias, « Esquisse ethnographique d'un projet : le Musée du Quai Branly », *French Politics, Culture and Society*, n° 19 (2), 2001 ; Élise Dubuc, « Le futur antérieur du Musée de l'Homme », *Gradhiva*, n° 24, 1998. Sur le MAAO, voir Dominique Taffin (dir.), *Du Musée colonial au Musée des cultures du monde*, Maisonneuve et Larose/MAAO, Paris, 2000.

11 Voir Philippe Dewitte (dir.), « Vers un lieu de mémoire de l'immigration », *Hommes et Migrations*, n° 1247, janvier-février 2004. Voir aussi, dans le présent ouvrage, la contribution d'Arnaud Le Brusq, p. 255.

12 Jean-Pierre Mohen (dir.), *Le Nouveau Musée de l'Homme*, Odile Jacob/Muséum national d'histoire naturelle, Paris, 2004.

13 Michel Colardelle (dir.), *Réinventer un musée*, *op. cit.*

Depuis la création de musées publics après la Révolution, l'État forme des fonctionnaires capables de gérer le patrimoine national pour le compte du public, lesquels se sentent dès lors investis d'une « mission ». Cette opposition entre fonctionnaires d'État (détenteurs du savoir) et le public de masse (récepteur de ce savoir) dissimule celle qui persiste entre un « nous », les Français de souche, et un « eux », les autres. Dans le discours, on glisse facilement d'une dualité fondée sur le savoir à une dualité qui serait fondée sur l'ethnicité.

La tâche difficile de la « destruction créative »

Selon l'informateur n° 14, un conservateur, « les catégories n'ont plus aucun sens, mais on doit continuer à faire avec ». Un fonctionnaire (informateur n° 20, Direction des musées de France du ministère de la Culture) ajoute : « C'est difficile de *construire* en France, mais c'est encore plus dur de *dé*construire. » Il y a un consensus sur l'impuissance de l'individu devant l'« hippopotame » de l'administration muséale, que l'on croit capable d'exercer un pouvoir égal à celui des autres institutions disciplinaires (asiles, hôpitaux, prisons...) décrites par Michel Foucault [14]. Pourtant, les musées, en tant qu'« institutions d'art et de science », sont censés être un moyen de transformer la société [15]. Ainsi ces trois projets muséaux seraient une opportunité pour créer un débat de fond sur la relation entre le passé colonial et la diversité nationale actuelle. Ce débat est déjà en cours dans d'autres secteurs muséaux, notamment au MOM de Marseille, un musée historiquement et administrativement distinct du trio MQB-MCEM-CNHI qui semble s'adresser essentiellement au public lié aux « rapatriés ».

La création muséale est un travail de longue haleine. Au travail d'inventaire, d'archivage et de muséographie, s'ajoute le développement d'un « projet scientifique et culturel », sorte de charte de service public prévue pour chaque musée national selon une loi récente [16]. En somme, l'État aura consacré quinze ans de travail et plus de 500 millions d'euros à la création de trois nouveaux musées considérés comme des « outils pour la nation ». Sur le terrain, individus, objets et idées se réunissent autour de ce

---

14 Voir Tony Bennett, « The exhibitionary complex », *in* David Boswell et Jessica Evans (dir.), *Representing the Nation : a Reader*, Routledge, Londres, 1999, p. 339.

15 Gilles Deleuze et Félix Guattari, *L'Anti-Œdipe. Capitalisme et schizophrénie*, Minuit, Paris, 1972 ; David Harvey, *Spaces of Hope*, University of California Press, Berkeley, 2000, p. 243.

16 Loi du 4 janvier 2002 relative aux Musées de France, articles 2 et 6.

concept pris comme une évidence. Désiré par l'Ancien Régime, établi par la Révolution et consolidé à partir de 1870 par la IIIe République, le « musée-outil » est un concept ancien et bien ancré [17] dans lequel l'opposition entre le fonctionnaire et la masse s'inscrit parfaitement. Il nous faut pénétrer provisoirement le concret du fonctionnement institutionnel du musée pour saisir les difficultés actuelles concernant la légitimation de l'histoire coloniale.

Dès la Révolution, le Louvre des beaux-arts développait une campagne de « régénération » nationale, par opposition aux collections scientifiques, réservées à la formation d'experts et cadres [18]. Aujourd'hui, on est toujours soucieux de cette division des tâches entre l'art destiné à la pédagogie nationale et la science destinée aux cadres : « L'anthropologie ne m'intéressait pas. L'*art*, c'est vraiment la voie d'entrée dans les cultures » (informateur n° 41, conservateur). Ou bien : « Il faut montrer ces objets comme des choses faites par des artistes... Personne n'a la clef de leur signification » (informateur n° 28, chercheur). L'art est un outil destiné à élever les masses, alors que l'anthropologie se consacre aux questions plus obscures. D'autres oppositions dérivent de cette première dichotomie : entre la diffusion et la production du savoir, entre le divertissement marchand et le service public, entre le professionnalisme et l'irresponsabilité.

Au quotidien, par exemple, deux camps de « chercheurs » et « conservateurs » s'opposent avec passion. Les premiers sont des fonctionnaires attachés au ministère de l'Enseignement supérieur et de la Recherche, qui travaillent sur des aspects divers du contenu scientifique des musées (collecte, documentation, exposition, publication). Les seconds sont des fonctionnaires recrutés par le ministère de la Culture et chargés de l'intégrité physique et de la diffusion publique des collections. Un motif fréquent de désaccord entre les uns et les autres porte sur leurs compétences respectives : « L'École du patrimoine (*sic*) ne devrait pas exister », affirme un chercheur (informateur n° 33). « Le concours du Patrimoine est la seule mesure de légitimité qu'il nous reste ! » soutient un conservateur (informateur n° 86). Puis, des oppositions apparaissent au sein même des deux corps : « La médiation ? Je ne suis pas là pour ça, je fais de la recherche », déclare le même conservateur. « Pour moi, le service public, c'est quelque chose de fondamental », clame un autre (informateur n° 14). Si chaque individu

---

17 À ce sujet, les informateurs sont d'accord avec Dominique POULOT, *Musée, nation, patrimoine*, Gallimard, Paris, 1997.

18 Gérard MONNIER, *L'Art et ses institutions en France*, Gallimard, Paris, 1995, p. 37 ; et Jean COPANS et Jean JAMIN, *Aux origines de l'anthropologie française*, Jean-Michel Place, Paris, 1994, p. 9.

soutient le principe du musée-outil, les relations quotidiennes sont difficiles et les conceptions du service public diffèrent.

Souvent, les problèmes humains sont invoqués comme cause principale d'un manque de communication et de travail d'équipe au sein du musée-outil. Les rivalités sont fréquentes, et seuls les bruits de couloir couvrent le silence qui règne parfois entre les ennemis. Dans une ambiance qui oscille entre la tension et l'isolement, les professionnels ont tendance à se recroqueviller sur eux-mêmes et à développer des représentations stéréotypées des « autres » : les chercheurs seraient « obsédés par un savoir trop particulier », donc ils négligeraient l'idée de service public ; alors que les conservateurs seraient obsédés par les objets auxquels ils s'attachent « parfois trop personnellement », négligeant ainsi le service public. De tels clichés contradictoires produisent des « mesquineries » qui finissent par poser de vrais problèmes logistiques et cela a un impact sur la mise en œuvre de ces lieux mêmes.

Entre « unité républicaine » et « crise nationale »

Malgré de tels problèmes personnels, les acteurs muséaux arrivent à converger autour d'une « passion pour l'Afrique » ou d'un « devoir » de diffuser une histoire mal connue de la France. Ils se heurtent aussitôt à l'« hippopotame », le musée-outil fait *par* les experts *pour* la masse. C'est en évoquant les difficultés liées à la diffusion de leur savoir que les informateurs commencent souvent à décliner les différences entre objets, idées et personnes, en parallèle avec une « crise » à l'échelle nationale. Soudain l'opposition « nous-eux » surgit : « Le MQB devrait former les gens [...] pour faire du terrain dans les villages, où il y a encore des rites, [...] et promouvoir l'apprentissage de la différence dans un pays où il y a un type qui s'appelle Le Pen », affirme un chercheur (informateur n° 40). On devine ici l'opposition expert/masse qui recouvre une opposition citadin-civilisé/villageois-primitif. Ou bien : « La fascination pour l'autre est une condition de l'Occident. [...] L'anthropologie y introduit trop de confusions. Dans l'histoire de l'art, la hiérarchie est plus claire », affirme l'informateur n° 45, un conservateur. Ici une opposition entre disciplines savantes justifie habilement une « hiérarchie » entre ces deux catégories déjà bien contestées, l'« Occident » et les « Autres » [19].

---

19 Voir Bruno Latour, *Nous n'avons jamais été modernes*, La Découverte, Paris, 1991 ; Michel-Rolph Trouillot, *Silencing the Past. Power and the Production of History*, Beacon Press, Boston, 1995, p. 75.

Bien que puissantes, ces oppositions ne sont pas déterminantes. « Ça chauffe » sous la surface des rivalités et des silences entre collègues, surtout quand il est question de la différence. Certains suggèrent que l'unité républicaine – qui voit toute altérité comme radicale et menaçante – empêche le droit à la ressemblance entre Français d'origines diverses. Les « autres » – la masse, les immigrés, les Français d'Outre-Mer – sont mis chacun dans leur musée, leurs différences bien au chaud dans la matrice républicaine. Ces constatations font naître des propositions intéressantes. Pourquoi ne pas rattacher le MNATP au Musée d'Orsay, compte tenu d'un tronc commun de collections relatives à la civilisation française du XIXe siècle ? Mettre les « arts premiers » à Beaubourg ou au Palais de Tokyo avec le « reste » de l'art moderne et contemporain ? Un chercheur (informateur n° 36) admet que la création d'un musée comme le MQB pose des questions de fond : « A-t-on le droit de faire des musées d'ethnologie ? » Un autre (informateur n° 41) est d'accord, mais se demande ce qu'il est possible de faire contre un « projet royal ». En revanche, un dernier (informateur n° 50) affirme que l'État est tellement fragmenté qu'il « n'existe pas ».

On le constate, les fractures entre détenteur du savoir et masse réceptrice, art et anthropologie, Occident et autre sont issues de représentations stéréotypées de professionnels muséaux trop isolés sur le terrain, puis exacerbées par des « problèmes institutionnels qui se cristallisent en conflits de personnes ». Rien n'est perdu : de telles luttes sont inhérentes à la création muséale et peuvent pousser le MQB, le MCEM et la CNHI à l'innovation. Par le seul poids de leur existence sociale, ces trois musées contribuent déjà à l'élaboration d'une conception différente de la *différence* dans la République française. Sans doute, le fait même qu'ils soient là, avec d'autres nouveaux musées, rendra encore plus évidente l'absence, en France, d'une véritable prise de conscience officielle de l'histoire coloniale.

9

La République, la colonisation. Et après...

MICHEL WIEVIORKA

La France a été une puissance coloniale bien avant d'être une République, et elle l'est restée dans les périodes qui séparent les unes des autres les cinq Républiques qu'elle s'est données. Ce n'est qu'à partir de la Ire République (1792-1804) que l'on peut associer les deux termes, République et colonisation, et cette association est ensuite discontinue, puisque la IIe République n'est proclamée que le 25 février 1848, qu'elle laisse la place au Second Empire en 1852, que la IIIe République, qui a soutenu avec passion le mouvement d'expansion coloniale, n'est instaurée qu'en 1870. Lui succède l'État français de Pétain en 1940, auquel la IVe République met fin en 1944, pour durer jusqu'en 1958, année où est installée la Ve République.

Une association paradoxale

Pourtant, l'association des deux catégories constitue un trait important de l'histoire de France, au point qu'on a pu parler de « République coloniale » pour définir le lien paradoxal entre l'idée républicaine et l'aventure coloniale, ce « rêve » qui « a nourri des générations d'administrateurs coloniaux, a séduit des colonisés et fait rêver cinq générations de Français [1] ». L'épopée coloniale, lorsqu'elle a été associée à la République, et pas

1 Nicolas BANCEL, Pascal BLANCHARD et Françoise VERGÈS, *La République coloniale*, *op. cit.*, p. 12.

seulement à la nation, a été pensée comme une mission civilisatrice, la marche de la civilisation contre la barbarie, a même pu dire Victor Hugo. Il est vrai que la Ire République a aboli l'esclavage – mais le décret d'abolition, en 1794, n'a pas été appliqué de la même façon dans toutes les colonies. Que la IIe République a fait de l'Algérie un ensemble de départements – mais où colons et musulmans bénéficiaient d'un traitement séparé entériné par le droit. Que partout des efforts non négligeables ont été faits pour assurer l'accès d'une partie des peuples colonisés à l'éducation, mais alors avec pour prétention une assimilation culturelle irréaliste, ignorante des différences identitaires que par ailleurs la colonisation traitait comme autant d'inégalités, sur un mode raciste.

Car si la République coloniale s'est voulue émancipatrice et modernisatrice, si elle a prétendu faire œuvre universelle, ouvrant des écoles, construisant des hôpitaux et des infrastructures, elle ne s'est jamais privée de souligner l'inégalité des races, supérieures ou inférieures. Les uns, tel Jules Ferry, pensant qu'un long travail d'éducation rapprocherait progressivement, par le bas, mais sans abolir toute différence, les « races inférieures » et la « race blanche » ; les autres, tel Paul Bert, visant plutôt à aboutir, à long terme, à une stricte égalité. La République a pratiqué ou toléré constamment la violence des « Blancs », et a pu se comporter elle-même de manière sanglante, et parfois particulièrement meurtrière, à l'égard des colonisés. Les valeurs républicaines – liberté, égalité, fraternité – n'ont été appliquées que tardivement et partiellement aux peuples colonisés, dans l'ensemble privés d'accès à la citoyenneté et exclus d'une République qui n'était qu'en théorie « une et indivisible ». Le traitement des colonies par la République a été bien peu républicain, y compris là où elle considérait que les colonies, c'est la France – en Algérie, les Juifs sont entrés dans la République avec le décret Crémieux (1870), mais les musulmans, de loin majoritaires, en ont été tenus à l'écart.

La décolonisation a elle aussi été l'œuvre de la République. Une œuvre incomplète, puisque subsistent aujourd'hui des « confettis » de l'Empire colonial, avec des tensions et des violences dans lesquelles se mesure à la fois l'opposition entre des pulsions de souveraineté ou d'indépendance (on pense notamment à la Nouvelle-Calédonie) et l'attachement aux valeurs républicaines, ainsi qu'aux avantages qui y sont associés. Les habitants des Antilles françaises ou de la Réunion comparent fréquemment leur situation avec celle des Antilles ex-britanniques ou de l'Île Maurice et se disent généralement qu'il vaut mieux être dans la France républicaine qu'en dehors, pour être inclus dans son économie ou accéder à son État-providence et à ses services publics. Et le modèle qui peut rendre compte de ces « confettis » n'est plus, dans l'ensemble, celui de la République coloniale, avec ses colons et ses colonisés : les habitants des Antilles ou ceux de la Réunion relèvent d'une histoire plus complexe, où l'esclavage, la misère, l'exploitation, le racisme affectent non pas tant des peuples colonisés que des groupes nés d'une histoire terrible (esclavage, traite négrière, migrations forcées) mais qui n'ont pas nécessairement été colonisés à proprement parler.

La France postcoloniale

Pourtant, aujourd'hui, des voix de plus en plus nombreuses se font entendre pour critiquer la France postcoloniale, sous deux angles complémentaires : dans sa politique internationale, notamment africaine – le « pré carré » de la France dit-on parfois, aspect laissé ici de côté [2] –, et, en interne, en référence à la façon dont la France d'aujourd'hui traite ses immigrés et leurs enfants, qui sont en partie au moins le fruit de l'histoire coloniale.

Il y a là un point particulièrement important, qui touche à la politique contemporaine mais aussi à la conception que nous nous faisons du travail des historiens. De plus en plus, en effet, l'histoire cesse d'être un grand récit national, une ode à la France traitée alors, à la limite, comme une personne ; elle accorde de plus en plus d'importance aux victimes, aux perdants, dont le point de vue était dans le passé généralement oublié ou minimisé. Cette évolution n'est pas le seul fait des historiens : elle doit beaucoup à l'irruption dans l'espace public, depuis les années 1960, de la figure de la victime, ainsi qu'à la mobilisation de divers groupes qui demandent que leur expérience historique soit prise en considération ; et au fait que les usages sociaux de l'histoire, elle-même stimulée par diverses mémoires, viennent participer au débat public. Non sans difficultés, la France se penche sur son passé colonial, mais aussi s'interroge sur la façon dont il surdétermine les grands problèmes contemporains, comme l'intégration républicaine et le multiculturalisme.

La France constitue, avec le Royaume-Uni, un cas singulier, puisqu'une grande part de son immigration récente provient de ses anciennes colonies, et notamment d'Afrique du Nord. Dès lors, il est normal de considérer que le passé colonial non seulement a influencé le passé républicain ou en a fait partie, mais aussi influe sur le présent.

Il faut ici distinguer deux périodes historiques dans le passé récent. La première, qui correspond à ce que Jean Fourastié avait appelé les Trente Glorieuses, est celle où l'économie française – et pas spécialement la

---

2 Voir la contribution de François Gèze dans cet ouvrage, p. 155.

République – appelle une main-d'œuvre venue du Maghreb pour assurer en France des tâches le plus souvent non qualifiées. Les anciens colonisés, alors même que leur pays n'est pas encore nécessairement décolonisé (le dernier en date au Maghreb, l'Algérie, l'est avec les accords d'Évian de 1962), deviennent des travailleurs immigrés, célibataires, ou en tout cas vivant seuls, mâles, intégrés socialement par le travail, mais non concernés par une intégration républicaine. Ils rentreront au pays dès que possible, pensent-ils. Or, au milieu des années 1970, un double phénomène dont personne ne sait qu'il deviendra structurel se met en place : la fin de l'ère industrielle classique, dominée par le taylorisme et le recours massif aux « ouvriers spécialisés », et l'entrée dans une période de chômage et de précarisation du salariat. Dès lors, la transformation de cette immigration devient spectaculaire ; de travail, elle devient de peuplement, d'autant que le regroupement familial est adopté au même moment, et pèse lourd sur le choix des intéressés qui préfèrent pour la plupart rester en France plutôt que de retourner dans leur société d'origine. Les « travailleurs immigrés » d'hier sont appelés à devenir, eux et en tout cas leurs enfants, des citoyens français. Mais la République tient mal ses promesses.

La seconde période, moins bien connue, est faite de processus plus diversifiés et souvent opaques, car illégaux ou clandestins. Malgré le chômage, des immigrés continuent à venir en France depuis les anciennes colonies, mais selon d'autres schémas. Ils seront parfois sans-papiers, SDF (sans-domicile fixe), chômeurs, se contenteront de petits boulots, de travail au noir, et ce qu'ils attendent de la République est plus élémentaire : le droit de rester en France.

Deux types de débats agitent aujourd'hui la France dans ce qu'elle a d'ancienne puissance coloniale. Le premier est celui que suscite la présence d'une importante population issue de l'immigration maghrébine des années 1950 aux années 1970 ; le second, plus diffus, pose de grandes questions sans être associé aussi spécifiquement à l'histoire de la colonisation et de la décolonisation françaises au Maghreb.

La crise du modèle républicain d'intégration

Depuis les années 1970, la France est entrée dans une longue mutation qui le plus souvent est perçue comme une crise généralisée. Non seulement elle a pratiquement cessé d'être une puissance coloniale (aux « confettis » près, déjà évoqués), mais elle est sortie douloureusement de l'ère industrielle classique, et donc aussi du principe de structuration conflictuelle que lui apportait l'opposition du mouvement ouvrier aux maîtres du travail. Sur fond de processus d'exclusion et de désaffiliation sociale, elle a alors découvert deux phénomènes distincts, mais profondément liés.

Le premier est la poussée d'identités culturelles et religieuses qui demandent à être reconnues dans l'espace public, le second tient aux difficultés croissantes des institutions de la République à tenir leurs promesses d'égalité et de fraternité. Les populations issues de l'immigration maghrébine (mais pas seulement) occupent une place centrale dans ces deux phénomènes. Elles se retrouvent, plus que d'autres, victimes du chômage, soumises au racisme, *ghettoïsées* dans des « banlieues » qui sont alors disqualifiées et réduites souvent dans les médias aux images de l'insécurité, de la violence urbaine et de la délinquance. Dans ces conditions, elles donnent un sens à leur expérience en s'appuyant sur la culture et la religion ; les uns développent une créativité artistique, voire corporelle, valorisent certains sports, certaines formes musicales (la culture hip-hop, par exemple), d'autres se tournent vers l'islam et, parfois, l'islamisme.

La plupart du temps, les « musulmans de France » sont profondément attachés aux valeurs républicaines, désireux de trouver leur place dans la société. Mais ils sont souvent perçus comme constituant une menace pour la nation et pour ces mêmes valeurs ; cette perception mêle des inquiétudes liées à la situation actuelle (le chômage, imputé alors, surtout par l'extrême droite, aux immigrés) et toutes sortes de réminiscences historiques – de Charles Martel arrêtant les Arabes à Poitiers en 732 à la décolonisation qui prit la forme d'une guerre en Algérie, en passant par les croisades organisées pour délivrer la Terre sainte et, surtout, par les souvenirs plus ou moins mythiques de l'épopée coloniale et les reconstructions idéologiques relatives à l'apport de la France aux peuples colonisés.

Depuis la première affaire du « foulard », en 1989, la hantise de l'islam, favorisée par l'extension du terrorisme islamiste dans le monde, et tout particulièrement par le spectacle de la spirale algérienne du terrorisme et du contre-terrorisme, s'est cristallisée autour de l'école publique. Au temps de la colonisation, la République n'était guère gênée par ce genre de traditions, en fait culturelles plus que religieuses à l'origine. Et dans les « confettis » de l'Empire qui sont concernés, elle accepte sans débat le « foulard » – il suffit d'une brève visite à la Réunion pour le constater. Mais en métropole, aujourd'hui, le « foulard » est dans l'ensemble perçu comme un défi aux valeurs de la République, en même temps qu'une marque de domination masculine.

Il y a là un défi formidable pour la République : doit-elle combattre tout ce qui met en cause, dans l'école publique comme ailleurs, l'idée que dans l'espace public il ne doit y avoir que des individus libres et égaux en droit ? Peut-elle le faire alors même que les institutions républicaines fonctionnent de façon inégalitaire, qu'il s'agisse du racisme policier ou du renforcement de la ségrégation et de la discrimination par l'école ? Et puisque la question est culturelle, et pas seulement sociale, la République doit-elle accepter une certaine visibilité de l'islam dans l'espace public, reconnaître des communautés, tolérer, finalement, une américanisation de la vie collective ?

Dans cette perspective, l'idée de nation, si fortement associée en France à celle de République, est elle aussi secouée, et cela apparaît si l'on considère tout ce qui touche à l'histoire et à son enseignement. Plus la mémoire de la colonisation est portée au sein même de la société française, et moins le récit national est acceptable : il faut réviser les programmes d'histoire – et d'autres disciplines le cas échéant, la littérature par exemple – pour tenir compte des perspectives qu'impose la présence de populations qui, de par leur expérience, leur parcours historique, ont un tout autre regard sur le passé. Dans d'autres pays, ce type de question doit plus à la globalisation, qui encourage des flux transnationaux, des diasporas, qu'à un quelconque passé colonial. Mais pas en France, où tout se mêle, présence d'immigrés venus du monde entier, avec éventuellement leur culture, leurs réseaux, leur religion, et continuité avec l'histoire coloniale.

Extension du domaine des débats

Le travail de certains historiens, mais aussi la présence en France de personnes et de groupes dont les histoires, individuelles ou collectives, renvoient au passé colonial (sans que leur expérience soit dominée par les questions de l'intégration des enfants de l'immigration maghrébine des années 1940 à 1970), se traduisent depuis peu par de nouveaux débats. D'une part, le thème de l'impensé colonial qui est reproché à la République d'aujourd'hui s'étend à un ensemble large d'expériences historiques, incluant en particulier la traite négrière, l'esclavage, en amont certes de la République, mais aussi la réduction des peuples dominés et colonisés à l'exotisme, au mieux, à l'animalité, au pire, comme dans ces « zoos humains » dont un collectif de chercheurs a montré la place qu'ils ont occupée dans les divertissements et la curiosité populaires de la IIIe République [3]. Et d'autre part, les revendications mémorielles qui surgissent dans l'espace public, lorsqu'elles sont portées par des groupes ou des individus se réclamant d'une histoire collective de victimes, débouchent parfois sur des tensions considérables, et éventuellement sur de graves dérapages.

---

3 Nicolas Bancel, Pascal Blanchard, Gilles Boëtsch, Éric Deroo et Sandrine Lemaire (dir.), *Zoos humains*, *op. cit.*

Les tensions tiennent au fait que ces revendications semblent non seulement mettre en cause la grandeur de la nation ou le caractère universel des valeurs républicaines, mais aussi imposer une culture politique nouvelle : en demandant un traitement public de la différence historique, elles sont indissociables d'affirmations identitaires qui mettent à mal les conceptions pures et dures de la République, selon lesquelles il n'y a place que pour des individus dans l'espace public. Dès lors, elles contribuent à ce que beaucoup déplorent, en parlant de multiculturalisme « à l'américaine » ou d'« ethnicisation » de la vie collective, ou en mettant en avant de façon plus incantatoire que pratique des conceptions de la République qui virent au « républicanisme ». Mais elles ont aussi le mérite d'ouvrir des débats utiles, par exemple à propos de la « discrimination positive » – une notion rejetée massivement dans les années 1980 et 1990 et aujourd'hui présente dans le débat public.

Les dérives adviennent lorsque ces débats tournent à ce que Jean-Michel Chaumont a appelé la « concurrence des victimes » [4], et lorsque les demandes de reconnaissance virent à l'agressivité, voire à la haine à l'égard d'autres groupes que le sien. C'est là en particulier une des sources de l'antisémitisme contemporain, avec par exemple des accusations absurdes imputant aux Juifs l'esclavage d'hier, ou les difficultés à en traiter aujourd'hui.

Mais terminons sur une note positive. La République, à la grande époque coloniale, n'a pas seulement parlé de liberté, d'égalité et de fraternité. Elle a aussi fait face à une question décisive : comment séparer la raison de la foi, des passions et des convictions, sans pour autant rejeter la foi, ces passions et convictions dans les ténèbres du non-sens et de la barbarie. Elle a, autrement dit, inventé le principe de la laïcité à la française, en mettant en place, avec la loi de 1905, la séparation des Églises et de l'État. Ne dispose-t-elle pas, avec ce principe sinon avec cette loi, d'instruments qui peuvent faciliter la reconnaissance, dans l'espace public actuel, de l'héritage colonial et postcolonial, et en particulier de l'islam ? N'est-elle pas finalement outillée pour se projeter de façon ouverte et démocratique vers l'avenir ?

---

4 Jean-Michel Chaumont, *La Concurrence des victimes*, *op. cit.*

10

Sur la réhabilitation du passé colonial de la France

Olivier Le Cour Grandmaison

« Pacification, mise en valeur des territoires, diffusion de l'enseignement, fondation d'une médecine moderne, créations d'institutions administratives et juridiques, voilà autant de traces de cette œuvre incontestable à laquelle la présence française a contribué [...]. Aussi, plus de trente ans après le retour en métropole de ces Français [d'Algérie], il convient de rappeler l'importance et la richesse de l'œuvre que la France a accomplie là-bas et dont elle est fière. »

Jacques Chirac, *11 novembre 1996.*

« Les programmes scolaires reconnaissent en particulier le rôle positif de la présence française outre-mer, notamment en Afrique du Nord, et accordent à l'histoire et aux sacrifices des combattants de l'armée française issus de ces territoires la place éminente à laquelle ils ont droit. »

Article 4 de la loi du 23 février 2005.

Onze novembre 1996 : une déclaration solennelle qui engageait déjà le pays tout entier, en raison des fonctions de son auteur alors chef de l'État, lequel a prononcé ces fortes paroles à l'occasion de l'inauguration d'un monument à la mémoire des victimes civiles et militaires tombées en Afrique du Nord. 23 février 2005 : vote de la loi relative à la « reconnaissance de la nation » et à la « contribution nationale en faveur des Français rapatriés ». Entre ces deux dates, il y avait eu la proposition de loi du 5 mars 2003 déposée par de nombreux députés. Parmi eux, se trouvait Philippe Douste-Blazy, devenu ensuite ministre de la Santé.

L'« œuvre positive » de la France en Algérie

Les attendus de cette loi, comme le texte lui-même, étaient brefs. Ils étaient ainsi rédigés : « L'histoire de la présence française en Algérie se déroule entre deux conflits : la conquête coloniale de 1840 à 1847, et la guerre d'indépendance qui s'est terminée par les accords d'Évian en 1962. Pendant cette période, la République a cependant apporté sur la terre d'Algérie son savoir-faire scientifique, technique et administratif, sa culture et sa langue, et beaucoup d'hommes et de femmes, souvent de condition modeste, [...] ont fondé des familles sur ce qui était alors un département français. C'est en grande partie grâce à leur courage et leur goût d'entreprendre que le pays s'est développé. C'est pourquoi [...] il nous paraît souhaitable et juste que la représentation nationale reconnaisse l'œuvre de la plupart de ces hommes et de ces femmes. » Suivait l'article unique de cette proposition de loi : « L'œuvre positive de l'ensemble de nos concitoyens qui ont vécu en Algérie pendant la période de la présence française est publiquement reconnue [1]. »

Pour des raisons d'opportunité politique, sans doute, et parce que son seul et trop visible objet était de réhabiliter le passé colonial de la France, ce texte ne fut pas voté. Il n'est cependant pas resté sans effet et ceux qui furent à son initiative ont été entendus puisque l'esprit de ce dernier, et sa lettre parfois, sont désormais au cœur des dispositions adoptées par l'Assemblée nationale le 23 février 2005 sans que les députés de l'opposition ne s'en émeuvent particulièrement. S'ils se sont prononcés contre le projet, la lecture des débats révèle ceci de surprenant, pour le moins, que leurs désaccords n'ont pas tellement porté sur les passages les plus contestables de cette loi, mais sur les modalités concrètes des réparations et des indemnisations décidées en faveur des harkis et des rapatriés. Surenchérissant sur le volet financier, les parlementaires de gauche qui ont pris la parole n'ont cessé de

1 Proposition de loi n° 667 présentée par Jean Leonetti et soutenue par plusieurs dizaines de députés de la droite parlementaire. Sur cette initiative, voir notre article « Le négationnisme colonial », *Le Monde*, 2 février 2005, p. 15.

critiquer des mesures insuffisantes à leurs yeux, ce pourquoi ils ont décidé d'« émettre un vote défavorable [2] ».

Relativement à l'« œuvre » réputée « positive » de la France en Afrique du Nord et dans les autres territoires de l'Empire, à la nécessité d'inscrire cette version officielle de l'histoire dans les manuels scolaires et les programmes universitaires, on s'attendait à de vives critiques destinées à combattre avec fermeté cette scandaleuse prétention à imposer, à tous les niveaux de l'Éducation nationale, une interprétation ouvertement partisane de ce passé contraire aux libertés les plus élémentaires, celles de l'enseignement et de la recherche ; or on découvre peu ou pas de contestation véritable sur le fond. Stupéfiante compromission que motivent sans doute d'inavouables préoccupations électoralistes et la volonté de ne rien faire et de ne rien dire qui puisse froisser les harkis et les rapatriés d'Algérie dont tous les élus, de droite comme de gauche, se disputent les suffrages.

Plus singulier encore, le député François Liberti, au nom du groupe communiste et républicain, a déposé un amendement pour que les manifestants, réunis à l'appel du commandement de l'OAS le 26 mars 1962 afin de protester contre la très récente conclusion des accords d'Évian, puis tombés sous les balles de l'armée française rue d'Isly à Alger, soient reconnus comme « morts pour la France ». Des héros donc, auxquels la nation toute entière devrait rendre hommage en réhabilitant leurs engagements passés en faveur de l'Algérie française. Cet amendement, également défendu par Kléber Mesquida pour le groupe socialiste [3], fut aussi soutenu par le parlementaire Rudy Salles, le très actif porte-parole de l'UDF en cette occasion, qui les remercia publiquement pour cette initiative. Au terme des débats, son collègue de la majorité, Michel Diefenbacher, saluait la « tonalité », la sérénité et la dignité des discussions, toutes témoignant d'un incontestable progrès selon lui. Ce certificat de bonne conduite délivré à l'opposition en

2 Déclaration du député communiste François Liberti, qui précisait : « On est donc loin d'un souci de consensus, car celui-ci aurait voulu que nous nous accordions à améliorer le texte. L'essentiel reste à faire » (Assemblée nationale, séance du 10 février 2005, comptes rendus analytiques, p. 23, <www.assembleenationale.fr/12/cra/2004-2005/146.asp>).

3 Kléber Mesquida affirmait ainsi : « Nous avons souhaité, avec nos collègues de l'UDF, que la dignité de "mort pour la France" soit reconnue aux victimes du 26 mars et à d'autres victimes civiles », *ibid.*, p. 22. Mesquida est un élu socialiste important et ses nombreuses responsabilités en témoignent : il est maire de Saint-Pons-de-Thomières, conseiller général, premier vice-président du conseil général et président du groupe majoritaire socialiste à l'assemblée départementale.

dit long sur la teneur des interventions de ses représentants [4]. « Dis-moi qui te félicite, je te dirai quelle politique tu mènes... »

Du révisionnisme officiel

De la déclaration présidentielle de 1996 – elle prouve que l'exemple vient de loin et de haut – au vote de la loi sur les harkis et les rapatriés d'Algérie en février 2005, un même projet politique, cohérent et obstinément défendu par l'actuelle majorité, s'affirme : réhabiliter le passé colonial de la France et imposer, dans le même mouvement, une version officielle et mythologique de l'histoire de la conquête impériale et de la colonisation. En témoigne aussi le « Mémorial d'Outre-Mer », en partie financé par l'État, qui doit être édifié à Marseille en 2006. Sa fonction : présenter « de manière permanente la réalité de la présence et de l'action des Français hors de métropole », comme l'a déclaré à l'Assemblée nationale Hamlaoui Mékachéra, ministre délégué aux Anciens Combattants [5]. C'est ainsi que la manipulation historique conduit à la manipulation mémorielle, l'une soutenant l'autre. Quant aux responsables de cette initiative, ils prennent le risque grave de nourrir le ressentiment et l'indignation des victimes de la colonisation et de leurs descendants, dont le passé d'exploitation et d'oppression est absolument nié. Aux torts innombrables hier subis par les « indigènes », la majorité ajoute aujourd'hui l'outrage et la violence symbolique résultant de cette dénégation même.

De plus, au regard des principes qui doivent, théoriquement, régir une société démocratique où l'État ne saurait être le garant d'une interprétation particulière du passé, il s'agit de soumettre l'enseignement, à tous les niveaux, et les enseignants par conséquent, à cette lecture officielle. Nombreux furent en effet les orateurs qui ont insisté sur la nécessité d'inscrire cette dernière « dans les programmes scolaires », afin que la « communauté nationale tout entière rende » à l'« aventure » coloniale sa « dimension historique ». À la différence de l'opposition, dont la pusillanimité et les compromissions sont, sur ces questions, confondantes, les promoteurs de cette offensive révisionniste et autoritaire – elle nous ramène aux pratiques de la IIIe République, lorsque celle-ci exigeait des instituteurs qu'ils vantent

4 Rudy Salles a lui aussi salué l'émergence d'un « consensus national » qui est « en bonne voie » si l'on en « juge par la qualité du ton et des débats qui se sont déroulés à l'Assemblée nationale » (« Point de vue », <www.rudy-salles.com/actualites/2005.02.10>, p. 1).

5 Assemblée nationale, séance du 10 février 2005, comptes rendus analytiques, p. 2. Ce projet est inscrit dans la loi relative aux harkis et aux rapatriés.

inlassablement les mérites de la colonisation – savent qu'ils ont remporté une bataille politique importante : « Jamais le législateur n'avait pris position aussi clairement sur le sens à donner à l'histoire de la colonisation française, sur le rôle positif joué par la France outre-mer, sur la volonté de la nation de regarder ces pages d'histoire sans se cacher la vérité. Jamais tel engagement solennel n'avait été pris de transmettre la connaissance exacte de ces événements » ; et l'auteur de ces propos, le député Michel Diefenbacher, d'ajouter sur le mode du constat : « Chacun s'accorde aujourd'hui à reconnaître que la présence française outre-mer a été [...] une étape majeure dans la modernisation sociale, économique et intellectuelle de ces pays [6]. »

Le bon temps des colonies ?

Le monde académique, comme il est dit parfois, est également travaillé par des auteurs qui brossent depuis longtemps déjà un tableau plutôt favorable de la colonisation. « Quel que soit le jugement que l'on porte sur l'ère coloniale, écrit Alain-Gérard Slama, l'histoire de l'implantation d'un million de Français de l'autre côté de la Méditerranée fut une de nos grandes épopées [7] », où se seraient donc écrites des pages particulièrement brillantes de l'histoire de France. Bel exemple de résistances toujours vivaces qui voient la connaissance de la dernière guerre d'Algérie se conjoindre, encore et toujours, à la défense obstinée d'une mythologie nationale qui fait de cette colonisation en particulier un événement remarquable.

En d'autres termes, si l'on comprend bien, l'issue fut certes tragique, mais les origines et le dessein furent radieux. Mieux, la réalisation de ce projet, consistant à faire de l'ancienne Régence d'Alger une colonie de peuplement destinée à accueillir des métropolitains attirés par l'« aventure » coloniale, ou injustement rattachés à l'Allemagne pour ce qui est des Alsaciens et des Lorrains après 1871, doit être mise au crédit de la France. À l'heure du bilan, au moment où l'histoire-science, dit-on, se serait enfin

---

6 Assemblée nationale, séance du 10 février 2005, *op. cit.*, p. 22.

7 Alain-Gérard SLAMA, « La guerre d'Algérie en littérature ou la comédie des masques », *in* Jean-Pierre RIOUX (dir.), *La Guerre d'Algérie et les Français*, Fayard, Paris, 1990, p. 585. Plus récemment, dans *La Guerre d'Algérie. Histoire d'une déchirure* (Gallimard, Paris, 1996, p. 16 et 17), ouvrage destiné au grand public, Alain-Gérard SLAMA écrivait, après avoir brièvement évoqué l'enfumade de Pélissier et les années 1840 : « La générosité et le rêve ne furent pas, pour autant, absents d'une aventure où les Bugeaud, Canrobert, Bazaine, Saint-Arnaud, Randon, Changarnier [...] se sont découvert des vocations d'administrateurs et de bâtisseurs. » Gloire à eux donc, ils ont bien mérité de la patrie reconnaissante !

substituée aux récits idéologiques et passionnés qui auraient longtemps interdit d'aborder avec lucidité cette période, il conviendrait de ne pas oublier que la fin dramatique du conflit algérien ne saurait occulter des moments plus glorieux. Ainsi, la connaissance des crimes commis par les militaires français au cours de ces années ne doit en aucun cas jeter le discrédit sur une entreprise qui était, en son principe, bonne et légitime. On cède donc sur le terme de la présence française en Algérie pour mieux défendre et réhabiliter ce qui le précède.

Enfin, la prise en compte des effets positifs de l'expansion de la France dans le monde en général, et outre-Méditerranée en particulier, ne devrait pas conduire à verser dans l'autoflagellation propre aux esprits chagrins, partisans et partiaux, car la conquête d'un vaste Empire a, comme chacun devrait le savoir, « revivifié les vieilles civilisations agonisantes et jeté les fondements d'une œuvre de développement technique et de promotion humaine qui ne se serait pas produite sans elle ». Ainsi s'exprimait en 1972 l'historien Raoul Girardet, qui livrait, en quelques mots clairs et précis, le fond de sa pensée et le sens de son ouvrage consacré à l'idée coloniale en France, non sans avoir déclaré au préalable que l'« œuvre » coloniale de ce pays « présente des aspects multiples et souvent contradictoires », qui « peuvent être considérés comme une atteinte au respect et à la dignité de l'Autre [8] ». Classique construction rhétorique conforme aux exigences implicites de ce qui passe pour être l'expression d'une neutralité académique et politique indispensable au sérieux de l'énoncé. Sérieux de l'énoncé qui exige, ici, de pondérer les outrages infligés et les bienfaits dispensés, car qui ne sait faire la part des choses ne mérite pas d'être entendu.

Ainsi se présentent, apparemment du moins, les propos de Girardet sur lesquels il faut s'arrêter. En effet, les termes et les formules employés condensent de multiples représentations et procédés. La locution « peuvent être » signifie que rien n'est véritablement établi et qu'il convient donc de faire preuve de prudence. De là cette formule hypothétique. Elle laisse entendre que ce qui est avancé ici est grevé par des incertitudes telles qu'elles interdisent de se prononcer véritablement, et cette attitude, loin de porter atteinte au crédit de l'historien, le renforce au contraire puisqu'elle est tenue pour une preuve supplémentaire de rigueur. Ce premier temps du raisonnement permet de mieux faire passer le second où, on l'aura remarqué, les mots et le temps utilisés font entendre un discours affirmatif

8 Propos tenus par Raoul GIRARDET au journal *L'Aurore* le 25 avril 1972 et reproduits en annexe dans la réédition de son ouvrage *L'Idée coloniale en France*, Hachette, coll. « Pluriel », Paris, 1995, p. 498 (cet ouvrage a reçu le Grand Prix Goubert de l'Académie française).

cette fois, qui en impose d'autant plus que celui qui le tient vient de faire montre de « retenue ».

C'est ainsi que le plus subjectif – le plus idéologique aussi – passe alors pour le plus objectif. Et qu'une affirmation péremptoire qu'aucune démonstration ne vient étayer se mue en un tranquille constat, qui oblitère les multiples préjugés dont il est en fait l'expression – civilisation vivante et dynamique contre « vieille civilisation agonisante », « développement technique », richesse matérielle et progrès contre misère et stagnation, sans oublier l'ineffable « promotion humaine » qui en a bien sûr résulté et dont les bienfaits sont réputés avoir profité à l'ensemble des colonisés. Ou comment l'accumulation de stéréotypes et d'arguments éculés se transforme en une parole autorisée qui s'autorise d'une école renommée – l'Institut d'études politiques de Paris, où l'auteur a enseigné –, d'une institution réputée prestigieuse – l'Académie des sciences d'Outre-Mer, dont il fut membre – et d'un ouvrage enfin dont Girardet a pris soin de préciser, pour mieux en souligner la prétendue nouveauté, qu'il est situé « très au-delà des polémiques et des affrontements qui, durant un siècle, n'ont cessé d'entourer le sujet [9] ».

Par cette posture de la rupture et de la hauteur épistémologiques, l'historien, qui se crédite lui-même d'une neutralité inconnue jusque-là en affirmant qu'il a posé le « premier jalon » d'une « historiographie » nouvelle, inaugurerait une ère marquée enfin par le triomphe de l'histoire-science sur des récits partisans, d'où qu'ils viennent. Que pèsent les « dures réalités de la conquête », selon la formule délicatement euphémisée employée par l'auteur, qui use d'une terminologie ancienne prisée de tous ceux qui, avant lui, n'entendaient pas s'attarder sur les conséquences dramatiques pour les populations locales des guerres successives conduites en Algérie notamment ? Peu de choses et le lecteur qui arpente l'histoire coloniale, l'œil serein et l'esprit éclairé par de bons livres, découvrira que le pays des droits de l'homme et de la Révolution n'a pas démérité : fidèle à sa mission, il a su promouvoir le progrès et la dignité humaine en ces contrées lointaines et tenues pour arriérées.

Extraordinaire capacité de certains écrits à recycler sans fin, par son intégration à la geste réputée grandiose d'une France forte, conquérante et généreuse, un passé fait de crimes de guerres, de spoliations, de massacres et de déportations. Non moins singulière puissance de cette histoire édifiante qui, quelles que soient les connaissances nouvelles dont nous disposons sur la construction de l'Empire, continue imperturbablement à

---

9 Raoul GIRARDET, *L'Idée coloniale en France*, *ibid.*, p. 9.

louer les bienfaits des colonies et à entretenir, avec une nostalgie parfois non dissimulée, le culte viril de l'« aventure » coloniale : « Pour tous, [...] elle a signifié une plus grande intensité de vie, des horizons plus larges et plus amples, une plus libre affirmation de la personnalité. [...] Dans une société assez étroitement repliée sur elle-même, difficilement ouverte sur l'extérieur, elle a maintenu la vision d'un certain dépassement, la persistance d'un certain rêve d'aventure et d'audace [10]... » Ressassement et monotonie du discours colonial...

10 *Ibid.*, p. 412. De son côté, Guy Pervillé écrit, lui aussi sur le mode de l'évidence, que la France a accompli une « œuvre considérable » en Algérie, « dont les vestiges matériels encore visibles continuent de susciter l'admiration » (*Pour une histoire de la guerre d'Algérie*, Picard, Paris, 2002, p. 317). Ou comment l'argument d'autorité se substitue à l'autorité de l'argument, puisque nulle démonstration ne vient soutenir cette affirmation péremptoire.

11

La colonisation française : une histoire inaudible

ENTRETIEN AVEC MARC FERRO*

L'historien Marc Ferro, avec notamment *L'Histoire des colonisations* [1], *Les Tabous de l'Histoire* [2] et *Le Livre noir du colonialisme* [3], interroge depuis plusieurs années la colonisation et la réception de ce passé au sein de la société française. Dans l'entretien que nous avons eu avec lui, nous avons voulu prolonger cette réflexion sur les « blocages » des Français face à une histoire qui a « fait son travail », y compris sur les moments les plus violents du colonialisme français. Il explique cette situation — où les Français ne veulent pas entendre le travail des historiens — par une « autocensure des citoyens », doublée d'une « censure des autorités ». Une sorte de posture postcoloniale caractéristique de la France du début du XXIe siècle, qui ne peut, ni ne veut, accepter et intégrer que « la République a trahi ses valeurs »... Justement parce que c'est la « République » qui, ici, est interrogée.

Dans l'introduction de l'ouvrage événement qu'il a dirigé en 2003, *Le Livre noir du colonialisme*, Marc Ferro soulignait les prolongements contemporains de cette histoire : « Les événements de septembre 2001, les soubresauts de l'Algérie, les manifestations de repentance qui se sont manifestées

* Cet entretien a été réalisé à l'EHESS par Nicolas Bancel et Sandrine Lemaire, le 8 avril 2005.

1 Marc FERRO, *L'Histoire des colonisations*, Seuil, Paris, 1994 (réédition 2001).

2 Marc FERRO, *Les Tabous de l'Histoire*, Nil éditions, Paris, 2002.

3 Marc FERRO (dir.), *Le Livre noir du colonialisme. XVIe siècle-XXIe siècle, de l'extermination à la repentance, op. cit.*

en France, ne sont-ils pas le choc en retour des temps de la colonisation, du colonialisme ? [...] À l'aube du XXIe siècle, avant comme après le 11 septembre 2001, on constate que les maladies que la colonisation a causées, ou qu'ont suscitées ses nouvelles figures — néocolonialisme, globalisation ou mondialisation accélérée, impérialisme multinational —, concernent à la fois les territoires et les populations anciennement dominés, mais également les métropoles. » C'est justement sur ces prolongements dans les « métropoles », cinquante ans après, y compris dans le domaine historiographique, que nous devons nous interroger. Pour approfondir cette réflexion, nous avons croisé notre entretien et quelques extraits de ses écrits récents, afin de mettre en exergue non pas un « tabou français » mais bien un « particularisme français ».

La République a trahi ses valeurs

> Il y a évidemment un scandale de la colonisation. En Indochine, en Afrique, la République a trahi ses valeurs. Les peuples coloniaux n'ont jamais pu accéder au statut de citoyens à part entière. Sans parler du travail forcé... Mais il règne aujourd'hui une sorte de « culpabilisme » qui me frappe d'autant plus qu'une partie de l'opinion réagit comme si on lui avait tout caché. Ce n'est pas vrai. Simplement, cela ne choquait pas comme aujourd'hui, parce que nous n'avions pas la même sensibilité aux droits de l'homme mais plutôt une sensibilité de l'État-nation. C'était le progrès de la « civilisation » qui était en jeu et, si l'on tuait, c'était en son nom [4] !

Cette histoire coloniale serait donc « inaudible », cinquante ans après la défaite de Diên Biên Phu et le début de la guerre d'Algérie ?

Tous les peuples dont l'action a touché à la légitimité de leur comportement — au regard de normes morales, éthiques, culturelles — ont des difficultés avec l'écriture de leur histoire. Les Allemands ont mis vingt ans à produire des livres sérieux sur le nazisme. C'est maintenant que les Polonais se rendent compte qu'ils ont été aussi antisémites que les Allemands durant la Seconde Guerre mondiale. Les Russes entretiennent également un rapport difficile à leur histoire : en 1994, il y a eu quasiment une émeute à la sortie du film de Nikita Mikhalkov, *Soleil trompeur*, parce qu'il montrait que

---

4 Marc FERRO, « La République a trahi ses valeurs », Les collections de *L'Histoire*, n° 11, avril 2001.

les Russes avaient été complices des crimes du stalinisme. Les sociétés n'aiment pas se flageller...

En France, ce refoulement de l'histoire est comparable en ce qui concerne la colonisation. On peut le comprendre en rappelant à quel point les enjeux des décolonisations étaient d'abord *intérieurs*. Par exemple, dans le cas de la crise algérienne, dans les années 1950, les anticolonialistes ont protesté contre la torture, contre le comportement de l'armée et du personnel politique, contre la mobilisation des appelés amenés à combattre un peuple luttant pour sa liberté, contre notre système institutionnel. Mais bien peu se sont demandé, à ce moment-là : « Que veulent les Algériens ? » Les mouvements de contestation, en métropole, ne prenaient que rarement en compte les points de vue et revendications des autochtones.

Les Français, c'est un fait, connaissaient fort mal les partis politiques algériens. Il n'y a pas eu d'intériorisation des problèmes des colonisés. De plus, les mouvements anticoloniaux en métropole n'ont pas voulu voir les crimes commis par les victimes. On considérait en effet alors les Algériens comme des « victimes » et — en quelque sorte — le terrorisme et les crimes du mouvement de libération étaient légitimés par le fait qu'ils étaient perpétrés par ces victimes. Les opposants ont beaucoup plus insisté sur la répression française en Algérie, sur la répression du terrorisme que sur le terrorisme lui-même. Ces questions resurgissent aujourd'hui, alors qu'auparavant elles étaient taboues. Or le terrorisme s'attaquait à des institutions, mais aussi tuait des personnes innocentes, au hasard, ou renvoyait à l'application d'une politique assumée de terreur du mouvement de libération algérien contre les populations civiles, elles-mêmes algériennes. Et il est clair que nous n'avons pas voulu voir cela.

Par ailleurs, il est faux de faire de l'armée française la seule responsable de la violence durant le conflit : le système colonial, comme une bonne partie des Européens d'Algérie en amont, ont été autant responsables du déchaînement de la violence. Tous ces aveuglements ont contribué à la forme qu'a prise l'écriture de l'histoire de cette période, mais aussi aux spécificités de la mémoire collective.

Les « tabous de l'Histoire »

> Aujourd'hui, on emploie le mot « tabou » en toutes circonstances. On dit : « Il y a eu un tabou sur les tortures pendant la guerre d'Algérie. » Non. On les a évoquées ouvertement et plusieurs fois [...]. Il y a eu certes une censure portant sur ces tortures, puis un long silence, et divers événements ont réactualisé ce problème. En Algérie, avant la guerre, on évoquait les

> « sévices » dont les « Arabes » étaient victimes ; en revanche, parler du « problème algérien » est longtemps demeuré un tabou dans bien des milieux. Ce tabou posait le problème de la légitimité de notre présence dans ce pays [5]...

L'histoire coloniale, comme l'histoire des crimes coloniaux, ne constituerait donc pas un tabou en France, comme on le pense généralement. Ce qui semble poser problème, ce serait plutôt l'absence de socialisation de cette mémoire, en particulier à l'école ?

La place de l'histoire coloniale dans l'enseignement est conçue de façon aberrante, parce qu'elle décompose toujours l'histoire coloniale en deux périodes : « Conquête et colonisation » et, ensuite, « Mouvements d'indépendance ». On ne cherche pas à montrer les continuités. Par ailleurs, on veut « déraciner » l'idée que la colonisation ait pu être critiquée dès l'origine.

C'est en prenant à nouveau l'exemple de l'Algérie que l'on peut comprendre cette situation. Les révoltes autochtones contre la colonisation y furent une donnée permanente. Or, en « découpant l'histoire en rondelles », selon l'expression de Braudel, on empêche de comprendre la colonisation dans sa totalité. Aujourd'hui, on voit la colonisation à travers le seul prisme de la « torture en Algérie ». On occulte les autres faits traumatiques : rien sur les massacres de Madagascar ou sur les tueries coloniales en Afrique noire. C'est, de plus, une perspective simpliste qui ne rend pas compte de la complexité de la colonisation. La vision est donc tronquée et fausse.

On peut faire le parallèle avec les manuels scolaires japonais, où pratiquement tout est faux, car ces ouvrages reposent sur un système de légitimation de la tradition impériale. Encore aujourd'hui, il est très difficile au Japon de réviser cette histoire, car toutes les élites ont baigné dans ces visions apologétiques. C'est un peu la même chose en France en ce qui concerne la colonisation, ce qui rend difficile l'approche de l'histoire coloniale dans sa complexité, même si l'anticolonialisme constitue l'une des familles de pensée les plus anciennes dans ce pays.

---

5 Marc Ferro, *Les Tabous de l'Histoire*, *op. cit.*

L'autocensure des citoyens et la censure des autorités

> Tous ces faits [les exactions coloniales] étaient connus, publics. Mais, s'il était avéré que les dénoncer avait pour but de mettre en cause l'« œuvre de la France », leur existence était niée : le gouvernement peut avoir tort, mais mon pays à toujours raison... Intériorisée, cette conviction demeure ; elle se nourrit autant de l'autocensure des citoyens que de la censure des autorités, encore aujourd'hui : par exemple, aucun des films ou émissions de télévision qui « dénoncent » des abus commis aux colonies ne figurent parmi les cent productions en tête du box-office ou de l'indice d'écoute [6].

L'autocensure des citoyens, doublée de la censure des gouvernements successifs et du silence des médias depuis les indépendances, expliquerait-elle la demande « violente » de mémoire coloniale de la génération actuelle ?

Aujourd'hui, on parle beaucoup plus de l'histoire coloniale. Cela est devenu un sujet central. Des événements considérables ont influencé cette réévaluation du passé, et particulièrement la chute du communisme, qui a entraîné une réévaluation du rôle de l'État-nation et donc, par ricochet, de ce qu'est une « politique impérialiste ». En effet, l'idéologie de l'État-nation, qui était encore dominante dans les années 1950-1970, a laissé place depuis à l'idéologie des droits de l'homme.

Or, il faut comprendre que, durant la période coloniale, on n'a pas étouffé les traits de la colonisation qui paraissent aujourd'hui scandaleux. Il y a quelques décennies — en gros, depuis la période coloniale jusqu'à la fin des années 1960 —, l'histoire coloniale était largement enseignée dans les manuels scolaires. Et ils disaient, certes sous une forme euphémisée, la vérité : les enfumades de la conquête de l'Algérie, les incendies de villages par Bugeaud. Mais ces violences atroces ne posaient pas de problème, elles étaient légitimées par la fonction de la colonisation, qui apparaissait comme émancipatrice. Le consensus colonial était alors quasiment total : dans l'idéologie dominante de l'État-nation, l'acte colonial était pleinement légitime. Il faut bien se remettre dans le contexte de cette idéologie : nous sommes aujourd'hui dans une autre conjoncture, où l'idéologie des droits de l'homme a supplanté l'idéologie de l'État-nation, ce qui donne un relief tout à fait nouveau à des crimes coloniaux qui étaient jusqu'alors parfaitement tolérés et « tolérables » en fonction des « fins » de la colonisation.

---

6 Marc FERRO (dir.), *Le Livre noir du colonialisme, op. cit.*

On peut aussi, dans la même dynamique, souligner l'absence de l'histoire de l'immigration. Elle permettrait pourtant de comprendre la profondeur historique de la xénophobie, attestée depuis au moins le XVIe siècle, alors que l'intégration existe aussi depuis fort longtemps. Aujourd'hui, devant le recul de l'État, les communautés se reforment, en fonction souvent des racines : la province, la région, mais aussi, pour les immigrés, la nationalité ou l'origine. En définitive, tout cela semble déconnecté des attendus de l'enseignement de l'histoire.

Les ornières du grand public sont structurelles

> Le vrai problème de la période postcoloniale, c'est l'autocensure du grand public. Il ne veut pas aller voir un film qui dit du mal de lui, de son père, de son cousin, de son pays, de son armée. Il préfère aller voir des œuvres qui glorifient son père, son cousin, son pays, son armée [7].

Le problème est-il uniquement celui du grand public, comme vous l'avez expliqué, ou les blocages sont-ils aussi à l'œuvre ailleurs ?

Pour ce qui concerne les recherches universitaires, on peut prendre appui sur la réception du *Livre noir du colonialisme*. Celui-ci a été plutôt bien reçu par le public, et plutôt mal par le milieu scientifique. Les historiens de la colonisation se sont dit, en gros : « Qu'est-ce que Marc Ferro vient faire sur ce territoire ? » Cela a provoqué des réticences et des réactions d'hostilité, d'autant plus que j'ai comparé colonialisme et totalitarisme, et que j'ai présenté le colonialisme comme une des formes cachées du totalitarisme, idée que ces historiens n'avaient pas eue. En fait, ils sont trop spécialisés : ils se spécialisent sur un champ, un objet, un pays et ils n'en sortent pas de toute leur vie. C'est en travaillant sur des thèmes et terrains différents que l'on progresse.

Par exemple, pour *Le Livre noir du colonialisme*, ce qui m'a alerté, c'est la comparaison entre les structures de deux films : *Le Juif Süss* et *La Charge de la brigade légère*. Dans *Le Juif Süss*, soit le Juif reste au ghetto et demeure méprisable, soit il s'intègre et alors il devient dangereux. Dans le second film, c'est le même principe : soit l'Indien reste en dehors de la société coloniale et il

---

7 Marc Ferro, « Le filtre de la fiction », *La Revue. Forum des images*, 2005 (à l'occasion du cycle « Colonies » conçu avec la collaboration de l'ACHAC et en partenariat avec *Le Monde*).

est méprisable, soit il s'assimile et il devient un danger. Je me suis dit : « Tiens, il y a des ressemblances entre l'esprit nazi et l'esprit colonialiste. » C'est ce premier exemple qui m'a incité à comparer nazisme et colonialisme. Cette perspective, qui sortait l'histoire coloniale de son ghetto, a provoqué des jalousies.

Enfin, il est absurde de séparer les études coloniales des études postcoloniales : à la fois dans les pays qui ont été colonisés et dans les anciennes puissances colonisatrices, il faut étudier les sociétés contemporaines en tenant compte des héritages coloniaux, il n'y a aucun doute là-dessus.

> En France, la tradition républicaine fait de notre pays celui qui incarne la révolution, la liberté, l'égalité, la fraternité, les droits de l'homme, la civilisation dans le cadre de l'expansion coloniale. La tradition a considéré que puisque la France incarnait la République et ses vertus, le monde tournait les yeux vers elle, qui non seulement avait une très grande histoire mais en plus avait révolutionné le monde. Les différents pays d'Europe devaient ainsi regarder la France avec envie et le régime républicain constituait pour les Français une sorte de modèle dont avaient nécessairement à s'inspirer les autres peuples. Ceux qui n'étaient pas Français ne pouvaient que souhaiter le devenir et c'est pour cela qu'aux colonisés, par exemple en Algérie, on distribuait la nationalité française seulement au compte-gouttes, comme une récompense suprême. Autrement dit, la tradition républicaine entretenait cette idée que, au fond, les colonisés ne rêvaient que d'une chose : devenir Français à part entière. Sans doute était-ce le cas pour un certain nombre, mais pas pour tous [8].

8 Marc FERRO, *Les Tabous de l'Histoire*, *op. cit.*

II

République, « intégration » et postcolonialisme

12

La République et l'impensé de la « race »

Achille Mbembe

Pourquoi, en ce siècle dit de l'unification du monde sous l'emprise de la globalisation des marchés financiers, des flux culturels et du brassage des populations, la France s'obstine-t-elle à ne pas penser de manière critique la postcolonie, c'est-à-dire, en dernière analyse, l'histoire de *sa* présence au monde et l'histoire de *la* présence du monde en son sein aussi bien avant, pendant, qu'après l'Empire colonial ? Quelles sont les conditions intellectuelles qui pourraient faire en sorte que le vieil universalisme à la française fasse place à une véritable démocratie cosmopolite capable de poser en des termes inédits, et pour le compte du monde dans son ensemble, la question de la politique de l'avenir ou, pour le dire autrement, de la « démocratie à venir » [1] ?

Dans ce texte, nous partons de ces interrogations et de l'idée selon laquelle la politique de l'avenir est profondément liée à la triple question de savoir « qui est mon prochain », comment traiter *l'ennemi* et que faire de *l'étranger*. La difficulté que nous éprouvons à « répondre de » ces trois figures a, pour l'essentiel, partie liée avec ce que les démocraties existantes ont fait du problème de la *race*. Pour ce qui nous concerne, à force de tenir pendant si longtemps le « modèle républicain » pour le véhicule achevé de l'inclusion et de l'émergence à l'individualité, l'on a fini par faire de la République une institution imaginaire et à en sous-estimer les capacités originaires de brutalité, de discrimination et d'exclusion.

---

1 Marie-Louise Mallet (dir.), *La Démocratie à venir. Autour de Jacques Derrida*, Galilée, Paris, 2004.

La scène primordiale de cette brutalité et de cette discrimination a été la plantation sous l'esclavage, puis la colonie à partir du XIXe siècle. De manière tout à fait directe, le problème que posent le régime de la plantation et le régime colonial est celui de la *race*, et donc du *dissemblable*, de ce avec quoi l'on ne partage rien — ou très peu —, de ceux qui, tout en étant avec nous, à côté de nous ou parmi nous, ne sont, en dernière analyse, pas des nôtres.

Décoloniser sans s'autodécoloniser

Sous l'Empire, la colonie était un « ailleurs ». Elle participait du « lointain » et de l'étrangeté — d'un au-delà des mers. Aujourd'hui, la colonie s'est déplacée et a planté sa tente ici même, dans les murs de la cité. Le prochain et le lointain, du coup, s'enchevêtrent. Le paradoxe de cette présence est qu'elle reste largement invisible au moment même de l'étroite imbrication de l'ailleurs et de l'ici, où cette présence de l'ici est dans l'ailleurs, dans cette généralisation de l'étrange — tout cela a pour conséquence l'aggravation de la tension fondatrice du modèle républicain français. Il s'agit non point de l'opposition entre universalisme et communautarisme (comme tend généralement à le penser l'orthodoxie), mais entre universalisme et cosmopolitisme (l'idée d'un *monde commun*, d'une *commune humanité*, d'une histoire et d'un avenir que l'on peut s'offrir en partage). Et c'est le refus du passage au cosmopolitisme — infirmité fondée sur une excision de sa propre histoire — qui explique l'impuissance de la France à penser la postcolonie et à proposer au monde une politique de l'humain conforme à la promesse inscrite dans sa propre devise [2].

Nous souhaitons mettre en exergue le problème de ceux qui, tout en étant avec *nous*, parmi *nous* ou à côté de *nous*, ne sont finalement pas des *nôtres* — ce problème n'a été résolu ni par l'abolition de l'esclavage, ni par la décolonisation. L'extension de la citoyenneté aux descendants d'esclaves n'a pas entraîné une transformation profonde de la manière dont nous procédons à la figuration politique de la démocratie. Elle n'a pas non plus conduit à un renouvellement des modalités d'institution imaginaire de la nation. Telle est, au demeurant, l'aporie au cœur de la logique de l'intégration et de l'assimilation qui gouverne bien des débats passés et actuels. La forme d'universalisme qui sous-tend l'idée républicaine semble ne pouvoir penser l'autre (l'ex-esclave, l'ex-colonisé) « qu'en termes de duplication, de

2 Voir sur ce point les développements qui ont inspiré cette contribution : Achille MBEMBE, *De la postcolonie*, Karthala, Paris, 2005 (seconde édition).

dédoublement jusqu'à l'infini d'une image narcissique » à laquelle est assujetti celui ou celle qui en est la proie [3]. À l'examiner de près, il est donc possible d'affirmer que le principe qui préside à l'idée nationale française n'a pas été totalement épuré de tout soupçon ethnique et, par la force des choses, racialisant. Au fond, plus on invoque rituellement les « valeurs de la République » et de l'universalisme pour les opposer à ce que l'on appelle le « communautarisme », plus on met à nu — malgré soi sans doute — cette réalité.

La décolonisation n'a pas mis un point final à la question de savoir que faire des histoires partagées une fois que celles-ci ont été plus ou moins désavouées. Le premier exemple concerne les relations que nous avons tissées avec les « ex-colonies d'Afrique ». Le second exemple, plus symbolique, a trait à cette communauté imaginaire que nous appelons la « francophonie ».

Nous convoquerons l'Afrique ici — plutôt que la question classique de l'immigration —, parce qu'elle est l'expression la plus dramatique du dilemme de la *race* et de la *colonie*, dilemme dont nous avons dit que la non-résolution dans le cadre de la République contredit les prétentions universalistes de notre modèle démocratique. Faut-il, à ce sujet, rappeler que dans la rhétorique de la République française, le continent africain a toujours servi de figure non pas de la liberté, de l'égalité et de la fraternité, mais de l'altérité radicale ? En effet, c'est la présence historique des gens d'origine africaine en France ou dans les territoires qu'elle contrôlait qui, pour la première fois, pose à la conscience française la lancinante question de la race et oblige la puissance publique à légiférer la différence et la ségrégation. C'est ce qu'atteste, par exemple, la juridicisation des rapports maître-esclave par le biais du Code noir ou encore l'ensemble des mesures prises dans le cadre de la « police de l'esclave » sous l'Ancien Régime, voire la mise en place, à l'époque coloniale, du Code de l'indigénat.

Des études récentes montrent clairement que cette politique de la différence absolue et la logique de la ségrégation qui en est le corollaire ont reposé, du début jusqu'à la fin, sur des dispositifs d'animalisation et de bestialisation de l'autre. Poussée jusqu'à ses conséquences ultimes, cette logique a toujours fini par déboucher sur la guerre. De fait, que celles-ci prennent la forme de la conquête, de la « pacification » ou de l'occupation, les guerres coloniales ont toujours été, quelque part, des *guerres de race*. Car dans leur essence, il s'est agi chaque fois de guerres menées non contre

---

3 Jacques Hassoun, *L'Obscur Objet de la haine*, Aubier, Paris, 1997, p. 14.

d'autres personnes humaines, mais contre des « déchets humains, des rebuts » [4].

En convoquant donc l'Afrique, le but est de savoir ce qui reste des histoires partagées une fois les liens formels de sujétion juridiquement répudiés. Les nouvelles relations forgées au sortir de la décolonisation sont-elles porteuses de quelque figure que ce soit de l'universel susceptible de promouvoir une politique de l'avenir ? La meilleure réponse à cette question est, sans nul doute, la politique française de la langue française — langue devenue un patrimoine commun aux ex-colonisateurs et aux ex-colonisés depuis les décolonisations.

Au-delà de la fin de la tutelle

Pourtant, nombreux sont ceux qui se demandent si, avec la fin des tutelles formelles, tout est vraiment remis en jeu, tout est suspendu, tout recommence vraiment, au point où l'on peut dire des ex-colonies qu'elles rouvrent leur existence et se placent à distance de leur état antérieur. Pour certains, la réponse à cette question est purement négative. Colonie ou postcolonie : il s'agit du même théâtre, des mêmes jeux mimétiques, avec des acteurs et des spectateurs différents certes, mais avec les mêmes convulsions et la même injure. C'est, à titre d'exemple, le point de vue des militants anti-impérialistes aux yeux desquels la colonisation française en Afrique n'a jamais vraiment pris fin. Elle aurait simplement changé de visage, revêtant désormais mille autres masques. Selon ce point de vue, les sociétés francophones constitueraient des exemples achevés de l'aliénation culturelle et un parfait paradigme du néocolonialisme et de la servitude volontaire. Cette rhétorique prétend qu'au moment de la décolonisation l'ancienne puissance coloniale aurait tout fait pour empêcher l'émergence en Afrique d'un sujet véritablement libre et autonome [5].

---

4 Olivier Le Cour Grandmaison, *Coloniser, exterminer. Sur la guerre et l'État colonial*, *op. cit.*

5 Voir notamment : Agir ici et Survie, *L'Afrique à Biarritz. Mise en examen de la politique française*, Karthala, Paris, 1995 ; François-Xavier Verschave, *La Françafrique. Le plus long scandale de la République*, *op. cit.* ; John Chipman, *French Power in Africa*, Blackwell, Oxford, 1989. À l'appui de cette thèse, l'on cite, pêle-mêle, la présence de bases militaires françaises, la tradition d'interventions directes dans les affaires de ces États, l'émasculation de leur souveraineté monétaire à travers des mécanismes tels que la zone franc, l'aide à la coopération, le maillage et la clientélisation de leurs élites à travers une panoplie d'institutions culturelles et politiques, l'activisme des services secrets et divers réseaux occultes, la participation directe à des politiques de la violence, voire à des dynamiques de nature génocidaire...

Malgré le caractère parfois polémique de ces affirmations, il serait naïf de prétendre qu'elles sont toutes infondées. La France, comme toute autre puissance dans le monde, est soucieuse de ses intérêts idéologiques, stratégiques, commerciaux et économiques. Le primat de ses intérêts tant publics que privés commande, en très grande partie, sa politique extérieure. Historiquement, elle a su exploiter l'avantage que lui conférait sa position d'ancienne puissance impériale pour cimenter, avec les élites africaines francophones, des rapports inégaux marqués tantôt du sceau de la brutalité, tantôt de celui de la vénalité. Ces rapports ont revêtu des formes diverses. Dans la plupart des cas, ils s'inscrivaient dans une logique de corruption mutuelle. Du côté africain, le moteur de la vénalité et de la brutalité se trouvait alors être la conjonction de deux sortes de pulsions culturelles qui précèdent historiquement le moment colonial : d'une part, le désir illimité — et à la limite pervers — d'acquisition et de destruction des biens et des richesses (chrématistique) ; et, de l'autre, la reproduction sur le temps long de formes excessives de jouissance (*pleonexia*) [6]. En maintes autres circonstances cependant, la relation prenait purement et simplement la forme d'une panoplie d'attitudes racistes à peine cachées sous le manteau d'un paternalisme de bon aloi [7]. Puis, lorsqu'il le fallait, la France n'hésitait pas à recourir à la force tout court, voire à l'assassinat.

Cela dit, il serait erroné de réduire l'analyse des dynamiques politiques et culturelles des sociétés francophones d'Afrique aux seuls rapports — souvent délirants — que leurs élites entretiennent avec la France [8]. En fait, ces rapports eux-mêmes, ainsi que leur structure, n'ont cessé de se transformer. Cette lente transformation a pris un cours erratique à la faveur de la faillite financière de nombre d'États, puis de la généralisation des guerres de rapine dans l'ensemble du continent au cours du dernier quart du XXe siècle notamment. Comme nous l'avons montré dans d'autres études, deux des principales conséquences de ces processus sont la dispersion du pouvoir d'État et la diffraction de la société [9].

Un certain nombre d'inflexions sont donc en cours. Aussi bien les dispositifs et modes d'intervention de la France en Afrique que les acteurs

---

6 Joe MILLER, *Way of Death*, University of Wisconsin Press, Madison, 1988.

7 François CONSTANTIN, « La privatisation de la politique étrangère à partir de la scène africaine », *Pouvoirs*, n° 88, 1999 ; Jean-François MÉDARD, « La patrimonialisation des relations franco-africaines : échanges politiques, économiques et sociaux », *ECPR Joint Sessions*, CEAN, Leyden-Bordeaux, 1993.

8 Jacqueline DAMON et John IGUÉ (dir.), *L'Afrique de l'Ouest dans la compétition mondiale. Quels atouts possibles ?*, Karthala, Paris, 2003.

9 Achille MBEMBE, « Essai sur le politique en tant que forme de la dépense », *Cahiers d'études africaines*, tome XLIV, n° 1-2, 2004.

sociaux et politiques chargés de la mise en œuvre de ces stratégies sont en train de changer. Si les réseaux affairistes traditionnels n'ont pas encore totalement perdu du terrain, ils ne peuvent cependant plus agir comme si l'Afrique était une « chasse gardée » de la France. Au nom du maintien des grands équilibres macro-économiques (discipline fiscale, maîtrise de l'endettement public et de l'inflation), de la libéralisation des échanges, voire de la lutte contre la pauvreté, le poids des fonctionnaires internationaux s'est accru — même si, dans les faits, les réformes devant conduire à plus de compétitivité s'enlisent.

Les besoins de rééchelonnement de la dette, les processus d'ajustement structurel et les privatisations ont rendu inévitable une gestion multilatérale de la crise africaine et des guerres et catastrophes humanitaires qui en sont sinon la cause, du moins le corollaire. Il en a résulté un accroissement de l'influence des institutions internationales (qu'elles soient financières, à l'instar de la Banque mondiale et du FMI, ou qu'elles se spécialisent dans l'action dite humanitaire) et l'émergence d'une forme de gouvernementalité que nous avons décrite comme le « gouvernement privé indirect [10] ». Du coup, l'Afrique francophone ne constitue plus le « domaine réservé » de la France. Même des organismes tels que l'Agence française de développement — autrefois l'un des outils privilégiés de la présence économique de ce pays en Afrique — sont désormais obligés de naviguer dans le sillage des institutions multilatérales de financement [11]. Face aux contraintes qu'entraîne le choix d'appartenance à l'Europe, la France est désormais obligée d'alléger l'encombrant et dispendieux arsenal qui, longtemps, fit d'elle une « puissance africaine » à part entière. Les dividendes qu'elle tirait de ce mode de domination apparaissent aujourd'hui tout à fait accessoires [12].

Plus fondamentalement, la France est en train de perdre — ou, dans certains cas, a déjà perdu, de manière sans doute irrévocable — une très grande partie de l'influence culturelle qu'elle exerçait autrefois sur les élites africaines. Cette perte s'explique en partie par son incapacité à soutenir les mouvements de démocratisation et par sa politique d'immigration. Il n'y a plus, aujourd'hui, un seul grand intellectuel africain disposé à célébrer, sans

---

10 Achille MBEMBE, « Du gouvernement privé indirect », *Politique africaine*, n° 73, 1999. Voir aussi : Béatrice HIBOU (dir.), *La Privatisation des États*, Karthala, Paris, 2000.

11 Voir le dossier « Power list : les vrais patrons de l'Afrique », *Ecofinance*, n° 45, juillet 2004.

12 Daniela KROSLAK, « France's policy towards Africa. Continuity or change ? », *in* Ian TAYLOR et Paul WILLIAMS (dir.), *Africa in International Politics. External Involvement in the Continent*, Routledge, New York, 2004.

façons, les noces de la « négritude » et de la « francité », comme n'hésitait pas à le faire Sédar Senghor [13]. Chez la plupart d'entre eux, prévaut une attitude blasée. Les États-Unis sont manifestement les principaux bénéficiaires de cette défection.

Ils offrent, à cet égard, plusieurs atouts dont la France ne dispose guère. Notamment, cette capacité presque illimitée de capter et de recycler les élites mondiales, y compris francophones. Au cours du dernier quart du XXᵉ siècle, leurs universités sont parvenues à attirer presque tous les meilleurs intellectuels africains formés en France, voire des citoyens français d'origine africaine auxquels les portes des institutions françaises sont restées fermées [14]. Un autre atout est d'ordre « racial ». C'est l'immense réserve symbolique qu'est la présence aux États-Unis d'une communauté noire dont les classes moyenne et bourgeoise sont relativement bien intégrées dans les structures politiques nationales et fort visibles sur la scène culturelle, même s'il est vrai par ailleurs que ladite communauté continue de souffrir de diverses formes de discrimination. Contrairement à la France, l'impératif d'égalité requis pour faire de chacun un sujet de droit et un citoyen à part entière n'a pas nécessairement conduit, aux États-Unis, à cette forme d'abstraction que représente le *sacre juridique* de l'individu — l'une des pierres d'angle de la fiction républicaine [15]. Les politiques de discrimination positive (*affirmative action*) font certes l'objet de contestations. Mais elles permettent de garantir une certaine présence des minorités raciales et des femmes dans différentes sphères de la vie publique. Enfin, derniers atouts, les puissantes institutions philanthropiques (fondations, Églises et autres) dont certaines disposent de sièges sur le continent même [16]. À travers les subventions qu'elles distribuent, les programmes qu'elles soutiennent et l'ethos qu'elles promeuvent, ces institutions auxquelles s'ajoutent de nombreuses Églises conservatrices jouent un rôle considérable dans la socialisation globale et l'« acculturation à l'américaine » des militants, activistes et élites africaines en général.

---

13 Léopold Sédar SENGHOR, *Liberté V. Le dialogue des cultures*, Seuil, Paris, 1993.

14 Didier GONDOLA, « La crise de la formation en histoire africaine en France vue par les étudiants africains », art. cit. ; et les réponses de Jean-Pierre CHRÉTIEN, « Une crise de l'histoire de l'Afrique en langue française ? », et de Michel CAHEN, « Africains et africanistes. À propos de l'article de Didier Gondola », art. cit.

15 Voir Pierre ROSANVALLON, *Le Peuple introuvable. Histoire de la représentation démocratique en France*, Gallimard, Paris, 1998.

16 À l'exemple de la Ford Foundation (qui dispose de sièges régionaux à Lagos, Nairobi et Johannesburg), de la Rockefeller Foundation (siège à Nairobi), de la Mellon Foundation (siège à Johannesburg) et de la McArthur Foundation (siège au Nigéria).

Pendant ce temps, dans la lumpen-société composée pour l'essentiel des ruraux et des déclassés sociaux urbains des années de crise — mais dont la plupart sont instruits —, le sentiment antifrançais n'a jamais été aussi aigu. Nombreux sont, parmi cette masse, ceux pour qui la brutalité et la violence muette de la mort sont devenues un style de vie, tandis que le fusil représente le seul espoir d'accès aux ressources [17]. Parfois enrôlés dans des gangs et des milices urbaines, ils rêvent de la « deuxième indépendance », lorsque viendra le temps de liquider, au besoin par la force et une fois pour toutes, les vestiges de la présence coloniale française chez eux [18]. La France en tant que symbole signifiant majeur dans l'imaginaire de l'Afrique contemporaine est donc menacée de désuétude par de telles situations. Une période de désaffiliation culturelle est désormais ouverte. Les causes ayant conduit à la dissipation, puis à l'écroulement de son aura en Afrique sont trop nombreuses pour être toutes examinées ici [19]. Qu'il suffise de se pencher sur la question de la langue telle qu'elle se donne à voir à travers le miroir de la « francophonie ».

Le miroir de la « francophonie »

L'histoire des rapports entre la République et la langue française offre des similarités avec les nationalismes panafricains. Ici, la langue a toujours été pensée en relation à une sorte de géographie imaginaire qui faisait de notre pays le « centre du monde ». Au cœur de cette géographie mythique, la langue française était supposée véhiculer, par nature et par essence, des valeurs universelles (les Lumières, la raison et les droits de l'homme, une certaine sensibilité esthétique). Telle était sa tâche, mais aussi son pouvoir : celui de représenter la pensée qui, se mettant à distance d'elle-même, se réfléchit et se pense elle-même. Dans cet éclat lumineux, devait se manifester une certaine démarche de l'esprit lui-même — celle qui, dans un mouvement ininterrompu, devait conduire à l'apparition de l'« homme » et au triomphe de la *ratio* européenne et universelle [20]. Cette mission et les valeurs qui la sous-tendaient, la République devait en constituer l'éclatante

---

17 Éliane DE LA TOUR, « Les ghettomen. Les gangs de rue à Abidjan et San Pedro », *Actes de la recherche en sciences sociales*, n° 129, 1999.

18 « Côte-d'Ivoire en guerre : dynamiques du dedans et du dehors », numéro spécial, *Politique africaine*, n° 89, 2003.

19 Lire, par exemple, « La "grandeur" de la France à l'aune d'un consulat : témoignage », et « La France et les migrants africains », *Politique africaine*, n° 67, 1997.

20 Michel FOUCAULT, *Les Mots et les Choses. Une archéologie des sciences humaines*, Gallimard, Paris, 1966.

manifestation. Les noces de la République et de la langue sont telles que l'on pourrait dire : la langue n'a pas seulement créé la République (l'État), la langue s'est elle-même créée au travers de la République. Dans un acte de transsubstantiation, la République s'est déléguée elle-même dans un substitut, la langue française, qui la représente et la prolonge. Du coup, parler ou écrire le français dans sa pureté, ce n'est pas seulement dire sa nationalité. C'est pratiquer, *de facto*, une langue universelle. C'est percer l'énigme du monde, discourir sur le *genre humain* tout court.

Pendant longtemps, cette langue a été l'enveloppe de cette idéologie dont elle a, à la fois, manifesté et masqué les aspects les plus chauvinistes. Le triomphe de l'anglais comme langue dominante du monde contemporain a dépouillé l'idéologie de son enveloppe et a conduit à l'idée que la langue française, en fin de compte, pourrait n'être qu'un idiome national parmi plusieurs autres. La France n'étant plus guère le « centre imaginaire du monde », sa langue ne serait porteuse que de valeurs locales [21]. Une autre conséquence de cette posture est le scepticisme — aussi bien dans le monde postcolonial qu'en Occident —, sinon le doute radical, à l'égard de tout idéal universaliste abstrait. Les luttes anticoloniales ont radicalisé ce soupçon sur le plan pratique. Sur le plan théorique, la critique postcoloniale et la critique de la race (deux phénomènes intellectuels que l'on continue de confondre à tort avec le tiers-mondisme) ont, bien plus que le marxisme, accentué le défaut de crédibilité de cette idéologie. Or, la réflexion française fonctionne comme si la critique postcoloniale de l'universalisme (pour ne parler que d'elle) n'avait jamais eu lieu [22]. Elle continue de se déployer dans l'ignorance quasi complète de ce que la critique de la race a pu apporter aux débats sur la relation entre l'ordre de la différence et l'ordre démocratique en général [23]. La France semble prisonnière d'un dilemme dont elle a du mal à sortir.

En poussant parfois jusqu'à la caricature les normes d'un universalisme souvent abstrait, nous avons oublié de nous interroger sur cette contradiction que signifie, d'un point de vue philosophique, un universalisme porté par une culture et une langue particulières. La critique postcoloniale et celle de la race auraient pourtant été, sur ce plan, d'un utile recours. Se pourrait-il que, dans son abstraction, une telle posture universaliste ne représente, après tout, qu'une illusion ? Quels ont pu être, historiquement, les

---

21 Jean-Luc GIRIBONE, « Les Français face au français », *Esprit*, n° 262, mars-avril 2000, p. 246-250.

22 Voir la timide tentative d'Olivier MONGIN, « Création et culture à l'âge postcolonial », *Esprit*, n° 316-332, mars-avril 2002.

23 Paul GILROY, *Postcolonial Melancholia*, Columbia University Press, New York, 2004.

effets de cette illusion sur ceux qui l'ont subie ? En quoi une reconnaissance de tous les « lieux de mémoire » de la nation — y compris en ses marges et en ses friches, les lieux coloniaux d'hier et ceux de l'immigration d'aujourd'hui — représente-t-elle la condition *sine qua non* de sortie du provincialisme, notamment à l'âge de la globalisation ?

Il est significatif à cet égard que, traitant d'exemples contemporains, le philosophe Vincent Descombes parle de l'opposition entre républicanisme et différentialisme comme de l'une de ces dichotomies dangereuses « qui nous rendent la vie impossible [24] ». En réalité, il existe de ce point de vue une nette continuité entre la tradition coloniale et la politique contemporaine, ainsi que l'atteste par exemple la question de l'immigration et de l'insertion des immigrés dans la société [25]. Comme à l'époque coloniale, le modèle de l'intégration dans la République est celui de l'assimilation, c'est-à-dire, entre autres, l'adhésion de tous à une règle d'indifférenciation qui entraîne le refus d'octroyer un « statut spécial » à des groupes sur la seule base de leur appartenance à des communautés distinctes.

L'idée, ici, est que la revendication d'un droit à la différence — différence dont nous venons de préciser qu'elle est précisément facilitée par la globalisation en cours et, devons-nous ajouter, qu'elle s'accommode fort bien du cosmopolitisme — contredit le principe républicain d'égalité universelle, et donc la définition même du citoyen. Or, au nom de la « diversité culturelle », la France n'hésite pas à recourir à la thématique de la « différence » dans le but de sauvegarder ce qu'elle appelle l'« exception culturelle » — dont l'un des piliers est la langue française. Dans le contexte de la globalisation, ce paradoxe entre « universalisme » et « exception » tend à grossir les aspects les plus galliques de la culture française et finit par lui octroyer, aux yeux du reste du monde, les traits d'une culture somme toute provinciale.

Le difficile passage au cosmopolitisme

La discussion que nous venons de mener conduit logiquement à une première conclusion : à bien des égards, l'histoire de la France et de son Empire reste à écrire. C'est en partie parce qu'elle a été mal écrite que nous éprouvons tant de peine à déchiffrer la « nouvelle société française » au sein de laquelle nous vivons, et la puissante demande d'identité qui la travaille.

---

24 « Vers une anthropologie comparative des démocraties modernes. Entretien avec Vincent Descombes (II) », *Esprit*, n° 263, mai 2000.

25 Nicolas Bancel, Pascal Blanchard et Françoise Vergès, *La République coloniale*, *op. cit.*

C'est aussi en raison de cette ablation de l'histoire que la France étale, aujourd'hui, son incapacité à embrasser le monde. C'est ce défaut d'histoire qui explique qu'elle éprouve tant de peine à donner chair à son modèle civique républicain et à son modèle quasi censitaire de représentation démocratique. C'est, enfin, ce défaut d'histoire qui rend si difficile le processus de figuration politique d'une société en vérité éclatée en une multitude de voix de plus en plus séparées par la nouvelle question sociale : la question raciale.

Cette excision de l'histoire de notre présence au monde et de la présence du monde en notre sein fait croire, à plus d'un, que la tâche de production et d'institution de la nation française, loin d'être une expérimentation continue, s'est achevée depuis longtemps déjà, et qu'il n'est plus que du devoir des nouveaux arrivants de s'intégrer à quelque chose qui existe déjà, et qui leur est offert à la manière d'un don qui exige, en retour, un certain devoir de reconnaissance. Du coup, plus ils couvrent d'un voile opaque ce dont ils sont porteurs, mieux ils seront admis chez nous. C'est le même déni qui fait penser que le modèle civique républicain aurait, depuis longtemps, trouvé ses formes canoniques. Et tout ce qui remet en question ses fondements ethniques et racialisants relèverait purement et simplement du projet tant honni d'une « démocratie des communautés et des minorités ».

Une telle conclusion ne peut paraître curieuse que si l'on fait l'impasse sur la prodigieuse clôture intellectuelle dont la France a fait l'expérience au cours du dernier quart du XXe siècle. Ce reflux nationaliste de la pensée a profondément affaibli nos capacités à penser le monde et à contribuer de façon décisive aux débats sur la « démocratie à venir ». Les raisons de cette myopie étant trop bien connues, point n'est besoin de les ressasser ici, juste de les esquisser.

D'une part — et à quelques exceptions près —, nous n'avons pas su mesurer à sa juste valeur la signification profonde des tournants survenus dans les sciences humaines en général et dans la critique politique et culturelle en particulier. Il s'agit du virage qu'a été l'irruption, dans différents champs du savoir, de la philosophie, des arts et de la littérature, des trois ou quatre courants intellectuels qui ont plus que d'autres infléchi, ailleurs dans le monde, la manière de penser le social, le politique, le monde et la culture au cours du dernier quart du XXe siècle[26]. Partout ailleurs où les

---

26 Voir notamment : Edward W. SAÏD, *Culture et Impérialisme*, *op. cit.* ; Arjun APPADURAI, *Après le colonialisme. Les conséquences culturelles de la globalisation*, Payot, Paris, 2001 ; Paul GILROY, *L'Atlantique noir*, Kargo, Paris, 2003 ; Judith BUTLER, *La Vie psychique du pouvoir. Théories de l'assujettissement*, Léo Scheer, Paris, 2002 ; Mamadou DIOUF, *Histoire*

problématiques portées par ces courants ont été prises au sérieux dans le débat intellectuel et dans les procédures de la vie publique, le résultat en a été, sinon un renouvellement, du moins un approfondissement de la réflexion sur la nature de l'ordre démocratique (la politique des citoyens), les conditions éthiques du vivre ensemble (les politiques de la reconnaissance et de l'inclusion) et les manières de relation à autrui et au monde (cosmopolitique)[27].

Rappelons-nous que, dans un premier temps, la tâche que s'était assignée le courant postcolonial était de déconstruire les savoirs impériaux qui ont rendu possible la domination des sociétés non européennes. Cette tâche est allée de pair avec la critique de toutes les formes d'universalisme qui, hostiles à la différence et, par extension, à la figure d'Autrui, prétendaient faire de l'Occident le monopole de la vérité et de l'humain. En opérant une critique radicale de la pensée totalisante, ce courant a permis de poser les fondements d'une réflexion sur la différence et l'altérité, voire la singularité plurielle — cette « multiplicité dispersante » à laquelle se réfère sans cesse le poète Édouard Glissant[28]. On peut également présumer que, contrairement aux *critical race studies*, ce courant n'a guère su penser la question de l'abjection et de l'impossibilité à signifier.

Il se trouve cependant, d'autre part, qu'en France même ce courant est venu se heurter contre le mur d'un narcissisme politique, culturel et intellectuel dont on pourrait dire que l'impensé procède d'une forme d'« ethno-nationalisme racialisant ». À première vue, cet ethno-nationalisme racialisant est d'autant plus surprenant qu'il fleurit à l'ombre de l'une des traditions de la pensée politique qui, dans l'histoire de la modernité, ont fait montre d'une sollicitude radicale sinon pour l'« humain » en général, du moins pour l'« homme » et pour la « raison » comme figures par excellence

---

indienne en débat. Colonialisme, nationalisme et sociétés postscolaires, Karthala, Paris, 1999. Lire également le numéro spécial « Intellectuels en diaspora et théories nomades », *Revue française d'anthropologie*, n° 156, 2000.

27 Voir notamment : Paul GILROY, *Against Race. Imagining Political Culture beyond the Color Line*, Harvard University Press, Cambridge, 2000 ; Iris YOUNG, *Justice and the Politics of Difference*, Princeton University Press, Princeton, 1990, et *Inclusion and Democracy*, Oxford University Press, Oxford, 2000 ; Seyla BENHABIB (dir.), *Democracy and Difference*, Princeton University Press, Princeton, 1996, et *The Claims of Culture. Equality and Diversity in the Global Era*, Princeton University Press, Princeton, 2002 ; Nancy FRASER, *Justice Interruptus. Critical Reflections on the « Postsocialist » Condition*, Routledge, New York, 1997 ; Charles TAYLOR, *Multiculturalism*, Princeton University Press, Princeton, 1994 ; Axel HONNETH, *The Struggle for Recognition. The Moral Grammar of Social Conflicts*, MIT Press, Cambridge, 1996.

28 Édouard GLISSANT, *Poétique de la relation*, Gallimard, Paris, 1990, et *Tout-Monde*, Gallimard, Paris, 1994 ; voir aussi : Dipesh CHAKRABARTY, *Habitations of Modernity. Essays in the Wake of Subaltern Studies*, University of Chicago Press, Chicago, 2002.

de la souveraineté du sujet, comme instances fondatrices du savoir et de l'agir — et, finalement, comme expériences originaires à partir desquelles se lisent aussi bien le monde que la vérité du politique, de l'éthique et de la culture. C'est cette sollicitude radicale pour l'homme et pour la raison qu'est supposé incarner le concept de « République », dont la signification ultime s'exprime à travers le langage de la liberté, de l'égalité et de la fraternité.

Or, historiquement, cette sollicitude pour le sort réservé à l'homme et à la raison a vite montré ses limites chaque fois qu'il a fallu reconnaître la figure de l'homme dans le visage d'Autrui défiguré par la violence de la *race*. Dans l'histoire de la République, la mise en forme institutionnelle de la visée destructrice dont la race est porteuse, ce furent l'esclavage et le fait colonial. De fait, en quoi consistent la race et le racisme — et inversement en quoi consistent la mise en esclavage et l'assujettissement colonial —, sinon en le pouvoir de se représenter autrui comme « déchet » et en la capacité de l'assigner à cet état de déchet « de son vivant même [29] » ? Le versant nocturne de la République, l'épaisseur inerte où vient s'engluer sa radicalité, c'est donc bel et bien la *race*. Car la race est cette page obscure où, placé par la force du regard de l'autre, l'« homme » se retrouve dans l'impossibilité de savoir en quoi consistent l'essence du travail et ses lois.

De fait, au nom du principe d'égalité, la tradition française d'universalisme abstrait affirme qu'en son essence le projet de la modernité consiste à « désubstantialiser le social pour le ramener à une pure quotité : celle des conditions d'équivalence et de commensurabilité entre des individus indépendants », compte non tenu de leur appartenance à des communautés culturelles ou religieuses distinctes [30]. Ainsi s'explique la dérision qui accueille, dans la plupart des milieux bien pensants, toute référence aux politiques dites de « discrimination positive ». À cette cécité, s'ajoute sinon le refus, du moins la difficulté d'imaginer l'histoire et la mémoire comme histoire et mémoire de la responsabilité. Ce refus de responsabilité — qui est en même temps un refus de l'aveu et une volonté active d'oubli — se donne notamment à voir lorsqu'il s'agit d'interroger sérieusement le passé colonial [31]. Préoccupée de dénoncer l'« esprit du Goulag », l'intelligentsia en est venue à refouler cette face nocturne — constitutive de la République — que

29 Jacques HASSOUN, *L'Obscur Objet de la haine*, *op. cit.*

30 Pierre ROSANVALLON, *Le Peuple introuvable*, *op. cit.*, p. 13.

31 Françoise VERGÈS, *Abolir l'esclavage : une utopie coloniale*, Albin Michel, Paris, 2001 ; Nicolas BANCEL, Pascal BLANCHARD et Françoise VERGÈS, *La République coloniale*, *op. cit.* ; et Olivier MONGIN, « Création et culture à l'âge postcolonial », *op. cit.*

fut le colonialisme[32]. Dans les rares cas où un réexamen de cette période a été officiellement esquissé, la colonisation a été réduite à la manifestation d'une blessure de type purement narcissique[33]. Il s'est rarement agi d'intégrer dans la « bibliothèque nationale » les savoirs produits par les peuples anciennement colonisés ou par leurs descendants devenus, par la force des choses, des citoyens venus « d'Outre-Mer » dont le « droit de cité » dans les sphères publiques de la nation demeure à tout le moins précaire, comme le précise Étienne Balibar.

Comme l'affirmait déjà Fernand Braudel, l'identité de la France se nourrit historiquement de son extravagante diversité[34]. Mais cette dernière a toujours été le cauchemar des administrations. L'existence de cette tension et le poids de cette « double conscience » expliquent, plus que toute autre chose, l'échec en France du postcolonialisme ou de la critique de la « race ». C'est elle également qui fait que, loin d'être l'équivalent pur et simple du cosmopolitisme, la phraséologie française de l'universalisme, dans son abstraction militante, sert avant tout de paravent à un nationalisme ethno-racial qui refuse de décliner son véritable nom. Il s'agit d'une forme d'universalisme qui, comme nous l'indiquions, « ne peut penser l'autre qu'en termes de duplication, de dédoublement jusqu'à l'infini d'une image narcissique[35] ».

À l'âge de la globalisation, c'est cette incapacité à passer au cosmopolitisme qui nourrit l'impasse théorique à laquelle la pensée française semble être désormais confrontée, y compris lorsqu'il s'agit d'imaginer un modèle de « gouvernement du monde » différent de l'unilatéralisme en vogue[36]. Si, de fait, la vie de la démocratie participe d'une opération — sans cesse à reprendre — de figuration du social, alors on peut affirmer que « se faire entendre », « se connaître soi-même », « se faire connaître », « parler de soi » constituent des aspects centraux de toute pratique démocratique. Entreprise d'expression, capacité de se donner une voix et un visage, la démocratie est, fondamentalement, une pratique de la représentation — une forme de prise de distance par rapport à autrui aux fins d'imagination de soi,

---

32 Nicolas BANCEL et Pascal BLANCHARD, « L'héritage colonial : un trou de mémoire », *Hommes & Migrations*, n° 1228, 2000.

33 Nicolas BANCEL et Pascal BLANCHARD, « Les pièges de la mémoire coloniale », *Cahiers français*, n° 303, 2003.

34 Fernand BRAUDEL, *L'Identité de la France*, Arthaud-Flammarion, Paris, 1986. Pour une critique, voir : Jean BAUBÉROT, « Une société multiculturelle : jusqu'où ? », *Cahiers français*, n° 316, 2003.

35 Jacques HASSOUN, *L'Obscur Objet de la haine*, *op. cit.*

36 « Vers une anthropologie comparative des démocraties modernes. Entretien avec Vincent Descombes (II) », *Esprit*, n° 263, 2000.

d'expression de soi et de partage, dans l'espace public, de cette imagination et des formes que prend cette expression.

Dans les conditions de cet irréversible éclatement, l'on ne peut plus assumer que le problème de la mal-représentation sera réglé par notre capacité d'agir et de parler pour le compte d'autrui. Ce qu'il faut dissiper, c'est l'opacité qui entoure la présence, dans ce pays, de citoyens rendus invisibles du fait de la couleur de leur peau. Ce qu'il faut récuser, ce sont les dispositifs et discours qui, tout en produisant quotidiennement des formes d'exclusion que rien d'autre ne justifie sinon la « race », s'abritent derrière le masque d'un universalisme purement a-historique pour mieux prétendre avoir dépassé la « race ». Combler le déficit de figuration, ou encore briser le socle moniste de la culture politique hexagonale, n'est pas la même chose que revendiquer une forme de représentation politique pour certains groupes ou certaines minorités. Après tout, le refus de valider la biologisation du social, son ethnicisation ou sa racialisation, est légitime.

Mais cela n'est possible que si l'on s'attaque à la question de la mal-représentation. Et il n'y a que le passage au cosmopolitisme pour faire échec à la fois à une démocratie des communautés et des minorités et à son double masqué : une démocratie racialisante, mais qui, imbue de ses propres préjugés et illusions, refuse d'avouer son nom et de reconnaître, ce faisant, ses propres limites. Aujourd'hui, il ne s'agit plus tant de produire des « individus » que de faire place aux « singularités ». Quant à la force de notre modèle d'universalisme, elle proviendra de notre capacité de comprendre que le lien avec ceux qui ne sont pas des nôtres consiste, en très grande partie, en l'expérimentation d'histoires communes, notamment lorsque celles-ci ont fait l'objet de désaveu.

13

L'héritage colonial au cœur de la politique étrangère française

François Gèze

L'ex-Empire français et la dissuasion nucléaire : ces deux réalités, l'une formellement déchue de longue date, l'autre toujours actuelle (bien que désormais d'une efficacité politique déclinante), sont au cœur de la politique étrangère de la France depuis près d'un demi-siècle. Dans l'esprit des dirigeants de la Ve République, de gauche comme de droite, elles ont été les deux pôles structurels de la « grandeur de la France ».

À partir du début des années 1960 [1], la doctrine française de dissuasion, dite « du faible au fort », a pris le relais de l'Empire colonial — officiellement disparu avec l'indépendance algérienne de juillet 1962 et les indépendances africaines octroyées deux ans auparavant — pour justifier, aux yeux du reste du monde et des dirigeants français eux-mêmes, le statut de « grande puissance » de la France, symbolisé par son siège permanent au Conseil de sécurité des Nations unies. Depuis lors, dans le discours international officiel des représentants de l'État français, la capacité nucléaire (ou économique) a totalement effacé le souvenir de l'Empire.

L'historien Benjamin Stora a bien daté l'origine de cette occultation, qui s'est alors appuyée sur de puissants outils symboliques comme les lois d'amnistie relatives à la guerre d'Algérie et, surtout, sur le déplacement du centre de gravité de l'histoire officielle : « Dans l'apogée du temps gaullien des années 1960, démarre un grand mouvement muséographique,

1 La première bombe A française a été testée le 13 février 1960, dans le désert du Tanezrouf en Algérie ; la première bombe H l'a été le 24 août 1968, au dessus de l'atoll de Fangataufa, dans le Pacifique.

fortement lié à une politique de commémoration ambitieuse : celle des cinquantième et vingtième anniversaires de la Première et de la Seconde Guerre mondiale. Quarante-trois musées militaires sont créés dans la décennie 1960-1970. [...] La Résistance dans la Seconde Guerre mondiale apparaît ainsi comme l'un des moments fondateurs de la vie politique contemporaine française [2]. » La célébration d'une histoire franco-française, revisitée au service de la réconciliation franco-allemande, va servir à enfouir le souvenir tout frais des atroces « années algériennes » de la guerre d'indépendance menée dans la plus ancienne colonie française. Et aussi — bien peu en sont conscients à l'époque —, toute la mémoire de la colonisation, en Algérie et ailleurs.

Mais, pour sincère qu'il soit dans la geste gaullienne, ce déplacement-effacement mémoriel, conjugué à l'affirmation « moderne » de la puissance nucléaire, sera bien insuffisant pour dépasser l'empreinte d'un siècle et demi de colonialisme français triomphant, indissociable de l'histoire de la République. Faute d'en reconnaître ses pages noires, la France officielle de la Ve République va perpétuer son héritage, en « métropole » comme sur la scène internationale.

La colonisation au service de la « grandeur de la France »

Ce n'est que tardivement, au cours du XIXe siècle, que la République forgera progressivement son discours de justification de l'entreprise coloniale par l'affirmation d'une « mission civilisatrice » [3]. Parmi maints discours, on peut en trouver une expression achevée dans ces propos du ministre des Colonies Georges Leygues, qui déclarait en 1906 : « Coloniser, [...] c'est accroître le capital national et le capital universel en allumant sur tous les points du globe de nouveaux foyers d'activité, d'espérance et de force ; c'est accomplir l'œuvre de solidarité la plus haute, car la colonisation qui n'aurait pas pour but et pour résultat d'élever en dignité, en moralité et en bien-être les peuples qu'elle pénètre, serait une œuvre grossière, brutale, indigne d'une grande nation [4]. »

---

2 Benjamin Stora, *La Gangrène et l'Oubli*, *op. cit.*, p. 221.

3 Voir, par exemple, Gilles Manceron, *Marianne et les colonies*, *op. cit.* ; et, dans le présent ouvrage, la contribution de Nicolas Bancel et Pascal Blanchard, « Les origines républicaines de la fracture coloniale », p. 33.

4 Cité par François Maspero, *in* préface à Yves Bénot, *Massacres coloniaux. 1944-1950 : la IVe République et la mise au pas des colonies françaises*, *op. cit.*, p. IV.

Mais en vérité (comme en atteste incidemment la pique visant le Royaume-Uni qui clôt cette citation), le principal moteur de la colonisation est bien pour la France, dès la conquête de l'Algérie en 1830, son souci de s'affirmer comme une grande puissance mondiale, ainsi que le rappelle fort justement François Maspero : « Dans le débat qui oppose pendant les dix premières années de la Conquête les partisans et les adversaires de la présence française en Algérie, le seul argument de poids, celui qui emporte la décision, est l'argument de la politique internationale. Thiers le claironne. Guizot s'y rallie. Tocqueville, qui fait partie de la commission d'enquête parlementaire sur la question, en fait une question de principe : "Je ne crois pas que la France puisse songer à abandonner l'Algérie. L'abandon qu'elle en ferait serait aux yeux du monde l'annonce certaine de sa décadence." C'est avant tout l'ordre européen instauré par le traité de Vienne qu'il s'agit de contrecarrer.

« Trente ans plus tard, la deuxième étape de la colonisation, qui voit la IIIe République souder ses possessions éparses en un seul Empire, se fait à partir des mêmes motivations. De nouveau intervient le besoin de faire pièce au nouvel ordre européen instauré par la défaite de 1870. Il faut laver la honte de Sedan, pallier la perte, ressentie viscéralement, de l'Alsace-Lorraine. C'est la conquête de l'Indochine, la pénétration de l'Afrique, l'entrée en Tunisie et au Maroc [5]. »

La justification par la « mission civilisatrice » deviendra alors d'autant plus nécessaire pour occulter les atrocités qui sont au fondement de la constitution de l'Empire, à commencer par la dimension génocidaire de la « première guerre d'Algérie » [6]. Car, comme le relèvera Albert Londres en 1929, évoquant les pratiques et l'idéologie raciales prévalant Outre-Mer, « on dirait que la vie coloniale a pour première nécessité celle de se dérouler en cachette, en tout cas hors des regards du pays protecteur [7] ».

Cette même obsession de la « grandeur de la France », conjuguée à une volonté identique d'occultation des moyens utilisés pour la perpétuer dans les colonies, on la retrouvera, exacerbée, dans les dernières et terribles

---

5 *Ibid.*, p. VIII.

6 « On n'a jamais comptabilisé les pertes de la population algérienne, mais on estime que celle-ci est passée, entre 1830 et 1856, de trois millions d'habitants à deux millions trois cent mille » (*ibid.*, p. VIII). Bien peu de travaux d'historiens ont été consacrés à la « sauvagerie » de la conquête de l'Algérie. Sur ce point, on peut consulter le livre pionnier de François MASPERO, *L'Honneur de Saint-Arnaud*, Plon, Paris, 1993 (édition de poche : Seuil, coll. « Points », Paris, 1995) ; et le récent travail, remarquable, d'Olivier LE COUR GRANDMAISON, *Coloniser, Exterminer, op. cit.*

7 Albert LONDRES, *Terre d'ébène*, Albin Michel, Paris, 1929 (cité par Gilles MANCERON, *Marianne et les colonies, op. cit.*, p. 190).

années de l'Empire français. Dans son fameux discours du 30 janvier 1944 ouvrant la « Conférence africaine française » de Brazzaville, le général De Gaulle réaffirme sans détour, avec les mêmes accents que Georges Leygues quarante ans plus tôt, l'objectif que « chacun de nos territoires [s'intègre] dans la communauté française avec leur personnalité, leurs intérêts, leurs aspirations, leur avenir », « parce que, dans l'extrémité où une défaite provisoire l'avait refoulée, c'est dans ses terres d'Outre-Mer, dont toutes les populations, dans toutes les parties du monde, [...] [que la France] a trouvé son recours et la base de départ pour sa libération et qu'il y a désormais, de ce fait, entre la métropole et l'Empire, un lien définitif ».

Pour formaliser ce « lien définitif », la IVe République intègre l'« Union française » dans sa Constitution, adoptée le 27 octobre 1946. Et pour le préserver, elle investit fortement dans le financement des infrastructures des colonies, principalement en Afrique noire. Surtout, son armée n'hésitera pas à faire couler le sang de dizaines de milliers d'« indigènes » rétifs par des « massacres coloniaux » qui seront alors, eux aussi, largement occultés : à Sétif et Guelma en mai-juin 1945 [8], à Madagascar en 1947, à Haiphong en 1946, à Casablanca en 1947, en Côte-d'Ivoire en 1949-1950 [9]. Il faudra l'humiliante défaite — après sept ans de guerre — des troupes françaises face aux Viêt-namiens à Diên Biên Phu (mai 1954), puis l'engrenage de la « pacification » en Algérie à partir de novembre 1954, pour que tombe la IVe République, en mai 1958 — après plus de quarante mois d'une « guerre sans nom ».

La « Françafrique » au cœur de l'État français

Après l'indépendance de la Tunisie et du Maroc en 1956, la France accorde en 1960 l'indépendance à la quasi-totalité de ses colonies africaines, à l'exception de Djibouti et des possessions de l'océan Indien. Et, en 1962, l'indépendance algérienne marque la fin définitive de l'Empire français (dont ne subsisteront que les « confettis » que sont aujourd'hui les DOM et les TOM).

Pour autant, il ne s'agit pas, loin de là, d'un repli pur et simple. Bien au contraire, à partir de 1958 et de l'avènement de la Ve République, par le référendum du 28 septembre, le général De Gaulle s'emploie à préserver le contrôle *de facto*, sinon *de jure*, du cœur de l'Empire, à savoir les nouveaux

---

8 Annie Rey-Goldzeiguer, *Aux origines de la guerre d'Algérie. 1940-1945, de Mers-el-Kébir aux massacres du Nord-Constantinois*, La Découverte, Paris, 2002.

9 Voir Yves Bénot, *Massacres coloniaux, op. cit.*

États de l'ex-AOF (Afrique occidentale française) et de l'ex-AEF (Afrique équatoriale française). Dans une parfaite continuité avec la loi-cadre de Gaston Defferre adoptée en février 1956, les indépendances africaines lèguent aux « élites de compromis » que la France a installées au pouvoir des « États totalement ingérables sans l'aide métropolitaine », comme l'a bien analysé Nicolas Bancel [10]. La gestion de ce « pré carré » sera confiée à un ministère distinct des Affaires étrangères, le ministère de la Coopération (héritier du ministère de la France d'Outre-Mer, lui-même ex-ministère des Colonies), créé en mai 1961 — « rapproché » du Quai d'Orsay en 1998, il ne disparaîtra définitivement qu'en… 2002, en étant pleinement intégré au ministère des Affaires étrangères.

Dès les années 1960, se met en place la « Françafrique » [11], cette alliance entre le cœur de l'État français, ses grands groupes industriels et les chefs d'États inamovibles des ex-colonies africaines, qui constituera — avec la « force de frappe » nucléaire — le socle principal de la « puissance française » au cours des décennies suivantes. Une alliance néocoloniale durablement cimentée par l'argent (du pétrole, de l'uranium, des matières premières agricoles, des ventes d'armes, du financement des partis politiques…), mais aussi, comme l'a bien montré Jean-Pierre Dozon, par la franc-maçonnerie, qui joue sur ce plan un rôle essentiel, avant même les indépendances [12].

Si « l'Afrique [noire] est consubstantielle à la Ve République [13] », le rôle des ex-colonies du Maghreb ne doit pas pour autant être négligé. Après des débuts difficiles, la Tunisie d'Habib Bourguiba et le Maroc d'Hassan II (arrivé au pouvoir en février 1961) deviendront de fidèles alliés de la France, selon des modalités certes différentes des ex-colonies d'Afrique noire, mais impliquant presque tout autant une profonde complicité, nourrie

---

10 Nicolas BANCEL, « La voie étroite : la sélection des dirigeants africains lors de la transition vers la décolonisation », *Mouvements*, n° 21-22, mai-août 2002, p. 28-40.

11 Néologisme forgé par Félix Houphouët-Boigny, inamovible dirigeant de la Côte-d'Ivoire de 1960 jusqu'à sa mort en 1993 et pilier fondateur de cette « Françafrique », qui n'émergera sous un jour critique dans l'opinion française qu'à la fin des années 1990, principalement grâce au travail obstiné de l'animateur de l'association Survie, François-Xavier Verschave (voir François-Xavier VERSCHAVE, *La Françafrique. Le plus long scandale de la République*, *op. cit.* ; *Noir silence. Qui arrêtera la Françafrique ?*, Les Arènes, Paris, 2000).

12 Jean-Pierre DOZON, *Frères et sujets. La France et l'Afrique en perspective*, Flammarion, Paris, 2003. Voir également la passionnante table ronde entre Nicolas BANCEL et Jean-Pierre DOZON, « De la colonisation à la décolonisation : les modes de constitution de la Françafrique », *Mouvements*, n° 21-22, mai-août 2002, p. 15-27.

13 Jean-Pierre DOZON, *loc. cit.*, p. 26.

notamment par les réseaux de « corruption mutuelle » [14]. Le cas de l'Algérie est évidemment plus singulier : l'importance unique de cette colonie de peuplement dans l'histoire de la France coloniale explique que le gouvernement du général De Gaulle ait poursuivi pendant près de quatre ans une guerre inexpiable avant de jeter l'éponge en mars 1962, dans les tourments et les horreurs que l'on sait. Mais ce qui est bien moins connu, c'est que cette rupture « définitive » n'a pas empêché que l'Algérie indépendante d'Ahmed Ben Bella, puis du colonel Houari Boumediene, après son coup d'État de juin 1965, continue à apporter une contribution décisive à la « puissance française » : de 1960 à 1967, dix-sept essais de la « bombe A » seront secrètement conduits dans les bases militaires françaises du Sahara ; et, de 1967 à 1978, Boumediene autorisera l'armée française à poursuivre ses expérimentations d'armes chimiques sur la base saharienne secrète de B2-Namous [15].

Les vieux démons coloniaux de la diplomatie française

C'est ainsi que, dans les années 1960, De Gaulle constitue en « domaine réservé » de la présidence de la République la gestion des ex-colonies africaines (les relations avec les anciens mandats de Syrie et du Liban relèvent d'une approche similaire, mais avec leurs réseaux propres, leurs alliances et contre-alliances, ainsi qu'une relation moins « néocoloniale », du fait de liens coloniaux tissés sur une période plus courte). Jacques Foccart sera l'ordonnateur de l'ombre de cette « politique africaine » aux multiples fonctions, dont la moindre n'est pas d'assurer la posture de la France sur la scène internationale, dans le contexte de la Guerre froide : d'un côté, elle garantit, face aux visées soviétiques, le maintien de cette région dans le « camp occidental » ; et, de l'autre, elle dispose ainsi d'une clientèle d'obligés qui lui permet de peser à l'ONU et dans les autres instances internationales.

Le pré carré africain — puisque la France a été remplacée par la puissance américaine dans le Sud-Est asiatique — est aussi un utile champ de manœuvres pour l'armée française et, par le contrôle du Gabon et du Congo-Brazzaville, une ressource importante pour l'approvisionnement en pétrole de l'Hexagone. C'est aussi cette motivation qui poussera Paris à

14 Voir la contribution d'Achille Mbembe dans cet ouvrage, p. 139.

15 Lounis AGGOUN et Jean-Baptiste RIVOIRE, *Françalgérie, crimes et mensonges d'États. Histoire secrète, de la guerre d'indépendance à la « troisième guerre » d'Algérie*, La Découverte, Paris, 2004, p. 44-46 et 68-69.

s'engager activement, en 1967, dans la terrible guerre du Biafra, qui fera plus d'un million de morts. L'entreprise pétrolière publique Elf-Erap et le SDECE (le service de contre-espionnage du pouvoir gaulliste) sont alors au cœur du « système Foccart », un système complexe et opaque qui servira aussi bien à nourrir le développement de grands groupes industriels et financiers français qu'à alimenter les caisses électorales du parti gaulliste [16].

Sous la présidence de Georges Pompidou (1969-1974), puis sous celle de Valéry Giscard d'Estaing (1974-1981), ce système connaîtra une extension remarquable : il consacrera les potentats africains mis en place par Paris comme acteurs occultes, mais à part entière, de la vie politique française. Ceux-ci parviendront en effet, grâce aux « rétrocommissions » sur les grands contrats d'investissement distribuées aux partis politiques de la métropole (de droite comme de gauche), à « tenir » une part significative de la classe politique parisienne. De 1981 à 1995, François Mitterrand s'accommodera parfaitement de ce « cœur pourri » de la Ve République : ancien ministre de la IVe République à la veille des indépendances, il en connaissait de première main les fondations et, pour lui, la « grandeur de la France » restait indissociable de son héritage colonial. On n'en donnera ici, brièvement, que deux exemples.

Après la mort du colonel Houari Boumediene, en décembre 1978, l'Algérie, fer de lance des pays non alignés depuis son indépendance, va revenir progressivement dans le giron français : une poignée d'officiers supérieurs (dont plusieurs étaient d'anciens « déserteurs de l'armée française ») va conquérir progressivement le pouvoir, en forgeant avec les responsables politiques français (principalement du PS et du RPR) une étrange alliance, à la fois affairiste et mafieuse, qui sera qualifiée de « Françalgérie » [17]. Grâce à la quasi-symbiose entre la DST française et la Sécurité militaire algérienne (les services secrets de l'armée, au cœur du pouvoir depuis l'indépendance), grâce également aux commissions prélevées sur les échanges commerciaux entre les deux pays pour alimenter les caisses électorales des partis français, les généraux algériens vont eux aussi devenir des acteurs occultes de la politique étrangère française, mettant à la disposition de Paris leurs puissants réseaux dans le monde arabe et dans les institutions internationales. D'où le soutien de la France à la « sale guerre » conduite à partir de 1992 par ces généraux « éradicateurs » contre leur peuple (qui fera près de 200 000 morts), même quand ils en viendront à

---

16 Voir François-Xavier VERSCHAVE, *Noir silence, op. cit.*

17 François GÈZE, « Françalgérie : sang, intox et corruption », *Mouvements*, n° 21-22, mai-août 2002 ; et Lounis AGGOUN et Jean-Baptiste RIVOIRE, *Françalgérie, crimes et mensonges d'États, op. cit.*

manipuler des groupes islamistes pour perpétrer à Paris, en 1995, plusieurs attentats meurtriers.

Le second exemple, encore plus choquant, concerne le rôle de la France dans le génocide rwandais de 1994, qui a fait près d'un million de victimes : on le sait aujourd'hui, dès 1990 des unités de l'armée française étaient pleinement engagées dans le soutien au gouvernement de Juvénal Habyarimana, qui a préparé froidement l'élimination des Tutsis [18]. Les avertissements des experts n'ont pas manqué, mais François Mitterrand et ses conseillers de la « cellule africaine » de l'Élysée y sont restés sourds, y compris quand le génocide battait son plein, convaincus qu'ils étaient de rejouer l'affrontement franco-anglais de... septembre 1898 à Fachoda [19]. Ils jugeaient décisif de soutenir un régime en butte à la menace du FPR, un groupe armé appuyé par l'Ouganda, donc, à leurs yeux, par les Anglo-Saxons...

Ces deux exemples extrêmes — bien d'autres, moins tragiques, pourraient être cités — montrent à quel point la politique étrangère française est toujours aujourd'hui imprégnée des représentations et des alliances forgées avec les « élites » locales tout au long de la période coloniale. Les enjeux de la Guerre froide ont disparu, la Françafrique a dérivé vers la « mafiafrique » [20], mais l'un des facteurs essentiels de la « puissance » de la France reste le monopole qui lui est reconnu par les autres États de l'Union européenne et du G8 dans la « gestion » de ses ex-colonies du Maghreb et de l'Afrique subsaharienne [21].

Le rôle inévitable de la raison d'État dans la politique étrangère n'est évidemment pas une spécificité de la France. Mais elle y prend des formes singulières, qui renvoient directement à la brutalité de la colonisation et de ses suites. Ainsi, la propension française à entretenir, en dehors de l'espace

---

18 Voir notamment : Patrick de Saint-Exupéry, *L'Inavouable. La France au Rwanda*, Les Arènes, Paris, 2004 ; Laure Coret et François-Xavier Verschave (dir.), *L'horreur qui nous prend au visage. L'État français et le génocide au Rwanda*, Karthala, Paris, 2005.

19 Fachoda (aujourd'hui Kodok) fut le lieu de l'affrontement, sur les bords du Nil soudanais, de deux colonnes militaires, l'une française (commandée par le capitaine Jean-Baptiste Marchand), l'autre britannique (commandée par le général Herbert Kitchener), dont l'enjeu était la domination du Soudan : face à la fermeté de Londres, dont Paris recherchait alors l'alliance contre l'Allemagne, la France avait dû reculer, échec qui restera gravé dans la mémoire de la diplomatie française (voir Henri Wesseling, *Le Partage de l'Afrique, 1880-1914*, Denoël, Paris, 1996).

20 Voir le dossier de la revue *Mouvements, De la Françafrique à la mafiafrique*, n° 21-22, mai-août 2002.

21 S'agissant du Maghreb, voir Sihem Bensedrine et Omar Mestiri, *L'Europe et ses despotes. Quand le soutien au « modèle tunisien » dans le monde arabe fait le jeu du terrorisme islamiste*, La Découverte, Paris, 2004.

démocratique européen, des liens privilégiés avec les « régimes forts » et les dictatures apparaît-elle comme un prolongement direct du vieux paternalisme françafricain — qui a vu, depuis plus de trois décennies, les dirigeants français multiplier les protestations d'amitié pour les dictateurs du « domaine réservé » [22].

Et, plus largement, c'est cette tradition d'un domaine réservé de la présidence, forgée dans les décennies postcoloniales et intimement liée aux réminiscences monarchiques de la Ve République, qui explique la faiblesse structurelle du Quai d'Orsay. Ainsi, le ministère des Affaires étrangères — de même d'ailleurs que la DGSE au ministère de la Défense — ne manque pas d'expertises avisées sur la plupart des « théâtres » étrangers où les intérêts français peuvent être en cause (comme celles des spécialistes du Centre d'analyses et de prévision, créé en 1973 et défini par le ministère lui-même comme un « *think tank* interne »). Mais presque à chaque fois que la France doit s'engager sur un dossier de politique internationale important, ces expertises sont royalement ignorées et c'est l'Élysée qui impose sa décision, moins fondée en général sur une véritable vision des intérêts de la nation que sur la prise en compte d'intérêts contingents, voire personnels [23], liés à de puissants réseaux parallèles. Un héritage direct, et bien vivant, de l'époque où le « lobby colonial » était au cœur de la politique étrangère de la France.

Dans le « monde américain » de l'après-11 septembre, où, face aux menaces terroristes, la détention de l'arme nucléaire n'est plus un facteur majeur de la puissance géopolitique, on peut donc craindre que les vieux démons coloniaux de la diplomatie française, combinés aux intérêts économiques, restent ses seules boussoles — ou le dernier mythe d'une puissance nostalgique qui renvoie à la « Plus grande France ». C'est pourquoi il importe que les citoyens français, traditionnellement tenus à l'écart de la politique étrangère conduite en leur nom, obtiennent que soient enfin reconnues, par un travail historique sans concession et dans un cadre européen à repenser [24], les « pages noires » d'une histoire coloniale qui continue à miner les valeurs essentielles de notre République.

---

22 Pour ne citer que les dernières en date, en février 2005 : « Gnassingbé Eyadema, un ami personnel » (Jacques Chirac) ; « Le président Chirac et le président Ben Ali ont la même vision du monde » (Jean-Pierre Raffarin).

23 On peut évoquer ainsi les liens d'amitié étroits entre Jacques Chirac et l'ancien Premier ministre libanais Rafic Hariri, assassiné à Beyrouth le 14 février 2005.

24 Voir Étienne Balibar, *L'Europe, l'Amérique, la guerre. Réflexions sur la médiation européenne*, La Découverte, Paris, 2003.

14

Indigènes et indigents : de la « mission civilisatrice » coloniale à l'action humanitaire

Rony Brauman

« Apporter la science aux peuples qui l'ignorent, leur donner routes, canaux, chemins de fer, autos, télégraphe, téléphone, organiser chez eux des services d'hygiène, leur faire connaître enfin les droits de l'homme, c'est une tâche de fraternité [...]. Le pays qui a proclamé les droits de l'homme, qui a contribué brillamment à l'avancement des sciences, qui a fait l'enseignement laïque, le pays qui, devant les nations, est le grand champion de la liberté, a [...] la mission de répandre, partout où il le peut, les idées qui ont fait sa propre grandeur [...]. Il faut nous considérer comme investis du mandat d'instruire, d'élever, d'émanciper, d'enrichir et de secourir les peuples qui ont besoin de notre collaboration [1]. »

Ces mots, écrits en 1931 par le radical Albert Bayet lors du congrès de la Ligue des droits de l'homme consacré à la colonisation, devraient être examinés avec attention par les acteurs contemporains de l'aide internationale. Si la formulation est désuète, ils seraient en effet bien en peine d'en désavouer le contenu, tant ce programme de modernisation sociale et politique reste actuel. D'ailleurs, en France, le même congrès de la Ligue des droits de l'homme condamnait la « conception impérialiste de la colonisation », ne justifiant celle-ci qu'à la condition qu'elle se donne les buts « humanitaires » résumés par Albert Bayet.

1 Cité par Charles-Robert Ageron, *France coloniale ou parti colonial*, PUF, Paris, 1978, p. 70.

Altruisme et modernisation

Pour ce courant humaniste de la colonisation, celle-ci, telle une « charge d'aînesse », était source de bienfaisance et d'élévation des mœurs, une obligation de conscience qui se déduisait de l'évidente supériorité de la société colonisatrice sur les peuplades concernées. Trois siècles auparavant, à l'époque de la conquête de l'Amérique, ce n'est pas au nom de la modernisation, mais de la christianisation, que le pouvoir conquérant s'exprimait, mais il ne manquait pas « d'insister sur les bienfaits apportés par les Espagnols aux contrées sauvages, et on trouve fréquemment ces énumérations : les Espagnols ont supprimé des pratiques barbares telles que les sacrifices humains, le cannibalisme, la polygamie, l'homosexualité, et ils ont apporté le christianisme, le costume européen, des animaux domestiques, des outils [2] ». Bartolomé de Las Casas, prêtre dominicain défenseur des Indiens qui a décrit dans le détail le désastre de la conquête, condamnait l'esclavage et les traitements cruels tout en défendant la colonisation, laquelle devait être l'œuvre non des soldats mais des religieux.

Qu'il n'y ait pas de contradiction, dans les esprits de ce temps, entre aspirations humanitaires et projet colonial, cela se voit également dans l'invention de l'action humanitaire moderne avec la fondation de la Croix-Rouge. L'époque de l'impérialisme colonial s'est en effet ouverte en France à la fin des années 1850, au moment où allait être adoptée la première convention de Genève (1864), dont la France de Napoléon III fut la première signataire et le soutien le plus ferme (il s'en fallut de peu que la convention ne soit signée à Paris). Le « droit de conquête » n'y était pas mis en question, pas plus d'ailleurs que le droit de faire la guerre, puisqu'il s'agissait de fixer des limites à celle-ci, non de la supprimer.

Gustave Moynier, le premier président de la Croix-Rouge, considérait cette institution comme « inspirée par la morale évangélique » et, comme la plupart de ses contemporains, voyait dans les peuples colonisés le contretype des nations civilisées : « La compassion, écrivait-il, est inconnue de telles tribus sauvages, qui pratiquent le cannibalisme [...]. Leur langue même, dit-on, n'a pas de mots pour en rendre la pensée, tant celle-ci leur est étrangère. [...] Les peuples sauvages [...] font [la guerre] à outrance et cèdent sans arrière-pensées à leurs instincts brutaux, tandis que les nations civilisées, cherchant à l'humaniser, confessent par là même que tout ce qui s'y

2 Tzvetan TODOROV, *La Conquête de l'Amérique. La question de l'autre*, Seuil, Paris, 1982, p. 181.

passe n'est pas licite [3]. » Et dans *L'Afrique explorée et civilisée*, la revue mensuelle qu'il publiait, il ajoutait : « La race blanche doit dédommager la race noire [...] et la faire bénéficier des moyens dont dispose la civilisation moderne pour améliorer son sort de manière conforme aux vœux de la providence [4]. »

Aucune ONG de solidarité ou de défense des droits de l'homme ne signerait aujourd'hui de telles déclarations. Le paternalisme raciste et vertueux qui les dicte appartient à un temps révolu et c'est au contraire parmi les contempteurs du colonialisme que se recrutent majoritairement les membres des organisations d'entraide internationale. Mais à voir les pratiques de ceux qui se perçoivent comme des agents de développement, l'esprit de la « mission civilisatrice » a survécu à la disparition de l'impérialisme colonial. On reprendra de Jean-Pierre Olivier de Sardan les deux catégories étroitement mêlées formant le socle de légitimation d'une grande partie de l'aide internationale, qu'il a décrites comme le « paradigme altruiste » et le « paradigme modernisateur » [5]. Toujours à l'œuvre, quoique dans des proportions variables selon les uns et les autres et en fonction des données locales du marché de l'aide, ils organisent les discours et les pratiques de nombre d'acteurs, qu'ils appartiennent à la Banque mondiale, aux Nations unies ou aux ONG.

Précisons à ce stade qu'il ne s'agit nullement de faire comparaître ces acteurs (parmi lesquels se compte l'auteur de ces lignes) devant un improbable tribunal de l'Histoire, mais d'examiner les discours et pratiques de l'aide internationale sous l'angle de leur proximité avec les représentations coloniales.

Avancés et attardés

Ainsi, par son intitulé même, l'aide au développement réinstitue-t-elle, sous les auspices de la solidarité, les catégories hiérarchiques héritées de ce passé. Comment pourrait-il en être autrement, dès lors qu'est entérinée — serait-ce pour les plus louables raisons — une opposition du type « développé/sous-développé », déclinable par ailleurs dans de multiples variantes plus ou moins euphémisées ? Les critères économiques qui

3 Cité par Alain Destexhe, *L'Humanitaire impossible ou deux siècles d'ambiguïté*, Armand Colin, Paris, 1993, p. 34.

4 *Ibid.*

5 Jean-Pierre Olivier de Sardan, *Anthropologie et développement. Essai en socio-anthropologie du changement social*, Karthala, Paris, 1997, p. 58.

définissent les « PMA » (pays les moins avancés, dans le jargon onusien), comme les critères anthropologiques qui donnent à voir des « peuples attardés », appartiennent les uns et les autres au vocabulaire du dominant. On y retrouve l'opposition archétypale entre société « traditionnelle » et société « moderne » recouvrant les dichotomies communauté/individu, routine/innovation, solidarité/concurrence, relations clientélistes/relations bureaucratiques chères à la pensée coloniale [6].

Des milliers de programmes d'aide, notamment en matière de techniques agricoles et de campagnes sanitaires, se fondent depuis des décennies sur la participation et la mobilisation d'introuvables « communautés » villageoises. Au Cambodge par exemple, pays de cocagne des ONG depuis la fin de la Guerre froide, aucun projet ne trouve de financement auprès des bailleurs de fonds si le syntagme « participation communautaire » n'y figure pas en bonne place et en quantité. Cet imaginaire exotique d'une société homogène, régie par la mise en commun et le partage, ne suscite chez les personnes concernées au mieux qu'indifférence polie, au pire un franc rejet, comme le rapporte une étude sur l'aide réalisée dans ce pays : « Que comprennent ces villageois quand des personnes extérieures arrivent et commencent à parler de développement communautaire ? Probablement ces étrangers commencent par expliquer [...] : "Nous voulons que vous coopériez. Nous voulons que vous travailliez ensemble." À ces seuls mots, les gens sont écœurés et ouvrent de grands yeux : "Voulez-vous revenir à quelque chose qui ressemblerait à l'époque de Pol Pot ?" [7] »

Chimère omniprésente, aussi bien dans les recommandations des experts de l'ONU que dans le discours des volontaires des ONG, le schéma « communauté » a une relation de parenté avec les représentations coloniales. Marqueur de l'opposition entre « eux » et « nous », entre les attardés et les avancés, il institue en effet des groupes indigènes de pauvres, définis par des carences et des risques spécifiques coïncidant précisément avec les objectifs des programmes d'aide. Construite par et pour ceux-ci, la « communauté » parle par définition le langage des « besoins », ces manques qui la mettent en danger et que les représentants des organismes d'aide vont combler, la sauvant de ses propres faiblesses.

Les programmes dits de santé fournissent un champ d'application privilégié à cette envahissante sollicitude. Les organismes spécialisés de l'ONU, en particulier l'Unicef et l'OMS, et derrière eux nombre d'ONG se sont donné pour objectif de répandre la croyance profondément ancrée dans le

---

6 *Ibid.*, p. 33.

7 Soisick Crochet, « Cet obscur objet du désir », *in* Rony Brauman (dir.), *Utopies sanitaires*, Le Pommier/Médecins sans frontières, Paris, 2002, p. 62.

monde occidental selon laquelle la plupart des pathologies rencontrées dans le tiers monde sont la conséquence d'un manque de propreté. Ainsi l'épidémiologie anglo-saxonne, aujourd'hui largement dominante, distingue les *water-based diseases* (maladies dues à l'eau) et les *water-washed diseases* (maladies soignées par l'eau). L'eau qui lave et purifie, l'eau qui souille et contamine, voilà ce qui forme l'essentiel de leur credo, plus proche d'un catéchisme de la modernité que d'une vérité vérifiable. Il suffit, pour se convaincre de la dimension essentiellement liturgique de cette annonce, de se rappeler les prévisions d'épidémies foudroyantes formulées par des experts lors de chaque catastrophe naturelle, alors même qu'il n'en existe aucun exemple [8].

Propreté et rédemption

En situation ordinaire, hors de ces contextes de bouleversement, l'essentiel des campagnes d'« éducation sanitaire » consiste plus prosaïquement à vanter les mérites du savon et des latrines, de l'eau bouillie et des ablutions régulières, ces mesures de propreté étant censées prévenir 90 % des maladies contagieuses. Il s'agit notamment, lors de visites à domicile, d'éduquer les mères et les enfants à se laver les mains, consommer de l'eau bouillie, protéger et entretenir les points d'eau, équilibrer les repas, détruire les ordures, déféquer dans des latrines. Moyennant quoi on se trouve replacé sur le « chemin de la santé ». Indéfiniment répétée, cette promesse devient une évidence par la seule vertu de son martèlement, permettant d'établir une relation causale directe entre un mauvais comportement et la maladie qui le sanctionne.

Cette trompeuse simplification justifie, au nom de l'intérêt supérieur de la communauté, l'intrusion de volontaires d'ONG dans le domicile de familles où ils n'ont pas été conviés. Depuis les années 1980, qui virent un essor accéléré des ONG d'aide, enquêter sur les usages domestiques de l'eau et les pratiques de propreté afin de les réformer est devenu une pratique courante dans le tiers monde. Les puritains anglais du XVIIe siècle plaçaient l'hygiénisation du peuple au principe de leur entreprise de restauration morale. L'hygiénisme du XIXe siècle a pris en France la forme de « pastorales de la misère », qui visaient à transformer les mœurs des plus démunis pour

8 Voir Claude DE VILLE DE GOYET, « Stop propagating disasters myths », *The Lancet*, vol. 356, août 2000, <http ://pdm.medicine.wisc.edu/degoyet.htm>.

venir à bout d'une « malpropreté pourvoyeuse de vice [9] ». Ce n'est évidemment pas un bien moral, mais un bienfait réputé vital qui est recherché par les « éducateurs de santé » de la solidarité contemporaine. Quoi qu'il en soit, une même quête du salut s'y retrouve.

Les réactions de ceux que visent ces campagnes ne semblent pas ébranler la foi des missionnaires. Sans doute parce qu'elles sont généralement ignorées, ou plutôt effacées par des questionnaires et barèmes exclusivement destinés à « évaluer l'impact sur la communauté » et à jeter les bases de la « phase suivante » du programme. L'enquête menée au Cambodge mentionnée plus haut montre que parmi les éducateurs, qui déplorent volontiers la lourdeur des traditions, bien peu sont conscients que seuls des sentiments de gêne et les règles de politesse et d'hospitalité les protègent contre des réactions brutales provoquées par de si grossières intrusions [10]. Mus par la conviction d'apporter un savoir libérateur, ils ne perçoivent pas le caractère offensant de la situation qu'ils créent en se posant en instituteurs de l'intime. Aucun d'entre eux, pourtant, n'accepterait sans rechigner de voir s'imposer chez lui des gens qui n'y ont pas été invités, qui inspecteraient sa maison, le critiqueraient pour la saleté de ses mœurs et la mauvaise nourriture donnée à ses enfants.

La plupart seraient étonnés de savoir qu'eux-mêmes contreviennent aux règles locales de propreté et que leurs manquements choquent leurs ouailles cambodgiennes : pénétrer avec des chaussures dans une maison, se curer les dents sans se masquer la bouche, installer des latrines ou un dispositif de collecte de déchets devant un bâtiment — et non derrière, comme il sied — constituent autant d'infractions aux normes de comportement propre en vigueur au Cambodge. Le propre, dans toutes les cultures, c'est ce qui est en ordre, ce qui est approprié, ce qui met en forme l'ordre social et les convenances qui en découlent. La saleté est une « offense contre l'ordre [11] », un effacement des limites.

La confusion entre propre, sain, normal d'une part, sale, malsain et pathologique d'autre part est la marque des campagnes d'évangélisation sanitaire, version actualisée de la mission civilisatrice de l'Europe. Ces peuples « sous-développés » doivent être conduits vers la maturité sociale par de nouveaux tuteurs, passeurs de bien-être et de progrès. Peuples éveillés à la conscience de leurs intérêts par des pasteurs instituant leur autorité sous le signe de la lutte contre le « péril fécal ».

---

9 Georges VIGARELLO, *Le Propre et le Sale. L'hygiène du corps depuis le Moyen Âge*, Seuil, Paris, 1987, p. 207.

10 Soisick CROCHET, « Cet obscur objet du désir », *loc. cit.*

11 Mary DOUGLAS, cité *in* Soisick CROCHET, *ibid.*

Pouvoir et valeurs

L'aide et la coopération internationales ne sont certes pas captives de cette division entre pasteurs et brebis et leur rôle ne se borne pas à la dissémination d'une bonne parole. Au-delà de leurs opérations de secours, les ONG et l'ONU contribuent à produire de nouvelles régulations dans l'espace politique mondial et jouent désormais un rôle dans le débat public. Elles expriment ainsi un mouvement de fond que l'on peut comprendre comme un enrichissement de la démocratie dans un sens participatif, alors que ses formes traditionnelles électives semblent s'essouffler — au moins dans les pays où elle est anciennement installée.

Cette nouvelle légitimité, et la popularité qui la soutient, ne sont cependant pas sans conséquences. Elles furent à de nombreuses reprises, par exemple, utilisées par l'administration américaine pour présenter sous un jour plus favorable ses offensives consécutives aux attentats du 11 septembre : « J'entends réellement m'assurer, disait Colin Powell en octobre 2001, que nous avons les meilleures relations avec les ONG, qui sont un tel multiplicateur de forces pour nous, une part si importante de notre équipe de combat. [...] Car [nous] sommes tous engagés vers le même but singulier, aider l'humanité, aider chaque homme et chaque femme dans le monde qui est dans le besoin, qui a faim, [...] donner à tous la possibilité de rêver à un avenir qui sera plus radieux [12]. »

Pour opportuniste qu'elle soit, cette profession de foi est sans doute sincère, les ONG n'étant ni les propriétaires ni les dépositaires exclusives des valeurs qu'elles promeuvent. Mais c'est précisément là que réside le problème. On ne compte plus les coalitions travaillant à la mise en œuvre ou au renforcement de droits conçus comme autant de valeurs : droit à la santé, à l'éducation, au développement, droits de l'enfant, droit des femmes. Selon les termes de Hugo Slim, directeur d'études à l'Institute for Humanitarian Dialogue, ces valeurs traduisent ainsi « leur vision d'une société moralement juste » et elles doivent logiquement conduire au soutien de la coalition militaire qui les incarne [13]. On ne saurait mieux dire. Entre l'intrusion dans des foyers familiaux au nom de la santé et l'ingérence armée au nom des valeurs supérieures de l'humanité, il y a certes une différence majeure, mais on peut y reconnaître aussi une unité de principe : l'une et l'autre se rejoignent en une position d'avant-garde œuvrant à l'émancipation d'autres peuples prisonniers de traditions ou de systèmes politiques

---

12 Conférence du secrétaire d'État à Washington, 26 octobre 2001.

13 *Libération*, 26 décembre 2004.

archaïques, comme l'atteste le soutien apporté à l'invasion de l'Irak par les tenants français d'un « droit d'ingérence humanitaire ».

Depuis le déclenchement de la « guerre globale contre la terreur », la division entre les « civilisés » et les autres connaît un regain de vigueur. Cette division est d'abord une description, imposée par un gouvernement et qui ne devrait donc valoir que pour lui. Mais il se trouve que c'est celle du pouvoir dominant, qui a fait de la rhétorique des valeurs son discours de croisade, et c'est pourquoi il est impossible de l'ignorer. Nous sommes, avec les peuples qui furent inclus dans les Empires coloniaux, les héritiers d'une histoire dans laquelle le discours de la « mission civilisatrice » a joué un rôle essentiel. Pour des raisons tout autant politiques et pratiques que morales, nous devrions travailler à nous en affranchir.

15

La France, entre deux immigrations

Pascal Blanchard

En mai 2003, *Le Figaro-Magazine* consacre un dossier au thème d'actualité du moment : « La laïcité en danger ». Tokia Saïfi, alors secrétaire d'État au Développement durable, dénonce la posture des « jeunes musulmanes voilées », car celle-ci « compromet toutes les conquêtes que nous avons obtenues, tous les combats que nous avons menés pour nous faire admettre, il y a vingt ans. C'est navrant ». Expression étrange — « nous faire admettre » — pour une personne française, née en France [1]...

Le 16 mars 2005, *Le Monde* titre : « Manifestations de lycéens : le spectre des violences anti-"Blancs" ». La photographie de l'agence Sipa est explicite, tout comme les interviews recueillies : « Je n'ai vu que des Noirs agresser des Blancs. » La France serait donc entrée, en moins de deux ans, dans une « guerre des races », attaquée de toutes parts par les « intégristes », les « tenants du communautarisme » et par « une partie des immigrés ».

De qui s'agit-il ? Des « enfants de la colonisation » qu'étudient certains observateurs [2] ? Des « indigènes de la République », qui se font connaître par leur appel de janvier 2005 ? Des exclus de l'intégration que l'on désigne comme des « sauvageons » et qui continuent de vivre « leur présent comme la reproduction indéfinie de ce passé », selon l'historien

1 Dans le même dossier, François Baroin, porte-parole de l'UMP, parti alors majoritaire, rappelle quels sont, à ses yeux, les fondements de ce débat : « La France est un État laïc qui s'oppose aux communautarismes. »

2 Dominique Vidal et Karim Bourtel, *Le Mal-être arabe. Enfants de la colonisation*, *op. cit.*

Claude Liauzu [3] ? De nombreux chroniqueurs ont en tout cas souligné le lien « évident » entre cette situation et le passé colonial [4] ; tandis que d'autres ont considéré que faire ce lien, c'était « gaspiller nos énergies à détruire des chaînes imaginaires [5] ».

Il nous semble important de chercher à comprendre les origines d'une telle situation, quarante ans après les indépendances, et surtout les enjeux — vifs — d'un débat aujourd'hui médiatisé. Nous poserons pour hypothèse que, depuis une quarantaine d'années, l'histoire de l'immigration est vue comme un tout global s'inscrivant dans un processus linéaire — le *creuset français* — et que toute population, quelles que soient son histoire, ses origines, sa culture ou sa religion, est amenée à se fondre dans ce *creuset* pour accéder à la pleine citoyenneté. Depuis trois siècles, avec l'exemplarité des situations des « marches de la République » — basque, corse, savoyarde, bretonne, alsacienne, flamande... —, puis celle des processus intégrationnistes opérant avec les Belges, les Allemands, les Italiens, les Espagnols, les Polonais, les Portugais... le processus a fonctionné. Certes, il y a eu des phases de blocages, de violences, de xénophobies, mais globalement l'assimilation au modèle de référence s'est réalisée.

Le modèle montre aujourd'hui ses limites — et encore faut-il nuancer en fonction de chaque expérience collective et/ou individuelle, ainsi qu'en fonction des époques ou des régions de France — avec les populations issues de l'ex-domaine colonial. C'est une autre histoire de l'immigration qui s'est en effet écrite. Différente de la précédente, avec ses propres codes, blocages, origines, destins. Il y a donc, à notre sens, deux immigrations spécifiques, différentes et aux historiographies particulières. Cette simple analyse historique semble pourtant faire problème : la formuler reviendrait à revenir sur

---

3 Claude LIAUZU, « Les enjeux de mémoire », *Libération*, 23 février 2005. Dans cet article, Claude Liauzu dénonçait surtout la proposition de loi (votée le 23 février 2005) visant à rendre hommage au « rôle positif de la présence française outre-mer, notamment en Afrique du Nord » (voir la contribution dans cet ouvrage d'Olivier Le Cour Grandmaison, p. 121).

4 Voir Philippe BERNARD, « Les "enfants de colonisés" revendiquent leur histoire », *Le Monde*, 22 février 2005.

5 Fadela AMARA, « Moi, fille d'immigré, pour l'égalité et la laïcité », *Libération*, mars 2005. Le point de vue de la dirigeante du mouvement « Ni putes, ni soumises » est mis en exergue, en rouge, au centre de l'article : « Le travail de mémoire doit se faire, mais cela ne doit pas participer à la construction identitaire. » Et d'en appeler à son père, « vieux militant du FLN », qui lui donne un conseil : « En quoi ça te regarde la colonisation ? » Elle conclut, suite aux conseils paternels : « Le programme de l'Algérie française, ce n'était pas l'extermination totale d'une population [...]. Nous n'allons sûrement pas gaspiller nos énergies à détruire des chaînes imaginaires. [...] Nous avons trop à faire... »

le dogme du creuset français [6], à valider un certain continuum entre colonisation et immigration, à considérer que la République a échoué dans ses principes fondateurs d'égalité de tous. Il nous semble nécessaire, pourtant, de revenir à l'origine historique de ce processus qui structure à travers le siècle deux « immigrations spécifiques ». L'une est aujourd'hui considérée comme « exemplaire » du « cas français » ; l'autre comme un « problème ». Pourquoi ?

Une construction de la différence... par le juridique

Dans les années 1920-1930, Albert Sarraut, pilier du parti colonial, avait lancé le slogan fédérateur de ces années d'entre-deux-guerres : « Le communisme, voilà l'ennemi. » Le credo avait tenu deux décennies, bloquant toutes réformes outre-mer, faisant de chaque « nationaliste indigène » un kominternien potentiel et voyant derrière chaque revendication aux colonies la « main de Moscou ». Il ne pouvait en être autrement : la France était « généreuse », elle savait se faire « aimer » et la République libérait les peuples placés sous sa tutelle, elle ne les opprimait pas... Ces années d'entre-deux-guerres sont aussi celles où va se jouer la « politique d'immigration à la française ». L'ouvrage pionnier de Patrick Weil, *La France et ses étrangers* [7], a parfaitement montré qu'au moment de l'apogée du système colonial se créent en métropole les mécanismes d'une « politique d'immigration française » : « Cette politique s'est progressivement constituée à partir de la fin des années 1930, d'abord, autour de choix décisifs, finalement arrêtés à la Libération. » Il montre qu'à partir de 1924, puis 1926, les premières mesures spécifiques aux travailleurs coloniaux se mettent en place pour un contrôle de ces flux migratoires. Puis, viendra le temps des quotas et des mesures restrictives jusqu'à la loi du 10 août 1932 et, deux ans plus tard, la série de décrets du gouvernement Flandin fin 1934. Trois ans plus tard, avec Philippe Serre, sous-secrétaire d'État chargé des services de l'immigration et des

---

6 Le 28 mars 2005, dans *Le Monde*, Jean Daniel montait ainsi au créneau : revisiter cette histoire, ce serait « creuser le fossé qui sépare les Français d'origines différentes » ; dire qu'il y a eu des histoires de l'immigration différentes en fonction du contexte historique de ces migrations, ce serait « ignorer à ce point-là l'histoire », refuser de voir la réalité en face, manipuler le passé.

7 Patrick Weil, *La France et ses étrangers*, Gallimard, coll. « Folio », Paris, 2004 (1991). De même que son étude « Racisme et discrimination dans la politique française de l'immigration : 1938-1945/1974-1995 », *Vingtième Siècle*, juillet-septembre 1995, p. 74-99 ; ainsi que, sous sa direction avec Stéphane Dufoix, *L'Esclavage, la colonisation et après...*, *op. cit.*

étrangers, avec à ses côtés le spécialiste des « flux migratoires » qu'est Georges Mauco, la politique gouvernementale se fixe précisément.

En effet, auteur d'une thèse et d'un ouvrage sur les étrangers en France au début des années 1930, l'influence de ce dernier est prépondérante. Elle ne va cesser de croître au cours de ces années. Sa thèse est claire : organiser les flux migratoires selon la nécessité des entreprises, gérer ce potentiel en fonction des besoins, sélectionner les profils d'immigré (notamment par rapport à leur aptitude et leur « ethnie »). Ses postulats sont explicites : « Parmi la diversité des races étrangères en France, il est des éléments dont l'assimilation n'est pas possible et, au surplus, très souvent physiquement et moralement indésirable. » En vertu du « poids d'habitudes séculaires qui contredisent l'orientation profonde de notre civilisation », il faut stigmatiser un certain nombre d'« indésirables » et limiter leur recrutement, même si le patronat réclame « ses bras » dont le coût de revient est sans équivalent.

Ces « indésirables », en premier lieu les « coloniaux » — les populations placées sous l'autorité de la France outre-mer —, les Levantins et les Asiatiques, vont dès lors occuper une place spécifique dans la politique d'immigration des gouvernements successifs. Cela n'empêche pas plus d'un demi-million de « travailleurs temporaires » de venir en métropole entre 1920 et 1937. Mais la politique est de limiter leur présence sur le territoire national à des « présences courtes » et d'éviter une installation définitive. Au lendemain de la Seconde Guerre mondiale, le général De Gaulle nommera Georges Mauco secrétaire général du Haut Comité de la population et de la famille, fonction qu'il va occuper jusqu'en... 1970. Certes, il n'impose que partiellement ses thèses, car le contexte des Trente Glorieuses — qui accentue le besoin de main-d'œuvre « rentable » — et celui de la fin de l'Empire exercent une pression économico-politique réelle. Mais il a initié une procédure spécifique, une pratique « ségrégationniste » et, surtout, il a fixé en métropole les règles qui régissaient le séparatisme colonial présent dans l'Empire. Cette politique active, participant à la mise en ordre d'une stratégie duale entre immigré souhaité et immigré indésirable, se double d'un édifice juridique qui « classe » en deux catégories distinctes les populations migrantes en métropole.

Un édifice dont les fondations sont anciennes. Dans plusieurs de ses travaux, Emmanuelle Saada a étudié les méandres complexes au cours de la période coloniale du statut des « indigènes », qu'elle a parfaitement analysé : « Les indigènes des colonies sont des nationaux, privés des droits du citoyen et soumis à un régime disciplinaire spécifique et extrêmement répressif[8]. » Elle

---

8 Emmanuelle SAADA, « Une nationalité par degré », *in* Patrick WEIL et Stéphane DUFOIX (dir.), *L'Esclavage, la colonisation et après...*, *op. cit.*

montre précisément que la *nationalité*, dans l'espace colonial puis dans le cadre national *via* les migrations issues des outre-mers, était « dénaturée » pour les « indigènes », car elle leur imposait les mêmes devoirs qu'aux citoyens sans leur octroyer les mêmes droits. En somme, entre le statut du citoyen plein et entier (avec une citoyenneté sans le droit politique pour les femmes) et celui de l'immigré européen avec ses règles, lois et codes, existait un troisième statut, celui du « sujet colonial ». Ce statut valable aux colonies accompagnera l'« immigré colonial » en France, sur l'autre rive.

L'invention de l'indigène

Dans cette longue histoire du « non-droit », l'une des étapes fondatrices est, en Algérie, la décision juridique du 24 février 1862 accordant le statut de « ressortissant français » aux Algériens, tout en précisant que celui-ci était distinct du statut des « Français de France » et en inventant une catégorie spécifique : les « sujets français ». Le sénatus-consulte de juillet 1865 affinera cette césure en légiférant sur le « statut personnel » — renforçant l'individualisation de celui-ci pour les musulmans — ; et le décret Crémieux de 1870 accordant la citoyenneté aux Juifs d'Algérie appliquera à l'inverse un principe général pour un type de population particulier.

Dès lors, le droit allait constamment renforcer ce particularisme « indigène », notamment avec le Code de l'indigénat mis en place dès 1874 et inscrit dans la loi à partir de 1881. Par la suite, la loi de 1889, portant sur la nationalité, aurait pu changer la donne, mais le décret de 1897 élimine *de facto* sa portée dans les colonies et précise même que rien n'est modifié à la « condition des indigènes dans les colonies françaises ». Y compris, et c'est là toute l'ambiguïté, en ce qui concerne la métropole, pour les enfants des « indigènes ». Définitivement, le statut de l'étranger non colonial ne peut plus être confondu avec celui de l'indigène [9]. Cela va très loin, précise Emmanuelle Saada, puisque le débat se poursuivra jusqu'en 1935, en Indochine, pour savoir si les « ressortissants chinois » devaient être des « étrangers » ou des « indigènes » [10]. En 1925, le Conseil supérieur des colonies, dans un rapport interne, va clarifier une nouvelle fois le débat :

---

9 La cour d'appel de l'Indochine, par un arrêté du 27 octobre 1910, tranchera cette question de façon claire, en statuant que l'indigène se trouve en situation « intermédiaire entre les citoyens français et les étrangers ».

10 On assiste même à des retours en arrière. En 1916, on débat pour savoir si le statut de citoyen à part entière des habitants des comptoirs des Indes et des quatre communes du Sénégal, décidé en 1848 à une époque « où l'assimilation régnait », ne devait pas être revu pour être mis en conformité avec le reste du domaine colonial.

« On se rend compte qu'un Français, né en France, de parents français, dont les ancêtres sont toujours demeurés sur le sol qu'ont cultivé leurs pères, n'est pas de même nature que le sujet qui est né et fixé dans un pays nouvellement annexé, bien que ce pays fasse partie intégrante du territoire national. Il en diffère par l'origine ethnique, l'hérédité, les coutumes, la mentalité, le caractère et le degré de civilisation. L'un est sujet de la collectivité dominante, conquérante, l'autre sujet d'une collectivité dominée, conquise. Le premier est membre du peuple tuteur, le second membre du peuple placé en tutelle [11]. » Et de conclure cet exposé par un cadrage précis : « On peut dire qu'aucune des races qui habitent nos colonies ne nous est apparentée et par suite assimilable en masse ; toutes appartiennent à des collectivités présentant des caractères ethniques irréductibles aux nôtres. »

Se fixe alors durablement, au cours de l'entre-deux-guerres, au moment où arrivent les vagues de migrants issues des colonies, une législation ségrégationniste qui impose comme modèle anthropologique la prédominance du milieu, de l'hérédité et de la « race » sur les potentialités éducatives, en totale opposition aux principes énoncés d'assimilation à l'égard des immigrés qui s'installent en France : « L'indigène a infiniment plus de mal à s'assimiler à notre culture que les Européens, nos voisins, que des siècles d'éducation gréco-latine et chrétienne ont beaucoup rapprochés de nous [12]. » Certes, il y aura quelques naturalisations aux colonies et en métropole, mais leur nombre est infime. C'est l'exception. Pour l'Algérie par exemple, malgré la participation des troupes « indigènes » à la Première Guerre mondiale, on dénombre moins de 2 500 accessions à la qualité de « citoyen » en soixante-douze ans (de 1865 à 1937)... Et l'échec du projet Blum-Viollette en 1937-1938 montre les limites d'un tel mouvement. Cette « monstruosité juridique », comme le souligne Dominique Schnapper, qui fabriquait du national sans citoyenneté, constitue les soubassements juridiques de la situation « marginalisée » des migrants « indigènes » en métropole.

À cette situation fondée par le droit, se superpose celle de la posture coloniale de ces années d'apogée, le regard stéréotypé sur l'« autre » et, surtout, les effets secondaires de la *culture coloniale*. Autant de paramètres fixant un particularisme au sein des flux migratoires qui arrivent à cette époque. Ces spécificités vont s'affirmer sous Vichy par des lois spécifiques à

---

11 *Rapport sur la condition légale des sujets français dans les colonies et les prérogatives qui résultent de la qualité de sujet*, par le directeur honoraire au ministère des Colonies, Georges Tesseron (cité par Emmanuelle Saada, « Une nationalité par degré », *loc. cit.*).

12 Conférence au Conseil supérieur des colonies du professeur Bernard Lavergne, juin 1928.

destination des indigènes. Au lendemain du conflit, le statut individuel va évoluer ; mais, dans le contexte des guerres coloniales, il va aussi renforcer la mise à l'écart des populations immigrées venues des colonies. Leur statut est complexe, puisque l'on pense que ces populations ne vont pas rester, qu'elles ne sont que de passage. Avec les indépendances, le « droit d'exception » n'a plus de raison d'être : les « indigènes » deviennent soit des étrangers à part entière, soit des citoyens.

Certes, la tutelle des nouveaux États indépendants peut être forte, des accords bilatéraux s'intercalant dans ces relations entre la nation et ses résidents, mais globalement on sort des pratiques coloniales « légales », pour entrer dans une nouvelle dimension de ségrégation très différente, moins « institutionnelle ». Elle concerne l'habitat, l'accessibilité à la citoyenneté, les expulsions, les permis de travail, le code de la nationalité, les sans-papiers... Des pratiques qui ne sont certes pas généralisées, mais qui prolongent le « particularisme » précédant les indépendances. D'une certaine manière, on peut observer que l'on n'a pas décolonisé les pratiques administratives ou sociales, que la crise économique des années 1970 a renforcé une situation de marginalisation et que le regroupement familial — qui intervient alors — n'a pas été suffisamment anticipé. Le tout s'intégrant progressivement dans un contexte politique de stigmatisation bien connu (montée du Front national dans les années 1980) et une problématique religieuse au cœur des enjeux de la laïcité.

Comme on le voit, une origine historique (la colonisation), un cadre juridique (un statut spécifique), une culture coloniale qui imprègne la société d'accueil et un contexte spécifique depuis deux générations de crispations identitaires, religieuses et urbaines ont fabriqué graduellement une double dimension de l'immigration en France.

Une histoire mythifiée...

En 1994, Emmanuel Todd, dans son *Destin des immigrés* [13], posait assez justement les termes de l'équation « à la française » que nous tentons aujourd'hui de dénouer : « L'universalisme français nie l'importance de la couleur de la peau et avait su imposer durant la première moitié du XXe siècle l'image, agréable à certains mais effrayante pour d'autres, d'une France indifférente aux questions raciales. [...] Dans l'Hexagone, les principes égalitaires de la Révolution triomphent facilement en l'absence de problème

13 Emmanuel TODD, *Le Destin des immigrés*, *op. cit.*

concret. » Mais le mouvement migratoire, précisait-il, venu des ex-colonies à partir des années 1970, a modifié la situation en métropole et cette « présence donne à la problématique de l'homme universel un caractère nouveau et concret ». La République va-t-elle transcender cette situation, la dépasser ou « la ségrégation au pays de l'homme universel serait[-t-elle] interprétée comme démontrant le caractère indépassable » des origines « raciales » ? Pourtant, il note en conclusion que les élites ont été incapables de définir une « doctrine claire de l'assimilation », précisant que « le mot intégration continue de régner, vide de sens puisque assimilationnistes et ségrégationnistes peuvent également s'en réclamer [14] ».

Une décennie plus tard, les antagonismes sont toujours plus vifs. Dans son livre consacré à la discrimination positive [15], l'industriel Yazid Sabeg, membre actif de la Fondation Montaigne et de divers réseaux situés à droite, a d'ailleurs surpris — dans son propre camp comme à gauche — en dressant un portrait lucide de la « mythologie » de l'intégration à la française des populations ex-coloniales. Ainsi, il s'interroge : « Sommes-nous cette République authentiquement universelle, ou sommes-nous cette République qui a trahi son projet ? » Dans ce pays, précise-t-il, les enfants de l'immigration « exigent une réponse, ils attendent de savoir si oui ou non le pays qui a accueilli leurs parents, leurs grands-parents, les considère comme les siens ».

Il est très clair dans ses postulats : « La République se met elle-même en porte à faux vis-à-vis de ses enfants [16] : elle demande aux citoyens de la respecter, d'en être fiers, quand elle-même refuse de regarder la réalité en face et cherche à masquer, par un rafistolage rapide, les paradoxes du mythe républicain. Il suffit pour s'en convaincre de relever la minutie avec laquelle le pays s'est enfoncé dans le révisionnisme institutionnel afin d'évacuer de sa mémoire les faits les plus dérangeants. » Et de conclure : « La France reste engoncée dans la matrice coloniale [17], et reproduit inlassablement les

---

14 Emmanuel Todd recommandait d'affirmer clairement une politique pour qu'enfin les « immigrés de toutes origines » puissent être « soulagés et heureux d'apprendre que la France veut faire de leurs enfants des Français à part entière ».

15 Yazid Sabeg et Yacine Sabeg, *Discrimination positive. Pourquoi la France ne peut y échapper*, *op. cit.*

16 Philippe Dewitte a précisé le contexte : « Il est temps que la République se donne les moyens — avec tous les garde-fous permettant de respecter les libertés publiques — de connaître qui est discriminé, mais aussi de comprendre pourquoi il l'est, afin de mieux combattre un fléau qui, sinon, aura raison de la cohésion de la nation » (Philippe Dewitte (dir.), *Immigration et intégration : l'état des savoirs*, La Découverte, Paris, 1999).

17 Certains acteurs se placent toujours dans l'idée d'une France « généreuse », « institutrice du monde » et fière de sa « mission civilisatrice du monde ». Ces propos sont ceux de trois cadres au ministère de la Coopération et acteurs dynamiques de la franco-

mêmes erreurs que par le passé. » Il faut casser les mécanismes anciens — « les musulmans ne sont pas des indigènes à éduquer » —, repenser l'enseignement — « que l'école revienne sur la colonisation » —, restructurer notre regard et nos pratiques — « faute d'avoir réalisé ce travail de mémoire sur l'imaginaire colonial et ses mécanismes, les institutions, les médias, le langage courant reprennent à leur compte certains systèmes mentaux hérités de l'Empire colonial... » — et arrêter de produire de nouveau des archétypes — « nous [les] reproduisons aujourd'hui encore, certes de façon moins explicite, mais plus pernicieuse et plus durable ». Et seulement alors, les mesures « techniques » de discrimination positive seront efficaces...

Le constat est clair, ce sont des « immigrés à part », des « citoyens de seconde zone », sur eux pèse une « certaine malédiction » qui induit une « relégation systématique, réelle et symbolique, aux marges de la société ». Cette situation, aujourd'hui visible, d'une destinée « particulière » de l'immigration des enfants de la colonisation, parallèlement au destin plus « classique » des immigrations intra-européennes, « plonge ses racines dans l'histoire [18] ». Rien de neuf dans ces lignes. Lorsque le sociologue Abdelmalek Sayad l'écrivait en 1991 dans *L'Immigration ou les paradoxes de l'altérité*, certains avaient du mal à l'entendre, à accepter son analyse qui faisait, déjà, exploser le mythe rassurant du « creuset *unique* français ». L'historien Gérard Noiriel a réévalué, récemment, ses prises de distance de l'époque avec Abdelmalek Sayad : « C'est à cette vision que je me suis opposé, et j'ai peut-être, ce faisant, tordu un peu trop le bâton dans l'autre sens [19]. » Quelques lignes plus loin, dans le même entretien avec Dominique Vidal, il précise : « Je ne nie bien sûr pas que les immigrations récentes puissent présenter des spécificités liées à la colonisation, mais il faut d'abord mettre en évidence le point commun entre toutes les immigrations pour comprendre le sens même de ces spécificités [20]. »

---

phonie, dans un ouvrage réédité récemment : Serge Arnaud, Michel Guillou et Albert Salon, *Les Défis de la francophonie*, Alpharès, Paris, 2005. Un item revient en permanence dans leur livre, comme spécifique à la « geste » de la France, sans aucun doute le credo républicain encore en mouvement dans l'idée de la francophonie : l'« aspect positif de l'assimilation ». Dans le prolongement de cette « œuvre », « la francophonie peut rendre un autre monde possible » et c'est dans cette globalité que s'insère, aussi, le débat actuel sur la place des « enfants de la colonisation » dans la nation.

18 Nicolas Bancel, Pascal Blanchard et Françoise Vergès, *La République coloniale. Essai sur une utopie*, *op. cit.*

19 *In* Dominique Vidal et Karim Bourtel, *Le Mal-être arabe*, *op. cit.*

20 Gérard Noiriel, dans son ouvrage *Gens d'ici, venus d'ailleurs* (Éditions du Chêne, Paris, 2004), se place dans cette perspective et souligne, par les mêmes précautions préalables, la difficulté d'appréhender l'immigration dans toutes ses dimensions. Il précise

Il y a donc bien une difficulté — ou une crainte — à reconnaître l'existence de « deux immigrations », distinctes. L'une d'origine coloniale, venue également des proches périphéries de l'Empire à des moments précis de notre histoire nationale, comme avec les 140 000 Chinois qui débarquent lors de la Grande Guerre avec un statut proche des « travailleurs coloniaux indochinois » ; comme l'arrivée des Arméniens à Marseille à partir de 1923, perçus comme des « envahisseurs orientaux » porteurs de tous les stigmates des Syro-Libanais alors sous mandat français ; comme celle des Turcs dans l'Est de la France, dont la perception s'inscrit dans l'imaginaire français concernant les « Arabes » ; comme celle des Antillais dans les années 1960-1970, dont on sait aujourd'hui qu'elle se fond dans nombre des stigmates qui accompagnent les projections iconiques et les archétypes sur les Africains... Et l'autre, d'origine *occidentale*, qui depuis deux siècles se structure par vagues (Allemands, Belges, Suisses, Russes, Italiens, Polonais, Espagnols, Portugais, pieds-noirs...), qui a connu des moments de violences et de rejets, mais qui s'est progressivement fondue dans l'« identité nationale », sans un retour permanent aux origines et à la situation des aînés.

À l'échelle du siècle, cette *fracture* entre deux immigrations distinctes est devenue une évidence pour nombre de chercheurs français et étrangers. Ne pas pouvoir penser les processus migratoires en ces termes, c'est rendre inopérants tous les travaux qui étudieront les liens entre système colonial et processus d'intégration, et donc la déconstruction des impensés. Les flux migratoires venus des colonies — qui commencent, rappelons-le, au début du XXe siècle — sont d'une autre nature que ceux venus d'Europe : leurs statuts individuels sont différents, des organismes de surveillance leur étaient destinés en exclusivité, les images sur les colonisés traversaient avec eux les mers... L'héritage que portent aujourd'hui les enfants français de l'immigration « coloniale » n'est donc pas le même que celui des enfants de l'immigration européenne. Les personnes issues de sociétés qui ont connu l'esclavage, la domination, la colonisation, un droit spécifique, ne viennent pas s'inscrire, comme immaculées, dans le statut d'*immigré.*

---

dans l'introduction : « Il n'est pas rare aujourd'hui d'opposer la "bonne" immigration, celle d'hier ou d'avant-hier, composée d'Européens catholiques qui auraient "réussi" leur intégration, et celle d'aujourd'hui, africaine et musulmane, qui "poserait problème" parce que les nouveaux immigrants ne pourraient pas, ou même ne voudraient pas, s'intégrer. Le présent livre se porte en faux contre un tel usage de l'histoire. » Et d'expliciter son propos : « Au-delà de tout ce qui les sépare, les immigrants qui se sont installés en France depuis le XIXe siècle ont traversé les mêmes épreuves, ont vécu les mêmes expériences décisives. »

16

Le « creuset français », ou la légende noire de l'intégration

AHMED BOUBEKER

C'est une vieille histoire que celle du creuset français [1]. Une histoire antérieure à la République et au jacobinisme, une histoire de Gaulois, Francs, Germains, Latins, Huns, Wisigoths, Normands et autres Sarrasins. Une vieille histoire de guerre de tous contre tous qui, avec le temps et l'apport de multiples vagues d'immigration, aurait consacré l'union de la grande famille française. Or, depuis le début des années 1980 et l'irruption médiatique de populations issues de l'ancien Empire colonial, la légende dorée de notre modèle national d'intégration semble brouillée. Après la chronique du « malaise des banlieues », quelques fichus *fichus* auraient suffi pour travestir la vocation universelle de la République « une et indivisible », la grandeur sans éclipse de notre « communauté des citoyens [2] ».

Le spectre du communautarisme a pris ses quartiers dans l'espace public, mais cette hantise n'est que le dernier avatar d'un dialogue de sourds entre la nation et les rejetons illégitimes de ses aventures d'outre-Méditerranée, hier « travailleurs coloniaux », aujourd'hui « étrangers » de l'intérieur. Toutes les recherches sociologiques dignes de ce nom montrent pourtant que les forteresses communautaires sont vides, laminées par un modèle français qui, à défaut d'intégrer les individus, a dispersé les groupes. Mais qu'importent les faits lorsque la nation décline sous les coups de

---

1 Gérard NOIRIEL, *Le Creuset français. Histoire de l'immigration* XIXe-XXe *siècle, op. cit.*

2 Dominique SCHNAPPER, *La Communauté des citoyens*, Gallimard, Paris, 1994.

boutoir de la mondialisation ! Une imagerie publique faite de « sauvageons », femmes voilées et autres vilains zélateurs benladéniens permet de pallier les affres d'une nostalgie de grandeur, comme si la bête noire communautariste n'était autre que le double fantasmagorique de l'immigration cher au croque-mitaine breton de la classe politique. Un double médiatique, un monstre public dont l'existence virtuelle masque le drame social des immigrés réels et de leurs enfants mis aux ban-*lieues* de la communauté des citoyens.

Cette assignation à demeure fantasmatique ne saurait pourtant nous faire oublier que l'immigration a une histoire : une histoire vécue, à travers la longue trame de l'expérience d'un sujet humilié, poursuivant néanmoins sa lutte pour la reconnaissance dans la face sombre de la légende dorée du creuset français.

Les héritiers de l'exception coloniale

Des générations d'hommes et de femmes ont passé la mer pour trouver refuge au pays du pain. Mais dans une France à la mission universelle, l'immigration est restée *terra incognita* : pour trouver sa place, chaque candidat à l'intégration n'était-il pas sommé d'ôter les oripeaux de ses anciennes appartenances ? Grandeur d'un modèle d'intégration par assimilation individuelle et culturelle au nom d'un idéal des Lumières. Grandeur puis déclin, lorsque la « terre inconnue » devient le triste déversoir de délires publics associés à un retour du refoulé du triste temps des colonies.

Si les immigrés européens ont fini par faire de « bons Français », d'autres légions métèques de la France industrielle traversent le XXe siècle sans disparaître pour autant dans le creuset français. Notre modèle universel d'intégration a toujours eu son exception coloniale [3], mais les héritiers des bras ramasseurs de poubelles, chair à canon, travailleurs de force rasant les murs de la société française ne se complaisent plus dans le rôle de victimes sacrificielles sur l'autel des principes républicains. Aussi, depuis le début des années 1980, la controverse publique se cristallise-t-elle sur des étrangers qui n'en sont plus, sur des citoyens français ! Les rebuts de l'intégration cloués au pilori de la rumeur médiatique sont en effet les enfants terribles de l'immigration maghrébine. L'étranger n'est plus celui qui vient d'ailleurs, mais celui qui se reproduit en permanence dans le corps social. D'une altérité, l'autre. De l'immigration aux banlieues et autres no man's

---

3 Ahmed Boubeker, *Familles de l'intégration*, Stock, Paris, 1999.

lands urbains. Comme une partition sociale ou ethnique de l'Hexagone, une rupture radicale entre citoyens reconnus et citoyens de seconde zone.

Évoquer ces nouvelles frontières intérieures, c'est penser insécurité, violence, dégradations, tous les stigmates d'une maladie chronique qu'il s'agirait de circonscrire, choix entre l'amputation et le traitement de choc pour éviter la contagion, la gangrène du corps social. La perspective de l'intégration se complique d'autant plus que les nouveaux « indigènes » de ces quartiers sont avant tout des « victimes anonymes en situation de clandestinité, clandestinité sociale, politique, économique, hommes sans nom, sans identité reconnue [4] ».

Au plus loin des fantasmes en vogue sur de prétendues menées communautaristes, les aspirations cultuelles des héritiers de l'immigration apparaissent alors comme le fait d'individus en quête d'identité. En cela, sont-ils tellement différents des autres Français ? Dans le contexte d'une société postmoderne, le foulard musulman comme d'autres signes d'appartenance manifestent d'abord une individualisation croissante et la volonté de tout un chacun d'être reconnu pour ce qu'il prétend être. Car il s'agit avant tout de se distinguer, d'affirmer sa singularité dans le monde désenchanté du conformisme de masse. Question d'identité à défaut de convictions partagées dans une « communauté de citoyens » devenue incertaine. Question de reconnaissance publique pour échapper à la réclusion anonyme dans la foule solitaire.

Déjà entrevu par Tocqueville comme un travers de la démocratie libérale, ce « drame de l'égalité des conditions » prend une dimension tragique en pays jacobin. À la différence de l'« égalité des chances » à l'américaine, le modèle français se fonde en effet sur un mouvement d'égalisation des conditions censé amener les individus à se reconnaître comme semblables au-delà de leurs appartenances d'origine. Avec la crise de l'État-providence [5], ce modèle fondé sur des politiques de redistribution sociale se heurte à ses limites. Pour les derniers convives de la démocratie française, on parle alors de « problème d'intégration », afin de mieux occulter la faillite historique des relais publics et institutionnels de l'égalité. Non seulement l'école, les syndicats ou les entreprises n'ont pas joué leur rôle intégrateur, mais ils sont même devenus des foyers de reproduction des inégalités et des discriminations. De fait, loin d'abolir les différences dans l'espace public, le modèle de l'égalisation des conditions n'est parvenu qu'à enfermer les héritiers de l'immigration dans une identité stigmatisée.

---

4 Abdelmalek Sayad, « Identités : nomination/catégorisation », *Document de l'INJEP hors-série 4*, ministère de la Jeunesse et des Sports, janvier 1997.

5 François Ewald, *L'État-providence*, Grasset, Paris, 1985.

Une faim d'égalité sans lendemain ?

C'est pour échapper à cette assignation identitaire qu'une nouvelle génération s'est levée au début des années 1980. Des « rodéos » des Minguettes dans la périphérie lyonnaise à la « marche des beurs », la jeunesse des « cités d'exil » affirme son droit de citer hors des réserves de l'immigration. Vingt ans après, une génération est passée. Une génération dont le sens précis de l'expérience nous est caché par la rapidité de son ascension puis de sa disparition dans la vie publique. Une génération qui en appelait à l'histoire pour rompre avec l'immigration au nom de la citoyenneté, mais qui s'est retrouvée confrontée aux limites historiques du modèle français d'intégration sur fond de discrimination.

L'impasse dans laquelle s'est perdu le mouvement beur témoigne en effet de toutes les difficultés d'une politique de reconnaissance [6] en pays jacobin. « Beurs », « jeunes » ou « sauvageons », ces descendants de la France coloniale n'ont en majorité jamais trouvé leur place dans la société française. Les sacrifier en silence sur l'autel d'un libéralisme euro-ventripotent, là ne serait pas le problème pour nombre de nos bonnes consciences républicaines. Le problème, c'est que le corps électoral se nourrit des miasmes de cette engeance métèque. Dans l'ordre du fantasme, l'équation lepéniste « immigration = insécurité » est malheureusement fondée. Fondée d'abord sur les strates d'oubli de l'Histoire de France soumise à l'épreuve d'un retour des cadavres planqués dans les placards du « bon vieux temps » des colonies : le mouvement de libération de la mémoire de la guerre d'Algérie ne s'accompagne-t-il pas d'un réveil des passions franco-françaises ? « Nous leur avons rendu l'Algérie, qu'ils nous rendent Barbès, la Cannebière »... et l'espace public ! Passions exacerbées, d'autant qu'à travers les portes ouvertes de l'actualité s'engouffrent les clichés d'une prétendue « guerre des civilisations » à l'échelle planétaire qui donne corps à toutes les pulsions eschatologiques d'une identité française tourmentée par la mondialisation.

Plus que jamais, donc, les héritiers de l'immigration ont le visage des petites peurs de la société française. Comment se libérer de l'immigration lorsque le délit de faciès vous condamne à une existence quasi fictive dans l'ombre d'un double médiatique ? De prime abord, la faim d'égalité des beurs semble aujourd'hui dépassée par une politique de l'identité. Gamines voilées et autres illuminés par l'« opium du peuple » occupent aujourd'hui la une des médias, comme un zoom arrière des focales publiques à rebours

6 Charles TAYLOR, *Multiculturalisme. Différence et démocratie*, Aubier, Paris, 1994.

de l'immigration, au temps de l'Algérie coloniale et des citoyens du « second collège », « Français de confession islamique ».

Les beurs revendiquaient un droit à l'ambivalence — être d'ici et d'ailleurs sans obligation de trancher entre différentes appartenances —, tandis que leurs petits frères et sœurs accepteraient de figer leur identité dans une seule image. Comment en sont-ils ainsi arrivés à cautionner les fantasmes publics sur leur compte ? Sans doute faut-il tenir compte de la force du ressentiment d'une génération désaffiliée, qui trouverait dans le mépris des « Franco-français » un ultime moyen d'affirmation. Mais on ne saurait faire porter le chapeau ou le voile du malaise identitaire aux seuls héritiers de l'immigration alors que l'impuissance publique à combattre efficacement les racines sociales des discriminations conduit à une dérive moralisante : les « pauvres » sont jugés responsables de leur propre malheur ; les Franco-métèques sont assignés au choix entre méconnaissance et reconnaissance négative, entre disparition dans un « creuset français » pavé de mauvaises intentions et mise en accusation sur la sellette d'un procès du culte musulman.

La seule forme de reconnaissance publique de l'héritage d'immigration passe en effet aujourd'hui par un islam diabolisé, otage de l'Histoire de France et de la géopolitique. Une religion sans clergé et à l'état d'organisation embryonnaire en France se voit sommée de porter le fardeau des combats du passé entre calotins et hussards noirs de la République. Qu'importe si même l'Église catholique a renoncé à ses prérogatives d'un autre temps, l'actualité de l'islam des éternels oubliés de l'histoire devrait payer son tribut à l'Histoire de France en s'intégrant à sa grille de lecture républicaine ! C'est dire la portée de l'injonction d'intégration...

Mais cette confusion des temporalités se justifierait par celle des espaces, car c'est l'islam mondialisé qui est soupçonné de tirer les ficelles des « marionnettes » de nos zones d'éducation prioritaires. Certes, la mondialisation a bon dos, d'autant que le lointain *jihâd* de fous enturbannés a pu trouver un écho chez quelques desperados de banlieue. Mais faire ainsi porter à l'islam de France le poids du monde et de l'histoire, n'est-ce pas le condamner à n'être à jamais qu'un fac-similé des petites peurs, des fantasmes ou des certitudes bien pensantes de la société française ? Même l'antisémitisme, cette bête immonde de l'Occident, est désormais soupçonné de nicher quelque part en banlieue. Comme si, après « nos ancêtres les Gaulois » de l'école de Jules Ferry, les héritiers de l'exception coloniale, dont les aïeux n'ont rien à voir de près ou de loin avec la Solution finale, se devaient d'assumer aussi cette histoire honteuse de l'Europe, en soulageant au passage l'« homme blanc » du fardeau de ce déni de mémoire. Comme si l'injonction d'intégration les soumettait au chauvinisme de l'universel jusque dans ses travers.

Derrière le masque du malaise identitaire des uns et des autres, c'est non seulement l'autisme profond de la société française qui transparaît, mais aussi de grossières logiques de domination. Car si les immigrés sont soupçonnés de communautarisme, les corporatismes prospèrent démocratiquement en se partageant les oripeaux de l'État-providence au nom de la défense de la bonne société. Mettre fin à cet héritage de mauvaise foi qui produit malentendus et discriminations, c'est tout l'enjeu d'une politique de reconnaissance fondée sur le principe d'équité. Pour lutter contre les formes de repli sur soi et les logiques sécuritaires qui minent de l'intérieur la société française et couvrent l'horizon d'attente des héritiers de l'immigration. Comme un voile.

Le grand malentendu

On reproche aux « immigrés » de ne pas jouer le jeu de la République en investissant l'espace public avec un cheval de Troie culturel. Mais les immigrés répondent qu'ils n'ont pas d'autre ambition que de se libérer de l'immigration : à défaut de disparaître dans le creuset français comme individus, leur seule possibilité de choix reste celle de la reconnaissance collective.

Car c'est précisément parce que les communautés immigrées n'existent pas vraiment que les héritiers de l'immigration sont hachés menu comme chair à pâté du libéralisme, soumis à toutes les expérimentations de l'horreur économique. C'est précisément parce qu'ils n'ont pas de rente de situation comme les groupes constitués, pas de bas de laine, pas de ressources accumulées génération après génération, pas de parents bien placés, pas de carnet d'adresses, pas d'espace d'expression, pas d'institution solide leur permettant de mobiliser les efforts et les énergies pour ne plus être des sans-voix dont la voix est toujours confisquée par un antiracisme chagrin ou des démagogues patentés. C'est aussi parce qu'ils sont socialement exposés et vulnérables, parce qu'ils sont bringuebalés d'ici de-là par les aléas de l'actualité, soumis à l'arbitraire administratif et aux désordres économiques. C'est pour toutes ces raisons liées à la précarité qu'ils ne peuvent pas réclamer individuellement un droit d'accès pour trouver leur place, qu'ils doivent d'abord en passer par une expression collective. À défaut d'organisations fortes et de réseaux d'influence, l'immigration squatte l'espace public à la porte de la démocratie. Et cette visibilité sociale, entre l'invisibilité originelle et la reconnaissance publique, suscite aussi la polémique de l'intégration.

À la différence des beurs, les derniers héritiers de l'immigration ne se font guère d'illusions sur le modèle d'intégration à la française. L'émiettement des institutions qui fixaient jadis les normes sociales laisse place à un monde polyvalent où les individus, Français ou immigrés, ont un rôle actif dans l'élaboration des nouvelles règles de la vie collective : c'est en participant aux transformations de la société française qu'ils assurent leur part d'intégration sociale. Pour cela, il s'agit bien sûr de mobiliser des ressources et, pour les héritiers de l'immigration, celles-ci sont d'abord identitaires et culturelles. L'enjeu essentiel devient alors de conjuguer au présent une mémoire plurielle de l'immigration et de poser des questions essentielles en dehors des jeux de simulacre avec le regard de la société française : que signifie concrètement être un héritier de l'immigration, un Arabe, un Berbère, un Black ou un « musulman de France » ?

Un travail sur la mémoire de l'immigration apparaît ainsi comme un préalable nécessaire, tant l'injonction d'assimilation s'est de fait traduite par son exclusion des lieux de mémoire de l'Hexagone. Derrière nos grands principes d'intégration figés dans le ciel des idées, transparaît le vivier social des « mondes de l'ethnicité [7] », où l'existence individuelle et collective des immigrés et de leurs héritiers se construit jour après jour, à travers des rencontres, des conflits ou des compromis pour concilier des appartenances multiples. Ainsi peut-on dérouler le fil d'une communauté d'expérience qui reste référée à une condition d'infra-humanité née du colonialisme. Considérés comme des sous-êtres, les « négros », « bicots » et autres « moukères » n'étaient-ils pas des hommes et des femmes invisibles dont les souffrances et les passions n'étaient pas dignes de compassion ? Et ce déni d'humanité ne produit-il pas encore aujourd'hui l'aveuglement public sur la postérité des damnés de la terre ?

La fiction républicaine n'enchante plus : le modèle culturel normé lié à une cohésion entre l'exception française et des valeurs politiques universelles ne fait plus la fortune de l'universel abstrait. Un déclin annoncé : celui de l'État-nation devenu étranger à lui-même, du fait de son échec à conserver vivante l'actualité de ses valeurs fondatrices, infidèle à sa propre parole, incapable de tenir sa promesse d'intégration à tout citoyen renonçant au particularisme dans l'espace public. Crise de la conscience universaliste républicaine, dont l'exigence d'uniformité est devenue mythique dans un monde pluriel où la fragmentation sociale et culturelle s'impose

---

7 Ahmed Boubeker, *Les Mondes de l'ethnicité*, Balland, Paris, 2003.

comme un destin. Une crise exprimée aussi par la crispation sur une nostalgie de grandeur, avec l'évocation grandiloquente ou incantatoire des valeurs laïques et républicaines dans le ciel des idées.

C'est pourtant la sacro-sainte communauté des citoyens qui apparaît aujourd'hui divisée. Les nouvelles frontières de la société postindustrielle sont intérieures : frontières entre les rentiers de l'État de droit et la triste cohorte des sans — sans-domicile fixe, sans-papiers, sans-droit ni titre d'existence —, ou entre quartiers chics et banlieues chocs. Qui croit encore en la société comme lieu de référence des conduites, comme unité du politique, du social et du culturel, ou comme système d'intégration et d'interdépendance ? Dans ce contexte de profondes mutations, si l'immigration participe vraiment de l'innovation sociale et culturelle, c'est même sa capacité à échapper au moule de l'intégration républicaine qui est en jeu.

Sortir du regard de l'autre, envisager des modes d'existence individuels et collectifs et œuvrer à la reconnaissance d'une communauté d'expériences dans une société plurielle, tel serait l'enjeu ! L'enjeu d'un autre récit de la modernité qui, au plus loin de la légende dorée du creuset français, pourrait éclairer sous un jour nouveau les significations qui fondent par le bas la cohésion non plus étatique, mais culturelle, de nos réalités sociales.

17

L'ennemi intérieur : la construction médiatique de la figure de l'« Arabe »

THOMAS DELTOMBE ET MATHIEU RIGOUSTE

L'analyse des journaux télévisés et de la presse écrite français est essentielle pour comprendre les représentations dominantes de l'« Arabe » et de sa présence en France aujourd'hui : le flou général qui préside à cette désignation y repose sur une série d'amalgames et d'ambivalences autour des catégories symboliques de l'« immigré » et de l'« étranger », du « musulman » et de l'« islamiste », du « jeune de banlieue » ou du « terroriste ». Pour comprendre la fonction et le fonctionnement de ce brouillard sémantique, il faut s'intéresser à la manière dont il s'est construit (et reformulé au contact d'autres discours), depuis les années 1980.

Nous avons examiné pour cela un ensemble considérable d'articles et de programmes télévisés traitant de ces thèmes, des années 1970 jusqu'en 2004 : en croisant et comparant les images et les catégories de langage mobilisées, on voit apparaître des variables et des constantes [1]. On peut alors retracer les étapes de l'affirmation progressive des oppositions manichéennes véhiculées par les discours médiatiques associés aux images de

1 Thomas Deltombe a travaillé sur la construction de l'« islam » dans les journaux télévisés de 1970 à 1995, et Mathieu Rigouste sur les représentations de l'« immigration maghrébine » dans la presse écrite de 1995 à 2004. Voir Thomas DELTOMBE, *Quelle représentation médiatique sans représentants ? Naissance et explosion de l'islam de France au journal télévisé de 20 heures, 1975-1995*, IEP Paris, 2003 (et aussi : *L'Islam imaginaire. Les musulmans de France à la télévision, 1975-2005*, La Découverte, Paris, 2005) ; Mathieu RIGOUSTE, *Les Cadres médiatiques, sociaux et mythologiques de l'imaginaire colonial. La représentation de l'« immigration maghrébine » dans la presse française de 1995 à 2002*, Paris-X-Nanterre, 2003.

l'« Arabe ». Ces fractures opposant vrais et faux Français, bons et mauvais immigrés, islam modéré ou radical, assimilable ou inassimilable, menaçant ou non, se sont incarnées dans la mise en scène médiatique de personnages stéréotypés, devenus récurrents depuis plus de vingt ans.

En démontant les rouages de cette mise en scène, de cette tension constante entre images et discours qui irrigue la production d'altérité, on peut tenter de penser l'impensé, de dire le non-dit, d'extraire l'enfoui. Et de montrer comment les images de l'Autre produites au sein de la société française se sont recomposées au contact d'un discours sécuritaire qui a progressivement investi la masse des discours sur la souveraineté et le politique.

L'essentialisation de l'Arabe musulman

« Serons-nous encore Français dans trente ans ? » s'interroge *Le Figaro-Magazine* en 1985. La couverture illustrant cette idée selon laquelle l'identité française pourrait être menacée montre le buste d'une Marianne habillée de ce qu'on appelle à l'époque un « tchador ». Le symbole du tchador, dans lequel sont amalgamés des stigmates religieux et culturels de l'islam, répond ainsi à celui de Marianne, qui joue sur l'ambivalence de l'identité française et des valeurs républicaines. Le message développé par cette image s'inscrit à la fois dans ce « métissage », présenté comme contre nature, et dans le risque de le voir se réaliser.

Dès le milieu des années 1980, on voit se formuler dans les représentations médiatiques ce caractère double de la question sécuritaire appliquée à l'altérité, qui vise à présenter une image ambiguë de l'« Arabe » pour cerner les contours d'une menace pour l'identité et le régime politique français. La figure hybride « Marianne-tchador » illustre ce potentiel qu'a l'image de résoudre par des schémas binaires des messages beaucoup plus complexes. Lorsque le discours sécuritaire s'articule sur des thématiques identitaires, on voit ainsi se développer des messages se résumant à deux idées spécifiques : l'idée qu'il existerait une « nature » de l'ennemi, menaçant les fondements mêmes de l'identité française, et celle qu'il faut soumettre la première dès aujourd'hui sous peine de perdre la seconde dans un avenir proche.

La reformulation de cette dissociation entre une identité menacée et une altérité menaçante se fait au moment où l'on comprend que les « immigrés », que l'on a vu apparaître dans les médias avec les années 1970, sont voués à rester en France et qu'ils sont ou seront inévitablement « Français », donc dès lors indissociables juridiquement. C'est à cette époque qu'explosent deux dossiers qui deviendront les obsessions médiatiques des années 1990-2000 : l'islam, après la première affaire du « voile islamique » à Creil à l'automne 1989, et la banlieue, avec les « émeutes urbaines » de Vaulx-en-Velin à l'automne 1990. Latente jusque-là, cette double thématique, qui mobilise des registres non racialisés de la logique identitaire, devient le prisme presque exclusif du traitement médiatique de la « présence arabe » en France.

« L'argument anti-islamique est de longue date un alibi commode qui habille de respectabilité la haine de l'Arabe et le refus de l'accueillir », reconnaît Jacques Julliard, éditorialiste au *Nouvel Observateur*, à la fin de l'affaire de Creil [2]. Son hebdomadaire était pourtant l'un des fers de lance de la croisade anti- « tchador », qui s'achève brutalement, après trois mois de polémique, quand le Front national obtient des scores électoraux sans précédent. L'affaire de Creil est l'une des manifestations les plus apparentes de ce double discours médiatique, capable de construire par un faisceau d'amalgames (culturels, religieux, économiques et sociaux...) sur l'« Arabe » des figures ethniques de la menace tout en critiquant parallèlement leur fondement raciste.

La même observation peut être faite à propos du traitement médiatique des banlieues : la territorialisation de l'immigration, la constitution d'un espace symbolique « musulman » et « délinquant », et l'utilisation du terme « ghetto » permettent la mise à distance, symbolique et inavouée, d'un segment ethnicisé de la population française. Cette recomposition de l'image de l'« Arabe » répond aux exigences simplificatrices des médias et au processus de mise en garde permanente sur lequel repose le discours sécuritaire.

Le ver est dans le fruit

La médiatisation de la première guerre du Golfe en 1990-1991, en mobilisant des figures de l'Arabe menaçant la France depuis l'extérieur, redéfinit cette question sur un plan international : la présence d'« Arabes » en France est-elle susceptible d'y porter la menace que représentent les Arabes de l'étranger ? Commandé conjointement par France Inter, *L'Express* et l'émission « La Marche du siècle », un sondage Sofres tente, en janvier 1991, de faire le point sur l'opinion des différentes populations « présentes sur le territoire français » à propos du conflit. Il montre comment s'articule cette homogénéisation des « Arabes » de l'intérieur et de

2 *Le Nouvel Observateur*, 23 novembre 1989.

l'extérieur avec le principe de défense : « La sécurité intérieure est liée à la sécurité internationale. »

Présentée au cours de l'émission de FR3 en surimpression sur des images ressemblant étrangement à la Casbah d'Alger, une série de chiffres s'affiche à l'écran qui distingue l'« opinion générale » des « musulmans en général », des « musulmans français », des « musulmans non français » et autres « musulmans maghrébins ». Incompréhensible malgré les savantes analyses d'Olivier Duhamel, cet imbroglio conceptuel qui n'a de scientifique que l'apparence sera résumé de façon fort claire par le présentateur de « La Marche du siècle », Jean-Marie Cavada : « La guerre a provoqué une fracture entre l'ensemble de l'opinion et les Arabo-musulmans (français ou non français) : 68 % des musulmans vivant en France sont hostiles à la guerre, 75 % de l'opinion générale de ce pays y est favorable. Deux positions presque diamétralement opposées [3]... »

Ainsi semblent coexister deux définitions de l'identité française : l'une, extensive, que les journalistes ne manquent pas de rappeler explicitement, qui inclut juridiquement l'ensemble des nationaux quelles que soient leur culture, leur religion et leur couleur de peau ; l'autre, restrictive, persistante dans l'implicite du discours médiatique et notamment dans sa grammaire visuelle, qui tend à exclure symboliquement ceux qui n'entrent pas dans la catégorie des « Français de souche » — qu'on imagine naturellement blancs, prioritairement chrétiens et instinctivement fidèles au pacte laïco-républicain [4]. L'opposition entre ces deux définitions de l'identité française fait surgir l'Arabe comme un ami susceptible de trahir ou comme un complice naturel des ennemis extérieurs.

Difficilement avouable car flirtant dangereusement avec les discours de la lutte des races, la résurgence de cette dichotomie entre les « vrais Français » et les autres s'est accompagnée de deux évolutions complémentaires depuis le début des années 1990 : l'émergence d'un discours médiatique mettant en scène son autocritique et la valorisation croissante de figures positives de l'« intégration ». La première évolution consiste à mettre en place des techniques et des espaces d'« autocritique » — médiateurs, rubriques « médias » dans les journaux ou émissions télévisées sur la télévision —, qui témoignent à la fois de la prise de conscience par les médias des « effets non désirés » de la médiatisation, en particulier sur les

---

3 *Le Syndrome Saddam. La France, ses musulmans et l'Irak*, « La Marche du siècle », FR3, 30 janvier 1991.

4 Près de quinze ans plus tard, la distinction opérée par le président de la République Jacques Chirac, lors de son allocution télévisée du 14 juillet 2004, entre les « Français » et les « Juifs ou musulmans ou autres » illustre bien cette binarité.

questions « identitaires », et de leur volonté de s'en dédouaner sans toucher à la structure du système médiatique français ni au cadre idéologique qui sous-tend son fonctionnement.

La seconde évolution, qui s'inscrit dans le cadre plus large de la première, tend à reformuler l'opposition entre les « Français de souche » et les « Français issus de l'immigration » dans une opposition, au sein de ces derniers, entre « immigrés intégrés » et « non intégrés », « intégrables » et « non intégrables ». Prenant par exemple les traits de l'« éducateur qui lutte contre la délinquance », de l'« imam éclairé qui prône un islam modéré » ou de la « militante associative qui combat la dérive antisémite des banlieues », ces modèles d'intégration aboutissent à la stigmatisation en creux de ceux qui, compris dans la catégorie médiatique des « Français issus de l'immigration », sont considérés comme des menaces pour la société française : « délinquants », « islamistes » et autres « terroristes ».

Figures de l'ennemi, figures de l'ami

L'épisode des attentats de 1995 cristallise cette double évolution. Le personnage de Khaled Kelkal, co-auteur présumé de l'attentat de la station RER de Saint-Michel, est décrit à la fois comme un « terroriste islamique né à Mostaganem en Algérie » et comme un « jeune délinquant originaire de Vaulx-en-Velin ». Les médias s'empressent de rappeler à leur public de ne pas céder aux « amalgames », pourtant généralisés par eux-mêmes. Pensé à la fois comme « jeune de banlieue », « issu de l'immigration », « musulman versé en islamiste », « délinquant versé en terroriste », Kelkal va catalyser un ensemble de messages et de techniques médiatiques visant à révéler les menaces qui se cacheraient dans cette figure hybride.

L'immense majorité des périodiques nationaux s'accordent ainsi sur ce discours lorsqu'il s'agit d'évoquer ce personnage. Deux jours après avoir été abattu devant les caméras de télévision à l'orée du bois de Malval, dans la périphérie de Lyon, Kelkal est présenté, dans un dessin du *Parisien* du 2 octobre 1995, adossé à un arbre, comme « l'arbre qui cache la forêt » : au second plan se cache, derrière chaque arbre, un personnage de son *espèce*, barbu et affublé d'une chéchia. Kelkal est mobilisé comme la preuve tangible que toutes les suspicions à l'égard des différents groupes qu'il est censé représenter étaient bien fondées. Mieux que le texte, l'image traduit des discours percevant dans le corps des « jeunes, maghrébins ou musulmans, de banlieue ou issus de l'immigration » un potentiel « naturel » de conversion à l'« islamisme » à l'« intégrisme », au « terrorisme ». L'image de la forêt symbolise à elle seule toute cette dimension du caché et du tabou, que les discours médiatiques entretiennent tout en affectant, pour fonder ainsi leur légitimité journalistique, de vouloir les briser.

Kelkal est érigé en preuve et en modèle. Sur France 2, le journal télévisé de 20 heures résumait son itinéraire comme un « parcours désormais classique [5] ». Il devient le support de différents discours visant à révéler la menace insinuée dans ces corps hybrides que sont les « Arabes de France », à proscrire toute nuance à ce modèle, et à en prescrire l'encadrement. Il est une synthèse des figures de l'« Arabe menaçant » et le symbole d'un enfermement général du discours médiatique dans la perspective sécuritaire.

Le manichéisme médiatique qui soutient l'ensemble de ces discours s'est alors reconfiguré, pour proposer, au contact de figures de l'ennemi absolu (à la fois jeune, arabe, se référant à l'islam et socialement défavorisé), des figures de l'ami, qui entretiennent la logique binaire. Les figures de l'« Arabe qui a réussi » ou de l'« immigré qui s'est intégré », à l'instar de l'humoriste Djamel Debbouze, du chanteur Faudel ou du footballeur Zinedine Zidane, vont composer une figure de l'ami rattachée à l'univers de la scène et du sport. Cette réduction des figures de l'ami à celles de l'« Arabe spectaculaire » construit, par contraste, l'idée que l'« Arabe » n'est intégré ou intégrable que dans cet univers de la scène et de la performance. Fonctionnant sur le mode de l'exception qui confirme la règle, cette figure désigne par contraste l'« Arabe non spectaculaire » comme en échec [6].

Censées démontrer que le modèle d'intégration français fonctionne, ces figures permettent de tenir un discours sur le reste, les « non-intégrés », qui sont renvoyés à leur responsabilité individuelle. Dédouanant *de facto* les structures économiques, politiques et sociales, ce raisonnement incite à considérer que la responsabilité en incombe à une certaine « nature » que les « Arabes » sont sommés d'abandonner pour pouvoir être « assimilables ». Après l'annonce du départ de Zidane de l'équipe de France, en 2004, *L'Express* affirme : « Il n'y a pas que sur les terrains que le meilleur joueur du monde a réalisé des miracles. Il est l'homme qui a fait aimer le football aux femmes et les Arabes aux racistes [7]. » Dans ce contexte où l'« Arabe qui a réussi » n'existe que dans la performance, la figure de Zidane compose l'image d'une exception — le « miracle » ! — renvoyant le reste des « Arabes » à l'échec. Elle les rend ainsi responsables de cet échec en insistant sur l'idée qu'il est possible pour un « Arabe », s'il en fait l'effort ou s'il en a l'excellence, de se faire aimer même des racistes.

---

5 Journal télévisé de 20 heures, 9 octobre 1995.

6 Voir la contribution de Philippe Liotard dans cet ouvrage, p. 227.

7 Henri Haget, « Nous l'avons tant aimé », *L'Express*, 16 août 2004.

Discours sécuritaire et retour de l'imaginaire colonial

Les figures de Kelkal ou de Zidane ne sont pas contradictoires, elles sont les deux faces de cette binarité qui caractérise les imaginaires de confrontation. Elles formalisent la réduction du discours médiatique au discours sécuritaire sur les deux points que l'on a évoqués : elles construisent une naturalité de l'« Arabe », à laquelle elles renvoient les caractères de son « inassimilabilité » — sauf exceptions louables —, caractères qu'elles désignent comme porteurs d'une menace advenue ou à venir.

Ce n'est d'ailleurs pas un hasard si cette binarité extrême s'impose au moment où la gauche de gouvernement achève sa reconversion sécuritaire sur l'immigration, les quartiers, l'islam et rejoint la droite et l'extrême droite dans une approche devenue hégémonique [8]. En évacuant le rôle des facteurs économiques, sociaux ou politiques, les figures de l'« Arabe qui a réussi » permettent de concevoir les discriminés comme les premiers responsables de la discrimination. On transforme ceux que l'on percevait comme des victimes non seulement en coupables, mais aussi en responsables. C'est le raisonnement qui est au centre de cette reconversion, découlant d'une logique punitive.

Les attentats du 11 septembre 2001 et l'élection présidentielle d'avril 2002 vont encore durcir cette cristallisation. Les attentats revendiqués par Ben Laden ont fait passer une étape supplémentaire dans la mondialisation de certaines figures de l'ennemi (musulman, islamiste, terroriste, Arabe...), que la première guerre du Golfe avait déjà permis d'associer aux images de l'« Arabe de France ». Le résultat du premier tour de la présidentielle a imposé l'idée qu'une fracture nationale ouverte divise désormais l'identité française en deux camps.

La nouvelle affaire du voile en 2003-2004, soutenue par une focalisation médiatique intense, a pu ainsi s'appuyer sur deux idées majeures : l'essor prétendument indiscutable des métastases d'un islamisme international dans les banlieues ; et la nécessité, si l'on veut éviter l'affrontement, de séparer désormais par une frontière légale les « métis » des « vrais républicains français » — comme au temps des colonies. Déjà présente depuis la première affaire de 1989, cette double conviction s'impose dans les représentations médiatiques. Elle présente la logique juridique (et éventuellement pénale) comme la seule solution, et débouche en février 2004 sur une loi visant à exclure des établissements d'enseignement public les figures

8 La consécration de cette reconversion est généralement symbolisée par le colloque du gouvernement socialiste intitulé « Des villes sûres pour des citoyens libres », à Villepinte, les 24 et 25 octobre 1997.

métaphoriques de la menace que sont devenues les jeunes filles porteuses du voile islamique.

Dans la continuité de la loi, est nommé un « préfet musulman », Aïssa Dermouche. Monnayée comme « discrimination positive » en regard d'une loi dont on n'a pas réussi à cacher le caractère, ostensible, de discrimination négative, cette nomination prend le visage médiatique d'une figure positive de l'« Arabe », opposée aux figures négatives des « voilées intégristes ». La binarité symbolique de Kelkal et Zidane est ainsi déplacée sur le terrain du droit, retrouvant (inconsciemment ?) l'un des dispositifs essentiels de la domination coloniale française en Algérie : la promotion des « bons musulmans » à des postes de responsabilité administrative, pour mieux « tenir » la « masse indigène », toujours menaçante. Ce mimétisme des pratiques d'État ne laisse pas de surprendre, quand on pense à la différence des situations — comme si les représentants de la République d'aujourd'hui, confrontés à la minorité des « Français issus de l'immigration », se vivaient à l'égal des colons français d'hier en Algérie, confrontés à la majorité des « musulmans » dominés.

Quoi qu'il en soit, incarnation de l'État et de son « modèle d'intégration », la figure du « préfet musulman » est bien la réponse implicite à la « menace islamique » : à l'image médiatique de la Marianne voilée, multipliée à l'envi depuis les années 1980 pour symboliser le risque de soumission de la République à un islam dissolvant, répond celle de « Dermouche modèle d'intégration », symbolisant un islam soumis à la République. La promotion du préfet semble conclure un cycle visant à associer à l'image de l'« Arabe » un message politique essentiellement sécuritaire et prospectif : mettre en place aujourd'hui, sur le corps de l'Autre, le remède à la menace que l'on se figure pour demain, sur son propre corps.

L'examen des représentations médiatiques de l'« Arabe » en France depuis les années 1980 met ainsi en évidence deux dynamiques à l'œuvre dans les discours dominants : la première, directement liée à la nouvelle conjoncture internationale, est la recomposition des images de l'ennemi dans un référentiel mondialisé, où l'islam radical est perçu comme la menace majeure ; et la seconde, renvoyant clairement à l'imaginaire colonial, réduit la question du rapport à l'Autre, dans la « France métropolitaine », à la gestion de cette « menace » avec les outils et les représentations hérités de l'ex-Empire. Ces deux dynamiques médiatiques mobilisent plusieurs techniques discursives — amalgames, dénégation, homogénéisation, utilisation de figures « positives », autocritique du discours... —, articulant discours sécuritaire et discours identitaire. Un procédé aujourd'hui parfaitement assis, dont les effets discriminants contribuent à l'élargissement d'une fracture matérielle et symbolique qui ressemble beaucoup à la « fracture coloniale ».

18

La réduction à son corps de l'indigène de la République

NACIRA GUÉNIF-SOUILAMAS

Les lendemains de la décolonisation auraient dû chanter. C'est du moins ce que le tiers-mondisme et les promesses d'un développement assuré pour tous, au Sud, et d'un syndicalisme réformiste dans un monde démocratique, au Nord, avaient laissé croire. Mais c'était sans compter avec la hâte mise à tout oublier, à défaut de pouvoir tout effacer, dès les indépendances proclamées. L'amnésie et le désenchantement se sont invités dans notre monde façonné par des dynamiques croisées, postnationale, postindustrielle et postcoloniale. Loin de s'arrêter aux portes de la France, ces dynamiques la traversent de part en part : elles s'inscrivent et se déploient au cœur des rapports qu'entretiennent les individus entre eux, mais aussi en chaque individu. Et c'est à ces derniers qu'échoit la responsabilité d'user du doute qui les habite pour venir à bout de l'amnésie.

C'est dans ce contexte que s'énonce en France la nécessité de revenir sur le passé colonial, afin d'en débusquer les survivances et de le dépasser. Au risque de choquer, des Français qui, en raison de leur ascendance immigrante et coloniale, ne sont toujours pas des Français comme les autres ont choisi pour ce faire le détour par les formes contemporaines de l'« indigénisation » — en se revendiquant « indigènes de la République » [1]. Face à cette démarche, l'indignation n'est pas de mise : tout comme il est illusoire de croire qu'on pourrait oublier sans s'être astreint à savoir et à se souvenir, il est inutile de vouloir dicter à ceux qui s'engagent dans ce travail les règles et

1 « Nous sommes les indigènes de la République ! Appel pour les Assises de l'anticolonialisme postcolonial », <http ://toutesegaux.free.fr>, 11 janvier 2005.

les fins qu'ils lui assigneront. À la fois intime et commune, une telle entreprise ne peut s'accommoder d'ordonnances qui seraient, encore une fois, établies par des médecins malgré eux. Dans ce projet inédit de « décolonisation des esprits », il ne s'agit plus d'obéir à des règles tacites partagées par toute une société, mais de penser à nouveaux frais — et en libérant un imaginaire trop souvent policé — les conditions d'une démocratie vraie, fondée sur des droits réels et non plus formels.

L'ordre patriarcal au service de l'ordre colonial, ou le « gouvernement des corps »

Une clé essentielle pour comprendre la dimension provocatrice de la démarche des « indigènes de la République » tient à un constat d'évidence que beaucoup d'observateurs se refusent pourtant à faire : la mesure des discriminations et des vexations qu'ils subissent se trouve *dans leur corps*, objet d'un investissement fantasmatique qui renoue avec l'aliénation et la soumission imposées à leurs grands-parents ou leurs arrière-grands-parents. La profondeur historique est ici doublée d'une épaisseur intergénérationnelle ; ensemble, elles permettent de comprendre comment des protagonistes — qui parfois ne savent rien d'une histoire coloniale et de son épilogue — peuvent en reproduire et en transmettre des traits censément disparus depuis longtemps. Il ne s'agit pas tant de prendre au pied de la lettre l'idée que les descendants des colonisés d'hier sont des « indigènes » aujourd'hui en France, que d'examiner sérieusement la nature d'un regard né et aiguisé durant l'ère coloniale et dont les réminiscences restent palpables.

Elles surgissent dans un monde social et politique qui ne s'est pas dépris d'une forme de *gouvernement des corps*, ayant atteint sa plénitude au temps des colonies et pas encore congédiée près d'un demi-siècle après le retour de la France dans ses frontières presque hexagonales. Ce regard perdure dans une gestion administrative banale et routinière des immigrants d'hier et d'aujourd'hui, dans le cantonnement et la ségrégation. Il n'y a pas aujourd'hui des Français d'ascendance coloniale et migratoire qui seraient fascinés par l'indigénat de leurs ancêtres au point de vouloir s'y enfermer et d'en calquer un supposé comportement victimaire. Mais il y a bien des Français pas comme les autres qui analysent le regard dépréciateur, le déni de droit et les discriminations qu'ils subissent comme la persistance d'une figure de l'indigène logée dans leur corps.

À l'instar du traitement déshumanisant et déstructurant qui fut au fondement de l'indigénisation coloniale, s'observe aujourd'hui la tentation de dépossession des Français postcoloniaux contre leur volonté et à leurs dépens. En Algérie, la première dépossession a emprunté la voie classique de l'accaparement des terres, déstructurant la condition paysanne par la prolétarisation et le déracinement, comme l'a décrit Abdelmalek Sayad [2] ; et elle s'est parfaitement accommodée du fait que le patriarcat, là comme ailleurs, maintenait la contrainte par corps fondée sur l'asymétrie entre les sexes. Aussi la civilisation coloniale n'aura eu d'effet bénéfique ni sur la condition matérielle des indigènes, que la modernisation a rendue plus exsangue, ni sur l'ordre patriarcal, que la rhétorique civilisatrice n'a pas défait.

Et pour cause : le laisser-faire face aux oppressions en cascade, subies par les hommes colonisés et imposées doublement à leurs femmes, ne devait rien au hasard. Il s'inscrivait dans un système visant à asseoir l'ordre colonial sur l'ordre patriarcal dans sa version locale, intact et épargné par les dénaturations et les ébranlements que l'ordre patriarcal métropolitain commençait alors à éprouver. Que les femmes indigènes aient à subir une double oppression ne fut jamais dénoncé ; à l'inverse, celle-ci assurait une endogamie des uns et des autres et garantissait contre les risques de franchissement de frontières sexuelles qui étaient aussi des frontières civilisationnelles. Car dans cet ordonnancement, il n'était pas question de prôner un quelconque contact entre dominés et dominants, il s'agissait même de tout faire pour l'éviter ou le limiter afin de renforcer l'ordre existant. Les contacts entre indigènes et Européens devaient obéir strictement à des logiques de servitude et de service répondant aux impératifs économiques et sociaux du colon. Servitudes domestiques et services sexuels.

C'est d'ailleurs pour contrôler les désordres inévitables dès lors que les contacts deviennent inéluctables que le droit français inventera dans l'entre-deux-guerres la catégorie de « race française » pour s'approprier les enfants de métissages importuns [3]. Le séparatisme racial n'aura jamais d'autre objectif que de préserver la pureté du colonisateur et son hégémonie, que pouvaient affaiblir des liens de sang avec l'indigène. Il n'aura cependant jamais tout à fait raison de la fascination pour la nature « sauvage » de l'indigène et la volonté de se l'approprier sexuellement.

Ce n'est qu'à la veille de la décolonisation qu'il sera question d'« affranchir » le colonisé de son fardeau — et plus précisément de promettre aux

---

2 Abdelmalek SAYAD, *La Double Absence. Des illusions de l'émigré aux souffrances de l'immigré*, Seuil, Paris, 1999.

3 Emmanuelle SAADA, *La « question des métis » dans les colonies françaises : socio-histoire d'une catégorie juridique (Indochine et autres territoires de l'Empire français, années 1890-années 1950), op. cit.*

femmes indigènes une liberté symbolisée par l'abandon de leur voile lors d'une cérémonie les exposant à Alger, signe ultime d'un pouvoir défait. Ce fut là le premier établissement d'une partition sexuée entre les indigènes, qui sera plus tard bien souvent reprise et sophistiquée pour séparer et mettre en concurrence leurs descendants émigrés ou nés dans l'ancienne métropole. Ainsi, même si elle pouvait révéler des effets d'oppression tangible entre colonisés, la variable sexe a été neutralisée pour le plus grand avantage de l'ordre colonial, laissant libre cours aux figures avenantes et éblouies, aux corps épanouis, érotisés et stéréotypés des indigènes des deux sexes qui chantent et incarnent la générosité de l'Empire et ses bienfaits universels au fil des pages de *L'Illustration*, en d'infinies variations sur le thème de la puissance civilisatrice.

Peu importait qu'il s'agisse d'hommes ou de femmes, l'érotisation et la prédation sexuelle qui accompagnèrent toute l'histoire coloniale exigeaient que l'on s'empare indifféremment des deux sexes. Les promoteurs de cette sexualité en terre conquise ne considéraient pas des individus ayant conscience d'appartenir à un sexe et d'en subir les asservissements ; ils s'appropriaient des corps en expropriant leur âme et leurs sens. Ceux-ci étaient ainsi hissés à hauteur du colon ou du Blanc qui les prisaient et recherchaient leur compagnie. Et cette abolition du corps désirable valait ainsi plus largement pour les autres indigènes qui n'avaient pas leur place sur le marché sexuel et ne requéraient aucune marque sexuée : ils demeuraient proches de leur nature autochtone, qui justifiait leur subordination et leur prochaine civilisation.

L'éternel indigène en sa réserve

La dépossession d'aujourd'hui achève ce qui n'a été qu'ébauché hier, elle s'est perfectionnée, elle pèse sur les corps de Français sous réserve, elle en use et en abuse au gré des errements identitaires d'une société parfois égarée dans les méandres de sa propre histoire. Toute l'entreprise actuelle de « civilisation des mœurs » — pour reprendre les termes de Norbert Elias — des immigrants postcoloniaux et de leurs descendants ne repose plus sur la mise au travail, telle qu'elle s'est opérée massivement durant la période industrielle, mais sur le travail des corps, de leur visibilité, de leurs aspérités, afin de les rendre lisses et en quelque sorte invisibles dans le corps social. Là où jadis le contact était proscrit et fortement contrôlé, il est maintenant prescrit, nécessaire, tout en étant, comme alors, redouté et donc surveillé.

Dans un parallélisme parfait, les mots qui s'appliquaient alors aux indigènes désignent les immigrants successifs et plus particulièrement les « presque Français » venus des anciennes colonies. Les civiliser consiste donc à les amener à se dissoudre dans la société à laquelle ils doivent appartenir ; la simple invocation du processus fonctionne comme un constant rappel à l'ordre de leur nature profondément incivilisée et incivilisable. Il leur faudrait donc lutter contre eux-mêmes pour pouvoir accéder à la qualité de citoyen, toujours promise et toujours différée par un sursaut de leur nature profonde. Comme hier l'indigène, l'immigrant — et son descendant —, surtout s'il est musulman, est aujourd'hui prisonnier de sa nature et condamné à des efforts dignes de Sisyphe pour s'en défaire. La chronique de cet échec annoncé repose sur la fonction idéale qu'occupe la figure de l'indigène, étranger absolu et pourtant domestiqué, porteur d'une altérité de l'intérieur qui ne peut être ni expulsée, ni dissoute. Ainsi, si les indigènes continuent d'avoir un visage et un corps dans la France postcoloniale, c'est parce que leur est faite une place analogue à celle des pauvres et des « sans » de toutes sortes, des réprouvés et des inadaptés, si nécessaire à l'ordre des choses.

Cette altérité de l'intérieur ne repose plus seulement sur la position dominée et vouée à le demeurer qu'occupaient les pères travailleurs immigrés et les mères assignées à l'entretien et la reproduction du foyer. Elle permet aux dominants de s'absoudre de toute responsabilité dans les discriminations subies pour obtenir un travail auxquelles se heurtent les jeunes Français d'ascendance coloniale, en faisant glisser le regard du côté de la conformité comportementale et plus spécifiquement sexuelle et sentimentale exigée d'eux, qu'ils tarderaient à manifester.

Tout comme les mœurs des indigènes étaient considérées comme sauvages, dédouanant l'ordre colonial de sa responsabilité dans le maintien d'un ordre patriarcal, celles des immigrants naguère et de leurs descendants aujourd'hui sont tenues en suspicion en ce qu'elles traduiraient des résurgences d'un ordre révolu et réprouvé. Hier comme aujourd'hui, l'ordre social français inégalitaire, accommodant à l'égard des discriminations, s'exempte de toute responsabilité politique et symbolique dans les rapports de domination, exclusivement attribués aux survivances d'une tradition présentée comme intangible, importée par des immigrants tenus pour réfractaires à toute modification de leur univers mental et culturel.

Et quand on reconnaît les raisons structurelles qui empêchent les hommes d'occuper et de garder un emploi, il est toujours possible de les stigmatiser pour leur incapacité à contrôler leur nature incivilisée : elle les porterait à une sexualité érigée en figure repoussoir depuis que l'actualité judiciaire a mis en exergue plusieurs affaires de viols en réunion. Leur déviance ne résiderait plus dans un penchant confirmé pour la délinquance comme destin social, mais dans leur inaptitude à intérioriser, dans leur corps, les règles de bienséance et de civilité qui régiraient depuis toujours le commerce entre hommes et femmes, expression de l'exception française. Et cette inaptitude qui les conduit à s'en prendre à leurs femmes — l'exception étant érigée en règle générale — serait l'illustration parfaite de l'inscription dans une lignée indigène, entendue comme barbare, qui ne s'est pas éteinte avec la décolonisation et l'émigration. La nature reprendrait ses droits à travers eux et la résistance de ces hommes perdus à toute sentimentalité ferait des femmes de leur origine leurs victimes naturelles. La surreprésentation des hommes « d'origine maghrébine » dans les statistiques pénitentiaires, et plus spécifiquement dans celles des crimes à caractère sexuel, en apporterait, s'il était besoin, la preuve irréfutable.

Des rôles sexuels imposés

Il est donc nécessaire que les descendants des « indigènes » aient un sexe. Il leur est imposé et défini par d'autres qu'eux ; il est devenu un trait totalisant de leur personne permettant de doubler le séparatisme sexué : un premier entre ces Français et Françaises d'un nouveau type et un second entre eux et les autres Français. Cette différence notable avec l'ère coloniale permet de suivre le renversement par lequel s'est opérée la sexuation de ces indigènes nouvelle manière, produits d'une France en pleine mue sociétale. Pris dans des transactions oscillant entre criminalisation et idéalisation, l'éternel indigène incarne la figure réinventée de l'esclave aliéné à son maître. Dans la partition sexuée de l'indigénisation contemporaine, l'homme est assigné à un réduit hétérosexuel où il loge l'expression d'une violence contre soi et contre l'autre ; et la femme est offerte sur le marché ouvert, concurrentiel et « racialement » mixte, de l'érotisation.

La partition sexuée est ainsi doublée d'une partition sexuelle, les Français de même ascendance coloniale n'étant pas censés se retrouver dans les mêmes segments du marché amoureux et matrimonial. Une stricte exogamie régule et oriente les choix des filles vers le modèle prescrit, objet de mesures statistiques régulières et minutieuses et d'incitations permanentes : le mariage mixte. Alors que la mixité matrimoniale est en pratique banalisée dans une société plurielle et de plus en plus multiculturelle et multiethnique, la publication régulière des chiffres censés en rendre compte dénote une obsession de la pureté du sang, de la « race » et de leurs mélanges devant s'opérer sous contrôle eugéniste.

Tout mariage qui déroge à la norme de la mixité est entaché du soupçon d'entretenir un archaïsme contraire aux mœurs françaises. Mais l'injonction au métissage dévoile son paradoxe lorsque l'union entre un fils d'immigrant postcolonial avec une « femme blanche » est souvent désapprouvée comme une menace et une transgression. Resurgit alors, derrière l'ambivalence d'une exhortation-réprobation, la norme coloniale de la ségrégation entre l'indigénat et les colons. D'un côté, l'homme perdu, le garçon arabe ou noir, est condamné à jouer le rôle de l'hétérosexuel violent auquel ont renoncé les hommes civilisés et éclairés, et à devoir prouver sa domestication pour être admis sur le marché amoureux dominant. De l'autre, la femme gagée, la « beurette » ou la fille africaine, doit faire la démonstration de son émancipation en affichant son mépris pour la virginité et en dénonçant, au propre comme au figuré, les hommes qui s'aviseraient de l'opprimer, la marier de force, la violer ou la faire exciser. La condamnation par le droit n'étant pas suffisante, il importe de désigner tous ceux qui ne rompent pas *publiquement* avec ces pratiques comme des barbares. Les chefs d'inculpation abondent aujourd'hui pour avoir raison d'actes qui indiquent une tradition résistant à toute réforme, sédimentée dans le corps d'hommes n'ayant de cesse d'en graver les marques dans le corps des femmes.

L'assignation des indigènes nouvelle manière à ces rôles sexuels ne suit pas seulement le sillon du déni de droits (au travail, au logement, etc.) pourtant formellement affirmés, elle abolit la liberté à disposer de soi, privilège des civilisés. Ne l'étant à l'évidence pas, les Français d'ascendance coloniale continuent de devoir rendre compte de leur conformité, et celle-ci s'évalue essentiellement selon une échelle de valeur sexuée et sexuelle. Si, dans bien d'autres domaines où l'égalité homme-femme tarde à s'appliquer, la catégorie du genre reste négligée, elle est convoquée systématiquement pour distinguer, hiérarchiser et mettre en concurrence les comportements des fils et filles de migrants. Or, ce sont moins ces comportements qui illustreraient leur penchant naturel à se différencier de la « moyenne nationale », que l'imposition de ces différences qui contribue à les construire et, justifiant des inégalités, peut conduire ceux et celles qui les subissent à se différencier effectivement.

Dès lors, quand bien même ces nouveaux Français ne manifestent aucun signe distinctif dans leurs choix amoureux, leurs attitudes à l'égard de l'autre sexe ou leurs pratiques sexuelles, ils sont tenus dans une suspicion balisée par deux interrogations extrêmes : pourquoi le culte de la virginité, pourquoi la propension au viol ? Ainsi, la version réactualisée de l'injonction à l'intégration rend comptables de l'inadéquation de leur sexualité aux critères dominants tous ceux qui, par leur identité sexuée, ethnique, culturelle et cultuelle, selon des combinatoires infinies, sont visiblement différents. Le degré de légitimité de ces Français à l'héritage lourd s'estime selon une échelle de plus ou moins grande correction, de plus ou moins grande bestialité. Il serait donc incorrect, car contradictoire dans les termes, voire obscène que des jeunes femmes qui prétendent s'émanciper revendiquent le désir, le plaisir et la virginité, et que le viol ne soit pas défini comme le propre des jeunes des banlieues alors que des accusés le banalisent en avouant ne pas comprendre ce qu'on leur reproche.

Dans la droite ligne des procédures qui permirent de conclure à la nécessité de civiliser les indigènes — tout en se gardant, au demeurant, de le faire —, la partition entre ceux qui ont une sexualité désirable et ceux qui trahissent une sexualité bestiale s'opère avec d'autant plus de bonne conscience qu'ils en sont tenus pour les uniques responsables. En quelque sorte, ils n'ont qu'à apprendre à bien se tenir. Les règles et les accessoires de l'hypercorrection sexuelle étant en accès libre, tombés littéralement dans le domaine public, les Français d'ascendance coloniale n'ont aucune excuse lorsqu'ils sont pris en flagrant délit de « régression ». Leur correction se jauge à l'aune d'une civilité sexuelle prônée aujourd'hui comme hier avec force, même si elle n'empêcha nullement alors des colons de violer des paysannes ou des servantes, au risque de leur prendre leur virginité et de les réduire à la prostitution comme unique issue à l'infamie et la honte [4].

Ce déni d'humanité qui autorisait alors toutes les possessions rend ici licite l'alternative entre l'entrée sur le marché de l'érotisation, censée être l'unique voie d'accès à un marché amoureux et matrimonial régi par la mixité, « raciale » et non pas sociale, et le renvoi à l'obscurantisme, aux abus de l'excision et du mariage forcé — risques opportunément signifiés par ce qui est vu dans le foulard islamique et ses zélatrices aliénées. Derrière cette pensée binaire et ce jugement moral qui effacent les univers complexes et multiples des individus contemporains, parmi lesquels évoluent tous les Français d'ascendance immigrante et coloniale, se profilent des mots d'ordre tranchants que l'on croyait remisés depuis la fin des Empires coloniaux : la civilisation ou la barbarie…

Cet appel à la correction sexuelle, dont dépendrait la sauvegarde de l'Occident civilisé, s'énonce de manière d'autant plus directe et explicite que ceux auxquels il s'adresse sont considérés comme moins légitimes et donc soumis à une obligation de résultat. Si une relative tolérance peut être de mise entre gens civilisés, elle n'est pas accordée à ceux qui portent dans leur corps les marques trop visibles de l'étrangeté. Il leur faut dès lors faire la

---

4 Voir Christelle TARAUD, *La Prostitution coloniale*, Payot, Paris, 2003.

démonstration qu'ils ont su se défaire des deux traits saillants d'une sexualité héritée en droite ligne de l'ordre patriarcal : la préservation de la virginité et le viol. Ces deux pratiques ne seraient plus présentes que parmi les descendants de la colonisation, une telle injonction inférant qu'ils s'en réclameraient ou les maintiendraient parce qu'elles seraient constitutives de leur personnalité. C'est pourtant faire peu de cas des viols légaux dénoncés par des femmes « blanches » et de classes moyennes, et faire silence sur le recours constant, et très équitablement partagé par les hommes de toutes les classes sociales, du viol comme rite de passage ou mise à l'épreuve de la virilité [5].

Les normes de l'indigénisation contemporaine

L'homme serait ainsi perdu par son sexe et l'obéissance qu'il lui voue, perdu parce qu'il ne sait pas, ou ne veut pas, le contrôler, le policer, et donc se façonner selon la norme contemporaine. Il est condamné à être toujours en retard d'un processus de civilisation : encore enferré dans la valorisation du virilisme qui fut si structurante pour les hommes de la modernité industrielle et de l'ère coloniale, il ne peut s'adonner aux jeux complexes et codifiés de la circulation identitaire entre le masculin et le féminin. Son application à surjouer le virilisme et à imposer une figuration aux femmes qui le côtoient, dénote qu'il n'a pas compris quel risque il y avait à occuper le pôle symbolique négatif dans une société en quête de nouvelles normes à partager. Lorsqu'il tente de réduire la distance qui l'en sépare, il tombe sous le coup d'une interdiction de séjour, de nouveau assigné au territoire qui lui revient, celui de la réserve indigène et de la sauvagerie qui la régit.

Quant à la femme gagée, elle l'est par ceux dont elle partage l'ascendance coloniale comme par ceux qui prétendent la sauver d'appartenances forcément imposées et de leurs signes visibles. Comme les mères furent gagées dans un système les condamnant à être les vecteurs du patriarcat qui les opprimait, les filles sont gagées par les protagonistes de la dramaturgie civilisatrice. Tenant le rôle du coupable, certains de leurs hommes entretiennent des rôles sexués réducteurs et oppressifs, se faisant les vecteurs dociles d'identités essentialisées. Dans le rôle du sauveur, une théorie d'entrepreneurs de morale, intellectuels et relais d'opinions soucieux de leur légitimité et de leur pouvoir, les exhorte à rompre avec un monde décrit comme irrémédiablement enlisé dans l'oppression. La femme est aussi

5 Voir Laurent Mucchielli, *Le Scandale des « tournantes »*, La Découverte, Paris, 2005.

gagée lorsqu'on lui enjoint d'en passer par sa nature féminine pour en être libérée, dans un étrange mouvement d'oscillation entre dénonciation du patriarcat et renvoi à celui-ci, lorsqu'il lui faut assumer la tâche exorbitante d'éduquer ses hommes pour qu'ils ne soient plus des oppresseurs-nés.

Mais loin d'être la survivance massive d'un archaïsme insoluble dans la République, cette scénographie trahit les effets puissants de normes distillant les formes contemporaines de l'indigénisation. L'homme perdu pour la civilisation et pour lui-même, tout comme la femme gagée par ses hommes et une société trop bien intentionnée, sont des figures bien françaises, des produits du terroir, des Français vernaculaires. Ils sont bien d'ici, bien de chez nous, après que leurs ancêtres eurent été de là-bas et priés d'y rester. Ils figurent l'intérieur et l'extérieur d'une même altérité tenue à distance et faisant pourtant déjà partie intégrante d'une France postcoloniale qui s'assume comme telle.

La figure *idéal-typique* du Français d'ascendance coloniale vaut pour tous les immigrants et candidats à la citoyenneté. Elle est au cœur de l'entreprise de constante évaluation et réévaluation de sa place, et de l'attribution de celle-ci par les nouveaux « seigneurs » d'une République en mal de démocratie. Comme le fut son ascendant, l'immigré algérien modélisé par Abdelmalek Sayad [6], ce Français d'un genre particulier est exemplaire en ce qu'il doit passer toutes les épreuves conditionnant l'accès à la pleine citoyenneté, épreuves qui seront moindres ou de moindre intensité pour les autres candidats selon qu'ils seront déliés de l'histoire coloniale, épargnés par le statut subalterne de l'« immigré », affranchis du stigmate de l'appartenance à l'islam et présentant tous les signes de l'émancipation féminine… et masculine.

Le parallélisme entre le traitement colonial des colonisés et le traitement discriminatoire des Français d'ascendance coloniale renvoie à la même matrice essentialiste et normative : elle consiste à ne reconnaître que le semblable et à rejeter la responsabilité des dommages et dénis subis sur ceux qui en sont les victimes, parce qu'ils sont marqués du stigmate d'une différence indélébile.

---

6 Abdelmalek SAYAD, *La Double Absence*, *op. cit.*

19

La banlieue comme théâtre colonial, ou la fracture coloniale dans les quartiers

Didier Lapeyronnie

« Moi y en avoir des sous. Vous vouloir des sous ? Toi donner des sous à moi ? Ou toi pas vouloir donner des sous à moi ? Excusez-moi, je rentre de La Réunion ! »

Marc-Philippe Daubresse, ministre de la République, ministre délégué au Logement et à la Ville, *lors d'un colloque à l'Assemblée nationale, 27 janvier 2005.*

Depuis une vingtaine d'années maintenant, la vie sociale dans les quartiers sensibles a été marquée par un fort repli, la recherche d'un « entre-soi » protecteur et la mise en place d'un « ordre social » spécifique marqué par une forte segmentation entre les groupes, l'absence de communication entre les sexes, l'ethnicisation des identités et le poids croissant de la religion. En France aujourd'hui, nous assistons à la formation de « ghettos », de quartiers occupés par des populations reléguées dont les relations avec la société ont tendance à se réduire et qui se replient au fur et à mesure que l'intégration leur est refusée.

Ces évolutions ne relèvent pas d'un simple échec du « modèle républicain » ou de la « décomposition d'un monde ouvrier » victime de l'évolution économique et de politiques libérales. Si les dimensions économiques sont à l'évidence essentielles et se mesurent dans les statistiques du chômage ou du niveau de vie, elles ne suffisent pas à rendre compte de l'ampleur d'un phénomène dans lequel les questions « culturelles »,

« ethniques » ou « raciales » sont centrales. Plus que comme des pauvres ou des exclus, les habitants des quartiers se vivent comme des « colonisés » au sens que Frantz Fanon, Albert Memmi ou Vidiadhar Surajprasad Naipaul ont donné à ce terme : définis par le regard et les catégories extérieurs et dominants, ils finissent par intérioriser ce regard et ces catégories et par se trouver « déréalisés » par la façon dont ils sont traités. Il en résulte un déficit profond d'image, déficit obsédant et présent dans toutes les conversations, une incapacité d'accéder au réel qui donne le sentiment de ne pouvoir vivre sa vie ou de la regarder s'enfuir sans pouvoir la saisir, une impression de trahison du langage et un rapport « truqué » à son propre corps. La fracture sociale est ainsi alimentée par une « fracture coloniale » qui lui donne son sens et l'institue comme un ordre normatif, comme si l'immigration s'était inscrite dans la continuité du rapport colonial au-delà des indépendances.

Certes, les « banlieues » ne sont pas un territoire conquis et occupé par l'armée, et les colons ne sont pas venus s'installer pour « exploiter » les ressources et la population en la maintenant dans une situation de subordination et de dépendance justifiée par le racisme. Mais il n'empêche. Le vécu de la discrimination et de la ségrégation, et peut-être plus encore le sentiment d'être défini par un déficit permanent de « civilisation » dans les discours du pouvoir, d'être soumis à des injonctions d'intégration au moment même où la société vous prive des moyens de la construire, évoquent directement la « colonie » et donc, pour nombre d'habitants issus de l'immigration, un « passé qui ne passe pas ». En France aujourd'hui, les individus des « quartiers sensibles » sont réduits au silence sur le plan politique, maintenus dans une très forte dépendance économique et dominés socialement et culturellement par un véritable « système » d'institutionnalisation du racisme et de rapports coloniaux [1].

Une image *imposée qui devient une* identité *revendiquée*

Comme des « colonisés », les habitants des « quartiers sensibles » ont d'abord le sentiment de ne pas avoir d'existence politique, de ne pas être considérés comme des citoyens ou d'être des citoyens de seconde zone. N'étant pas des acteurs ou des citoyens, ils sont soumis à des discours « moraux » permanents de la part d'institutions diverses qui les appellent

1 Voir Stokely CARMICHAEL et Charles V. HAMILTON, *Le Black Power*, Payot, Paris, 1968.

en même temps à « se prendre en charge » et à ne pas être « passifs », comme pour souligner leur « incapacité ».

En témoignent certains des propos recueillis lors de l'enquête que je mène depuis 2002 dans des quartiers sensibles à Paris et à Angoulême [2] : « Ils passent leur temps à nous faire la morale. Je me demande s'ils ne nous prennent pas pour des débiles » ; « On se croirait à l'école. Non mais, on n'est pas des enfants quand même ! » ; « Ils ont dit qu'on était des assistés ! Qu'on ne savait pas se prendre en charge ! Qu'on était comme des enfants ! » En l'absence d'intervention politique, la situation vécue n'est plus vue que sous l'angle de la norme, de la capacité ou de l'incapacité de ceux qui la vivent d'être conformes à la norme : les « réseaux de parentalité » mis en place par les travailleurs sociaux ont remplacé les « comités de quartier » et les associations revendicatives. Dans les services sociaux, omniprésents, les habitants sont désignés, et finissent par se désigner eux-mêmes, à l'aide de « catégories familiales » : les « pères », les « mamans », les « jeunes »... Catégories de la reproduction, elles signent leur « invalidité » sociale et politique.

L'idée même de « changer la société » s'efface. Prisonniers d'une situation sociale, du racisme et de la discrimination, enfermés par une image négative obsédante, les habitants n'ont d'autre issue que le départ individuel. Si beaucoup affirment être attachés à leur quartier, il n'empêche : ils affirment aussi, avec autant de force, vouloir le quitter, seule façon de participer à la société « normale », la société dominante. S'en aller est perçu comme une condition nécessaire à l'intégration sociale. Tant que l'individu reste dans le quartier, il estime être prisonnier de l'image, mis dans le même sac que « tous les cas sociaux qu'il y a ici ». « C'est bien simple, ici, il n'y a que des cas sociaux, des fous, des ratés. Comment voulez-vous qu'on s'en sorte ? »

Le lieu de résidence identifie la population à des « cas sociaux », mais aussi à des « Arabes » : « Je suis Arabe », dit un jeune habitant d'une cité parisienne. « Eh bien oui, je suis Arabe parce que j'habite avec les Arabes. » D'autres jeunes issus de l'immigration disent la même chose à un de leurs camarades « blancs » qui ne parvient pas à trouver du travail : « C'est parce que t'es comme nous. À force d'habiter avec nous, t'as fini par nous ressembler ! » En même temps, beaucoup pensent que tout espoir de quitter le quartier est illusoire. Se révolter ou même chercher à changer son « destin social » est une perte de temps. Dès lors, l'expérience vécue apparaît comme dépourvue de signification et bloquée. La conscience forte du destin social négatif est redoublée par la conscience de l'incapacité à le changer collectivement et même individuellement. Comme les colonisés décrits par Frantz

---

2 Enquête conduite (de 2002 à 2005) par entretiens auprès de jeunes et de leurs familles dans des cités d'habitat social du nord de Paris et de la ville d'Angoulême.

Fanon, les individus sont ainsi déchirés entre leur désir impossible de s'éloigner de l'« enfer » et le sentiment que le « paradis » est protégé par de « terribles molosses »[3].

La domination subie enferme dans des catégories générales et des images dont il est quasiment impossible pour l'individu de s'extraire. Ces mécanismes néocoloniaux ne sont peut-être jamais aussi présents que dans les relations entretenues par les représentants institutionnels avec les habitants des quartiers sensibles. Très souvent, quand un dialogue s'instaure, le « dominant » hésite : à qui parle-t-il ? À un individu particulier qu'il peut tutoyer, ou à un représentant d'un groupe social qu'il vouvoie ? Doit-il globaliser ou doit-il individualiser son interlocuteur ? « Mais à qui vous parlez ? Vous me vouvoyez et maintenant vous me tutoyez ? Vous parlez à qui ? À l'Arabe, à tous les autres, ou à moi ? » demande un jeune habitant d'un quartier parisien au responsable politique qui l'interpelle. Devant l'individu se tient son image ou le stéréotype construit par la société dominante et extérieure et qu'il porte sur lui.

Le thème de la « qualification » et de l'image est obsessionnel dans la population des habitants des quartiers populaires et notamment pour les anciens immigrés coloniaux. En tant que groupe social minoritaire, la qualification est imposée et très largement vécue comme une contrainte externe. Être « arabo-musulman » signifie être très largement défini par le vocabulaire dominant et connoté négativement. Il est très difficile de contester ou de changer cette définition. Le racisme vécu pèse ici de tout son poids. L'apparence commande la catégorie. Plus encore, cette identité est maintenant celle du « méchant » : « Les gens, on voit bien qu'ils ne nous aiment pas. Quand on marche dans la rue, on voit bien qu'ils se méfient. » Cette expérience quotidienne est validée sur le plan politique : « Il n'y a qu'à regarder les infos. Ils ont tout mélangé, les Arabes, les intégristes, les musulmans et tout, tout, tout ! Maintenant, les musulmans, c'est tous des intégristes... Le Français de base qui regarde les infos, pour lui, un Arabe, c'est un terroriste. » « On parle que des trucs qui fâchent quand on parle des Arabes, pour nous diaboliser, pour nous montrer du doigt. »

L'individu et le groupe sont ainsi assignés à une identité négative à laquelle ils ne peuvent échapper. Dans un groupe de jeunes adultes lancés dans une discussion sur cette expérience, l'un d'eux montre son bras et tire sur sa peau comme s'il voulait l'arracher. Il s'adresse au sociologue présent : « Vous comprenez, Monsieur, ça je ne pourrai jamais l'enlever ! » « Je ne peux pas l'enlever », insiste-t-il devant le silence provoqué par son geste.

3 Frantz Fanon, *Les Damnés de la terre*, Maspero, Paris, 1961.

Mais « être arabo-musulman » est aussi être interdit de l'être. La revendication de l'identité ou de la communauté n'est pas légitime. L'affichage de l'appartenance dans l'espace public suscite réprobation. L'interdiction du voile islamique dans les écoles a été très largement vécue comme le signe du rejet des « musulmans » et plus largement des « Arabes », comme une manifestation de la volonté évidente de l'État et de la société français d'empêcher toute manifestation identitaire des musulmans. L'individu se trouve assigné à une identité négative, identité construite et définie par le regard extérieur, mais identité qu'il ne peut affirmer ou revendiquer positivement. « On nous qualifie d'Arabes et on nous reproche de nous qualifier nous-mêmes en tant que tels. » Son identité est construite contre lui par la société à laquelle il appartient, elle lui est à la fois imposée et interdite. Se revendiquer « arabo-musulman » est en quelque sorte revendiquer sa propre condamnation, sa propre humiliation.

Cette difficulté apparaît fortement dans les commentaires suscités par les attentats du 11 septembre 2001. La raison en est probablement l'ambivalence des sentiments ressentis par de nombreux « jeunes arabo-musulmans ». D'un côté, l'attentat est source d'une sorte de « fierté » non avouée et souvent un peu honteuse : il est considéré comme la revanche des « musulmans », de manière générale contre les Américains, mais aussi, de façon plus indirecte peut-être, contre la société française, contre une société qui exclut et humilie. « C'est quand même des Arabes qui ont fait ça ! » En même temps, le 11 septembre est aussi vécu négativement. Il a renforcé le stigmate : « Depuis le 11 septembre, on nous regarde encore plus. » On reproche alors aux terroristes d'agir contre les « Arabes » et d'en faire des victimes indirectes de leur folie. Devant l'événement, les jeunes rencontrés sont pris dans une double attitude : hostiles aux attentats et à l'islamisme radical quand ils parlent avec ceux « qui sont de leur côté », ils se montrent parfois « favorables » à ces mêmes attentats ou, du moins, compréhensifs face à une société dont la condamnation du terrorisme les atteint directement.

L'ampleur de l'événement et sa résonance internationale ont exacerbé une tension largement vécue quotidiennement dans l'espace politique français. Face à leurs interlocuteurs, ils doivent toujours lever le soupçon qui pèse sur eux. Ils doivent se prononcer de façon récurrente sur l'image négative d'eux-mêmes, image construite par d'autres et dans laquelle ils ne se reconnaissent pas, mais à laquelle ils se heurtent à tous les instants et qu'on leur demande de condamner en permanence. « Dites-nous que vous n'êtes pas ce que l'on pense que vous êtes, ce que l'on sait mais que l'on ne peut croire complètement ! » Pour échapper à l'injonction, les jeunes « issus de l'immigration » finissent souvent par revendiquer cette image face à leur interlocuteur tout en continuant à se sentir étrangers à une telle définition d'eux-mêmes. Ils en font un défi. Ils deviennent l'« Arabe » qu'ils ne sont pas, jouant un personnage de théâtre, pour continuer à être l'Arabe qu'ils sont. Comme quand il s'agit du voile islamique ou de Saddam Hussein, ils sont pour parce qu'ils sont contre et contre parce qu'ils sont pour.

Tout est alors interprété comme une manière de refouler les « Arabo-musulmans », une manière de les humilier en les enfermant dans la contradiction : « Quel battage médiatique autour du 11 septembre ! C'était de l'endoctrinement. Pourquoi on ne l'a pas fait pour l'Irak ? On fait de l'audience sur notre dos et c'est tout. On parle du voile pendant des mois. Au Rwanda, les massacres ont fait un million de morts, on n'en parle pas plus que du 11 septembre. » La minute de silence demandée à la mémoire des victimes américaines apparaît à certains comme une façon d'entériner cette condamnation « large » et à sens unique : « On n'a jamais demandé de faire une minute de silence pour les morts en Algérie ou pour les 500 000 gamins qui sont morts en dix ans en Irak ! » Plus encore, après les attentats de Madrid, d'autres se refusent catégoriquement à observer une minute de silence : « J'ai pas voulu faire cette minute de silence. On m'a menacé de me virer du lycée. Alors je l'ai faite finalement. Mais je ne voulais pas la faire. Ceux qui ont fait les attentats, c'est quand même des Marocains comme moi. »

Des mots pour le dire...

Très souvent, les individus qui tiennent de tels propos refusent de les reconnaître. Face à un interlocuteur extérieur, ils cherchent en général à minimiser la portée de leurs paroles quand ils n'affirment pas qu'ils racontent « n'importe quoi » ou qu'il s'agit d'une sorte de jeu. Ils ne sont pas ce qu'ils disent, ne disent pas ce qu'ils pensent ou ne pensent pas ce qu'ils disent. « C'est vrai que j'ai raconté ça. Mais c'était des conneries. Ce n'est pas vrai, je l'ai faite cette minute de silence... Je ne sais pas pourquoi j'ai raconté ça », expliquait le jeune garçon « marocain » qui avait pourtant déclaré le contraire une semaine auparavant. Écrits, les mots deviennent encore plus insupportables. Ils ne peuvent être que le résultat d'une manipulation. « On s'est fait avoir ! » répètent des jeunes d'Angoulême lisant l'entretien qu'ils ont accordé à un journaliste, sans nier pour autant avoir prononcé les mots qui figurent dans le journal [4].

---

4 Voir le reportage de Philippe BERNARD, *Le Monde*, 6 juillet 2004.

L'image qui apparaît dans le « miroir » du journal et qu'ils ont eux-mêmes donnée n'est pas plus acceptable que l'image négative construite par les amalgames, le racisme et la discrimination. Elle l'est peut-être d'autant moins qu'elle est fidèle, qu'ils l'ont construite et qu'elle impose une responsabilité. Mais le sentiment de « s'être fait avoir » témoigne d'une réalité plus profonde. Les mots prononcés ne sont pas seulement minimisés, ils sont aussi niés comme expression d'une pensée de l'individu. Ils sont revendiqués comme une provocation, un jeu, le fruit du hasard. Au fond, ils n'ont pas de signification pour celui qui est extérieur au groupe : il ne peut pas comprendre le sens ou l'absence de sens qu'ils ont pour celui qui les prononce.

Les mots sont largement vécus comme un obstacle matériel et non comme un vecteur de communication. Ils participent d'un « théâtre décomposé » dont l'unité et l'intégration sont données de l'extérieur, par le spectateur ou l'auditeur, et que l'acteur non seulement se refuse à assumer mais qu'il s'ingénie aussi à déjouer ou à démentir. Les mots restent en quelque sorte un matériau extérieur à l'individu, comme l'avait bien observé Frantz Fanon à propos du colonisé [5]. Ils ont une épaisseur, et notamment une épaisseur sociale, qui les rend étrangers à l'individu, mais surtout hostiles puisque le sens leur est donné par une société qui exclut et « racialise ».

On « se fait avoir » par les mots parce que leur signification est inscrite dans cette épaisseur et qu'elle appartient à la société. Dès qu'ils sont utilisés, ils portent la trace de cet extérieur hostile. En matière politique notamment, les mots comme « égalité », « République », « citoyen » ou encore « intégration » sont la propriété du dominant. Revendication pour les uns, ils sont une injonction pour les autres. Leur usage relève d'une intégration négative, comme si leur sens était nécessairement dirigé contre soi. « Des mots, des mots, rien que des mots. C'est du bla-bla. Ils font ça toute la journée, bla-bla, bla-bla. Quand j'étais dans les couilles de mon père, j'entendais déjà ces mots ! » Parler est alors toujours parler plus ou moins contre soi.

C'est pourquoi les journalistes cristallisent l'hostilité, non pas parce qu'ils construisent une image négative, mais parce qu'ils enregistrent les mots. En les publiant, ils les retournent contre ceux qui les ont prononcés. Les mots et le langage ne sont pas un lien avec la réalité, une manière de décrire l'expérience. Ils sont au contraire un obstacle, ils marquent la présence de la société en soi. Ils finissent par couper de sa propre réalité, par s'interposer entre soi et soi comme l'image. Dans les interactions avec les

5 Frantz Fanon, *Peau noire, masques blancs*, Seuil, Paris, 1952.

institutions ou avec les représentants de la société, plus l'individu parle et plus il s'éloigne de lui, plus il devient un étranger à lui-même. Il parle avec des mots qu'il refuse et qui le désintègrent [6]. Au fond, il ne se comprend plus.

Les mots flottent comme une réalité extérieure qui s'interpose entre les individus plus qu'elle ne les relie, et qui déchire chacun. Mais en devenant un matériau objectif, détaché de soi, ils peuvent faire l'objet de toutes les manipulations. La « tchatche », le « charriage » et les « vannes » en sont les manifestations les plus évidentes et constituent des compétences reconnues et appréciées qui apportent du prestige dans les groupes et contribuent à les solidifier. Les mots n'existent alors que par leur détournement, par leur décomposition. Savoir les manipuler est savoir leur donner un sens qui ne passe plus par la société, voire leur conférer un usage contre la société en les retournant littéralement.

Si le langage et les mots sont extérieurs et hostiles, l'individu pense-t-il ce qu'il dit ou même croit-il ce qu'il dit ? Au fond, la question n'a guère de sens. Il pense ce qu'il dit et il ne le pense pas en même temps, il y croit et il n'y croit pas. L'important d'ailleurs n'est pas de croire les paroles, c'est de les prononcer. L'individu n'est jamais présent à ses paroles. Il ne se sent donc pas responsable ou, surtout, engagé par ce qu'il dit.

Les habitants des quartiers populaires, et particulièrement les jeunes « issus de l'immigration », inventent sans cesse des langages parce qu'ils sont privés de langage, parce que la domination qu'ils subissent et l'absence d'intervention politique les privent de langage. Leur difficulté majeure est d'accéder à la réalité [7]. Les mots ne le leur permettent pas, comme l'image qu'ils supportent leur en interdit l'accès. Ils vivent « à côté » de la société réelle. Ils sont moins « dominés » par elle qu'ignorés et marginalisés, construits comme des problèmes. Ils doivent se contenter de l'apparence. Ils vivent une dépendance faite de substituts et de promesses non tenues (faux emplois aidés, faux loisirs organisés, faux appartements collectifs, faux revenus d'une fausse économie...), qui le plus souvent les mettent en rage, tant ils estiment qu'ils les tiennent éloignés de la « vraie » réalité sociale. Il leur faut tricher pour accéder à cette réalité ou espérer y accéder : tricher sur le CV, tricher au téléphone pour décrocher un emploi ou obtenir une location d'appartement, tricher sur leur identité pour aborder les filles...

---

6 Albert Memmi, *Portrait du colonisé*, Gallimard, Paris, 1957.

7 Patrick Boulte, *Individus en friche*, Desclée de Brouwer, Paris, 1995.

Une « déréalisation » en phase terminale...

Cette « déréalisation » domine les relations entre les travailleurs sociaux et les jeunes garçons : le jeune fait semblant de vouloir s'en sortir et affiche sa bonne volonté face à un travailleur social qui fait semblant de pouvoir lui offrir un boulot ou une intégration. Chacun fait semblant de croire l'autre dans une relation qui reste asymétrique. La banlieue ressemble ainsi à la colonie : les rapports humains y sont faux. Les individus y vivent clivés entre leurs émotions et leurs expressions, comme s'ils ne parvenaient jamais à être présents à eux-mêmes, à ce qu'ils font ou à ce qu'ils disent, « truqués » par le rapport colonial qui s'interpose entre soi et soi. La combinaison de la brutalité de la domination et de l'ampleur de l'assistance et de la dépendance déréalise l'existence et l'enferme dans un univers intermédiaire, sans avenir et sur lequel l'individu n'a pas de prise. Il n'en sort le plus souvent que par les « paradis artificiels » et le rêve, celui de vivre dans une autre société, ou encore par les fantasmes, notamment des fantasmes de domination sexuelle[8].

La domination vécue évide la vie de l'intérieur, n'en laisse plus subsister que l'apparence. Tout se concentre sur la forme, la peau, comme si l'individu était statufié et privé d'intériorité. Il n'est jamais que ce que le regard du dominant fait de lui. On le voit, mais plus on le voit et moins on le voit, plus il est visible et plus il est invisible, plus il occupe le champ de vision des « autres », moins il a de réalité personnelle. Il est une forme creuse. Et rien dans cette forme ne lui appartient : ni son apparence — elle lui est attribuée, mais il n'a pas le droit de la revendiquer —, ni son langage — ce sont les autres qui donnent le sens des mots. Ces jeunes et une bonne partie des habitants construisent alors une sorte de contre-monde, de société parallèle mais sans consistance, dépendante et marginale, dans laquelle ils vivent sans y vivre, qu'ils veulent habiter sans le vouloir et désirent quitter sans le pouvoir, le ghetto, un lieu vide. Fausse société, ou plutôt substitut de société composé d'individus « faussés », elle s'apparente à un théâtre, avec ses rites, son vocabulaire et sa scène, théâtre dans lequel ils se donnent en spectacle plus qu'ils n'existent et dans lequel ils ont le sentiment de « perdre leur vie » hors de toute réalité.

Edward Saïd a souligné combien le passé n'avait de sens que par le présent. S'il peut être mobilisé, c'est à partir de l'expérience d'un présent qui en perpétue les caractéristiques et l'héritage, peut-être sous d'autres formes[9].

---

8 Frantz Fanon, *Peau noire, masques blancs*, *op. cit.* ; et Albert Memmi, *L'Homme dominé*, Payot, Paris, 1968.

9 Edward Saïd, *Culture et Impérialisme*, *op. cit.*

Bien au-delà des discours, la dimension coloniale inscrite dans la République est aujourd'hui au cœur de l'expérience des habitants des quartiers issus de l'immigration. Et c'est à partir de cette expérience que l'urgence de la réincorporation des mémoires et de l'histoire se fait sentir : elle est la seule façon de lui donner sens et de permettre à ceux que l'universalisme républicain a niés, et continue de nier, d'accéder à la reconnaissance et de pouvoir enfin construire leur intégration.

20

Le retour permanent de l'Afrique « au cœur des ténèbres »

Olivier Barlet

De toutes parts, les médias mais aussi des événements culturels pavés de bonnes intentions colportent une image passéiste et globalisante de l'Afrique, privilégiant les expressions essentialistes au détriment des questionnements contemporains. Ingénuité, irréflexion, naïveté, le « genre africain » n'était défini que pour qu'on lui dise comment se comporter. D'exotisation en carte-postalisation, mais aussi dans l'appréhension des drames qui secouent l'Afrique aussi bien que dans la perception des soubresauts des immigrés en France, c'est bien un refus de savoir auquel nous devons nous confronter, et donc un savoir à restaurer.

Il faut sans hermétisme dépasser la superficialité, explorer la complexité pour souligner l'arrogance des préjugés. Par ailleurs, il est nécessaire de dépasser l'enfermement dans une différence folklorisée pour affirmer l'universalité et la pertinence des cultures africaines. Enfin, il faut sans cesse prendre les représentations imaginaires issues du passé colonial comme sujet pour tenter de les déconstruire. Et pour cela inscrire le présent dans le legs de l'Histoire.

Un espace de contre-regard...

Ce retour vers le futur doit guider nos pas et c'est lui qui a fait naître la revue *Africultures*. Ensuite, l'actualité n'a jamais cessé de nous dicter nos sujets. Non que nous soyons des passionnés de la commémoration, mais parce que les médias, dans le droit fil de l'imaginaire de la nation, s'obstinent à ramener, comme dans les récits de découverte du XIXe siècle, l'Afrique *au cœur des ténèbres*.

Le premier numéro de la revue *Africultures* fut publié en octobre 1997. Ce n'était pas nos premières armes en tant que groupe, puisque nous avions travaillé ensemble pendant cinq ans à *La Lettre des musiques et des arts africains*, mensuel un peu *fanzine* et très bénévole dirigé par Fayçal Chehat, qui essayait de remplir un vide en termes de documentation sur les expressions culturelles africaines. En effet, en dehors de la *Revue noire*, qui tentait de faire entrer les plasticiens africains dans le circuit fermé de l'art contemporain et qui disparut lorsque s'évanouit la perfusion ministérielle qui assurait sa survie, aucune revue n'arrivait à se pérenniser, comme si un discours construit sur les expressions culturelles d'origine africaine n'intéresserait à jamais qu'un petit monde d'initiés.

En octobre 1997 donc, lorsque nous décidons de poursuivre l'aventure de *La Lettre*, en en conservant l'indépendance financière mais de façon plus professionnelle et en élargissant le comité de rédaction pour regrouper des spécialistes émergeant de chaque discipline artistique, l'enjeu nous semblait être de poursuivre l'œuvre de connaissance amorcée précédemment, mais aussi d'y adjoindre une fonction de reconnaissance. Face aux préjugés amoncelés dans notre société et aux ratés de l'intégration, il nous fallait parler non seulement *des*, mais aussi *sur* les représentations de l'Afrique, c'est-à-dire intégrer une analyse critique qui ne soit pas jugement ecclésial ou policier, mais un approfondissement dénué de l'habituelle complaisance du discours de coopération.

Le premier dossier de la revue fut donc une sorte de manifeste intitulé « La critique en questions ». Il s'agissait d'une première clarification : en quoi le regard sur l'Autre ne peut-il être séparé du regard sur soi ? Et cela était valable pour toute l'équipe, qui comportait — et comporte encore huit ans plus tard — toute la palette de peaux du noir au blanc. Il ne pouvait bien sûr s'agir de se figer dans une identité momifiée à défendre contre les méchants. Le peigne surmonté d'un œil, choisi comme logo pour *Africultures*, privilégie certes l'ancrage dans les racines mais met aussi en avant l'importance du regard : ce symbole adrinka ghanéen signifie l'attention féminine, la tendresse et la patience. Nous savions qu'il nous faudrait du temps, du travail et de fécondes remises en cause pour préciser une ligne éditoriale qui nous rende aptes à saisir dans toute sa mobilité et sa diversité quelle place se définissent aujourd'hui les créateurs d'origine africaine et quel est leur apport au monde.

Désarmer la mauvaise conscience et la persistance du discours racial

1998 commémorait l'abolition de l'esclavage. À la lumière des premiers échos reçus, *Africultures* a dénoncé les pièges de ce cent cinquantième anniversaire [1] : nous appelions à ne pas confondre l'esclavage, phénomène universel ayant existé dans toutes les civilisations de la haute Antiquité et se poursuivant jusque dans l'esclavage moderne, et la traite négrière, phénomène spécifique qui ne toucha que les Noirs d'Afrique et les déplaça sur un continent où la couleur de leur peau marquera leur origine servile. Elle durera quatre siècles et fut organisée par les *Codes noirs* qui, en perpétuant juridiquement la soumission des affranchis, élargirent l'infranchissable démarcation entre maître et esclave à la frontière entre Noirs et Blancs. C'est ainsi le racisme qui légitime la traite, alors que l'esclavage est souvent davantage le produit du rapport de forces du vainqueur sur le vaincu. L'actualité de la commémoration ne pouvait donc se résoudre — ce qu'elle fit pourtant le plus souvent — à la célébration du combat moral mené par les abolitionnistes, mouvement marginal qui ne triompha que parce qu'il préparait la colonisation en arguant qu'il valait mieux faire travailler les « nègres » chez eux.

Il était nécessaire d'élaborer une réflexion sur la persistance des représentations qui fondent les supériorités et, partant, les inégalités et les exclusions. Faire resurgir le refoulé risquait de favoriser le paternalisme et la mauvaise conscience : ne voir dans la traite qu'un crime revient à nier sa froide logique économique. Et oublier son rôle majeur dans la déstructuration de l'Afrique et la perpétuation des rapports inégalitaires, c'est s'interdire de comprendre ses séquelles contemporaines (y compris celles que dénonceront en 2005, dans un appel provocateur, les « indigènes de la République »).

Deux ans plus tard, en 2000, une dizaine d'écrivains font le voyage du Rwanda : pour la première fois, des artistes se penchent sur un génocide que les médias français ont abordé, comme le reste, avec les poncifs, clichés et préjugés qui entourent l'Afrique. En parfaite continuité avec l'anthropologie raciale de la fin du XIXe siècle et jusqu'à ce que la nature ethnocide de l'événement ne puisse plus échapper à personne, ils s'obstinent à n'y voir qu'un atavique conflit ethnique, représentation des sempiternels

---

1 « L'esclavage aboli ? », *Africultures*, n° 6, L'Harmattan, Paris, mars 1998 (et <www.africultures.com>) ; voir aussi notre article paru dans *Libération* le 23 avril 1998.

déterminismes qui affectent le continent [2]. Là encore, c'est l'« Afrique éternelle » qui revient, stéréotype directement issu de l'imaginaire colonial et indissociable d'une essentialisation raciale ou ethniste. Face à la moralité obligée du *devoir* de mémoire, nous en appelons à un *travail* de mémoire restaurant l'Histoire. Il nous faut dénoncer la dramatisation, la victimisation, la radicalité, tout ce qui privilégie l'émotion au détriment de l'Histoire et conduit finalement au contraire du résultat recherché : c'est en magnifiant l'indicible et l'impossible et en faisant de la tragédie un accident de l'Histoire qu'on prépare l'oubli, faisant le lit du négationnisme.

Bien sûr, on ne pourra jamais parler du génocide avec la froideur scientifique qu'exigerait l'historien : le privilège des artistes est leur engagement pour explorer l'humain et lui définir un avenir. Mais dans leurs tentatives de servir la *mémoire*, les écrivains et cinéastes qui abordent le génocide en évoquent, même dans la fiction, les causes. Mettre en exergue la singularité de ce génocide revient à étudier comment les Hutus et les Tutsis, qui partagent pourtant le même ancêtre mythique et la même langue, et sont cousinés à l'extrême, ont pu s'opposer au point que les premiers planifient sciemment l'extermination des seconds. La politique de l'administration coloniale, dans son souci de diviser pour mieux régner, est à la source des oppositions actuelles.

Mais le plus grave est que le discours colonial est encore si vivant qu'il peut sans peine être adopté par les protagonistes. Qui oserait encore aujourd'hui parler de la « race juive » ? On parle pourtant facilement de « races » pour les Africains. Ou bien d'ethnies, comme le souligne l'historien Elikia M'Bokolo, « ce concept spécifique produit par la tradition intellectuelle occidentale pour interpréter la réalité africaine, pour établir clairement une hiérarchie entre les "nations" du reste du monde et les "ethnies" du continent africain ». On différencie une ethnie d'une autre par des oppositions de langue, de culture, de religion, de territoire. Rien de cela n'est applicable entre les Hutus et les Tutsis, ces appellations n'étant qu'un élément d'une identité sociale plus complexe résumée dans le *bwoko*, mot kinyarwanda décrivant tout autant l'origine régionale, la profession que l'appartenance clanique, autant de catégories qui peuvent évoluer selon le devenir des individus. Lorsque les colonisateurs allemands puis belges administrèrent le Rwanda à partir de 1899, les oppositions en vigueur sont d'ailleurs principalement entre régions, entre gens du Nord Bakiga et gens

---

2 Nicolas Bancel, « Les médias français face au Rwanda, de l'intervention française de 1990 au génocide », *Africultures*, n° 30, dossier *Rwanda 2000 : mémoires d'avenir*, L'Harmattan, Paris, septembre 2000.

du Sud Banyanduga, où se retrouvent dans les deux cas des Hutus autant que des Tutsis.

L'élimination programmée d'une race ou d'une ethnie n'a pu se réaliser qu'en plaquant sur les sociétés rwandaise et burundaise un schéma d'interprétation raciste. Qui l'a fait ? Les colonisateurs. En 1863, dans son *Journal de la découverte des sources du Nil*, l'explorateur britannique John Hanning Speke présente les Tutsis comme les membres d'une race conquérante sémito-hamite venant d'Éthiopie, n'avançant aucune preuve de ce qu'il présente comme une théorie : les voilà appartenant à une autre descendance de Noé, qui elle n'est pas maudite — à la différence des descendants de Canaan, qui, selon la Bible, furent condamnés à être esclaves par Noé lorsque Cham le vit nu dans sa tente (Genèse, 9 : 21-26). On y ajoute la bien discutable anthropométrie selon laquelle les Tutsis venus du Nord (sans qu'aucune trace ou mémoire orale de ces prétendues migrations n'ait jamais pu être prouvée) seraient fins et élancés, par opposition aux Hutus « indigènes », petits, trapus et grossiers. Seuls quelques missionnaires noteront leurs doutes dans leurs carnets, voyant bien que certains Tutsis sont petits et trapus et que certains Hutus sont grands et maigres... Mais il était si commode d'appliquer ce que l'historien Jean-Pierre Chrétien nomme la « dualité nationale », autrefois en vogue entre Gaulois et Francs : les nobles français se voyaient volontiers descendre des Francs venu de la germanique Franconie, s'appropriant ainsi l'esprit de conquête et une différence commode pour exclure le peuple et les bourgeois du pouvoir (ce qui se retournera contre eux à la Révolution). Mais avec le mythe hamitique, cette « guerre des races » a gardé toute sa vitalité au Rwanda.

Dans les années 1930, l'administration coloniale belge, soucieuse de contrôler l'acquittement des impôts, institue un livret personnel où l'on porte la mention *hutu*, *tutsi* ou *twa*. Avec la décolonisation, les élites hutu et tutsi, qui ont intégré le discours colonial, s'affronteront avec un discours ethniste radical pensé comme opposition de races. *Nta wiyanga nk'uwanga undi*, dit un proverbe rwandais (« Nul ne hait plus lui-même que celui qui hait les autres) : revenir à cette sagesse demande à tout homme d'explorer une fraternité non du sang mais du partage, où les identités de chacun ne sont plus le centre des identités humaines...

Un travail collectif de déconstruction des préjugés

De la commémoration de l'abolition de l'esclavage à l'appréhension du génocide rwandais, ce sont toujours les mêmes pièges qu'il est important de déjouer, ceux qui enferment, comme Henry Morton Stanley et John

Hanning Speke, l'Afrique « au cœur des ténèbres [3] » en un permanent retour à une vision essentialiste combinant sempiternellement les mêmes ingrédients. Au bout de presque huit années de travail et soixante-trois numéros (en juin 2005), l'équipe d'*Africultures* a l'impression de tisser le même discours en égrenant les thèmes. Ce n'est pourtant pas la répétition du même. Les arguments s'affinent dans l'approfondissement, la pensée se structure, l'impact médiatique s'élargit. Les 7 000 internautes qui passent chaque jour plus de dix minutes en moyenne à lire les quelque 3 500 articles d'*Africultures* réagissent dans les multiples interfaces du site : c'est une réflexion collective qui surgit, dépassant largement le petit groupe de départ. Des écrivains s'en mêlent spontanément, s'associant aux milliers d'internautes qui y vont de leur plume. Une parole, le plus souvent souterraine, trouve une visibilité et un écho.

Ce faisant, c'est, en dehors de l'Éducation nationale et des grands médias, un espace de résistance qui se développe : les uns et les autres participent par leurs contributions et leur permanent dialogue à l'écriture d'une autre « histoire nationale », opérant le lien entre une histoire coloniale le plus souvent occultée et le vécu chaotique des immigrés postcoloniaux. La revue *Africultures* et son site Web sont ainsi un des encore rares espaces de libre parole où se retravaille la fracture coloniale : c'est par une lente déconstruction des représentations imaginaires qu'il sera possible, en France, de vivre sereinement une interculturalité.

Traquer le poncif, le cliché, le préjugé derrière les notions communes est vite devenu le centre de notre réflexion. Car chaque concept appliqué à l'Afrique, du griot au métissage, de l'amour à la représentation du corps, du rire aux rapports hommes-femmes, recèle sa part de projection stéréotypée qu'il convient d'analyser pour la faire évoluer. Chaque dossier s'y emploie en réunissant des écritures multiples et en explorant les différentes disciplines artistiques. Car c'est bien le travail des artistes africains qu'*Africultures* documente et commente : dans leur quête identitaire qu'ils font évoluer vers l'affirmation d'un être en devenir, qui ne s'ancre plus dans la revendication d'un territoire mais dans la valorisation d'une hybridité, les artistes d'origine africaine se saisissent du regard de l'Autre pour s'en abstraire, mais aussi et par la force des choses comme constitutif de ce qu'ils sont.

La période coloniale n'est plus une parenthèse de l'histoire africaine, mais un élément parmi d'autres d'une identité complexe, que la notion de nomadisme cerne mieux que celle, si ambiguë, de métissage. Il s'agit pour

---

3 Titre du livre célèbre de Joseph Conrad, publié en 1902, où il reprend les élans romantiques de Stanley et Speke (Joseph CONRAD, *Au cœur des ténèbres*, Gallimard, coll. « Folio », Paris, 1994).

ces créateurs de sortir de la hiérarchie des cultures et de faire rupture avec la marginalité dans laquelle on les enferme et par laquelle, intégrant le discours ambiant, ils finissent par se définir eux-mêmes. Le Sénégalais Momar Désiré Kane montre ainsi dans son récent ouvrage à quel point la marginalité structure le discours littéraire et cinématographique africain [4]. Rien d'étonnant à ce qu'on attende d'un Africain qu'il ne sorte pas de sa forêt et qu'on lui pose sans cesse la question de son « africanité » [5].

Une génération postcoloniale de créateurs s'affirme ainsi, qui s'inscrit davantage dans le dialogue mondial des expressions contemporaines que dans l'assignation à produire des œuvres destinées à un public africain — pour l'écrivain togolais Kossi Efoui, par exemple, « l'œuvre d'un écrivain africain ne saurait être enfermée dans l'image folkloriste qu'on se fait de son origine ». L'Afrique d'aujourd'hui est traversée par l'Autre parce qu'elle y est forcée par l'Histoire (traite, colonisation, néocolonialisme), mais aussi parce qu'elle le veut bien : l'Autre y est en général le bienvenu, même après ce qu'il y a commis. La culture africaine est volontiers syncrétique, sa force étant d'opérer sans cesse un habile tri de ce qu'elle veut prendre ou ne pas prendre dans ce qui vient la traverser. Ce n'est pas un métissage, c'est une appropriation de ce qui vient l'enrichir culturellement.

Mais lorsque le Mauritanien Abderrahmane Sissako, installé à Paris, se met lui-même en scène au début de son film *La Vie sur terre* (1998) dans la surabondance d'un supermarché parisien pour acheter une énorme peluche, quel clin d'œil ironique aussi à l'inanité de certains emprunts culturels ! Son film vibre de cette relation complexe et violente entre le Nord et le Sud : alors que, convoquant le poète Aimé Césaire, il vilipende la façon dont les Occidentaux font de l'Afrique un spectacle (misérabilisme, image anecdotique, sensationnalisme, superficialité, séduction, etc.), les tribulations des habitants du village malien de Sokolo pour téléphoner lui permettent de faire sentir combien le continent cherche à communiquer : comme le résume l'opérateur du téléphone public, « la communication, c'est une question de chance : souvent ça marche, souvent ça ne marche pas ». L'essentiel n'est pas dans l'efficacité, mais dans le désir de communiquer.

Il ne s'agit plus de célébrer la « grandeur culturelle » de l'Afrique, ni de délivrer des messages ou des idéologies messianiques : la recherche et la

---

4 Momar Désiré Kane, *Marginalité et errance dans la littérature et le cinéma africains francophones : les carrefours mobiles*, L'Harmattan, coll. « Images plurielles », Paris, 2004.

5 Voir le dossier *L'Africanité en questions*, *Africultures*, n° 41, octobre 2001 ; ainsi que le dossier *Afrique tout-monde : l'Afrique et la globalisation culturelle*, *Africultures*, n° 54, janvier-mars 2003.

création sont humbles, mais elles sont pleinement impliquées dans l'exploration des voies d'un avenir incertain. Cela ne peut passer que par un travail sur soi qui mobilise non seulement de nouvelles thématiques explorant l'intime et l'introspection, mais aussi une relation au sujet qui cherche la juste distance, en permettant à chacun de s'associer à cette quête. Le spectateur est ainsi mobilisé, non en tant qu'Africain se reconnaissant dans un discours commun, mais en tant qu'homme. C'est l'homme lui-même le sujet, et non plus seulement ses problèmes.

« La difficulté est d'arriver à s'affranchir du regard des autres et à s'affirmer comme un artiste singulier qui n'est pas la somme de ceux qui sont là-bas », indique le cinéaste tchadien Mahamat Saleh Haroun [6]. C'est en se détachant de la projection coloniale tout en prenant ses séquelles comme sujet que les créateurs arrivent à dessiner les voies d'une identité autre que les *ténèbres* africaines.

6 Cité par Olivier Barlet, « Du cinéma métis au cinéma nomade : défense du cinéma », *Africultures*, n° 62, dossier *Métissages : un alibi culturel ?*, L'Harmattan, Paris, mars 2005.

21

Sport, mémoire coloniale et enjeux identitaires

Philippe Liotard

« Tu mangeras quand tu seras compétitif. »

Slogan de la campagne nationale 2004 du Comité catholique contre la faim et pour le développement.

Tous les téléspectateurs connaissent aujourd'hui la présence significative des sportifs issus des pays de l'ex-Empire français dans les équipes qui « évoluent » en France. Mais bien peu sont sans doute conscients du fait que le spectacle sportif est imprégné d'une culture postcoloniale. C'est ce que nous voulons discuter ici, en interrogeant les résultats de l'étude *Mémoire coloniale, mémoire de l'immigration, mémoire urbaine* [1] au regard de la question du sport et de l'impact de la mémoire coloniale sur les constructions identitaires, repérables entre autres dans le monde sportif.

Pour le discours médiatique et politique, la présence de ces sportifs venus d'ailleurs soulignerait le rythme des intégrations migratoires successives. Mais, on va le voir, il met aussi en évidence la manière dont se perpétuent et se déplacent les discriminations. Car, dans les imaginaires qui le traversent, le sport véhicule et entretient des fictions de l'Autre dont bon nombre proviennent de l'époque coloniale [2]. Ce qui peut être perçu comme

1 Voir *infra*, chapitre 23, la synthèse de ces résultats (et aussi les annexes 1 et 2).

2 Pour un panorama de la manière dont se construisent ces fictions, voir *Quasimodo*, dossier *Fictions de l'étranger*, n° 6, 2000.

une « revanche des dominés [3] » se matérialise par l'accession de quelques sujets d'élite au plus haut niveau de pratique, accession magnifiée et rapportée aux valeurs supposées du sport (qui effacerait les inégalités sociales), de la République française (et de son potentiel d'intégration), du travail et de l'effort. Ce rapport est pourtant loin d'être évident, si l'on interroge les faits mis en avant pour justifier l'idée que le sport fonctionnerait comme tremplin social [4].

Aux États-Unis, ce « grand mirage » est ainsi cruellement démenti par les chiffres, puisque seulement « 1,6 % des Noirs engagés dans les compétitions universitaires de base-ball, de basket et de football [ont] une chance de passer professionnels — et la carrière moyenne du petit nombre qui y parvient s'étend sur moins de quatre années [5] ». Le sociologue Loïc Wacquant a également montré comment, dans ce pays, la réussite — en boxe — est conditionnée à un degré de socialisation élevé ; elle sourit aux membres des franges dominantes du ghetto noir, les autres quittant rapidement le gymnase, incapables d'en supporter la discipline extrême [6]. De même, dans la France coloniale, « au regard de son potentiel humain, l'AOF [7] [a fourni] bien peu d'athlètes d'élite [8] ». Aujourd'hui encore, la réussite sportive demeure exceptionnelle pour les personnes issues des ex-colonies et se cantonne aux sports délaissés par les fractions dominantes de la société : elle s'observe majoritairement en football, en athlétisme (plus spécifiquement en fond et demi-fond pour les athlètes issus d'Afrique du Nord), ou en boxe.

Tout cela conduit à nuancer l'idée reçue selon laquelle le sport serait un « bon moyen » d'intégration pour les jeunes issus de l'immigration et à éclairer l'un des résultats de l'enquête, selon lequel « les espaces d'intégration

---

3 Daniel DENIS, « La revanche des dominés », *Quasimodo*, dossier *Nationalismes sportifs*, n° 3-4, 1997, p. 47-60.

4 Comme l'ont fait par exemple Nicolas BANCEL et Pascal BLANCHARD, « L'intégration par le sport ? Quelques réflexions autour d'une utopie », *Migrance*, n° 22, 2003 ; Marc CLÉMENT, « De la difficulté d'être prophète en son pays pour le jeune animateur », *Agora*, n° 21, 2000 ; Michel FODIMBI, « Le sport, outil d'intégration ou de normalisation sociale ? », *Migrations société*, n° 71, 2000 ; Lionel ARNAUD, *Politiques sportives et minorités ethniques*, L'Harmattan, Paris, 1999.

5 Allen GUTMANN, « Amères victoires. Les sportifs noirs et le rêve américain de mobilité sociale », *Terrain*, n° 25, 1995, p. 29.

6 Malgré quelques exceptions notoires, comme celle de Mike Tyson (voir Loïc WACQUANT, *Corps et âme*, Agone, Marseille, 2000).

7 L'AOF, Afrique occidentale française, fédérait huit territoires de l'Ouest de l'Afrique : la Mauritanie, le Sénégal, le Soudan français (Mali), la Guinée, la Côte-d'Ivoire, le Niger, la Haute-Volta (Burkina-Faso) et le Dahomey (Bénin).

8 Bernadette DEVILLE-DANTHU, « Noirs et Blancs sur les terrains de sport : un rendez-vous manqué », *in* Pierre ARNAUD et Alfred WAHL (dir.), *Sports et relations internationales*, Centre de recherche histoire et civilisation de l'Université de Metz, Metz, 1994, p. 193.

des populations immigrées souvent considérés comme prioritaires pour les pouvoirs publics, notamment le sport ou l'école, ne sont pas — ou plus — perçus comme des facilitateurs relationnels et d'intégration ». Il y a bien un décalage entre un discours institutionnel, médiatique et politique, et le sentiment de celles et ceux qui sont censés bénéficier des effets intégrateurs des institutions : les significations convenues du sport sont malmenées aussi bien par la perception des populations interrogées que par les données sociologiques disponibles.

Des réminiscences coloniales dans le champ du sport ?

Mais en quoi la mémoire coloniale et celle de l'immigration nourrissent-elles les pratiques et les représentations actuelles en matière de sport ? L'observation des mécanismes de recrutement apporte une première réponse à cette question. En effet, les pays des anciennes colonies françaises fournissent une main-d'œuvre d'autant plus recherchée qu'elle est moins chère, qu'elle aspire à la réussite sociale et économique par le sport, et qu'elle soutient la croyance en des « dons naturels ». Elle est exploitée par certains agents de sportifs, sorte de « négriers » modernes alimentant les stades et les pistes d'athlétisme en chair à performance.

L'« importation » de jeunes footballeurs africains ou, à un degré moindre, des pays de l'ex-bloc de l'Est correspond ainsi à la demande des clubs en quête de joueurs de qualité. Elle se combine à une logique marchande, par laquelle un joueur « trouvé » en Afrique prendra une valeur dont le club tirera un bénéfice lors de sa « revente » à un autre club, lequel, à son tour, fera « fructifier » son placement avant de le céder. De même, dans les courses à pied, il est possible de repérer de véritables « écuries » qui « importent » des coureurs pour une durée allant de quelques semaines à quelques années. Investissement à court terme, ils sont engagés dans une succession de courses afin d'être rentables rapidement[9]. Un même agent — certains « assumant » à la fois les rôles d'entraîneur, de préparateur physique, de soigneur ou d'organisateur d'épreuves — peut « recruter » plusieurs dizaines de coureurs du Maghreb ou d'Afrique de l'Est, et les exploiter sur diverses programmations. La perspective de gagner de quoi vivre grâce aux primes décrochées en Europe assure le renouvellement constant d'athlètes de bon niveau.

---

9 Le roman de Franck Pavloff, *Foulée noire* (Baleine, Paris, 1995), prend cette réalité comme trame.

Par ailleurs, la symbolique associée à la présence de joueurs issus des colonies dans les différentes équipes sportives n'est pas nécessairement celle, consensuelle, que célèbrent les médias : il n'est pas si évident, en effet, que les spectateurs se reconnaissent dans des équipes constituées parfois majoritairement de joueurs d'origine africaine ou antillaise. *A contrario*, le match de football France-Algérie du 6 octobre 2001 au Stade de France à Saint-Denis, arrêté avant la fin du temps réglementaire, a attesté des tensions perceptibles dans la société française entre les jeunes générations dont les parents ou les grands-parents sont nés en Afrique du Nord et les « Blancs » ou les « Céfrans ». Alors que *La Marseillaise* avait été copieusement sifflée avant le match, l'envahissement du terrain par des jeunes vivant en France (nombre des jeunes interpellés lors de ce match étaient d'ailleurs français) a suscité une condamnation quasi unanime [10]. Pourtant, au regard des résultats de l'enquête de Toulouse, ce qui a paru scandaleux paraît totalement compréhensible.

L'histoire du sport possède en effet ses zones d'ombre et ses groupes sociaux oubliés. Son histoire « populaire » reste à faire, sur le modèle de l'histoire des États-Unis écrite par Howard Zinn, en intégrant à l'histoire dominante celle des Indiens, des esclaves, des déserteurs [11], etc. Mais celle des rapports du sport et de la colonisation se cantonne pour l'instant à l'érudition universitaire et le discours médiatique lui préfère des historiettes alimentant la légende de quelques grandes figures.

Si une histoire du sport ne peut ignorer les anonymes, elle suppose d'interroger la place faite aux sportifs (puis aux sportives) issus du « réservoir naturel » qu'était l'ex-Empire, nourrie des imaginaires de la « perle noire ». Une telle histoire pourrait notamment prendre en compte les perceptions et représentations des populations interrogées à Toulouse sur la mémoire coloniale. Elle supposerait par exemple de retracer les mutations dans l'exploitation qui a pu être faite (symboliquement et économiquement) d'« indigènes » issus des colonies, de Battling Siki à Patrick Viera, de Mokhtar Arribi à Zinedine Zidane, de Roger Bambuck à Marie-Jo Perec.

Le discours qui scande les victoires d'une « France qui gagne [12] » laisse penser que l'équipe de France de football traduit la réussite de la République

---

10 Philippe LIOTARD, « Des zoos humains aux stades : le spectacle des corps », *in* Nicolas BANCEL, Pascal BLANCHARD, Gilles BOËTSCH, Éric DEROO, Sandrine LEMAIRE (dir.), *Zoos humains, op. cit.*, p. 410-416.

11 Howard ZINN, *Une histoire populaire des États-Unis de 1492 à nos jours*, Agone, Marseille, 2002.

12 Pour une analyse de ces discours, voir : ESMERALDA, « United colors of "France qui gagne" », *Quasimodo*, n° 6, dossier *Fictions de l'étranger*, 2000, p. 131-158.

à intégrer les vagues successives de ses immigrés. Or, il occulte l'immigration proprement sportive, par laquelle de nombreux joueurs ont été recrutés dans des territoires des ex-colonies pour servir (quelques saisons seulement) des équipes de milieu de tableau ou de deuxième division. Il en va de même pour les joueurs antillais qui — à partir des années 1960 — commencent à fréquenter le championnat de France de football. Ils sont huit en 1963. L'article qui en rend compte dans *Sport et Vie* souligne leur mérite, au regard de la pauvreté des infrastructures outre-mer ; le propos est clairement colonial et alimente la croyance en des qualités exceptionnelles propres aux Antillais [13]. L'immigration sportive à cette époque tient compte des mouvements de décolonisation et d'indépendance, les équipes françaises prenant conscience de la perte que représente la dissolution de l'Empire. Elles se tournent alors vers ce qui leur reste : Antilles, Guyane, Réunion, Nouvelle-Calédonie...

La distinction entre immigration et colonisation permet d'ailleurs de saisir la place de la réussite sportive dans les stratégies d'émancipation de ces populations d'Outre-Mer. Que signifie, pour un Antillais, la réussite sportive sous le maillot français ? Quelles sont les implications identitaires de ce choix ? Alors que des tensions existent entre les différentes communautés, pourquoi le sport paraît-il y échapper ? Célébrer les champions d'athlétisme ou de football issus des Antilles, n'est-ce pas occulter le ressentiment des autochtones à l'égard du système sportif français, qu'ils perçoivent comme injuste à leur égard, comme le suggère Jacques Dumont — il cite ainsi le *Journal guadeloupéen*, qualifiant la Coupe de France de football de « coupe de la démagogie » qui « n'apporte rien aux Guadeloupéens, sinon peut-être quelques frustrations [14] » ?

Ressentiment et identification au champion

Parmi les enjeux de la prise en compte de la colonisation, figure celui de la rancune, de la colère ou de la haine à l'égard des « Blancs ». La question de l'oppression des ancêtres et de l'injustice actuelle vécue par les « fils et les filles d'esclaves » des Antilles, des descendants des Noirs de l'AOF ou de

---

13 Cet exemple est développé par Évelyne COMBEAU-MARI, *Sport et décolonisation. La Réunion de 1946 à la fin des années 1960*, L'Harmattan, Paris, 1998, p. 352-353.

14 Jacques DUMONT, *Sport et assimilation à la Guadeloupe. Les enjeux du corps performant de la colonie au département (1914-1965)*, L'Harmattan, Paris, 2002, p. 390.

l'AEF [15], des Maghrébins d'Algérie, etc., peut resurgir à travers l'identification aux figures de la réussite sportive. L'occultation de l'histoire produit des comportements qui bousculent l'unanimité républicaine, comme le refus de chanter *La Marseillaise* par le footballeur Christian Karembeu, dont les ancêtres Kanaks avaient été exposés à l'Exposition coloniale de 1931 [16], ou la déclaration de Djamel Bourras dédiant sa médaille d'or olympique de judo à ses frères musulmans opprimés dans le monde.

Ces gestes rappellent, comme le précise l'enquête, que « la mémoire coloniale [serait aussi] devenue une ressource négative, qui semble nourrir les cristallisations identitaires au sein des populations immigrées ou issues de l'immigration coloniale et postcoloniale ». Les imaginaires de soi et des autres ne s'entretiennent pas seulement aux rares et éphémères moments d'« union nationale » issus des victoires. Ils se construisent et se renforcent aussi sur la base d'affrontements identitaires. La mémoire médiatique — et notamment télévisuelle — alimente l'illusion du sport comme outil intégrateur, par la répétition des références à la « France qui gagne » grâce à ses enfants des anciennes colonies, tirailleurs sénégalais modernes. Or, les cristallisations identitaires haineuses s'alimentent aussi aux slogans de la « France black-blanc-beur ». Du coup, le ressentiment des jeunes issus de l'immigration ou de la colonisation à l'égard des autorités françaises se renforce dans le discours qui est censé les convaincre. Car l'acceptation des enfants d'immigrés ou des colonies dans les équipes nationales est évidemment conditionnée à la réussite : l'idée qui en découle est que seuls les « bons » méritent l'intégration, en raison de leurs résultats et des sacrifices consentis [17].

La « double fracture de la mémoire » efface de l'histoire de France ceux qui n'ont pas « réussi », renforçant chez les « Français de souche » l'illégitimité de la présence d'« étrangers » sur le territoire national et chez les immigrés et leurs descendants le sentiment d'exclusion. L'absence d'histoire commune se confirme par la mise en avant d'une histoire des « grands hommes [18] » venus d'ailleurs qui ont réussi *pour* la France.

---

15 L'AEF, Afrique équatoriale française, fédérait le Gabon, le Moyen-Congo (République du Congo), l'Oubangui-Chari (République centrafricaine) et le Tchad.

16 Voir sur ce point le roman de Didier Daeninckx, *Cannibale* (Verdier, Lagrasse, 1998) ; Philippe Liotard, « Le sport au secours des imaginaires nationaux », *Quasimodo*, dossier *Nationalismes sportifs*, *op. cit.*, p. 9-31.

17 Voir Esmeralda, « United colors of "France qui gagne" », *loc. cit.*, notamment p. 140-145.

18 Les femmes sont très peu nombreuses a être ainsi distinguées pour leur mérite sportif.

Le nous *et l'*autre *sportifs*

La perception de l'autre résulte d'un bricolage identitaire où la mémoire fonctionne comme filtre, reconstruisant le passé à partir des réalités et des émotions du moment. Selon l'enquête, « plus on est jeune, plus le regard sur la société s'ethnicise ». Ces projections identitaires résultent de l'intériorisation de catégories de pensée binaires, construites sur l'opposition entre communautés réelles ou imaginées. Elles produisent une « solidarité contre » (du quartier contre un autre quartier, des « Reubeus » contre les « Feujs » ou des « Keublas » contre les « Céfrans »). Or, c'est le type de solidarité qui est valorisé et appris dans le sport [19], qui peut ainsi participer au « processus de rétraction identitaire » repéré dans l'enquête, selon lequel « un Français peut être considéré comme "Arabe" si ses ascendants viennent du Maghreb, ou s'il s'identifie lui-même à cette catégorie et si c'est le statut identitaire (indigène/dominant) qui importe ». Les émotions d'un match France-Algérie participent à cette configuration identitaire issue d'un passé commun, dont il ne reste que les aspects les plus conflictuels et les émotions les plus intenses. Ce passé partagé, mais oublié ou occulté, entretient une vision bipolaire et hiérarchisée du monde, opposant « descendants d'indigènes » et « descendants de colonisateurs ». Le spectacle sportif met en scène un retour du colonial [20] et participe à ce que l'enquête nomme l'« ethnicisation des rapports sociaux ».

Depuis le début des années 2000, l'hypothèse que la « fracture coloniale » participe en partie de la construction identitaire des moins de vingt-cinq ans (qui n'ont pourtant pas connu cette histoire) trouve dans les rencontres sportives anonymes des éléments de confirmation : leurs cris « Allez les Rebeus ! » ou « Nique la France ! » répondent aux injures racistes à l'encontre des Arabes ou des Noirs. Si « l'identité de "descendants de colonisés" semble prendre corps en France », ses conséquences se perçoivent dans les affrontements sportifs, dès lors que la composition des équipes est doublement marquée par l'origine géographique (Le Mirail à Toulouse, par exemple [21]) ou la couleur des joueurs.

---

19 Philippe Liotard, « Les uns contre les autres », *Le Courrier de l'Unesco*, avril 1999, p. 28-30.

20 Nicolas Bancel, Pascal Blanchard, « De l'indigène à l'immigré, le retour du colonial », *Hommes et migrations*, n° 1207, 1997, p. 100-113.

21 Voir Noria Boubhobza, « Enjeux d'appropriation entre masculin et féminin autour d'une pratique sportive », IIe Congrès de sociologie du sport de langue française, Orsay, le 26 octobre 2004.

« Racisme antiblanc » ou rejet du fait colonial ?

Il reste à interroger le « rejet global de tout ce qui est issu du colonial, y compris la culture, les pratiques », mentionné par les jeunes issus de la colonisation. Comment et sur quels critères, sur quels désirs, sur quels imaginaires se construit leur adhésion à la pratique et au spectacle sportifs, alors que le sport constitue une réalité occidentale qui s'est imposée durant les colonisations à l'échelle de la planète [22] ? Qu'est-ce qui fait que le sport échappe à ce rejet ? Est-ce parce qu'il contient une illusion d'élévation sociale qui n'interdit pas de choisir ses références identitaires ?

Ce choix semble en tout cas s'illustrer par l'option consistant à jouer pour l'équipe de France ou bien pour l'équipe nationale du pays d'origine des parents. Au début des années 2000, les tensions en Côte-d'Ivoire ont clairement fait apparaître le rejet des Blancs, pour ce qu'ils incarnent. Les parcours d'Olivier Kapo (international français comme naguère Basile Boli) et celui de Didier Drogba (international ivoirien), nés tous deux à Abidjan, en attestent. C'est sans doute parce qu'il entretient une logique de la solidarité dans l'affrontement, et qu'il autorise les revanches symboliques, que le sport est ainsi une des rares productions occidentales à ne pas être rejetée par les jeunes originaires des territoires de l'ex-Empire.

Les constructions identitaires qui en résultent produisent une vision communautaire du monde, source d'un racisme en miroir : d'un côté, un « racisme anti-ex-colonisés, où la couleur de peau est un marqueur évident » ; de l'autre, un « racisme antiblanc » ou « antifrançais », dans lequel la couleur de peau constitue un marqueur tout aussi évident et condense les rancœurs passées et présentes — comme dans le match France-Algérie de 2001, qui illustra les effets directs de la mémoire coloniale sur les réalités contemporaines [23]. L'affrontement sportif oppose l'« Autre immigré non européen » et l'« Autre Français-de-l'Hexagone ». Le spectacle de sportifs d'origines diverses sollicite — malgré un même maillot — les oppositions actuelles, qui puisent dans la méconnaissance de l'histoire coloniale des arguments aux crispations identitaires.

Et même si la rencontre se fait dans de multiples clubs sportifs, « pour plus de la moitié des enquêtés, le fait de vivre ensemble ne constitue pas un facteur d'amélioration des relations intercommunautaires », ce qui

---

22 Voir Jacques Dumont (*Sport et assimilation à la Guadeloupe*, *op. cit.*), qui montre comment ce modèle s'est imposé aux pratiques physiques traditionnelles.

23 Voir Brigitte Larguèze, Frédéric Goldbronn et José Reynes, « Nouveau lumpenprolétariat et jeunes casseurs », *Le Monde*, 1er avril 2005 ; Luc Bronner, « Manifestations des lycéens : le spectre des violences anti-"Blancs" », *Le Monde*, 16 mars 2005.

interroge les effets supposés du sport sur le lien social. En quoi et à quelles conditions une pratique fondée sur le principe de l'affrontement peut-elle contribuer à l'amélioration de ces relations ? Question difficilement évitable si l'on veut comprendre les violences qui se produisent sur les stades de football. Car si, « en tant que sportif, on peut participer du dedans et gagner une identité sans artifice, sans mauvaise conscience », le renforcement de cette identité par des référents extérieurs (« ethniques », religieux, raciaux...) peut aussi conduire à l'« expression la plus brute des loyautés viscérales et des antagonismes radicaux [24] ».

La stigmatisation ethnicisée de certaines équipes de quartiers entretient autour des rencontres sportives une ambiance qui laisse peu de place à la rencontre de l'Autre en dehors du « temps réglementaire ». D'autant que « l'image négative de la banlieue largement relayée par les médias, en premier lieu la télévision, est devenue une constante des imaginaires collectifs » et qu'elle s'accompagne d'une ethnicisation de ces imaginaires, selon une équation simpliste : jeunes de banlieues = jeunes issus de l'ex-Empire = jeunes violents. Pourtant, l'enquête fait aussi apparaître que plus de neuf personnes sur dix pensent qu'on « ne parle pas assez des jeunes qui réussissent ».

Néanmoins, célébrer la réussite peut se révéler illusoire. La « preuve par l'exemple », régulièrement illustrée par l'histoire d'un champion de quartier devenu star internationale, laisse penser que tout le monde peut réussir, à condition de travailler, de respecter la loi et l'institution. Modèles positifs de réussite, les sportifs permettraient l'identification positive des plus jeunes et les convertiraient aux valeurs de la République et de la société libérale. Or, ces exemples décontextualisés — ignorant les discriminations raciales et les obstacles multiples à une véritable intégration — stigmatisent implicitement celles et ceux qui ne réussissent pas et qui, en filigrane, ne se seraient donc pas donné les moyens de la réussite.

Cas d'école : le numéro de *L'Équipe magazine* du 2 avril 2005 consacré intégralement à Zinedine Zidane (*100 % Zidane*). Sa famille et ses amis y exposent son parcours en mettant l'accent sur le sens du devoir, l'abnégation et le courage du père (arrivé sans le sou en France à dix-sept ans), l'autorité et la présence éducative de la mère. Ce numéro valorise la réussite exceptionnelle — dans tous les sens du terme — de Zidane, mais interdit de penser ce qui a empêché des milliers de jeunes garçons d'origine nord-africaine et vivant à Marseille de réussir dans le football malgré leurs compétences. De surcroît, cette vision renforce les assignations identitaires

---

24 Adam KUPER, « Le cricket, le nationalisme et le cambrioleur », *Terrain*, n° 25, 1995, p. 97-99.

provenant de la société dominante, le récit associant lourdement Zidane à son statut d'immigré kabyle.

Les équipes de France de football successives, surtout depuis les années 1990, rappellent donc l'histoire coloniale et celle de l'immigration — qui ne se recoupent pas strictement. Elles perpétuent les projections identitaires des spectateurs sur tel ou tel joueur, parce qu'il est français originaire des territoires de l'ex-Empire. Lorsqu'il s'agit de prendre parti dans une rencontre internationale, la France peut être adoptée affectivement et provisoirement, par l'intermédiaire de Zidane par exemple. En revanche, lorsqu'elle rencontre l'Algérie ou le Sénégal, l'identification porte sur la part effacée de l'histoire de la colonisation et des mouvements d'indépendance. Cette double appartenance identitaire a fait flotter les drapeaux algérien ou marocain au côté du drapeau français lors de la victoire de 1998. Mais c'est aussi elle qui a fait siffler *La Marseillaise* à Paris lors du match France-Algérie, à la mémoire du sang qui a abreuvé les sillons algériens.

22

La République face à la diversité : comment décoloniser les imaginaires ?

Patrick Simon

« Charte pour la diversité » (signée par quarante entreprises en octobre 2004), promotion de la « diversité » dans la fonction publique[1] et dans les médias : les appels et recommandations à introduire de la différence visible dans les organigrammes et les représentations collectives se sont multipliés en 2004. Cet engouement récent pour la « diversité » peut trouver de nombreuses explications, mais la principale tient sans doute dans la capacité de ce concept — vite transformé en slogan — à inscrire en douceur la France parmi les sociétés multiculturelles. En douceur, dans la mesure où la diversité peut se décliner selon de nombreuses composantes (genre, origines ethniques et raciales, âge, religion, préférences sexuelles...) sans avoir à les nommer précisément, et où elle constitue un horizon plutôt consensuel.

Qui songerait aujourd'hui à défendre une France uniforme ? Pourtant, derrière le vocable relativement lénifiant de la diversité se profilent une remise en question de la norme unitaire qui soutient le traditionnel « modèle français d'intégration » et une critique de la conception républicaine de l'universalisme. Des révisions qui ne figurent sans doute pas sur l'agenda des principaux diffuseurs du concept, à commencer par les entreprises signataires de la « Charte pour la diversité » ou l'ancien ministre de l'Intérieur, Jean-Pierre Chevènement, lorsqu'il avançait que la police devait refléter la « diversité de la population française » et admettre dans ses rangs

---

1 Dominique Verseni, *Rapport sur la diversité dans la fonction publique*, ministère de la Fonction publique et de la Réforme de l'État/La Documentation française, décembre 2004.

un plus grand nombre de « jeunes nés de l'immigration [2] ». Que penser dès lors du slogan de la « diversité » : multiculturalisme masqué, action anti-discrimination *light* ou concession minimaliste pour renforcer l'édifice républicain ?

Les dissidents de la norme majoritaire

L'intérêt du vocabulaire de la diversité est de contourner l'incroyable rigidité de la société française face à la reconnaissance du fait minoritaire. Sa circulation ouvre la voie à deux évolutions distinctes, en partie articulées et en partie opposées : la valorisation molle des différences dans un système qui garde intactes ses hiérarchies et évite de s'interroger sur ses responsabilités dans la production de ces mêmes différences ; la déconstruction de la suprématie de la majorité (celle des « natifs ») et l'instauration d'un mode pluraliste de régulation des relations entre majorité et minorités.

Alors que la première option reconduit la suprématie du majoritaire en adoucissant quelque peu l'exercice de la domination, la seconde engage une transformation profonde de la société française par les opérations préalables qu'elle implique : caractériser et reconnaître les minorités, mais aussi identifier les mécanismes qui les produisent (et notamment admettre que les minorités ne résultent pas d'une essence qu'il faudrait modifier ou de « replis communautaires » — c'est-à-dire d'un retrait volontaire de la *polis* qu'on serait bien en peine d'observer hormis pour quelques groupes radicaux —, mais sont fabriquées structurellement par un universalisme inachevé). Cela oblige à envisager la responsabilité de la violence exercée par le groupe majoritaire sur celles et ceux dont on considère qu'ils fracturent l'unité autoproclamée du peuple souverain, que ce soit par leurs pratiques et leurs projets ou par leur existence même et leur visibilité dissonante. En fait, la prise en compte de la diversité conduit à repenser les modalités par lesquelles le modèle républicain, en cherchant à araser les spécificités pour produire de l'homogénéité, discrédite les identités et identifications s'écartant de la norme commune.

On peut ainsi comprendre le développement des références au communautarisme et des inquiétudes témoignées à l'égard de l'ethnicisation de la société française comme les symptômes des difficultés du modèle français d'intégration à rassembler la *diversité* des identités, des conditions et des

2 Voir Patrick Simon, « Les jeunes issus de l'immigration se cachent pour vieillir. Représentations sociales et catégories de l'action publique », *VEI Enjeux*, n° 121, juin 2000, p. 23-38.

appartenances dans une matrice commune. Aussi, prise de court et ne parvenant pas à interpréter des évolutions qui la dépassent, la machine à intégrer inverse ses finalités : au lieu d'incorporer de nouvelles références à sa grammaire, elle délégitimise, marginalise et *in fine* exclut des fractions entières de la population qui ne correspondent pas aux étiquettes sociales instituées. Cet échec, qui devrait inciter à revoir le fonctionnement du modèle lui-même, est alors attribué aux dissidents de la norme majoritaire, condamnés à adopter une position minoritaire le plus souvent à leur corps défendant. Ultime verrouillage du système, ce renvoi à la minorité est assimilé à de l'irrédentisme, un séparatisme qui mettrait en péril la communauté des citoyens.

Aux revendications à l'accès et à l'exercice plein et entier des droits — c'est-à-dire la fin des discriminations, qu'elles soient sexistes ou racistes — est opposée l'injonction à *devenir commun* en adoptant les normes dominantes pour *ressembler* et enfin *disparaître*. Mais nous savons que ce travail d'invisibilisation est une course sans fin, car la norme se dérobe lorsque les outsiders s'en rapprochent, les signes de distinction se recomposant pour retracer la frontière et maintenir les privilèges de la domination. Au cœur de ce travail de recomposition des codes et des normes, la vision négative des identités ethniques (l'ethnicité) joue donc un rôle déterminant, auquel nous nous proposons de réfléchir ici.

Le modèle français d'intégration et la vision pluraliste

Au milieu du XIXe siècle, le mythe national français est en phase de cristallisation. Ernest Lavisse, pour les masses scolaires, et Jules Michelet, pour l'élite intellectuelle et politique, écrivent la légende républicaine [3]. Dans cette saga, nation, patrie et République forment un ensemble indistinct, combinant les deux dimensions primordiales du principe d'allégeance : l'affectif et le contractuel. L'étranger s'impose alors comme une figure centrale permettant de préciser, *a contrario*, les contours de la citoyenneté. Ne participant pas de l'identité nationale mais contribuant à la fixer, il évolue comme un corps extérieur, non seulement à l'État, mais aussi à la société.

Dans ce contexte, les sciences sociales naissantes ont reproduit la « tyrannie du national » dans la construction de leurs outils d'analyse et dans leurs représentations de la société. L'historien Gérard Noiriel évoque

3 Voir Suzanne Citron, *Le Mythe national*, *op. cit.*

ainsi la responsabilité de l'école durkheimienne dans le discrédit du domaine des « études interculturelles », ainsi que la marginalisation du questionnement sur la nation [4]. On peut y ajouter l'absence totale d'intérêt pour les ravages provoqués par la colonisation sur l'idée même de *nation républicaine*. Soucieux de s'opposer au développement d'une conception ethnicisante voire racialisante de la nation, s'appuyant sur une transmission héréditaire du lien national, les sciences sociales françaises vont laisser pendant longtemps le traitement institutionnel de l'immigration, les rapports interethniques et l'analyse du racisme en dehors de leur champ d'investigation [5].

Abdelmalek Sayad parle à ce propos d'une « sociologie du petit ». Et il précise : « Sociologie des objets situés relativement au bas de la hiérarchie sociale des objets d'étude », en rappelant que l'indignité qui frappe les immigrés se reporte sur les chercheurs qui entendent les constituer en objet d'étude [6]. Contrairement aux développements qu'elles ont connus dans les pays d'Amérique du Nord ou en Grande-Bretagne, les études dans le domaine de la sociologie des migrations et des relations interethniques sont de ce fait restées marginales dans la production scientifique française. Cette disparité de traitement ne s'explique pas uniquement par les différences objectives de la place de l'immigration dans l'histoire de ces pays, mais révèle plus directement l'influence du mythe national sur les catégories d'intelligibilité sociale [7].

Bien que contemporain de l'avènement de la IIIe République, le « modèle français d'intégration » n'avait jamais été formulé clairement avant la publication de la doctrine par le Haut Conseil à l'intégration en 1991. Au prix d'une reconnaissance partielle de la légitimité d'expression de « spécificités culturelles » et d'une nécessaire adaptation de la société française à « ses » immigrés, adaptation bornée par les valeurs républicaines qui se sont vues réaffirmées à l'occasion, l'intégration permettait de prolonger en les actualisant les principaux objectifs de l'assimilation : invisibilisation des allogènes, diffusion des valeurs et normes du groupe dominant alors même que celles-ci étaient contestées de l'intérieur, érosion rapide des

4 Gérard Noiriel, *Le Creuset français. Histoire de l'immigration XIXe-XXe siècle, op. cit.*

5 Patrick Simon, « L'immigration et l'intégration dans les sciences sociales en France depuis 1945 », *in* Philippe Dewitte (dir.), *Immigration et intégration. État des savoirs*, La Découverte, Paris, 1999, p. 82-95.

6 Abdelmalek Sayad, *L'Immigration ou les paradoxes de l'altérité*, Éditions universitaires/De Boeck, Paris/Bruxelles, 1991.

7 Albert Bastenier et Felice Dassetto, *Immigration et espace public. La controverse de l'intégration*, CIEMI-L'Harmattan, Paris, 1993.

cultures minoritaires et en particulier des langues et religions absentes du grand compromis national.

La principale fonction du modèle d'intégration est en effet de faire fusionner la diversité régionale, puis celle apportée par les migrations internationales, dans le fameux « creuset français ». Cette opération repose d'abord sur une mise à la norme pour assurer la fusion, mais aussi et surtout dans l'effet de croyance au caractère immémorial des normes de références : le modèle présuppose que le processus d'intégration ne modifie pas la structure collective, que Suzanne Citron a pu qualifier de « mythe national ». Alors que, par construction, les rapports dynamiques à la base de l'intégration conduisent inévitablement à une modification des normes collectives. Dans un aveuglement volontaire, véritable condition de son efficacité, le modèle français a entretenu l'illusion d'une étanchéité de la matrice initiale aux apports extérieurs, et ce au prix d'une amnésie longtemps maintenue autour de la place de l'immigration dans la construction de la société française.

De même, la mémoire de la traite négrière et de l'esclavage, d'une part, et de la colonisation, d'autre part, a été réprimée dans un « non-lieu » d'autant plus refoulé que ces expériences contredisent la fiction d'une République égalitaire et émancipatrice [8]. Ces mensonges et camouflages semblaient constituer le prix à payer pour assurer l'accès à la citoyenneté et la « nativisation » des anciens reclus : esclaves affranchis, colonisés décolonisés et immigrés naturalisés. La tache a été lavée, la scotomisation se charge de faire disparaître jusqu'à son existence, les circonstances historiques ont été retravaillées pour correspondre aux ambitions émancipatrices du modèle.

Ce rôle central joué par l'amnésie produit des effets ambivalents. En renforçant l'unification du territoire et des populations, le mythe national assure la fonction d'intégration par l'adhésion aux valeurs que produit l'effet de croyance. À l'inverse, en faisant disparaître les modalités concrètes des compromis réalisés et en se prétendant au-dessus des conflits de norme, le modèle rend incontournables les stratégies de rupture pour les groupes qui ne peuvent accéder à l'élaboration des valeurs et normes. Un tel conflit ouvert se serait sans doute tenu entre les immigrés de la fin du XIXe siècle et ceux du début du XXe siècle, si la Seconde Guerre mondiale n'était pas venue

---

8 Amnésie aujourd'hui fortement remise en cause par la résurgence d'une revendication mémorielle, comme en témoignent les mobilisations autour du 17 octobre 1961, le développement d'une importante historiographie sur la colonisation, la mise en place d'un Comité pour la mémoire de l'esclavage (en janvier 2004), ou l'appel dit des « indigènes de la République » (en janvier 2005).

transformer brutalement la dynamique d'exclusion xénophobe et raciste engagée dans les années 1930. La refondation du pacte républicain sur les décombres de Vichy a remis les compteurs à zéro. Il n'en va pas de même pour les migrations postcoloniales.

Car les logiques de domination qui ont été mises en œuvre pour asseoir l'universel républicain ont continué à produire leurs effets. La nativisation a raté et la fiction créatrice d'une indifférence aux différences et d'une égalité au-delà des conditions d'origine ne peut plus recouvrir la réalité des hiérarchies et des discriminations qui les produisent. Les descendants des esclaves, colonisés et immigrés se fondent difficilement dans la masse. Il ne s'agit plus d'une inégalité statutaire inscrite dans la loi comme avec le Code noir, le Code de l'indigénat ou les lois sur le séjour des étrangers, mais de traitements quotidiens, dans l'infra-institutionnel ou dans les pratiques sociales. La différence est sécrétée par la structure même de la société et sa sensibilité à la visibilité des écarts à la norme. Par son incapacité à prendre en charge une régulation pluraliste de la diversité, la République fabrique de l'ethnicité [9].

Le rapport aux origines : ambivalence et discrédit

Depuis quelques années, la mention de l'origine ou de la couleur des protagonistes des faits divers ou des événements sociaux s'est faite insistante, voire systématique. De même, les discours politiques ou les analyses en sciences sociales se montrent de moins en moins *colorblind* (aveugles aux effets sociaux de la couleur de peau). Simultanément, l'omniprésence de l'étiquetage « ethnique », voire « racial », est dénoncée sous l'appellation d'« ethnicisation » de la société française, que ce soit dans les rapports sociaux, les représentations, les politiques publiques, les chroniques médiatiques ou les travaux scientifiques.

Cependant, ce que recouvre cette expression d'« ethnicisation » n'est pas très clair. Elle désigne, *en même temps* : d'une part, la prise de conscience de la diversité ethnique de la population française et sa visibilité dans le tissu social ; et, d'autre part, la façon de rendre compte de ce qui se produit dans la société, c'est-à-dire un choix de langage et de concepts, une sémantique ethnicisante qui constitue en tant que telle un fait politique. Cette seconde acception prend une signification explicitement péjorative : l'ethnicisation serait un brouillage appliqué au détriment des authentiques

---

9 C'est le constat établi notamment par Vincent Geisser, « Ethnicité républicaine *versus* République ethnique ? », *Mouvements*, n° 38, mars 2005, p. 19-25.

déterminations sociales, une importation d'inspiration anglo-saxonne porteuse d'une lecture racisante et essentialiste des divisions sociales, une attaque portée contre le modèle républicain, bref une fausse lecture des enjeux et des logiques à l'œuvre dans la société française.

Cette perception négative de l'ethnicité se nourrit tout d'abord du rappel des usages racistes et éradicateurs de la notion d'ethnie dans les sociétés européennes, notamment dans le cadre de l'expansion coloniale ou de l'eugénisme qui nourrira la désastreuse « science raciale » des Arthur de Gobineau, Georges Vacher de Lapouge, Gustave Le Bon, René Martial ou Georges Montandon, pour s'en tenir au courant français [10]. L'amalgame pratiqué entre les délires racialistes de l'entre-deux-guerres et les notions de groupes ethniques forgées pour analyser les sociétés structurées autour d'une forte diversité interne (que ce soit par l'importation d'esclaves, la colonisation, l'emprise de minorités nationales dans un État-nation ou les grandes vagues migratoires postérieures à la construction nationale) renvoie à un malaise douloureux et, semble-t-il, rarement explicité.

Pourtant, les recherches de ces trente dernières années sur l'ethnicité ont amené les utilisateurs de cette notion à prendre clairement leurs distances avec le courant substantialiste [11]. La conception d'une ethnicité associée à la « race » dans sa définition biologique apparaît en conséquence singulièrement réductrice. Les études faisant appel au concept d'ethnicité ont également accompli une rupture avec la tradition ethnologique, largement critiquée pour sa conception ethnocentrique. Il ne s'agit donc pas de renvoyer des sous-populations à une sorte d'état de nature et de culture, là où les autres se définiraient par la citoyenneté ou la position sociale, mais plutôt de réintroduire l'origine comme l'un des critères d'identification et de mobilisation collective.

Alors que les références aux « origines sociales » font partie du bagage ordinaire de l'analyse en sciences sociales, l'évocation d'origines « ethniques » ou « culturelles » reste fortement illégitime. On comprend le ressort d'un tel discrédit : l'idée d'un capital social construit par l'appartenance à un milieu d'origine s'articule bien au projet de transformation des hiérarchies sociales qui sont au cœur des représentations de la société, alors que la notion d'héritage « ethnique » renvoie à une infériorisation de l'ordre du racisme. Dans cette optique, inférer une « origine ethnique » équivaut à redoubler la stigmatisation dont sont victimes les immigrés et leurs

---

10 Pierre-André TAGUIEFF, « Immigrés, métis, Juifs : les raisons de l'inassimilabilité. Opinions et doctrines du Dr Martial », *in Mélanges en l'honneur de Rita Thalmann*, Peter Lang, Francfort-sur-le-Main, 1994, p. 177-221.

11 Philippe POUTIGNAT et Jocelyne STREIFF-FENART, *Théories de l'ethnicité*, PUF, Paris, 1995.

descendants. Il y a donc dans cette méfiance à l'égard du rappel des origines une combinaison d'une critique à l'égard des cadres sociaux de production de l'ethnicité (la domination comme facteur de différenciation ethnique) et un projet d'inactiver les conséquences potentielles en termes de divisions ethnico-raciales du corps social.

On retrouve là les effets pervers du cadre d'interprétation universaliste qui, voulant éradiquer les inégalités liées aux origines, commence par les rendre honteuses. L'origine apparaît alors comme une trace infamante et embarrassante dont il convient de taire l'existence pour pouvoir accéder aux bénéfices de l'universel. Mais encore faudrait-il qu'une fois accomplie la transfiguration faisant disparaître les signes de l'altérité, la réception soit également *colorblind*. C'est là que se situe la duplicité du modèle : en dépit des efforts déployés, il ne garantit pas que les origines ne seront pas constituées comme un signifiant actif par le groupe majoritaire pour repérer les minoritaires et les maintenir dans les positions subalternes qui leur sont dévolues. Il s'agit là du principal enseignement de l'ethnicisation. Celle-ci procède moins d'une irréductible différence des minoritaires que d'une capacité intacte des structures de la société française à activer les différenciations, à les renforcer par les traitements discriminatoires et à les constituer comme un effet collatéral de l'incapacité des minorisés à manier les ressources de la majorité.

L'ambivalence à l'égard des « origines » ne concerne évidemment pas seulement le groupe majoritaire, qui lui n'a pas d'origine (autre que mythique) puisqu'il forme la référence. Elle se répercute sur les descendants d'immigrés porteurs d'éléments de différenciation qu'ils peuvent revendiquer ou au contraire repousser pour mettre en avant les signes d'appartenance au corps majoritaire. Ces processus apparemment contradictoires d'affirmation identitaire et de refus d'une assignation à l'identité minoritaire se constituent dans un cadre contraint : celui de l'illégitimité profonde de la visibilité de l'altérité. Cette dialectique a déjà fait l'objet de nombreux développements, que nous ne reprendrons pas ici [12].

Il importe néanmoins de rappeler que les expressions identitaires sont le produit d'un processus interactif, dans lequel se jouent des rapports de pouvoir. C'est ce que rappellent les théories de la domination, mais elles tendent à insister sur les responsabilités d'un des acteurs, le dominant, renvoyant l'expression du dominé à une simple intériorisation du stigmate. On ne peut s'arrêter à une explication dessaisissant les principaux intéressés — les immigrés et leurs descendants — de toute initiative dans le processus

12 Voir en particulier les travaux de Nacira Guénif-Souilamas, notamment *Des « beurettes » aux descendantes d'immigrants nord-africains*, *op. cit.*

de formation des catégories de représentation et d'action dans la société. Les revendications contradictoires de différenciation et d'assimilation se traduisent de fait par la production et l'utilisation d'une quantité de dénominations empruntant au registre de l'ethnico-racial pour exprimer son identité. Loin de ne constituer qu'une importation de catégories imposées par le groupe majoritaire, ici les « Français blancs », les références omniprésentes à la race ou à l'ethnicité s'inscrivent aussi dans une dynamique autonome de racialisation et d'ethnicisation des rapports sociaux, et par conséquent des classements.

La société française, comme toutes les sociétés multiculturelles, est confrontée à des processus de hiérarchisation ethnico-raciale, alimentant la formation d'un système de discrimination. Mais son modèle d'intégration ne l'a pas préparée à y apporter des réponses. Il a au contraire participé à l'édification de ce système discriminatoire en reconduisant une lecture péjorative de l'altérité dans l'espace politique et social. Plus encore, la fiction créatrice d'une égalité des conditions par l'entrée dans la citoyenneté a longtemps fait obstacle au dévoilement de l'ampleur des discriminations, aussi bien du point de vue des victimes que du fonctionnement de la société française. Elle favorise *in fine* la méconnaissance ou le déni des inégalités fondées sur l'origine ethnique et raciale.

Un effet secondaire de cette fiction est la difficulté d'interpréter les processus à l'œuvre dans la société multiculturelle : comment comprendre les faits sociaux impliquant des groupes constitués sur de multiples déterminants, au rang desquels figure l'origine, sans manier les notions d'ethnicité ? Au prix de combien d'euphémismes, tels que les « jeunes des quartiers », et de fausses pistes ? Toutes proportions gardées, la société française est confrontée à un défi proche de celui qu'affrontaient les États-Unis à la fin des années 1960. Alors que la ségrégation raciale était mise à bas par le mouvement des droits civiques et qu'une politique volontariste de déconstruction des structures racistes et discriminatoires se mettait en place, un mouvement de « renouveau ethnique » (*ethnic renewal*) touchait les descendants des immigrés européens venus à la fin du XIXe siècle et au début du XXe siècle. Alors que leur assimilation était considérée comme achevée, ils revendiquèrent la reconnaissance de leur identité « à trait d'union » (*Hyphenated Americans*).

Fondamentalement réactif aux revendications d'égalité des minorités raciales, ce mouvement a néanmoins permis le passage d'une société puissamment assimilationniste à une société plus soucieuse de respecter le pluralisme. Je ferai volontiers l'hypothèse que la société française traverse une situation de même nature, les anciens colonisés jouant le rôle des Afro-Américains. Il faudrait engager un rapport plus serein à la question des origines pour qu'il ne soit plus contradictoire d'être à la fois totalement français et d'origine italienne ou algérienne, polonaise ou turque, comme de faire le choix de ne pas accorder de signification à ses ascendances. Pour laisser le choix des possibles, il importe de décoloniser les imaginaires et de dénationaliser les référents collectifs.

23

Les enseignements de l'étude conduite à Toulouse sur la mémoire coloniale

Nicolas Bancel, Pascal Blanchard et Sandrine Lemaire

En 2003, pour mener une étude sur l'état de l'opinion en France concernant les indices et la réalité de la « fracture coloniale », nous avons choisi une ville et sa périphérie — Toulouse — *a priori* « neutres » par rapport aux questions qui occupent le cœur de cet ouvrage : dans la ville rose, l'histoire coloniale n'a été ni omniprésente (à la différence de villes comme Bordeaux ou Marseille), ni absente (présence de troupes coloniales pendant les deux guerres mondiales et des rapatriés). De plus, après la Seconde Guerre mondiale, les origines des migrants qui s'y sont établis ont été relativement équilibrées entre migrations intra-européennes et extra-européennes. La ville est ainsi riche du croisement des différentes histoires de l'immigration dans le siècle et la répartition de la population entre Français, étrangers et Français d'origine étrangère est proche des données nationales [1].

L'étude a été initialement scindée en deux parties distinctes : la première est une enquête par questionnaire, réalisée en ville (centre-ville et arrondissements périphériques) et en périphérie de Toulouse (villages, quartiers, zones rurales...) auprès de plus de quatre cents personnes réparties

1 Selon le recensement de l'INSEE de 1999, la population totale de la région Midi-Pyrénées était de 2 552 125 personnes, contre 2 430 663 en 1990, soit une augmentation de quelque 120 000 personnes, que n'explique pas le seul accroissement naturel : le facteur migratoire est donc un élément essentiel à prendre en compte. Pourtant, on ne comptait en 1999 que 99 894 « étrangers », soit 3,9 % de la population régionale (contre 5,6 % au niveau national) ; mais si on y ajoute les 120 237 Français par acquisition, la population « d'origine étrangère » représentait 8,6 % de la population régionale.

selon la méthode des quotas ; la seconde partie s'est appuyée sur soixante-huit entretiens individuels, ces « personnes ressources » ayant été sélectionnées par la constitution de « profils types » sur la base des résultats de l'enquête par questionnaire [2]. Pour faciliter la compréhension des résultats de l'étude, nous avons choisi, dans cette brève synthèse, à la fois de regrouper ces deux niveaux d'enquête et de la limiter aux grandes lignes qui nous ont paru les plus significatives — mais qui ne révèlent pas toute la complexité de l'ensemble du travail mené à l'origine [3].

La focalisation des mémoires sur l'Algérie

L'objet de cette étude était non seulement de revenir sur les mémoires du passé colonial de la France, mais aussi de chercher à comprendre les enjeux contemporains légués par la colonisation : à savoir principalement les représentations collectives qui semblent structurer l'appréhension des populations ex-colonisées (comme des ex-espaces coloniaux tels l'Afrique noire, l'ex-Indochine ou le Maghreb), mais aussi les représentations des acteurs issus de l'immigration coloniale et postcoloniale. Enfin, nous avons tenté d'interroger les rapports intercommunautaires contemporains en les éclairant par la période coloniale, fondatrice des rapports entre les Français et les populations ex-coloniales.

À l'aune des principaux résultats de l'étude, l'hypothèse émise au début de ce travail — la faible connaissance de l'histoire coloniale et de l'histoire de l'immigration — est confirmée, en ce qui concerne Toulouse et sa périphérie, pour pratiquement toutes les catégories d'enquêtés : dates, personnalités, lieux et événements ne « résonnent » pas au sein des populations

---

2 Voir en annexe 1 la description de la démarche méthodologique mise en œuvre. Ce projet a été initié et coordonné par l'Achac (sous la conduite de Nicolas Bancel, Pascal Blanchard, Emmanuelle Collignon et Sandrine Lemaire), en partenariat avec différentes institutions nationales (Délégation interministérielle à la ville et ministère de la Culture) et acteurs locaux : FASILD Midi-Pyrénées (sous la direction de Kamel Benamra et la conduite de Frédéric Callens), rectorat Midi-Pyrénées, lycée Marcellin-Berthelot (Toulouse), réseau associatif Tactikollectif (sous la direction de Salah Amokrame) et l'association Quartier 31. Enfin, l'enquête par questionnaire a été menée par l'agence Celsius.

3 Voir en annexe 2 une présentation plus détaillée des principaux résultats de l'étude. Les lecteurs qui souhaitent de plus amples éléments d'information peuvent consulter l'intégralité des résultats statistiques en s'adressant au centre de documentation de la Délégation interministérielle à la ville (194, avenue du Président-Wilson, 93217 Saint-Denis-La-Plaine).

rencontrées, sauf pour ce qui concerne l'Algérie. La colonisation, quels que soient les angles sous lesquels on l'aborde, est identifiée d'abord et surtout par le prisme de l'Algérie (pays, guerre, population, histoire et, à un moindre niveau, religion). Par exemple, le plus grand nombre de réponses pour les « colonies » citées concerne l'Algérie, et la date la mieux connue est celle de l'indépendance algérienne, en 1962 (et encore de façon très relative, puisqu'il faut ouvrir le spectre à plus ou moins cinq ans pour obtenir une réponse majoritairement positive). Rien de surprenant donc à retrouver, dans les premiers mois de 2005, l'Algérie au centre du débat sur la mémoire coloniale en France (notamment avec les critiques, venues d'historiens français mais aussi du FLN algérien, de la loi française de février 2005 insistant sur le « rôle positif » de la colonisation).

De même, pour ce qui a trait à l'immigration, à son histoire et aux représentations qui lui sont liées, c'est l'« image du Maghrébin » qui domine, ainsi que l'histoire des flux migratoires venus d'Afrique du Nord (Algérie, Maroc, Tunisie). Dans toutes les parties de l'enquête, on retrouve une confusion presque systématique entre histoire coloniale, histoire de l'immigration et guerre d'Algérie. *A contrario*, les dates des autres conflits (Indochine) et des indépendances (Indochine, Afrique noire) ou l'histoire des flux migratoires venus de l'ex-Indochine, d'Afrique noire ou des Antilles sont peu identifiées, sauf par les enquêtés ayant un ascendant direct issu de ces espaces ou par les personnes ayant un niveau d'étude d'au moins « bac + 4 ».

L'omniprésence des références à l'Algérie marque une particularité de la mémoire de la colonisation et, par extension, des mémoires liées à l'immigration postcoloniale : le fait historique colonial est identifié à l'un de ses épisodes les plus tragiques (parmi un spectre de réponses évoquant une trentaine d'événements coloniaux[4]), la guerre d'indépendance algérienne, et, de façon plus spécifique, à la torture. Cette focalisation sur l'Algérie pose un double problème : le premier concerne la difficulté à percevoir toute la complexité et les ambivalences de la colonisation, sa compréhension étant réduite à celle d'un de ses moments les plus violents ; le

4 La liste des dix premiers événements de l'histoire coloniale cités spontanément par les personnes ressources est éclairante. Dans l'ordre : la guerre d'Algérie, très loin devant les autres ; puis trois événements se situant dans le même univers historique (les indépendances au sens large), à savoir la guerre d'Indochine, les accords d'Évian et la décolonisation (sans précision de champ géographique ou historique) ; viennent ensuite la conquête de l'Afrique et celle de l'Algérie (prise d'Alger en 1830) ; puis, toujours par ordre décroissant de fréquence des réponses, les indépendances de l'Indochine, de l'Algérie, de l'Inde et du Maroc.

second renvoie à la cristallisation manifeste d'un ressentiment éprouvé par les descendants d'immigrés originaires du Maghreb, d'Afrique noire, de l'ex-Indochine ou des actuels Dom-Tom face à une histoire perçue comme globalement occultée.

La colonisation, dont l'héritage est bien loin de participer à la constitution d'une histoire commune — avec ses événements souvent douloureux et sa complexité —, est vue par les enquêtés « issus de l'immigration » comme la métaphore d'une oppression subie *aujourd'hui* : le sentiment d'être un « enfant d'indigène » — ou un « enfant de la colonisation » — structure une représentation de soi assez similaire à celle observée dans les Dom-Tom chez les « descendants d'esclaves ». Pour la majorité des « Français de souche », en revanche, le drame algérien est perçu comme une preuve que les ex-« indigènes » issus du Maghreb et leurs descendants seraient non intégrables en France, en vertu de leur origine, non pas « ethnique », mais « historique » (sauf chez les plus de soixante ans, qui pensent l'inverse), comme le confirment les réponses aux questions posées sur l'intégration des « immigrés » en fonction de leurs origines.

Ainsi, la conjugaison de discriminations « raciales » toujours bien présentes et de la méconnaissance des réalités concrètes de la colonisation, dans toutes ses dimensions et pour toutes les franges de la population française (y compris les « Français de souche »), explique que l'histoire coloniale est aujourd'hui globalement perçue très négativement et identifiée à la violence, à l'oppression, à la torture, à un système de classification selon la « race », désignant la République comme ayant « trahi ses valeurs ». La « mémoire coloniale » est devenue une ressource négative, qui nourrit les cristallisations identitaires au sein des populations immigrées ou issues de l'immigration coloniale et postcoloniale, qui se sentent rejetées par la société d'accueil [5].

Une tendance à l'« ethnicisation » des regards sur la société française

En ce qui concerne l'histoire de l'immigration — dans le cadre de l'approche menée au cours des entretiens individuels principalement —,

5 À titre d'exemple, certains enquêtés ont fait référence au décret Crémieux de 1870 (qui ne concernait que l'Algérie et octroyait la citoyenneté française à la population juive) pour mettre en exergue la différence de situation en France des « Juifs » et des « Arabes »... Ce niveau de connaissance d'un épisode lointain de l'Algérie coloniale est étonnant, et s'explique sans doute par à une conférence-débat sur la question — fortement « orientée » — qui avait eu lieu à Toulouse peu de temps avant notre enquête.

quasiment aucune date « référence » ne résonne au sein des populations sondées. C'est une histoire virtuelle, sans repères chronologiques stables, quels que soient les origines familiales, le lieu de vie, le niveau d'études et l'âge des personnes sondées. Cette absence de point de repère sur le temps long (cinquante ans, un siècle, depuis la Révolution française...) semble souvent nourrir, chez les « Français de souche », le sentiment d'une illégitimité de la présence d'immigrés issus de l'ex-Empire (qui portent l'image la plus négative, à commencer par les Maghrébins) et, pour les immigrés et descendants d'immigrés, une réelle difficulté à se sentir liés à l'histoire de France. Cette *double fracture* de la mémoire nous semble pouvoir éclairer des problèmes de discrimination évidents et participe probablement aux processus de repli identitaire dans les quartiers (islam, identité recomposée...) identifiés par plusieurs autres études.

Pour beaucoup de personnes sondées — notamment au sein de la catégorie C3 (parents ou grands-parents nés Outre-Mer[6]) —, l'histoire coloniale et postcoloniale semble renvoyer à une *humiliation collective*, au sentiment d'un déni historique, qui encouragent évidemment la radicalisation des discours. Sur ce point, on constate en outre que la mémoire intrafamiliale n'a pu remplacer à elle seule l'absence de transmission institutionnelle de l'histoire coloniale et de l'immigration et que, dans de nombreux cas, cette mémoire souffre de nombreux blocages. Pour la quasi-totalité des personnes interrogées dans les entretiens individuels et dont les familles ont un lien avec cette histoire coloniale (y compris les pieds-noirs ou les « Antillais »), la transmission de la mémoire ne s'est que marginalement manifestée dans l'univers familial, et cela est encore plus marqué pour les moins de trente-cinq ans. C'est un passé dont on ne parle pas ou peu. Le « silence des institutions » rejoint donc un relatif « silence des familles » et un évident — hormis l'épisode algérien — « silence des médias ».

Au-delà des résultats bruts, il semble exister pour les personnes rencontrées une césure des mémoires entre « Français dont les quatre grands-parents sont nés en France » et « populations d'origine étrangère » ou « issues de l'immigration », césure qui se déploie aussi sur le plan spatial, renforçant un des clivages que l'on peut qualifier d'« ethnico-géographique ». Beaucoup d'interviewés « d'origine immigrée » se sentent « victimes » de l'histoire, en quête de mémoire nationale et ne savent « plus » ou « pas » quelle est « leur » histoire (sentiment d'entre-deux culturel et historique que nous avons retrouvé dans de nombreuses remarques lors des

---

6 Voir en annexe 1 le descriptif des différentes catégories retenues dans l'étude.

entretiens individuels). D'autres enfin rejettent ce « passé colonial » qui ne les « concerne pas ». Cela crée, malgré une quête de savoir commun, un *schisme* en matière de perception de ce passé, d'où une grande difficulté à construire — ou à imaginer — une histoire partagée. Beaucoup de nos personnes ressources affirment en substance, sous des formes et avec des approches diverses : « Ce n'est pas une histoire de la colonisation, ce n'est pas une histoire de l'immigration, c'est de l'histoire de France et c'est pour cela que l'on n'en parle pas ou alors que l'on marginalise celle-ci. » Marginalisation sociale (vécue et/ou ressentie) et sentiment d'une marginalisation ou d'une négation de l'histoire personnelle et de la mémoire semblent aller de pair.

Les relations entre immigrés et Français sont majoritairement considérées comme « négatives ». L'enquête montre également que plus on est jeune, plus le regard sur la société française *s'ethnicise* : le sentiment de fracture est réel, surtout chez les nouvelles générations, et cette fracture s'affermit dans les quartiers les plus « en difficulté ». Ainsi, sur l'échelle subjective d'une intégration « plus ou moins facile », les immigrés venus d'Europe bénéficient en général d'une intégration qualifiée de « facile ». Viennent ensuite les immigrés non issus de l'ex-domaine colonial français et, en dernier lieu, ceux venant de cet espace, pour lesquels l'intégration est davantage associée aux termes de « difficile » et « impossible » — sauf de façon étonnante pour les personnes les plus âgées ayant connu les colonies ou ayant reçu un enseignement évoquant cet Empire à l'école.

Il est par ailleurs essentiel de constater que ceux qui sont (ou se sentent) ainsi discriminés ont souvent intériorisé ces catégories de pensée. Ces frontières, vécues ou symboliques, participent aux processus de rétraction identitaire que nous évoquions plus haut. Elles reposent d'abord sur des perceptions ne tenant pas compte, par exemple, de la nationalité : un Français peut être considéré comme « arabe » si ses ascendants sont issus du Maghreb, ou s'il s'identifie lui-même à cette catégorie. La notion de génération importe peu, et c'est avant tout le statut « identitaire » (indigène/dominant) et plus rarement des catégorisations sociales, culturelles ou religieuses qui importent. L'ethnicisation des rapports sociaux apparaît ainsi travaillée par un « retour du colonial ».

À cet égard, la perception des espaces ex-coloniaux reste empreinte des schémas construits durant la période coloniale. L'Afrique noire, par exemple, est marquée par une appréciation très négative, révélant des stéréotypes coloniaux évidents. Il est donc possible — c'est aussi le cas pour les autres espaces, le Maghreb notamment — de postuler une persistance des représentations coloniales, une absence de rupture du regard et des stéréotypes, dont la perpétuation doit beaucoup à l'absence de canaux qui permettraient de socialiser l'analyse historique de ces représentations.

Une forte demande sociale pour mieux connaître la période coloniale

Et pourtant, quels que soient les profils des enquêtés, émerge un fort intérêt personnel pour l'histoire coloniale [7] et, dans une moindre mesure, pour l'histoire de l'immigration. C'est l'un des enseignements majeurs de cette étude : une forte demande sociale existe pour comprendre cette période, afin d'éclairer certains problèmes contemporains et pour combler un vide mémoriel perçu par une forte majorité comme une amputation très importante de l'histoire nationale. Mais ce n'est pas forcément l'histoire de l'immigration et de la colonisation telle que les institutions ou les spécialistes l'entendent, qui fait l'objet de cette demande sociale.

Il suffit en effet d'apprécier l'attitude des personnes ressources interrogées, face à la « mallette pédagogique » de documents très divers sur l'histoire coloniale et postcoloniale (livres, revues, films, etc.) qui leur avait été remise avant les entretiens. On constate un rejet des films sur l'immigration et la faible utilisation des revues spécialisées sur ces questions (le contenu et la qualité de ces supports sont jugés « médiocres » ou trop « spécialisés »). Nombre de personnes ressources s'interrogent sur les raisons pour lesquelles cette production n'est pas aussi attrayante que celle concernant d'autres sujets historiques classiques (Grande Guerre, Seconde Guerre mondiale, histoire de l'art...). En effet, beaucoup de supports proposés ont été jugés négativement ou n'ont pas été utilisés alors que, parmi ceux qui ont été consultés, les livres illustrés émergent, ce qui est assez normal (force des images), mais aussi les approches plus originales, comme les romans et certains ouvrages historiques synthétiques.

La mémoire coloniale occupe donc aujourd'hui un champ spécifique du débat public. Notre enquête montre d'ailleurs que, pour neuf enquêtés sur dix, l'histoire coloniale doit impérativement être abordée, car son analyse peut permettre de comprendre des phénomènes contemporains. Devant ce désir manifeste exprimé par les interviewés, on peut légitimement s'interroger sur le retard des institutions en la matière.

---

7 Certaines personnes ressources ont insisté, lors des entretiens individuels, pour associer « histoire coloniale » et « histoire de l'esclavage » dans l'expression de leur intérêt pour ce passé.

Plus largement, on observe une remise en cause des principes mêmes du modèle d'intégration par nombre des personnes ressources consultées. Conjugué au sentiment d'une « mémoire impossible », cet affaissement de la croyance en une « réussite républicaine » par l'intégration est un signe fort qui interroge la solidité de l'un des piliers du « vivre ensemble » de la société française.

Épilogue

De « notre » mémoire à « leur » histoire : les métamorphoses du Palais des colonies[1]

Arnauld Le Brusq

La mémoire demeure toujours cette vieille dame mère des muses qui aime à se nicher dans les murs des vieux palais. Elle se manifeste essentiellement en images, qu'elle se plaît à faire voyager à travers le temps, remontant parfois à la surface du présent pour devenir visibles, puis disparaissant dans l'oubli et revenant visiter les vivants. Ainsi de suite. Si le projet de l'histoire est maîtrise, la venue de la mémoire est surprise.

Monter depuis la station de métro parisienne de la Porte Dorée vers le Palais des colonies, ex-Musée permanent des colonies, ex-Musée de la France d'Outre-Mer, ex-Musée des arts africains et océaniens, ex... et bientôt Cité nationale de l'histoire de l'immigration, c'est aller au-devant d'une traversée de la mémoire coloniale en son épicentre. Disons le mot : son sanctuaire. N'est-elle pas anachronique, la haute et incroyable figure guerrière en bronze doré appelée *La France colonisatrice* — dite parfois *La France civilisatrice* — qui se dresse au-dessus de la cascade vers le bois de Vincennes ? Si vous vous retournez avant d'accéder au palais, vous apercevez, mutilé par un attentat en 1983, mais reconstitué contre l'oubli, le monument au commandant Marchand. Que raconte-t-il aux générations qui passent ? L'affront de Fachoda en 1898, Lord Kitchener, les sources du Nil[2], etc. Qui s'en souvient ? Le bloc de ciment et le bas-relief de bronze, oui.

---

1 Ce texte actualise une publication donnée à l'occasion de la fermeture du Musée des arts africains et océaniens (MAAO) dans la revue *L'Infini*, n° 82, printemps 2003.

2 Voir la contribution de François Gèze dans cet ouvrage, note 19, p. 155.

De face, le bâtiment vous apparaît dans toute sa beauté minérale, granitée, monumentale, distillant l'incomparable sensation physique donnée par l'architecture du « retour à l'ordre » des années 1930, dans l'usage encore pionnier du béton armé, précédé de palmiers vraisemblablement choisis d'une espèce naine afin de renforcer sa monumentalité. Bâtiment aujourd'hui négligé, d'allure étriquée malgré les bassins à l'image des océans qui baignaient les quatre parties de l'Empire, fané, le gravier mal égalisé, les deux mâts des trois couleurs piquetés de rouille, les macarons marqués RF ternis, une bâtisse fatiguée, comme déplacée, jaillie d'un temps révolu et venue d'un espace aujourd'hui bel et bien mort.

Hommage des richesses

Et pourtant. Avant d'entrer, admirez le tableau minéral qui déploie sur toute l'étendue de la façade ses visions en bas relief, ordonnées de part et d'autre de la figure de géante maternelle qui s'élève au-dessus de la porte d'entrée, la France, la République accompagnée de la Paix et de la Liberté, mais aussi de Pomone et de Cérès échappées du fonds antique : à gauche voici l'Afrique, toujours « primitive », à droite l'Asie, toujours « raffinée », un tableau minéral où se reconnaissent les villes portuaires aux noms sculptés Le Havre, Bordeaux, Marseille la porte de l'Orient, des hommes et des femmes au travail, des navires en route, des fragments d'inventaires de matières premières, plomb, cuivre, arachide, caoutchouc, dans une nature exubérante où se distinguent un troupeau d'éléphants au galop, les graciles antilopes, les zébus placides, les crocodiles, les poissons, un tigre enserré par un python, des oiseaux, des listes de noms de pays... Soyez féconds, avait-Il dit, multipliez, emplissez la terre... Soyez la crainte et l'effroi de tous les animaux de la terre et de tous les oiseaux du ciel, comme de tout ce dont la terre fourmille et de tous les poissons de la mer : ils sont livrés entre vos mains... Tout ce qui se meut et possède la vie vous servira de nourriture, Je vous donne tout cela au même titre que la verdure des plantes... Pour vous, soyez féconds, multipliez, pullulez sur la terre et la dominez... Alors c'est ce qu'ils firent.

Passée la porte d'entrée, dans l'assurance que procure la symétrie, à votre gauche vos pas vous portent vers le « Salon du ministre », car le serviteur de l'État en charge des colonies avait ici son pied-à-terre à la manière des antiques palais de la royauté pourvus d'une « aile des Ministres ». Au mur circulaire se déroule la fresque sur le thème de *L'apport de l'Afrique à la France*, où se découvrent le Prophète et l'archange Gabriel, mais aussi Apollon et sa lyre charmant les plantes, les animaux et les villageois africains, accompagnée d'une immense muse noire — une Clio africaine, qui sait ? — sur fond de Pégase et des cités de Djenné et de Tombouctou.

À votre droite, vos pas vous portent vers le « Salon Lyautey », sur le thème de *L'apport de l'Asie à la France*, où se reconnaissent Bouddha, Confucius et Krishna. Salon où se tenaient il n'y a pas si longtemps — et maintenant rangés dans quelles réserves de la République ? — le fauteuil et le portrait du commissaire général de l'Exposition coloniale internationale de 1931, le maréchal Louis Hubert Gonzalve Lyautey (1854-1934). Un fauteuil en tapisserie de couleurs vives, frappé du sigle RF et du coq gaulois protégeant ses colonies, l'éléphant et le chameau. Un portrait en grand uniforme, drapé d'une djellaba, du maréchal dont la carrière se déroula tout entière sous l'œil des photographes de la propagande journalistique et militaire, jusqu'en lisière du Sahara aux côtés du père de Foucauld. Le maréchal avait été sorti *in extremis* de sa retraite familiale de Thorey (Meurthe-et-Moselle) pour mettre en application sa devise *The soul's joy lies in doing* (la joie de l'âme est dans l'action) et organiser l'événement pour lequel fut construit ce palais cette année-là, comme vous pouvez le lire au-dessus de la porte du vestibule sur la dentelle de ferronnerie : « Le 6 mai 1931, cet édifice a été inauguré par Gaston Doumergue, président de la République/ Paul Reynaud étant ministre des Colonies/le maréchal Lyautey commissaire général/de l'Exposition coloniale internationale. »

La France au centre des cinq continents

Maintenant vous entrez dans la salle des fêtes où, pile au centre, sur le mur du fond, également peinte à fresque, altière, la France se dresse sur la terre, entre mer et ciel, tournée vers la droite, de profil, sous les traits d'une femme brune à la peau mate. La République frottée à tous les soleils de la planète, encapuchonnée d'un manteau rouge doublé d'hermine, qui laisse largement apparaître la robe à l'antique d'un blanc immaculé sous laquelle se devinent les hanches fortes, fécondes, la France pacificatrice, une colombe dans la main gauche, donnant la main à une autre femme brune et puissante, vraisemblablement l'Europe.

Les pieds de la France perdus dans les pampres où un angelot frisé blond, une branche d'olivier à la main, agite son petit corps rose, un phylactère déroulé au sol, vide de toute écriture, vierge de l'histoire sans doute encore à tracer mot après mot, ou bien d'une histoire indicible, ou bien encore d'une histoire aux lettres déjà effacées.

Abritée, la France, sous un dais de feuillage où roucoulent des colombes tandis que, telles des apparitions, suspendues dans un ciel très bleu, un ciel bleu roi, les caravelles s'avancent, toutes voiles dehors, blanches comme des fantômes, dans une infinie lenteur parmi les arbres de la jungle, au ras du fleuve, telles que purent les voir arriver les natifs au détour d'un méandre du fleuve boueux, glissant lentement sur le fleuve immobile, les natifs pris entre l'effroi et l'émerveillement, un premier navire, puis deux, puis trois. L'incroyable apparition qui changea l'infinie face plate de la terre en une minuscule boule bleue à peine grosse comme le poing roulant dans l'infini bleu nuit du ciel.

En bas à gauche, l'Océanie, sensuel corps cuirassé de cuivre aux cheveux d'algues, allongée sur un cheval marin blanc, le ventre bombé, drapée dans un paréo jaune tatoué de fleurs de tiaré d'où émerge une longue jambe cuivrée et fléchie. À droite, l'Amérique, également portée par un cheval marin, sous les traits non pas d'une Indienne, mais d'une fille des puritains venus de l'autre côté de l'océan, blonde permanentée tout juste sortie d'un de ces temples de la beauté où les New-Yorkaises rendaient alors leur culte au moi. Corps élancé, élastique, sportif, à la peau rose, sanguine, enveloppé dans un drapé bleu d'où surgit un bloc de gratte-ciel blancs à la façon d'une maquette en plâtre, une grisaille aux ombres bleutées — à l'extrémité du drap bleu, un pied relevé émerge, également rose.

En haut à gauche de la France, voici l'Asie, fière idole aux bras multiples abritée sous un riche parasol à franges, au corps de bronze doré paré de bijoux dorés, juchée sur un éléphant blanc caparaçonné d'or et de pourpre, fixant dans les yeux un énorme serpent naja vert bronze, suivie de deux porteuses aux seins de bronze nus tenant sur la tête de hauts arrangements de comestibles, gâteaux ou fruits à la manière de pièces montées, à l'arrière-plan desquels vous pouvez entrevoir des fragments de drapeaux avec leurs hampes, elles-mêmes précédées, les porteuses, d'une bayadère, le casque d'or retroussé à l'endroit du cou, surmonté d'un couronnement de stûpa doré, le corps gainé de noir et partiellement cuirassé d'or, les seins protégés de globes ouvragés d'où partent vers la ceinture d'or trois chaînes orfévrées, la main droite posée sur la hanche, la main gauche déployant un éventail de plumes blanc immaculé.

En haut à droite de la France, voici l'Afrique au corps d'ébène, abritée sous une large feuille de la forêt d'aloès, de palmiers et d'euphorbes. Elle est puissante, musculeuse, nue à l'exception d'une mince ceinture jaune et d'une cape rose, moussue, coiffée de plumes blanches, une énorme boucle d'oreille suspendue au lobe, allongée sur un éléphant lui-même noir, orné de tissus aux motifs géométriques noirs et rouges à pompons blancs, suivie de porteuses aux seins d'ébène nus tenant sur la tête des calebasses, des pots garnis de plantes et de statuettes, l'une un enfant dans le dos, s'avançant dans la jungle d'où émerge une énorme fleur rose chair dont on peut apercevoir l'intérieur des corolles d'un rose plus foncé, vif, sanguin.

Ensuite, de part et d'autre de la France, voici que la République se déploie, se dédouble, se fragmente, toujours vêtue de rouge. Sous les traits de la Science compas à la main, le globe terrestre en son giron, d'austères ouvrages à ses pieds. Sous les traits de l'Art puis de la Justice les yeux bandés, massive, un gigantesque glaive pointé en terre sur lequel s'enroule un énorme serpent, à ses pieds un cactus, d'où émerge une tête de bison sur fond de caravelles blanches toutes voiles déployées. Puis sous les traits de la Paix, blonde à serpe d'or, un amour blond aux ailes d'or sur l'épaule, à ses pieds un négrillon amoureusement dressé vers elle, également sur fond de caravelles. Puis sous les traits de la Liberté, puissante, drapée de blanc, une jambe nue en avant, les bras tendus vers le haut faisant se dresser les seins sous le drap, le manteau rouge et l'abondante chevelure noire soulevée par un grand vent, sur fond de cheval blanc aux ailes d'or. Puis sous les traits du Travail, cette fois solide paysanne ou ouvrière conduisant un bœuf par un mince ruban torsadé, appuyée sur une masse, encadrée d'une gerbe de blé doré et d'une ruche d'abeilles sur fond de vigne et de caravelles. Enfin, sous les traits de l'Industrie, une fileuse, et du Commerce, une balance à la main. Toutes incarnations projetées à fresque sur les murs de cette salle des fêtes en hommage à la France pour ainsi dire centre de l'univers.

Cosmologie coloniale

1931. L'Exposition coloniale internationale. Mise en scène du double mouvement, du va-et-vient entre la métropole et ses colonies, l'œuvre réalisée par la France dans son Empire en symétrie de l'apport des colonies à la métropole, la vaste construction en images visible à la Porte Dorée exalte toujours ce grand flux et reflux en une figuration des mouvements planétaires que les vivants d'alors écoutaient comme la respiration naturelle du monde : la France pile au centre, renfermée dans le sanctuaire de cette salle des fêtes, la fresque dite *L'apport de la France à l'Outre-Mer* ou parfois *La France et les cinq continents* en pendant des compositions des deux salons, *L'apport de l'Afrique à l'Occident* et *L'apport de l'Orient à l'Occident*.

Visions spirituelles reprises pour ainsi dire en grand et incarnées dans le travail, la production et le commerce sur le relief en pierre taillée de la façade, toutes scènes où s'immisce le souvenir des parties du monde faisant hommage de leurs richesses telles qu'elles figuraient aux murs de l'escalier des Ambassadeurs, au château de Versailles. Telles que vous pouvez les voir encore au couronnement de la Cour de marbre, les animaux des quatre parties rapportés et enfermés dans la ménagerie, au centre de l'univers, à Versailles, les plantes des quatre parties rapportées et acclimatées au jardin du roi — au centre de cette partie que les Anciens avaient appelée Europe, du nom de la déesse à la peau blanche et veloutée, enlevée de son rivage par le taureau blanc aux cornes en croissant de lune, emmenée par-delà la mer tandis que ses frères partis à sa recherche fondaient, là où leur pied se posait, des colonies.

Dès 1935, quatre ans après la fermeture des portes de l'Exposition coloniale internationale, le musée rebaptisé Musée de la France d'Outre-Mer est confié à l'écrivain et critique d'art natif de la Réunion Ary Leblond, lauréat du prix Goncourt 1909 pour son roman au titre adverbial à la manière de Joris-Karl Huysmans et national à la manière de Maurice Barrès : *En France*. Les collections déroulaient le phylactère d'une histoire qui s'ouvrait sur la galerie des ancêtres. Un défilé de figures réincarnées qui sait les unes dans les autres depuis Godefroy de Bouillon (1058-1100), chef de la première croisade et souverain du royaume de Jérusalem, jusqu'au maréchal Lyautey, qui avait fini par décéder dans sa solitude de Thorey en Meurthe-et-Moselle. Défilé permanent et alors inachevé où les figures venaient s'ajouter les unes aux autres — dernière en date, celle du général Leclerc de Hautecloque, après reprise en main de l'Indochine, comme on disait.

Tourner la page ?

Puis vint le temps du reflux, de la Corrèze avant le Zambèze, où le film colonial se rembobina avec une barbare symétrie, les assauts sanglants des débuts — Algérie 1830, Pékin 1860, Dahomey 1892 — changés en retraits affolés et non moins sanglants — Sétif 1945, Haiphong 1946, Madagascar 1947 —, toutes dates mentionnées à titre d'échantillons. Alors s'effacèrent au musée de la Porte Dorée les couchers de soleil orientalistes réapparus seulement bien plus tard à la gare d'Orsay, oubliés les poèmes de José Maria de Heredia et des poètes dits « des îles », relégués aux réserves et jusqu'à ce jour réapparues nulle part les peintures de l'école indochinoise, démonté le suave « Salon Paul et Virginie », rendues à leurs propriétaires les bonbonnières aux dessins d'oiseaux chamarrés, remisés les meubles de Pondichéry où s'était étendue l'extravagante compagne de Joseph François Dupleix, la bégum Jeanne, repliés aussi les graphiques, les statistiques qui prouvaient combien tout cela, l'aventure, l'Empire, avait été au total et tout compte fait une bonne affaire.

Au tournant des années 1960, sous l'impulsion de l'ex-jeune homme désenchanté qui rêva d'incarner l'histoire, André Malraux, alors devenu ministre à grosses lunettes qu'il balançait au bout du bras tel un oiseau mort et promoteur de la religion de l'art au panthéon de laquelle il acheva d'annexer les statues, les masques, les poids de mesure, les reliquaires et les cimiers de chefs venus dans les bagages des explorateurs, des administrateurs et des tirailleurs aux casques en moelle d'aloès, le palais se mua en Musée des arts africains et océaniens.

Tandis que l'Empire s'effritait, qu'il s'effondrait sur lui-même, que la carte tachée de rose se craquelait, qu'éclataient les bombes de l'OAS, qu'un million de pieds-noirs choisissaient entre le cercueil et une ultime traversée de la Méditerranée, et que dans le froid d'une station thermale au nom d'eau minérale les dirigeants du FLN mal à l'aise dans leurs pardessus trop grands mettaient fin à l'aventure, tandis que les statuettes, les masques et les cimiers de chefs se déployaient aux murs et sous les vitrines, dans le plus profond du ventre du Musée permanent des colonies ne demeurait plus de cette permanence que l'aquarium. De sorte que — ironie du sort comme on dit — la fluidité biologique, animale, les taches colorées, bleues, jaunes, rouges des poissons tropicaux se montrent plus efficaces contre les assauts du temps que la mise en scène des œuvres de civilisation. Est-ce parce qu'en arrière-pensée de la conquête coloniale se nichait la quête d'un jardin au goût de paradis que le musée reçut un aquarium, ou bien par cette association entre *artificialia* et *naturalia* qui prévalait déjà dans les cabinets de merveilles médiévaux, dissociation en vertu de laquelle tout musée cache toujours un zoo ?

Comme si l'altière figure de la France qui se dresse à l'étage au-dessus, pile au centre, entre terre et ciel parmi les caravelles aux voiles immaculées trouvait ici, dans les entrailles moites du sanctuaire, sa nourriture sacrée à la mode de ces déesses qu'il faut amadouer par des offrandes consommables, tels ces six crocodiles au fond de leur fosse, dont rochers et végétaux figurent un improbable paysage africain. De même qu'à l'étage au-dessus l'altière figure de la France rayonne sur les quatre parties du monde dans un paysage de jungle peint, par une inversion infernale, à cet étage inférieur tout autour de la fosse aux crocodiles, s'alignent aux vitrines phosphorescentes des poissons et autres créatures marines venues d'Océanie, d'Amérique, d'Asie et d'Afrique. Les quatre continents.

Histoire fille de mémoire

La roue tourne. Une histoire prend fin. Une autre commence. Déjà il n'y a plus d'ici ni d'ailleurs. La boule bleue devenue une seule et même banlieue sans fin. Les caravelles aux voiles immaculées ont depuis longtemps fait naufrage ou sont rentrées au port et les vivants, sur la croûte de la boule bleue, errent à la périphérie de peu ou prou la même mégalopole, les yeux fixés devant les peu ou prou identiques récits imagés en feuilletons véhiculés par satellites. Le phylactère saturé. Et pourtant. Les statuettes aux yeux démesurés sertis de coquillages, aux bouches ouvertes et chargées de graisse, aux visages tordus hérissés de plumes, s'en sont allées vers le Musée des arts et civilisations du quai Branly, lui-même organisé selon les quatre parties, l'Afrique, l'Asie, l'Océanie et l'Amérique dédoublée en nord et sud, autour du centre vide, la vieille Europe à la peau veloutée, dans l'attente d'un partage enfin équitable des ancêtres sur la surface de la boule bleue.

Voici que s'avance la Cité nationale de l'histoire de l'immigration « Leur histoire est notre histoire », affirme le slogan programmatique du lieu de mémoire dans sa nouvelle métamorphose. Flux et reflux. Qui c'est, « eux » ? Qui c'est, « nous » ? Qui donc est sujet de l'histoire ? Et de la mémoire ? Car si vous jugez qu'un homme est un homme, alors tous les ancêtres se rassemblent, tous les fantômes figés dans l'orgie du passé à toucher du regard à travers les vitrines d'un musée enfin délié du « eux » et du « nous ». Un musée vide, qui sait ? Dans cette attente, la *cité* à naître en 2006 recouvrira de ses expositions d'écrans vidéo et de toiles imprimées les fresques d'un temps où la planète vivait le temps colonial au présent. C'était juste avant. Avant nous. Aucun bâtisseur d'Empire hier, aucun responsable politique aujourd'hui n'auraient imaginé laisser le Palais des colonies simplement offert à la visite des générations dans sa grandeur architecturale, décorative et mémorielle, laissée au temps qui passe à l'image de cette locomotive de grande allure que le poète André Breton souhaitait voir livrée durant des années au délire de la forêt vierge en un monument à la gloire et au désastre.

Le Palais des colonies. Un monument à la gloire et au désastre. L'histoire qui se racontera à la Cité nationale de l'histoire de l'immigration aura sans doute l'illusion de maîtriser les temps anciens et sera pleine d'idées sur le temps présent. Sur « leur » histoire et « notre » histoire. Puis un jour, les surprises de la mémoire rejailliront ici ou là, car la mémoire est une vieille dame qui demande de temps à autre à ses filles d'envoyer ses images aux vivants : pile au centre, altière, la France se dressait alors sur la terre...

Annexe 1

Méthodologie de l'étude « Mémoire coloniale, mémoire de l'immigration, mémoire urbaine » menée à Toulouse en 2003

Nicolas Bancel, Pascal Blanchard et Sandrine Lemaire

L'enquête par questionnaire

Pour mener à bien cette étude, conduite au second semestre 2003, une attention particulière a été portée à la fois au lieu de résidence — cette enquête s'insérant dans un programme plus vaste mené par la Délégation interministérielle à la ville sur la mémoire urbaine [1] — et aux origines familiales des enquêtés (lieux de naissance des grands-parents, des parents et du sondé). Ainsi, nous avons cherché à comprendre, en dehors des paramètres sociologiques et culturels classiques (adulte ou scolaire, sexe, tranche d'âge, catégorie socioprofessionnelle, niveau d'études, profil des études, profession des parents, nombre de frères et sœurs ; pour les consommations culturelles : nombre de livres, de journaux et de revues lus par mois, fréquentation mensuelle de cinéma, etc.), si les origines géographiques familiales modifiaient ou non sensiblement la perception de l'histoire coloniale et des rapports intercommunautaires. De même, nous avons tenté de saisir si le lieu d'habitation (centre-ville, périphérie immédiate, banlieue) infléchissait ou non ces perceptions. Enfin, nous avons réparti les quatre cents enquêtés en cinq classes d'âge, en tenant compte statistiquement d'un équilibre entre, d'une part, hommes et femmes, et, d'autre part, les profils socioprofessionnels.

La population cible de l'enquête par questionnaire (équilibrée entre hommes et femmes) était constituée exclusivement d'habitants — permanents ou temporaires (étudiants, contractuels...) — de l'agglomération de Toulouse et de ses environs (moins de 30 km), répartis en trois catégories [2] : la première était située en

1 Dans le cadre du programme, initié en 2001, « Mémoires, production de sens et récits de/et dans la ville ».

2 Distinction nécessaire pour apprécier les éventuels effets de la concentration des populations immigrées ou issues de l'immigration dans les quartiers périphériques.

centre-ville et dans les arrondissements centraux et représentait 36,3 % du panel ; la deuxième regroupait les quartiers périphériques *intra muros*, notamment Le Mirail, et rassemblait près de la moitié (48,5 %) du panel ; la troisième catégorie (15,2 %) rassemblait banlieue proche et périphérie lointaine (essentiellement des villages).

Outre la connaissance du lieu de naissance des interviewés, étrangers ou français, il était important de savoir si un ou plusieurs de leurs ascendants (parents et grands-parents) étaient d'origine étrangère (et notamment issus des pays de l'ex-Empire). Trois catégories ont été ainsi distinguées : la plus importante était celle des personnes dont les ascendants sont nés en France (C1, 39,8 % du panel) ; la deuxième (C2, 27 %) regroupait celles ayant au moins un ascendant né hors de France, mais pas dans l'ex-Empire ou les Dom-Tom (principalement celles ayant des parents issus des immigrations intra-européennes) ; enfin, la dernière catégorie (C3, 33,2 %) rassemblait les personnes ayant au moins un ascendant né dans un pays de l'ex-Empire ou les Dom-Tom.

Si l'on s'en tient aux seuls parents, 47,3 % des enquêtés ont au moins un des leurs né hors de France[3]. Et si l'on remonte d'une génération (parent *ou* grand-parent né à l'étranger), ce pourcentage est porté à 60,2 %, dont plus de la moitié ont des ascendants nés dans une ancienne colonie. La première est l'Algérie, ce qui s'explique historiquement : dans les années 1950, Toulouse a accueilli une immigration maghrébine importante et, à partir de 1962, elle a été aussi l'un des lieux d'accueil d'une population émigrée (ou « rapatriée ») après les accords d'Évian, « pieds-noirs », mais aussi harkis et Juifs d'Algérie.

Nous avons ensuite distribué les classes d'âge, selon la méthode des quotas, en cinq catégories : les 18-25 ans regroupent 33 % du panel (avec une forte proportion de scolaires et d'étudiants) ; les 25-35 ans en représentent 24,8 %, contre 17 % pour les 35-45 ans et 14 % pour les 45-55 ans, légèrement sous-représentés ; enfin, les plus de 55 ans, également sous-représentés, regroupent 11,2 % de notre panel. Signalons la surreprésentation des deux premières catégories (18-25 ans et 25-35 ans) par rapport à la moyenne nationale, ce qui correspond à l'une des caractéristiques de la population toulousaine, à savoir une très importante population estudiantine. C'est une donnée que l'on retrouve avec l'approche par catégorie socioprofessionnelle (CSP), puisque les lycéens et les étudiants dominent (29 %) ; viennent ensuite les employés ou ouvriers (27,5 %), puis les retraités (8,8 %) et les cadres (7,3 %).

Interviews des personnes ressources

La seconde partie de l'étude a consisté en une série d'entretiens individuels, menés auprès d'un échantillon de la population adulte cible et d'une classe de terminale du lycée Marcellin-Berthelot, soit soixante-huit personnes ressources *in fine* (sur une centaine de personnes retenues au début du cycle d'entretiens), rassemblées en

3 Ce chiffre important est assez proche de la réalité toulousaine actuelle, fortement marquée par plusieurs vagues migratoires.

liaison avec nos partenaires locaux (les associations Tactikollectif, Quartier 31 et Vitécri) et des relais pédagogiques ou associatifs toulousains [4]. Elles ont toutes été interrogées selon la même grille d'entretien et ont disposé de la même mallette pédagogique [5]. Une des originalités de cette seconde partie de l'étude réside dans le fait que les enquêtés ont été soumis à deux entretiens : l'un avant la remise de la mallette pédagogique, l'autre après avoir pu en consulter les documents et assister aux diverses manifestations proposées (sans aucune obligation de le faire ; en tout état de cause, les supports étaient suffisamment variés pour offrir un spectre très large).

Notre volonté a été de constituer un panel représentatif composé à égalité de lycéens et d'adultes et permettant d'affiner les profils types identifiés dans l'enquête par questionnaire, en fonction de trois critères principaux : les savoirs, la demande de mémoire et l'efficacité comparée des différents supports de transmission (proposés dans la mallette pédagogique). Nous avons été particulièrement attentifs à l'élaboration de ces profils types : diversité, CSP, classe d'âge, sexe, niveau d'étude, origine familiale, localisation dans la ville — centre, périphérie, banlieue — (afin de pouvoir approfondir les corrélations, mises au jour par l'enquête par questionnaire, entre lieu d'habitation et réponses aux questions abordées [6], en tenant compte également des regroupements spatiaux possibles de diverses communautés).

Les lycéens de notre échantillon étaient élèves de terminale de la filière générale (ce qui implique de ne pas généraliser les résultats de l'enquête à l'ensemble des scolaires), recevant un enseignement sur l'histoire coloniale et censés détenir un savoir sur cette période. À cette fin, le lycée Marcellin-Berthelot a été retenu en raison de sa situation géographique, en lisière sud du centre-ville, recrutant aussi bien dans les quartiers résidentiels que dans la cité d'Empalot. L'établissement est assez représentatif, avec des élèves issus de tous les milieux sociaux ou d'origines

---

4 Dont le partenariat établi avec l'Éducation nationale, grâce au rectorat de l'Académie de Toulouse et à sa chargée de mission des Affaires culturelles, qui a permis l'enquête au lycée Marcellin-Berthelot.

5 Cette mallette apportait toute l'information nécessaire, sous diverses formes :
— des documents (livres, BD, cassettes audio et vidéo, bibliographies accessibles) organisés en deux ensembles portant sur la colonisation et l'immigration ; ouvrages et revues ont été donnés aux personnes ressources pour être emportés à domicile et conservés à l'issue de l'enquête. De plus, un certain nombre d'ouvrages étaient mis à disposition (centre de ressources, bibliothèques, librairie...). Enfin, trois cahiers d'articles (plus de 200 pages au total) ont été reproduits afin que chaque personne ressource dispose de son propre corpus. Comme pour les ouvrages sélectionnés, chaque cahier proposait une approche thématisée : colonisation, immigration et sujets annexes et périphériques ;
— des invitations à visionner les programmes de télévision et de radio en liaison avec la mémoire coloniale ou de l'immigration diffusés durant les trois semaines de l'enquête (octobre 2003) et à assister aux manifestations organisées spécialement à Toulouse : projections de films (*Français, vous avez un Empire*, film de propagande de 1939 ; et *La Victoire en chantant*) suivies d'un débat ; conférence *De l'indigène à l'immigré* ; et présentation pendant un mois de l'exposition *Images et Colonies*.

6 Nous renvoyons à ce sujet à l'enquête complète, disponible sur le site <www.culturesenville.culture.fr>.

migrantes diverses, notamment du Maghreb, caractérisant les apports migratoires les plus récents. Enfin, nous avons choisi un profil mixte concernant les filières (littéraire, scientifique et technologique), recoupant le spectre du champ éducatif du secondaire.

Les adultes ont été répartis en quatre groupes regroupant un champ social large : proches du réseau associatif Tactikollectif (20 %), pensionnaires d'une maison de retraite (15 %), adhérents à des associations de quartier (15 %) et « volontaires » recrutés de manière aléatoire à l'issue de l'enquête par questionnaire (50 %). Cette approche nous a permis de mettre en évidence les différences ou similitudes entre générations et de caractériser la transmission de la mémoire entre classes d'âge. L'équilibre de l'échantillon entre hommes (57,4 %) et femmes (42,6 %) a été également pris en compte, de même que la variété des catégories socioprofessionnelles (certains enquêtés, comme des éducateurs, étant particulièrement impliqués dans le tissu associatif ou sensibilisés aux questions liées à l'immigration). Pour ce qui concerne le niveau d'études, 15 % des adultes de notre panel avaient le niveau brevet des collèges ou BEP, les 85 % restants ayant au moins le niveau baccalauréat, ce qui reflète un niveau de diplôme relativement élevé.

Comme pour l'enquête par questionnaire, nous avons distingué l'origine « familiale » des personnes ressources sur trois générations : 33,8 % d'entre elles sont nées en France avec des ascendants également nés en France (C1) ; 14,7 % sont nées hors de France ou ont au moins un parent ou grand-parent né en Europe, Asie ou Amérique (provenant par exemple d'Espagne, origine d'une des vagues de migration les plus conséquentes pour Toulouse, mais aussi de Pologne ou d'Italie) (C2) ; enfin, plus de la moitié d'entre elles (51,5 %) sont nées hors de France ou ont au moins un parent ou grand-parent originaire des Dom-Tom ou d'un pays de l'ex-Empire colonial français (C3).

Bien que cette dernière catégorie soit surreprésentée (ce dont nous avons tenu compte dans l'analyse qualitative des entretiens), notre panel reflète cette vague migratoire largement liée à la fin de la guerre d'Algérie — puisque, que ce soit pour le lieu de naissance du père (22,1 %) ou de la mère (19,1 %), les ascendants algériens sont largement présents [7]. Mais nous avons retenu aussi des ascendants originaires d'Afrique noire (Congo ou Madagascar), d'Asie (Viêt-nam notamment), ou encore du Proche-Orient (Liban) et des Dom-Tom, afin de pouvoir évaluer les incidences éventuelles des origines familiales sur les réponses apportées à nos questions, en les recoupant avec les résultats de l'enquête par questionnaire.

Enfin, nous avons tenté d'évaluer le degré d'implication des personnes sondées vis-à-vis de notre programme en tenant compte de leurs pratiques culturelles, à savoir leur rapport habituel au livre, aux journaux et revues ou au cinéma. Cette approche a été faite dans le monde scolaire par les enseignants et, en préalable à tout

---

7 Si l'on prend en compte le lieu de naissance des grands-parents, cette proportion est encore plus importante, variant entre 32,3 % et 36,8 %. Viennent ensuite les ascendants marocains et tunisiens, puis espagnols, qui correspondent aux principales arrivées de migrants à Toulouse.

entretien, par l'équipe en charge des « profils adultes ». La mise en perspective des pratiques culturelles des enquêtés avec l'utilisation des supports de la mallette pédagogique nous a permis d'établir des correspondances.

Le rendu de notre étude — consultable auprès du service de documentation de la DIV — a été structuré en deux ensembles : d'une part, l'exposition des procédures méthodologiques et une analyse complète des différentes phases de l'étude et de ses résultats ; et, d'autre part, des annexes spécifiques présentant les résultats bruts (tableaux et graphiques) en cinq volumes et deux grandes parties (enquêtes par questionnaire et entretiens individuels) avec la présentation de l'intégralité des tris à plat et une sélection d'un millier de tris spécifiques.

Annexe 2

Synthèse des principaux résultats de l'étude de Toulouse

NICOLAS BANCEL, PASCAL BLANCHARD ET SANDRINE LEMAIRE

Une connaissance très faible de l'histoire coloniale

Dans le cadre des entretiens individuels, la première série de questions portait sur la possibilité de citer un certain nombre de colonies françaises. Une très forte majorité est capable de citer au moins une colonie, mais les réponses diminuent très significativement lorsqu'il s'agit d'en citer au moins deux, et plus encore quand il faut en citer trois. La connaissance de la colonisation, pour cette seule dimension géographique, est floue, impressionniste.

Pouvez-vous citer une colonie de l'Empire colonial français :
94 % oui, 6 % non.

Ce résultat confirme ceux relatifs à la première question de l'enquête par questionnaire (panel de quatre cents personnes) sur la capacité à citer au moins une colonie française. Le taux très élevé de réponses positives (94 %) est la première surprise de cette enquête, même s'il s'explique par la présence dans l'actualité de certains pays (comme l'Algérie) ou la réalité contemporaine des Dom-Tom. Ce taux, en outre, n'est que faiblement imputable aux origines familiales : 88,6 % des Français dont les parents et les grands-parents sont nés en France métropolitaine sont capables de citer une ex-colonie française, contre 97 % des interviewés ayant au moins un parent ou grand-parent né dans une ancienne colonie française.

Les réponses à cette question sont essentielles sur un autre point. En effet, d'une part, l'Algérie est citée dans presque la moitié des cas (48,9 %) et, d'autre part, les anciennes colonies qui constituent aujourd'hui les Dom-Tom (Guyane, Martinique, Guadeloupe, Réunion, Nouvelle-Calédonie, Polynésie française...) sont citées, si on les cumule, par 15,8 % des interviewés — même la Corse est citée, mais par seulement 0,8 % des enquêtés, malgré son poids médiatique et la revendication ancienne des « nationalistes corses » pour associer son statut à celui d'une « colonie » de la France ; cela n'est, à l'évidence, guère perçu ainsi par l'opinion toulousaine.

La présence massive de l'Algérie est compréhensible : une proportion non négligeable d'interviewés ont un parent ou grand-parent originaire d'Algérie (un sur cinq en moyenne) et la guerre d'indépendance algérienne est largement abordée par les manuels scolaires dans le cadre du chapitre sur les décolonisations, mais aussi dans l'étude des IVe et Ve Républiques. Même si son approche y est rapide, cette guerre apparaît en général comme l'exemple le plus « négatif » de l'histoire de France (avec Vichy) au XXe siècle, dans la mesure où elle est présentée comme le symbole d'une indépendance arrachée par un « conflit sanglant », touchant directement la société française. Par ailleurs, depuis les années 1990, de nombreuses réminiscences de ce moment tragique de l'histoire coloniale resurgissent régulièrement dans l'actualité, comme l'attestent les nombreux articles de presse, revues, magazines et documentaires qui lui sont consacrés.

Les aspects les plus traumatiques de la guerre d'Algérie (la torture, l'action de l'OAS, le 17 octobre 1961, le sort des harkis, l'exode des pieds-noirs...), régulièrement rappelés par les médias, sont mis en avant par les personnes ressources, renforçant la perception négative du fait colonial. L'absence d'une réelle politique visant à promouvoir la connaissance de l'histoire coloniale dans sa complexité débouche ainsi, paradoxalement, sur la dramatisation radicale de la colonisation comme fait historique. La mémoire du conflit est toujours particulièrement sensible chez les enquêtés (scolaires et adultes) dont l'un des deux parents est originaire d'Algérie, puisque plus des trois quarts d'entre eux indiquent ce pays comme premier choix dans les colonies évoquées.

Au-delà de cette prépondérance, on remarque également que, pour une part significative d'enquêtés, les Dom-Tom sont toujours identifiés spontanément comme des « colonies » (ce qu'ils furent effectivement avant la départementalisation de 1946). En suivant de récents travaux montrant que les populations des Dom-Tom n'ont jamais été intégrées comme pleinement « françaises » dans l'imaginaire national, ce résultat ouvre une piste intéressante sur la perception contemporaine des « vieilles colonies » de la France et la place spécifique de ces populations dans l'imaginaire national (comme si seuls ces territoires — et non celles et ceux qui en sont issus — seraient pleinement « français »). Cette remarque est à rapprocher des citations concernant les colonies d'Afrique noire (14 %) et d'Indochine (4,3 %) : ces deux régions, éléments fondamentaux de l'Empire avant les années 1950, sont citées moins souvent que les Dom-Tom, confirmant le statut spécifique de ces derniers.

Pouvez-vous citer la date de la conquête de l'Algérie (+/– vingt ans) :
17 % oui, 83 % non.

Pouvez-vous citer la date de la fin de la guerre d'Indochine (+/– cinq ans) :
20 % oui, 80 % non.

Pouvez-vous citer la date de la fin de la guerre d'Algérie (+/– deux ans) :
21 % oui, 79 % non.

Pouvez-vous citer la date de la fin de la guerre d'Algérie (+/– cinq ans) :
52 % oui, 48 % non.

Les entretiens individuels comme l'enquête démontrent par ailleurs très clairement que la quasi-totalité des dates de l'histoire coloniale ne sont pas connues par une très large majorité des personnes ressources. Seule la date de la guerre d'Algérie peut être mentionnée avec une relative exactitude par une faible majorité d'enquêtés. Cela renforce le constat du flou qui entoure l'histoire coloniale, reflet, on y reviendra, de la défaillance des programmes scolaires.

À travers les réponses à la question portant sur la possibilité de situer « quatre dates marquantes » de l'histoire coloniale (ou postcoloniale avec le cas des événements d'Ouvéa), se dessine une photographie assez précise des connaissances [1]. Force est de constater qu'une très large majorité d'enquêtés ignorent ces dates pourtant fondamentales, hormis celle de la fin de la guerre d'Algérie, que 51,8 % des interviewés peuvent citer (à plus ou moins cinq ans près), ce chiffre tombant cependant à 31 % en sélectionnant les réponses exactes à plus ou moins un an.

Dans cette approche, il était important de questionner la place de la transmission intrafamiliale : on note ainsi une différence très sensible entre les personnes ayant leurs ascendants en France métropolitaine et ceux dont l'un des parents ou grands-parents est né dans une ancienne colonie française dans les réponses apportées à la connaissance de la « date de la conquête de l'Algérie » (11,9 % contre 27,1 %).

Sur la question concernant la date de la fin de la guerre d'Indochine, les origines des interviewés ne révèlent pas de profonds clivages, ce qui semble indiquer que, sur ces questions de connaissances générales (où, pour notre panel, la transmission familiale ne joue pratiquement pas, étant donné la faiblesse — 2,6 % — du nombre d'enquêtés d'origine asiatique), c'est la position socioprofessionnelle, et donc le niveau de diplôme, qui est déterminant. Comme pour la question précédente, les plus jeunes sont les moins instruits de cette histoire : 16,7 % des 18-25 ans sont capables de répondre, contre 28,9 % des plus de 55 ans (et 30,9 % des 45-55 ans) ; faible pourcentage, surtout lorsqu'on considère qu'au moment où l'enquête était réalisée se préparait la commémoration du cinquantième anniversaire de Diên Biên Phu.

Enfin, pour la question qui a reçu le plus de réponses positives — « Pouvez-vous citer la date de la fin de la guerre d'Algérie ? » —, on note toujours un impact, certes limité mais sensible, de l'origine sur les réponses : alors que, dans l'ensemble, 51,8 % des enquêtés peuvent répondre à cette question (à plus ou moins cinq ans), ce taux est de 62,4 % pour les interviewés ayant un parent ou grand-parent né dans une

---

1 Pour rendre exploitables les résultats, nous avions choisi de laisser une marge d'erreur de plus ou moins cinq ans pour les événements du XXᵉ siècle et de plus ou moins vingt ans pour la conquête de l'Algérie en 1830 (soit entre 1810 et 1850), tout en notant les réponses exactes et en classant les réponses en fonction de leur degré d'exactitude (à un, deux ou trois ans près).

ex-colonie française, contre 49,7 % pour ceux dont les ascendants sont nés en France métropolitaine. L'impact du lien familial, sur cette question comme sur de nombreuses autres, est donc une donnée récurrente, mais la faiblesse de l'écart (12,8 points) est un indice du rôle relativement marginal de la transmission intrafamiliale des savoirs.

Au cours des entretiens individuels, nous avons pu approfondir certaines approches. À la question « L'histoire coloniale est-elle un sujet qui vous intéresse ? », plus des deux tiers des questionnés répondent positivement. Par ailleurs, tous (sauf un) connaissent au moins une colonie française. De même, l'histoire coloniale rencontre un écho important au sein de notre panel, dans des proportions identiques à l'enquête par questionnaire, chez les scolaires comme chez les non-scolaires. Et ces entretiens confirment également le déficit de connaissance et la demande sociale vis-à-vis de l'enseignement de l'histoire coloniale et postcoloniale.

La mémoire est toujours particulièrement sensible chez les enquêtés (scolaires et adultes) dont l'un des deux parents est originaire d'Algérie. Fait plus surprenant, ceux dont l'un des deux parents est né dans un autre pays du Maghreb ex-français donnent l'Algérie comme premier choix dans des proportions sensiblement équivalentes (trois sur quatre), comme si une identification à la situation coloniale de l'Algérie se produisait pour ces interviewés. Ce résultat demanderait à être précisé par d'autres enquêtes, mais il pourrait éclairer le parallèle de plus en plus souvent établi entre une situation coloniale violente, fondamentalement inégalitaire, et la situation actuelle des Français « issus de l'immigration maghrébine », fréquemment perçue, ainsi que le montre notre enquête, comme stigmatisante et discriminante, produisant une inégalité fondée sur des faits de culture, là où le système colonial construisait l'inégalité sur un plan juridico-politique.

La correspondance déjà observée entre le pays natal des parents et les réponses des enquêtés sur les zones coloniales citées se retrouve dans la réponse à la question « Lorsque vous citez des colonies de l'Empire français, à quelle zone de cet ex-Empire pensez-vous ? » : le Maghreb est de loin le plus cité. Mais pour les « Français d'origine », c'est également le Maghreb qui occupe, et de loin, la première place, ce qui rejoint le constat sur la place prédominante de la guerre d'Algérie dans les imaginaires collectifs. De même, pour une forte majorité (sept sur dix), les Dom-Tom sont toujours dans le champ colonial.

À travers cette double approche géographique et historique, on touche très concrètement les limites des connaissances de l'histoire coloniale. Celle-ci est un peu perçue comme un « continent englouti » : hormis l'Algérie coloniale, elle disparaît des mémoires. Un autre fait marquant des réponses à la question sur le choix d'événements coloniaux est la place des guerres coloniales, références majoritaires pour ceux qui peuvent apporter une réponse. La colonisation, le colonialisme, l'histoire coloniale se résument ainsi aux conflits coloniaux, essentiellement d'Algérie et, plus marginalement, d'Indochine.

Les entretiens individuels confirment donc que le souvenir de la guerre d'Algérie donne une coloration particulière à la mémoire de la colonisation : celle d'une période d'abord marquée par des affrontements sanglants. Dans les mentalités collectives, l'équation colonisation = conflit militaire = crimes d'État (torture, crimes de guerre, opposition à la liberté des peuples...) réduit la perception de la colonisation à un « crime ». Cette configuration mémorielle est confirmée par les réponses apportées à la question « Pouvez-vous citer au moins une personnalité de l'histoire coloniale ? ». Près des trois quarts en sont capables, mais la majorité mentionne le général De Gaulle, les autres réponses se rapportant à une multitude d'autres figures [2].

Pour affiner l'approche de la connaissance des événements, nous avons posé la question suivante : « Avez-vous entendu parler de l'Exposition coloniale ? » Un peu moins de la moitié des enquêtés répondent positivement, résultat significatif si on le compare aux réponses aux autres questions (hormis celle sur la fin de la guerre d'Algérie). Certes, la question ne nécessitait pas d'identifier une date (opération toujours plus délicate) et évoquait simplement la possibilité d'avoir « entendu parler » de l'événement, ce qui autorisait un certain flou. Reste que si, comme pour les autres réponses, la précision chronologique fait probablement défaut, l'exposition coloniale de 1931 est connue d'une frange non négligeable d'enquêtés. Plus surprenant, s'agissant d'un événement beaucoup plus récent, la date de l'affaire d'Ouvéa en Nouvelle-Calédonie [3] n'est connue (à cinq ans près) que par un quart des interviewés — alors même que ce drame a été suivi d'un référendum et qu'il a marqué la campagne présidentielle de 1988 (65 % de notre panel étaient alors en âge de voter).

Une attente très forte de l'enseignement de l'histoire coloniale

Vous souvenez-vous d'avoir étudié l'histoire coloniale à l'école :
48 % oui, 52 % non.

L'histoire coloniale est importante pour comprendre certains événements contemporains :
95 % oui, 5 % non.

Il est clair que l'institution scolaire joue un rôle primordial dans la médiocre transmission des savoirs sur l'histoire coloniale : moins de la moitié des interviewés

2 Dans l'ordre : François Mitterrand, le général Leclerc, Abd-el-Kader, Pierre Mendès France, Houari Boumediene, Léopold Sédar Senghor, Jules Ferry, Habib Bourguiba dominent ; mais aussi Francisco de Goya, Christophe Colomb, le maréchal Bugeaud, Eugène Delacroix, Victor Schœlcher, Franco, Nelson Mandela, Gandhi, François Ier, le maréchal Lyautey, Félix Houphouët-Boigny, le général Jouhaud, Mehdi Ben Barka, l'amiral Thierry d'Argenlieu, Hô Chi Minh, Albert Camus, Mohamed V, Ahmed Ben Bella, Sékou Touré, Pierre Savorgnan de Brazza, Jean-Paul Sartre, le général Giraud, Maurice Audin, Hocine Aït-Ahmed, Larbi Ben Mhidi, le général Bigeard... et même Georges Pompidou, Enrico Macias, Henri Salvador, Charlemagne et Ali la Pointe...

3 Le 5 mai 1988, des militaires français ont investi la grotte où des gendarmes étaient retenus en otages par des militants indépendantistes du FLNKS, dont dix-neuf furent tués, ainsi que deux gendarmes.

se souvenaient d'avoir suivi un enseignement sur ces questions. Or, jusqu'aux indépendances, les programmes scolaires abordaient obligatoirement et très largement l'histoire de la colonisation. La tranche d'âge des plus de 55 ans, concernée par cet enseignement, ne s'en souvient pourtant qu'à 35 %. L'apologie de la colonisation, qui occupait alors les manuels, n'a-t-elle pas constitué un trait suffisamment marquant ou bien, comme pour tout phénomène enseigné à l'école, s'est-elle simplement estompée avec le temps ? Le « creux » très marqué caractérisant la génération des 45-55 ans — dont seulement 23,6 % se souviennent d'avoir étudié le phénomène colonial à l'école, contre plus de 76 % qui l'ont oublié — s'explique en tout cas par la quasi-disparition de l'enseignement de cette histoire à partir du milieu des années 1960, jusqu'à la fin des années 1970. L'inversion de la tendance chez les jeunes de 18-25 ans, dont 62 % se souviennent d'avoir abordé ces phénomènes à l'école, témoigne à l évidence de la réapparition de cet enseignement (au demeurant assez limité) depuis le milieu des années 1980, dans le secondaire tout au moins.

Globalement, la déficience de mémoire s'explique largement par la faiblesse de l'enseignement sur la colonisation, qui reste marginal dans les cursus scolaires. Cette partie est aujourd'hui étudiée au lycée dans des chapitres généraux sur « L'Europe et le monde dominé : échanges, colonisations et confrontations » ainsi que « Le tiers monde : indépendances, contestation de l'ordre mondial, diversification ». Les enseignants doivent aborder à la fois « l'émancipation des peuples dominés, les difficultés économiques et sociales auxquelles les États nouvellement indépendants sont confrontés et leurs tentatives d'organisation pour obtenir un poids accru dans les relations internationales », selon les documents de « mise en œuvre » des programmes mis à leur disposition. De ce fait, l'approche des manuels scolaires est souvent parcellaire, essentiellement consacrée à l'action de la France dans les colonies (reprenant parfois quelques slogans de la « mission civilisatrice ») ; et, pour ce qui concerne les décolonisations européennes, elles sont traitées thématiquement avec une seule étude de cas, consacrée à... la guerre d'Algérie.

Selon vous, quelle place l'histoire coloniale a-t-elle dans les programmes scolaires (entretiens individuels) :
7/10 trop faible ou inexistante,
3/10 à sa place ou trop grande.

Même si la place du phénomène colonial s'est accrue dans les manuels scolaires depuis le début des années 1990, celui-ci n'y est jamais envisagé du point de vue de ses répercussions culturelles et politiques en métropole et encore moins dans ses conséquences sur l'histoire de l'immigration. Plusieurs personnes ressources émettent de vives critiques à ce sujet. Or, c'est bien de ce double point de vue — les conséquences dans les colonies et la formation d'une *culture coloniale* en métropole — qu'il est nécessaire d'envisager l'histoire coloniale si l'on souhaite que les élèves comprennent cette page essentielle de l'histoire. De fait, un sentiment demeure, celui d'avoir reçu un enseignement superficiel sur ces questions.

L'histoire coloniale est un sujet qui vous intéresse :
58 % un peu, 26 % beaucoup, 16 % pas du tout.

Une autre question cherchait à mesurer la sensibilité collective quant à la question coloniale, mais aussi à apprécier globalement la résonance sociale du thème colonial : « Au cours des trois derniers mois, avez-vous lu, vu ou entendu quelque chose sur l'histoire coloniale (livre, article de presse, film, exposition...) ? » Les réponses sont partagées, puisque 48,2 % des enquêtés répondent positivement [4], contre 51,8 % négativement. Ce taux constitue une surprise : en effet, les trois mois précédant l'enquête (de juillet à septembre 2003) n'ont pas donné lieu à une exposition particulière du thème colonial dans les médias français — fort peu d'émissions radiophoniques, et encore moins télévisuelles, ont alors été diffusées sur ce thème.

Une situation qu'il faut d'ailleurs comparer à la période qui va suivre, qui voit une relative surmédiatisation de ces questions : commémoration du cinquantième anniversaire de la défaite de Diên Biên Phu au premier semestre 2004, commémoration du cinquantième anniversaire du début de la guerre d'Algérie au dernier trimestre 2004, nombreux films TV et cinéma sur ce passé au premier semestre 2005 — avec notamment sur TF1 *Ils ont tué de Gaulle*, sur Canal + *Nuit noire* (sur le 17 octobre 1961), au cinéma *Man to Man* (à partir du thème des zoos humains) —, débat national autour de la loi de février 2005 sur la « colonisation positive », commémoration des massacres du 8 mai 1945 dans le Constantinois au second trimestre 2005... Autant de faits et événements qui auraient sans aucun doute eu un impact sur les réponses obtenues.

La question suivante — « L'histoire coloniale est un sujet qui vous intéresse : 1) pas du tout, 2) un peu, 3) beaucoup » — constitue un autre angle d'approche intéressant. Alors que le thème est globalement peu présent dans les souvenirs scolaires des acteurs, un total de 84,1 % d'enquêtés déclarent s'y intéresser « un peu » ou « beaucoup ». Ce chiffre est très significatif et montre qu'une forte demande sociale existe pour comprendre l'histoire coloniale et ses prolongements contemporains. Même si une partie de notre panel a pu chercher à répondre à l'attente du sondeur, le résultat ne laisse aucune ambiguïté sur l'intérêt des enquêtés. Celui-ci est particulièrement fort chez les interviewés ayant au moins un ascendant né dans l'ex-Empire colonial (90,8 % contre 75,3 % pour les enquêtés ayant leurs ascendants nés en France métropolitaine). De toute évidence, le point de vue dominant depuis une trentaine d'années selon lequel il n'existerait pas de demande sociale sur ces questions, essentiellement justifié par la peur de voir se rouvrir une « fracture nationale » (comme pour Vichy), n'a pas — ou plus — de réalité sociale.

4 Pour les interviewés ayant au moins un ascendant issu de l'un des ex-territoires de l'Empire, ce taux est de 53,4 %, contre 44,2 % pour les enquêtés ayant des ascendants originaires de la France métropolitaine.

Un jugement largement négatif sur la période coloniale

De façon très nette, l'appréciation de la colonisation est tranchée, aussi bien dans les entretiens individuels que dans l'enquête par questionnaire : celle-ci est globalement très négative, pour pratiquement les trois quarts de notre panel. Ces résultats constituent une donnée majeure, et infirment notre hypothèse de départ, puisque nous pensions que la persistance des « mythes coloniaux » devait logiquement déboucher sur une appréciation sinon positive, tout au moins « neutre » de l'histoire coloniale. Il n'en est rien, et l'on peut inférer que, là encore, joue massivement le souvenir le mieux conservé de l'histoire coloniale, à savoir la guerre d'Algérie.

Le silence qui a suivi l'indépendance de l'Algérie en 1962 a certainement favorisé cette représentation. Il s'est en effet produit alors une *fracture* de l'oubli : les ex-colonies, de nouveau considérées comme des contrées exotiques sans lien avec l'ex-puissance tutélaire, ont disparu de l'horizon des représentations politiques et médiatiques. Sans doute parce que le double discours de la métropole était inassumable : faire croire que « là-bas » était comme « ici », ou en passe de le devenir — leitmotiv de la propagande coloniale —, devenait soudain absurde, incompréhensible devant la volonté enfin palpable des colonisés de se séparer de la métropole. La propagande avait montré une image de l'utopie coloniale républicaine, faite de conflits de classes inexistants et de coopération de tous à un même idéal de progrès (économique, social, culturel ou « civilisationnel ») : une métaphore de l'harmonie sociale, d'une communauté ayant résolu ses divergences, ses inquiétudes identitaires et les angoisses liées aux transformations sociales et techniques. La perte de ce repère colonial comme métaphore d'une société désirable pour la métropole elle-même a certainement contribué à la nécessité de l'oubli après les indépendances. Plus de quarante ans après, le retour du souvenir de la colonisation et de la guerre d'Algérie qui se manifeste dans les réponses des enquêtés n'en est que plus marquant.

Cela nous renvoie à la situation actuelle, dans laquelle l'histoire coloniale est encore largement inaudible. La difficulté à la faire surgir tient probablement, d'abord, au fait que le simple travail du temps, ce « travail de deuil » qui s'opère sur une ou deux générations, n'est pas achevé, mais le processus est en marche. Le cas du régime de Vichy est à cet égard emblématique : il a fallu attendre près de trente ans avant que la mémoire de cette période commence à être partiellement démystifiée et socialisée, depuis la parution du livre de l'historien américain Robert Paxton en 1973 [5] jusqu'à l'interview de François Mitterrand sur son passé vichyssois, à une heure de grande écoute, en 1993. Le temps doit aussi opérer son travail sur la mémoire de la colonisation et du colonialisme. Mais une forte pression « nostalgique » semble émerger depuis le début des années 2000, maintenant la « lutte des mémoires », qui semble trouver un premier point d'apogée au cours de l'année 2005.

5 Robert Paxton, *La France de Vichy*, Seuil, Paris, 1973.

La colonisation a été plutôt une bonne chose :
26 % oui, 74 % non.

La colonisation a déclenché beaucoup de violence :
94 % oui, 6 % non.

La France a exploité les populations de ses colonies :
92 % « oui », 8 % « non ».

La colonisation a beaucoup apporté aux pays concernés :
40 % oui, 60 % non.

La deuxième partie de l'enquête portait sur la perception de la colonisation. Celle-ci est relativement tranchée : 74 % des enquêtés répondent négativement à l'assertion « La colonisation a été plutôt une bonne chose ». Dans la mémoire collective, la colonisation est aujourd'hui perçue de manière nettement dépréciative, ce que nous n'avions pas anticipé, dans la mesure où l'histoire coloniale n'est pas présentée de façon explicite sous cet angle dans les manuels scolaires, ni dans les médias. La focalisation sur la guerre d'Algérie — et sur la pratique de la torture par l'armée française ou la répression en métropole —, largement relayée par la presse depuis quelques années, participe certainement de ce sentiment général.

Un sentiment confirmé par les réponses aux deux assertions suivantes, « La colonisation a déclenché beaucoup de violence » et « La France a exploité les populations de ses colonies », approuvées respectivement par 94,1 % et 92,4 % des enquêtés. La grande majorité de notre panel estime ainsi que « la colonisation a renforcé la puissance de la France » (ce qui fut effectivement le cas), mais au prix de *l'exploitation des colonisés*. À l'inverse, la question « La colonisation a beaucoup apporté aux pays concernés » ne reçoit que 40,7 % de réponses positives.

Il apparaît donc pour nos interviewés que la colonisation fut un système d'« exploitation économique », parfois « humain », et qu'il est possible de lui trouver quelques « vertus ». Ces vertus ressortent sans doute des aspects « positifs » encore ancrés dans l'imaginaire des enquêtés, à savoir principalement les « réalisations coloniales », en matière d'infrastructure économique et d'hygiène sociale notamment, qui font peut-être le lien, dans l'esprit des interviewés, entre action coloniale et action humanitaire contemporaine.

Ce jugement finalement nuancé, car critique de l'acte colonial (contraire aux valeurs d'égalité de la République) tout en reconnaissant certains aspects positifs (comme la langue, la modernisation économique, les infrastructures, l'éducation, la formation des élites...), permet d'envisager une socialisation de l'histoire coloniale dans sa complexité, évitant aussi bien la nostalgie que le ressentiment.

On note toutefois une rupture générationnelle. En effet, 48,8 % des plus de 55 ans estiment que « la colonisation a beaucoup apporté aux pays concernés » (les autres catégories d'âge s'échelonnant entre 18,8 % et 28,8 %). Ce qui n'est pas surprenant, dans la mesure où ceux-ci ont été soumis durant leur adolescence à un enseignement du fait colonial nettement laudatif (les décolonisations n'étant pas achevées) et à une propagande dont plusieurs travaux récents ont montré l'ampleur [6].

Cette différence générationnelle majeure joue certainement un rôle important dans l'actuelle « lutte des mémoires » en France en ce qui concerne la colonisation. Ce sont en effet, pour l'essentiel, les décideurs et politiques de ces générations soumises à un enseignement apologétique durant la période coloniale — ou qui ont pu vivre dans leur chair les conflits des indépendances — qui ont été aux commandes depuis quarante ans — François Mitterrand fut un ancien ministre de la France d'Outre-Mer et un des acteurs clés de la colonisation — ou qui le sont toujours — les deux derniers candidats du second tour de l'élection présidentielle de 2002 ont été directement impliqués dans les guerres d'indépendance, notamment en Algérie. Dans les jeunes générations, en particulier dans la tranche d'âge des 18-45 ans qui n'ont ni vécu cette histoire, ni été confrontés à un enseignement orienté mais beaucoup plus au « silence des mémoires », émerge aujourd'hui un rapport moins « passionné » à l'histoire coloniale.

La colonisation a permis aux peuples de se rencontrer : 62 % oui, 38 % non.

À l'assertion « la colonisation a permis aux peuples de se rencontrer », 62 % des interviewés répondent positivement, ce qui suscite une mise en perspective des résultats précédents. Les origines ne sont pas déterminantes quant à l'énonciation de cette affirmation, ni l'âge des enquêtés (hormis les 77,3 % de réponses positives des plus de 55 ans, confirmant la tendance décrite précédemment).

Se dégage donc, sur ce point, une majorité de réponses positives, qui peuvent cependant renvoyer à deux types d'interprétation de la question : la « rencontre » ne signifie pas nécessairement « compréhension » ou « bienveillance » et, dans ce cas, la colonisation a effectivement permis « aux peuples de se rencontrer ». Mais l'interprétation peut être aussi positive, dans le sens d'une rencontre marquée par l'échange, la réciprocité de la relation. Autrement dit, on peut envisager cette réponse en ayant plutôt une idée positive de la colonisation, ou l'inverse. Reste que les 62 % de oui sont prometteurs, dans le sens où une histoire commune — notamment entre « Français de souche » et immigrants issus de l'ex-Empire — peut être construite sur cette base, en assumant les différents aspects, positifs et négatifs, de la période.

Les personnes ressources manifestent un véritable intérêt pour les questions liées à l'histoire de la colonisation et de l'immigration et perçoivent de manière très claire les liens entre ces deux histoires comme fondateurs d'une histoire nationale qui n'est, à ce jour, que trop parcellaire. De même, on va le voir, elles expriment la

---

6 Voir par exemple Nicolas Bancel, Pascal Blanchard, Francis Delabarre, *Images d'Empire*, La Documentation française/La Martinière, Paris, 1997 ; Pascal Blanchard et Sandrine Lemaire, *Culture coloniale. 1871-1931*, *op. cit.* et *Culture impériale. 1931-1961*, Autrement, *op. cit.*

soif de découvrir et de connaître ces éléments de leur histoire pour mieux comprendre certaines situations contemporaines.

Un regard stéréotypé au cœur de relations intercommunautaires

Comment jugez-vous les « relations » entre « Français » et « immigrés » (première et seconde générations) :
10 % bonnes, 30 % normales, 49 % mauvaises, 11 % violentes.

La société française intègre plus facilement les personnes issues de l'ex-Empire (Algérie, Sénégal, Viêt-nam...) que celles venues d'autres parties du monde :
29 % oui, 71 % non.

À l'évidence, l'appréciation des relations entre Français et immigrés manifeste des crispations identitaires en formation. En effet, 60 % des personnes interrogées en entretiens individuels estiment ces relations « mauvaises » ou « violentes », deux qualificatifs forts qui indiquent l'ampleur de la crise affectant les représentations des relations intercommunautaires. Là encore, l'âge joue significativement, puisque près des trois quarts des moins de 25 ans qualifient ainsi ces relations. Résultat un peu surprenant, dans la mesure où on aurait spontanément tendance à penser que les personnes les plus âgées sont davantage sensibles à la crainte de l'immigration (ce que semble indiquer le vote Front national, par exemple). Les résultats de notre enquête montrent, en tout cas au niveau local, qu'il n'en est rien. Et le fait que les franges les plus jeunes de la population ressentent le plus négativement les relations intercommunautaires est évidemment le signe d'une évolution inquiétante.

Confirmant les résultats de l'enquête par questionnaire, pour une large majorité des personnes ressources, l'intégration des populations de l'ex-Empire pose un problème spécifique. Plus de 70 % des interviewés s'inscrivent ainsi en faux contre l'affirmation : « La société intègre plus facilement les personnes issues de l'ex-Empire (Algérie, Sénégal, Viêt-nam...) que celles venues d'autres parties du monde. » Mais on note de fortes disparités lorsque l'on se penche sur la répartition par âge, puisque les plus âgés sont une faible majorité à approuver ce point de vue (peut-être parce que, comme on l'a vu, les plus de 55 ans sont sensibles à l'argument selon lequel la colonisation a rapproché les peuples — et donc les Français « de souche » des immigrés de l'ex-Empire). La perception des relations intercommunautaires varie également en fonction des lieux d'habitation et, là aussi, les résultats de l'étude sont inquiétants : dans les quartiers où les enquêtés sont confrontés à la plus grande diversité communautaire, l'appréciation négative des rapports entre communautés s'accentue, ce qui laisse penser que l'état des relations sociales dans ces quartiers est singulièrement dégradé et s'*ethnicise* de plus en plus nettement.

Cela a un impact direct sur la perception des « pratiques d'intégration ». De fait, les immigrés venus d'Europe sont crédités d'une intégration « facile », alors que, pour ceux venant de l'ex-Empire, celle-ci est davantage associée aux termes « difficile », voire « impossible ». On relève aussi, dans les entretiens individuels, le sentiment diffus de l'existence d'une fracture socioculturelle, à même de se muer en polarisation ethnique, issue de l'histoire coloniale, rarement affirmée dans les discours mais omniprésente dans les relations sociales urbaines. Il ne fait guère de doute que la « spectacularisation » médiatique, depuis le début des années 1990, du débat sur l'insécurité et les banlieues — sans parler des vacillements sémantiques du mot « jeune », parfois implicitement synonyme d'immigré ou de « sauvageon » — est un symptôme de cette polarisation que l'on peut qualifier de *fracture coloniale*. L'appel des « indigènes de la République », rendu public en janvier 1995, témoigne à cet égard de la prise de conscience de cette situation par une frange des « enfants de la colonisation », qui ont le sentiment que la République et ses élites sont incapables de se situer en rupture avec ce passé.

L'appréciation très tranchée des « mauvaises » relations entre Français et immigrés qui ressort de l'enquête par questionnaire est l'un des enseignements majeurs de notre étude. Ce constat n'est pas vraiment une surprise, mais il écorne sérieusement l'image républicaine d'une « intégration » en cours, plus de quarante ans après les indépendances. Pour une forte majorité de notre panel, l'intégration est considérée comme un échec en ce qui concerne les populations venues de l'ex-Empire colonial. Ce qui est critiqué, c'est la non-application à un type de population — les « enfants de la colonisation » — d'un principe réputé « fondateur » de la République française.

Le fait que les 18-25 ans apprécient très négativement l'état de ces relations dénote une détérioration des rapports intercommunautaires et une représentation, très tôt ancrée, de cette situation comme un problème majeur. Cela est confirmé par les écarts en fonction des CSP : alors que les retraités ne sont « que » 33,4 % à affirmer que ces relations sont « mauvaises » ou « violentes », 62,3 % des lycéens et pas moins de 80 % des artisans, commerçants et chefs d'entreprises expriment cette opinion. Ce diagnostic commun aux jeunes et aux professionnels est *a priori* étonnant, mais finalement assez logique dans la mesure où il exprime, des deux côtés du miroir, la perception de la même réalité : d'un côté, le désarroi d'une jeunesse désabusée face aux discriminations et, de l'autre, les réminiscences xénophobes de longue date identifiées dans certaines catégories sociales, considérant comme « naturelles » les mauvaises relations entre immigrés et Français.

Les personnes « immigrées » (ou leurs enfants) venues d'Europe et celles venues de l'ex-Empire colonial (ou Dom-Tom) sont aujourd'hui perçues de façon similaire dans la société française : 17 % oui, 83 % non.

Les questions suivantes avaient pour objet de mieux cerner la perception de l'intégration et de savoir si l'histoire coloniale pouvait ou non, selon les enquêtés, expliquer des « événements ou phénomènes d'aujourd'hui ». Les résultats sont également très nets, puisqu'à l'affirmation « Les personnes venues d'Europe et celles venues de l'ex-Empire colonial sont aujourd'hui perçues de façon similaire dans la société française » 83 % des interviewés ont répondu par la négative. Cette réponse tranchée varie assez peu selon les origines des interviewés, leur âge (même si seulement 69,8 % des plus de 55 ans l'expriment) ou leur répartition par sexe ou par CSP.

On le voit, ces réponses regroupent les personnes qui jugent cette situation injuste et discriminante et celles pensant que ce sont les immigrés issus de l'ex-Empire eux-mêmes qui sont « responsables » de cette situation. Elle fait donc sens pour toutes les catégories de notre panel. La « fracture coloniale » est une réalité, fruit d'une configuration « ethnico-historique » spécifique qui se manifeste tant au niveau sociologique que culturel.

Si on différenciait les immigrés en fonction des ex-colonies d'origine, il est probable que les résultats ne seraient pas identiques entre les ressortissants, par exemple, du Sénégal — à savoir le pré carré français —, ceux des Antilles, de La Réunion ou des Tom et ceux de l'Algérie — pays pour lequel les relations sont, en raison de l'histoire, classées *a priori* comme plus « compliquées »... Quoi qu'il en soit, les réponses légèrement moins négatives des interviewés issus de l'immigration post-coloniale à cette question sur la similarité entre la perception d'eux-mêmes et celle des immigrés européens peut aussi s'expliquer par une « volonté d'intégration », alors que manifestement la provenance d'une ex-colonie n'est pas perçue comme un « avantage »[7].

Une partie des enquêtés pensent que les difficultés identitaires des jeunes issus de l'immigration de l'ex-Empire tiennent essentiellement à la culture de leurs parents, et notamment à la culture arabo-musulmane pour les jeunes issus de l'immigration maghrébine. Exemples choisis : « Il demeure toujours un sentiment de supériorité française par rapport à ces immigrés. La différence de religion, plutôt fréquente, éloigne encore plus » ; « C'est la religion qui est en cause » ; « La société française voit que les Polonais et les Italiens appartiennent à la même culture européenne, alors que les autres appartiennent à une autre culture ».

Il résulte, de cette perception dépréciative des « différences culturelles », une disqualification collective, des Maghrébins notamment, et plus particulièrement des Algériens, mais aussi des populations originaires d'Afrique noire (et plus marginalement des Antillais et des populations issues du Sud-Est asiatique). Ces frontières sont surtout symboliques, mais elles contribuent à produire des communautés spécifiques reposant sur des perceptions. Le statut d'immigré tend ainsi à se transmettre d'une génération à l'autre (« enfants issus de l'immigration », « deuxième et

---

7 Seuls les cadres et les enseignants sont plus nuancés, avec respectivement 66,7 % et 63,6 % d'opinions négatives, ce qui induit, une fois encore, que le niveau d'éducation interfère sur les représentations. Le chiffre de 87,5 % relevé chez les personnes sans profession ou au foyer corrobore très largement ce constat : lorsque l'information n'est véhiculée que par les médias, un plus faible niveau d'éducation est nettement corrélé aux représentations les plus négatives.

troisième générations »...), sans tenir compte de la nationalité, ce que confirment largement les entretiens individuels. Ces inégalités de perception de l'Autre immigré ou issu de l'immigration se retrouvent à propos des relations que la France entretient avec ses ex-colonies : les réponses à l'idée que « les relations entre la France et ses ex-colonies demeurent inégalitaires » sont majoritairement positives (plus de 80 %), quelle que soit la catégorie d'enquêtés (point de vue probablement nourri aussi bien de multiples exemples tirés de l'actualité que de l'enseignement scolaire, reçu par tous, consacré à l'étude des inégalités sur le plan mondial, et notamment celles entre les anciennes métropoles et leurs anciennes colonies).

De même, les dissimilitudes entre les représentations dominantes des migrants d'origines différentes sont constatées par les enquêtés, sans que, vraisemblablement, ils aient pleinement conscience que ces représentations créent de la discrimination. Dans le prolongement des réponses de l'enquête par questionnaire, les entretiens individuels montrent ainsi qu'une très forte majorité distingue les immigrés en fonction de leurs « origines géographiques » et confirment qu'une « ascendance liée à l'ex-Empire colonial » constitue un « marqueur » social négatif : plus de quatre sur dix des personnes ressources estiment que « les immigrés venus de l'ex-Empire » sont « beaucoup moins bien » perçus que les immigrés européens et un peu moins de la moitié pense qu'ils sont « plutôt moins bien » perçus. L'origine des questionnés entraîne quelques différences : fort logiquement, ceux qui ont un parent ou un grand-parent né dans une ex-colonie ou dans les Dom-Tom considèrent, pour un peu moins de la moitié, qu'ils sont « beaucoup moins bien » perçus et neuf sur vingt « plutôt moins bien », soit beaucoup plus que la moyenne.

Il est important de souligner que cette perception très négative des représentations des « différences culturelles » est significativement atténuée après consultation par nos enquêtés des supports de la mallette pédagogique, même si ceux-ci n'ont été que partiellement exploités : ils ne sont plus que sept sur dix, lors des entretiens « après », à porter ce jugement négatif. Cette baisse (de l'ordre de vingt points) indique qu'il est possible, à une plus grande échelle, d'« agir » efficacement sur les représentations collectives.

L'histoire coloniale est importante pour comprendre certains événements et phénomènes contemporains (entretiens individuels) : 9/10 oui, 1/10 non.

L'analyse des réponses des personnes ressources à l'affirmation « L'histoire coloniale est importante pour comprendre certains événements ou phénomènes d'aujourd'hui » visait à évaluer l'importance de la demande des enquêtés d'éclairer l'histoire immédiate par l'histoire coloniale, et à mesurer le lien entre perception des relations actuelles et passé colonial. Les réponses sont là encore très tranchées : 94,4 % de réponses positives. Les enquêtés, manifestement, prennent la mesure des ressources de l'histoire pour expliquer certains problèmes contemporains, notamment ceux liés aux relations intercommunautaires ou au racisme. Ce consensus est général dans toutes les catégories d'enquêtés.

Une demande majoritaire de socialisation de la mémoire coloniale

Pour la majorité des personnes ressources interrogées lors des entretiens individuels, les représentations discriminantes des populations immigrées et les discriminations qu'elles subissent au quotidien ont donc un fondement colonial. Et elles sont également demandeuses d'une socialisation de la mémoire de l'histoire coloniale et postcoloniale, *via* l'école notamment, comme le montrent les réponses à la question « Quelles décisions devraient être prises concernant la place de l'histoire coloniale à l'école ? » : elles réclament davantage de visibilité et une refonte des contenus, ainsi qu'une formation différente des enseignants.

Si l'histoire coloniale était mieux connue, les relations intercommunautaires seraient meilleures (entretiens individuels) :
8/10 tout à fait d'accord et plutôt d'accord, 2/10 pas d'accord.

Les relations actuelles entre « immigrés » (et descendants de migrants) de l'ex-Empire et les Français sont marquées par les conflits de la décolonisation (entretiens individuels) :
7/10 tout à fait d'accord et plutôt d'accord, 3/10 pas d'accord.

Selon la même logique, les enquêtés sont majoritairement d'accord pour dire que « les relations entre Français et immigrés issus de l'ex-Empire sont marquées par les conflits de la décolonisation » pour 70 % d'entre eux — à égalité entre « tout à fait d'accord » et « plutôt d'accord » avec cette assertion. Ni l'espace urbain ni le niveau d'études ne modifient de manière significative cette tendance. En revanche, seules les générations ayant moins de 55 ans estiment majoritairement que les conflits liés à la perte de l'Empire ont marqué la société française dans sa vision de l'Autre issu des ex-colonies. Là encore, ce schéma mémoriel est à rapprocher d'un enseignement actuel des décolonisations plus objectif et à la fixation autour de la guerre d'Algérie, symbole de la perte de l'Empire et cristallisant toutes les dénonciations du fait colonial. À l'inverse, on l'a vu, les plus de 55 ans restent sensibles à l'argumentaire selon lequel la colonisation aurait « rapproché les Français » des immigrés de l'ex-Empire.

À la question « Les personnes immigrées venues de l'ex-Empire sont-elles perçues aujourd'hui dans la société française de la même manière que celles venues de Pologne, d'Italie, d'Espagne ou du Portugal ? », nous avions demandé aux personnes ressources, lors des entretiens individuels, de préciser leur réponse. Sur la cinquantaine de scolaires, une forte proportion (près des trois quarts) a donné un avis argumenté. Les réactions sont riches d'enseignement et font ressortir des appréciations assez vives sur la perception des immigrés en France. Deux types de réponses reviennent fréquemment, le choc du score du Front national le 21 avril 2002 et le poids de la « peur » de l'Autre : « Comme vous avez pu le constater le 21 avril lors des élections, Le Pen a failli devenir président de la République. Lors de son discours, il a dit une phrase qui m'a beaucoup surpris : "La France aux Français" » ; « Pour ne citer que le parti de Jean-Marie Le Pen qui possède une politique raciste envers ces gens » ; ces points de vue se doublent d'approches plus générales comme : « Il y a beaucoup de racisme en France et un système assez ségrégationniste. »

Plusieurs autres réponses apparaissent : la perception d'un racisme ciblant les ex-colonisés ou la couleur de peau est un marqueur évident [8] ; l'incapacité des ex-colonisés à s'intégrer et leur exclusion de fait ; l'attitude des médias à leur égard ; la migration récente (qui induit un processus, en cours, d'intégration) ; une délinquance plus forte... Le passé colonial reste une donnée omniprésente dans les réponses, comme le soulignent les assertions suivantes : « Ce sont des personnes comme les autres, seulement il y a eu quelques différences dans le passé » ; « Je pense que cette idée vient de l'époque coloniale où l'on méprisait tout étranger ou plutôt toute personne ayant une couleur de peau différente des "normes" qu'on essaie de nous inculquer ».

La Marseillaise *sifflée au Stade de France est le « reflet du malaise des banlieues » (entretiens individuels) : 6/10 tout à fait d'accord et plutôt d'accord, 4/10 pas d'accord.*

La Marseillaise *sifflée au Stade de France est le « reflet du traumatisme lié à la guerre d'Algérie » (entretiens individuels) : 4/10 tout à fait d'accord et plutôt d'accord, 6/10 pas d'accord.*

Ce qui domine dans la majorité des réponses, c'est donc avant tout le sentiment d'un racisme latent en France, accentué politiquement par l'audience du FN et le résultat des élections de 2002, et une rancœur spécifique héritée de l'histoire coloniale. Les jugements émis à propos de l'« affaire du Stade de France » en octobre 2001 sont révélateurs de ce profond sentiment de malaise.

Chez les scolaires interrogés, la conscience de la peur de l'immigration postcoloniale (particulièrement maghrébine) se conjugue à celle d'une difficulté propre aux immigrés originaires de l'ex-Empire à s'intégrer, et au sentiment de leur « délinquance spécifique », plusieurs fois évoquée. Seuls deux enquêtés précisent qu'il n'y a pas de différence entre la perception des immigrés de différentes origines en France. Un seul signale que la France est « accueillante » pour toutes les populations. Aucune référence à la religion — ou à l'islam — n'est mise en avant, à la différence des adultes.

On le constate, cette représentation de l'Autre « immigré » supplante désormais l'image du travailleur immigré des années 1970 et s'impose comme référence, implicite ou explicite, dans le débat sur l'immigration et l'intégration. Les immigrés venus des ex-colonies et leurs descendants sont d'abord perçus par leurs « différences raciales » à travers la réapparition des stéréotypes d'hier, renforcée par la banalisation d'un discours xénophobe. Différents des Français, ils diffèrent aussi des autres

---

8 Dans ce registre, on peut citer les affirmations suivantes : « Chacun ressent de la peur de l'autre, que ce soit les immigrés que ce soit la société française » ; « Un fond de racisme envers les Noirs et les Maghrébins persiste encore chez beaucoup de monde, même s'ils ne le reconnaissent pas ».

populations d'origine étrangère, mieux perçues que les immigrés issus de l'ex-Empire : la « différence culturelle » est mieux acceptée pour les personnes venues d'Europe ou d'ailleurs (hors ex-Empire français), alors que le distinguo racial affecte surtout les Maghrébins et les Noirs, durablement assignés à une position inférieure. Cette caractéristique est loin d'être spécifiquement française : on la retrouve dans la plupart des ex-métropoles coloniales (Angleterre, Espagne, Italie, Pays-Bas, Portugal...), mais aussi, *mutatis mutandis*, dans le système de domination impériale des États-Unis. Il n'en reste pas moins que, par rapport à ces pays, la France est clairement en retard dans l'entreprise de reconnaissance publique des « pages noires » de son histoire coloniale ou tout simplement d'une « neutralité historique » sur ce passé, ce qui est de plus en plus perçu comme un « déni de mémoire ».

Notre panel de personnes ressources est très conscient de ce déni de mémoire, expliqué sobrement par Dominique Schnapper : « La méconnaissance systématique de l'immigration et des mécanismes d'intégration a été [...] l'un des moyens permettant d'entretenir l'unité nationale » en préservant les valeurs de l'universalisme républicain [9]. Pour une partie significative du panel, le « modèle français d'intégration » n'a pas fonctionné et il semble aujourd'hui — en réaction à une utopie qui apparaît inatteignable — provoquer des crispations identitaires et communautaires. Huit personnes sur dix, lors des entretiens individuels, affirment qu'elles sont « tout à fait d'accord » et « plutôt d'accord » avec le fait que « l'histoire coloniale explique en partie le racisme actuel envers les populations venues de l'ex-Empire », identifiant l'une des causes de ce qui est ressenti comme un échec de l'intégration des immigrés ex-colonisés et de leurs descendants [10].

Ainsi, la majorité des enquêtés identifient l'héritage colonial au sein de la société française, tout au moins sur certains des aspects qui leur ont été proposés. Cette conscience des liens entre histoire coloniale et immigration conduit à approuver, et même à réclamer, des initiatives portant sur la transmission de cette mémoire, tout en soulignant que sa connaissance est un facteur majeur pouvant faciliter l'intégration, davantage que des champs plus spectaculaires comme le sport ou la musique : plus de 80 % estiment que « si l'histoire coloniale était mieux connue, les relations intercommunautaires seraient meilleures ». Il y a sur ce point une différence d'appréciation notable entre l'opinion et les élites.

Une perception ambivalente des ex-espaces coloniaux

Une série de questions lors des entretiens individuels se proposait, à la différence de l'enquête par questionnaire, d'explorer la perception des espaces ex-coloniaux. Elles visaient à préciser les réponses à deux grandes interrogations de notre étude : les représentations de nature « coloniale » persistent-elles dans l'imaginaire collectif ? Et, si oui,

9 Dominique Schnapper, *La France de l'intégration*, Gallimard, Paris, 1991, p. 13.

10 94,4 % des enquêtés, lors de l'enquête par questionnaire, avaient également établi un lien direct entre histoire coloniale et les événements ou phénomènes contemporains.

quel rôle jouent-elles dans la perception des populations issues des espaces anciennement colonisés et comment ces dernières réagissent-elles à ces représentations [11] ?

Quelle est votre perception des espaces ex-colonisés aujourd'hui : l'Afrique noire (entretiens individuels) : 7/10 négative, 3/10 positive.

En premier lieu, l'Afrique noire est perçue comme un lieu d'instabilité politique, d'autoritarisme et de sous-développement endémique [12]. Les appréciations se font moins nettement négatives lorsqu'il s'agit d'apprécier la « richesse culturelle » et la tolérance religieuse. S'agissant des traits jugés les plus négatifs, la perception des enquêtés est toutefois en décalage, sur certains points essentiels, avec la réalité concrète du sous-continent. Pour ne prendre qu'un seul exemple, la timide émergence depuis les années 1990 — à la différence du Maghreb — de régimes plus démocratiques en Afrique de l'Ouest francophone (au Mali et au Sénégal) paraît complètement ignorée de la plupart des interviewés.

Il faut tirer les leçons de ce décalage. La première est que l'évocation médiatique ou politique de l'Afrique noire francophone est presque toujours centrée sur les événements traumatiques qui affectent la zone et sur des interventions humanitaires marquées par les réminiscences coloniales [13]. Nombre de reportages télévisés montrent que le discours médiatique sur l'Afrique noire reste structuré par une série d'idéaux-types : elle serait « par nature » le lieu du retour à la sauvagerie et à l'irrationnel, de la pulsion autoritaire du politique, de la fatalité du sous-développement. Le thème du « cœur des ténèbres » semble donc toujours opérant [14] et se répercute dans la perception actuelle des pays d'Afrique subsaharienne et des populations qui en sont issues.

La seconde leçon est la similitude étonnante des réponses enregistrées dans cette enquête, quelle que soit la population sondée, avec les stéréotypes coloniaux sur l'Afrique noire forgés à la fin du XIXe siècle et au début du XXe siècle. Ces stéréotypes ne sont pas reproduits exactement à l'identique, mais les ressemblances entre ceux d'hier et ceux d'aujourd'hui sont frappantes. Et l'on peut en reconstituer la filiation, de la fin du XIXe siècle jusqu'à aujourd'hui : loin d'être aventureux, ce rapprochement met en évidence un « retour » des représentations coloniales, rendu

---

11 À chacune des propositions qui leur étaient faites, les personnes ressources pouvaient choisir une note, sur une échelle de 0 à 10, la note 0 représentant l'appréciation la plus négative et 10 l'appréciation la plus positive.

12 La première proposition était : « En ce qui concerne l'Afrique noire francophone (dont Madagascar), pouvez-vous noter la situation actuelle en ce qui concerne la "paix civile et la stabilité" (de 0 à 10) ? » La grande majorité des personnes ressources jugent la situation très peu satisfaisante, appréciation que l'on retrouve également (pour les trois quarts des interviewés) lorsqu'il s'agit de juger la croissance économique. Plus de huit enquêtés sur dix jugent de même négativement le niveau de vie des populations, et plus des deux tiers celui de l'alphabétisation et de l'éducation. Dans le registre des libertés et de la démocratie, l'appréciation est tout aussi négative, puisque les trois quarts des interviewés affirment que la situation est très peu satisfaisante.

13 Voir la contribution de Rony Brauman dans cet ouvrage, p. 165.

14 Voir la contribution d'Olivier Barlet dans cet ouvrage, p. 219.

possible par l'absence des outils de transmission qui permettraient de socialiser l'histoire de ces perceptions.

Quelle est votre perception des espaces ex-colonisés aujourd'hui : le Maghreb (entretiens individuels) : 6/10 positive, 4/10 négative.

Les représentations du Maghreb diffèrent sensiblement de celles de l'Afrique noire : curieusement, s'agissant des libertés politiques et de la démocratie, les pays de cette région sont jugés moins sévèrement que ceux de l'Afrique noire francophone. Et pourtant, il est notoire que les pays du Maghreb se distinguent par des processus démocratiques en trompe l'œil : les régimes autoritaires, masqués derrière des façades civiles, y sont largement dominants (la Tunisie de Ben Ali, l'Algérie des généraux et, dans une moindre mesure, le régime monarchique au Maroc) [15]. Comment expliquer cette nouvelle dissonance avec le réel ? Sans doute par une conjugaison de raisons conjoncturelles et de facteurs historiques : les régimes du Maghreb sont certes autoritaires, mais relativement « stables » au regard des renversements de pouvoir, coups d'État et autres putschs qui ont émaillé depuis les années 1980 l'histoire de l'Afrique noire francophone et de Madagascar.

Il en ressort peut-être l'idée trompeuse qu'il ne « se passe pas grand-chose » de ce point de vue dans les pays du Maghreb (la guerre civile algérienne étant perçue comme une « simple » lutte contre les « islamistes » et s'inscrivant *de facto* dans un contexte international plus vaste), et il est possible qu'il se produise une certaine identification entre stabilité politique et libertés démocratiques. Des éléments historiques de plus longue durée peuvent sans doute nous éclairer : les représentations coloniales du pouvoir et de l'organisation politique du Maghreb précolonial étaient largement identifiées aux structures du pouvoir européen sous l'Ancien Régime. Une identification fondée sur certaines similitudes civilisationnelles entre l'Occident et le Maghreb (le monothéisme, une civilisation urbaine pluriséculaire, une organisation commerciale conquérante, etc.). Mais, dans ces représentations, le Maghreb précolonial s'est arrêté au seuil de la raison et de la modernité, seuil que l'Occident aurait, lui, franchi. Il ne s'agit évidemment pas ici de discuter de la validité historique d'une telle vision, mais de relever qu'elle permet une certaine intelligibilité de ces formes de pouvoir en les rapprochant, en quelque sorte, de celles de l'Occident — au risque, bien sûr, de sérieuses erreurs d'appréciation.

S'agissant de la perception du pouvoir politique en Afrique noire, ce qui domine est la certitude que seules deux configurations sont possibles : la désorganisation sociale totale, quasiment anomique (les « tribus sauvages »), ou le pouvoir despotique absolu, régentant la vie sociale selon le bon vouloir et l'irrationalité du chef (c'est la version « roi nègre »). Deux formes qui radicalisent l'altérité du pouvoir en Afrique noire, alors que, pour les Français, les représentations séculaires du pouvoir au Maghreb restent plus proches d'eux. C'est peut-être l'une des raisons qui

---

15 Sihem Bensedrine et Omar Mestiri, *L'Europe et ses despotes*, *op. cit.*

expliquent l'appréciation moins négative de ces structures du pouvoir au Maghreb qu'en Afrique noire.

Quelle est votre perception des espaces ex-colonisés aujourd'hui : l'Asie du Sud-Est (ex-Indochine) (entretiens individuels) : 4/10 négative, 6/10 positive.

Les représentations des pays de l'ex-Indochine présentent des contrastes nets avec celles concernant l'Afrique noire francophone et le Maghreb [16]. Dans le registre des libertés civiques et de la démocratie, ces pays n'échappent pas à un jugement sévère. Là encore, des causes conjoncturelles et des facteurs historiques se conjuguent pour l'expliquer. Dans le cas du Cambodge, l'effroyable génocide perpétré par le régime khmer rouge entre 1975 et 1979 a sans aucun doute durablement marqué les esprits : l'image d'un pays martyr qui se relève très difficilement de ce tragique événement est une constante dans les médias. Le Viêt-nam est, de manière indélébile, marqué par la guerre qui ravagea le pays durant trente ans, suivie de la mise en place d'un régime dictatorial (toujours au pouvoir) d'inspiration marxiste-léniniste (certes très peu connu ou mal perçu par les Français), régime qui caractérise également le Laos, faisant de la région l'un des derniers îlots du « communisme réel » dans le monde. La seule évocation de ces faits suffirait à expliquer les représentations très négatives de cette région.

La construction d'un imaginaire colonial sur l'Indochine se singularise par la place accordée d'une part à une culture millénaire — forcément « en retard » sur l'Europe, mais cependant fascinante — et, d'autre part, à des formes de pouvoir perçues comme inextricablement complexes (l'« Asie compliquée »), formées de baronnies plus ou moins concurrentes se souciant avant tout de leur assise locale, contre toute référence moderne à un État-nation. Il y a ici, comme pour les deux autres zones étudiées, un effet d'homogénéisation des perceptions, et peut-être la couverture médiatique du Cambodge et le ressac de ces représentations coloniales permettent-ils d'expliquer le jugement sévère des enquêtés quant à la stabilité de la région.

Pour conclure sur ces représentations des grandes zones de l'ex-Empire telles qu'elles ressortent des entretiens individuels, il apparaît que les principaux schèmes coloniaux semblent bien avoir conservé une certaine vitalité, même si celle-ci se reconfigure dans les enjeux internationaux actuels (mondialisme, peur de l'islam, « choc des civilisations », fin du communisme, *world culture*, présence anglo-américaine en Irak, politique de la Françafrique...). On voit à travers ces résultats que la

16 À la question « Par rapport à la paix civile et la stabilité des pays de l'ancienne Indochine (Viêt-nam, Laos, Cambodge), trouvez-vous la situation... », les personnes ressources répondent pour plus de la moitié qu'elle est « moyennement satisfaisante », plus de quatre sur dix la jugeant « très peu satisfaisante ». Sur la « croissance économique », on trouve à parité parfaite des réponses jugeant la situation « moyennement satisfaisante » et « très peu satisfaisante », ces réponses étant accentuées négativement lorsqu'il s'agit pour les enquêtés d'apprécier le niveau de vie, puisque près des deux tiers estiment cette situation « très peu satisfaisante », le dernier tiers la jugeant « moyennement satisfaisante ».

mémoire coloniale est intriquée à d'autres strates mémorielles, qui lui donnent sa configuration particulière, ses aspérités contextuelles. Une politique de la mémoire, redisons-le, devrait s'attacher, en premier lieu, à déconstruire les deux versants de ces perceptions, à savoir une strate que l'on pourrait qualifier d'« immédiate » et l'autre de « profonde » — même si ces termes sont quelque peu impropres dans la mesure où ils renvoient à une logique univoque là où évidemment elle est complexe, faite de continuels entrelacs, d'interactions permanentes et de mutations incessantes.

L'échec de l'intégration ?

Une grande partie des problèmes de l'intégration s'explique par les conséquences de l'histoire coloniale et ses prolongements (entretiens individuels) :
8/10 tout à fait d'accord et plutôt d'accord, 2/10 pas d'accord.

Quels sont les adjectifs décrivant le mieux les relations actuelles entre « Français » (sur trois générations nés en France) et « immigrés » (et leurs descendants) ? (entretiens individuels) :
6/10 mauvaises, 3/10 normales, 1/10 autres.

Huit personnes sur dix, lors des entretiens individuels, sont en accord avec l'idée qu'« une grande partie des problèmes d'intégration s'explique par les conséquences de l'histoire coloniale et ses prolongements ». Et, confirmant les résultats de l'enquête par questionnaire, deux tiers des interviewés considèrent les relations entre Français et immigrés comme « mauvaises » ou « violentes » et un tiers les envisagent comme étant « normales » ou « bonnes ». Pour mieux comprendre ces réponses, nous avons cherché ensuite à déterminer les facteurs qui, pour les enquêtés, facilitaient le mieux l'« intégration » (en répétant les mêmes questions avant et après que les personnes de notre panel eurent pu accéder aux ressources de la mallette pédagogique et aux rencontres publiques).

Quels sont les facteurs qui peuvent améliorer les relations entre Français et immigrés (entretiens individuels) :

Facteur	***Avant***	***Après***
Travail	*8,5/10*	*9/10*
Logement	*7/10*	*7/10*
Connaissance de l'histoire de l'autre	*8/10*	*8/10*
Musique	*5/10*	*4/10*
Sport	*4/10*	*4/10*
Mariage	*4/10*	*5/10*

Dans une proportion de 8,5/10, les personnes interrogées approuvent l'idée que « le travail est un des principaux facteurs d'amélioration des relations entre Français et immigrés venus de l'ex-Empire, car le chômage accroît les tensions ». De même, 7/10 estiment que « le logement est un facteur d'amélioration des relations entre Français et immigrés, puisque l'absence de mixité crée des problèmes ». De plus, que ce soit avant ou après la consultation des ressources de la mallette pédagogique, les résultats sont absolument identiques sur le point suivant : pour plus de huit enquêtés sur dix, « la connaissance de l'histoire de l'autre est un des principaux facteurs d'amélioration des relations entre Français et immigrés venus de l'ex-Empire, car l'ignorance crée du rejet ».

À l'inverse, comme on l'a déjà évoqué, le sport et la musique ne sont pas perçus comme facilitant le processus d'intégration. Ainsi, à l'affirmation « le sport est un des principaux facteurs d'amélioration des relations entre Français et immigrés venus de l'ex-Empire, à l'image de l'équipe de France de football », seulement 43 % des enquêtés répondaient positivement avant (et 37 % après) consultation des ressources de la mallette. Le sport ne semble donc pas permettre, selon eux, une amélioration des relations entre Français et immigrés, ni les sportifs être institués en « modèle d'intégration » [17]. Plus surprenant, une forte minorité des enquêtés répondent négativement à la considération : « Le mariage est un des principaux facteurs d'amélioration des relations entre Français et immigrés venus de l'ex-Empire, car la vie ensemble favorise l'intégration. » Est-ce à dire que les différences culturelles, pour ne pas dire « raciales », seraient irréductibles dans l'esprit d'une majorité d'enquêtés ? Il est impossible de répondre à cette question, mais elle vaut d'être posée, sachant que l'idée est confirmée par un sondage déjà ancien portant entre autres sur la question du mariage mixte : dans un sondage d'avril 1985, les enquêtés rejetaient moins le fait de devoir « voter pour un député d'origine arabe » ou d'« avoir un patron d'origine arabe » (31 % contre) que celui d'« avoir un gendre ou une belle-fille d'origine arabe » (45 % contre) [18].

Retenons en tout cas que les réactions de rejet ou de solidarité se révèlent principalement autour d'enjeux économiques et sociologiques, comme l'emploi et le logement.

Comment les personnes « immigrées » issues de l'ex-Empire sont-elles perçues par rapport aux autres issus d'Europe ou d'ailleurs (entretiens individuels) : 9/10 plutôt moins bien et beaucoup moins bien, 1/10 bien.

Les réponses à l'affirmation « Il y a trop d'immigrés issus de l'ex-Empire colonial en France » renseignent sur les perceptions sur l'immigration en général, mais permettent aussi d'évaluer la pertinence de l'idée d'un « seuil de tolérance » au-delà duquel les attitudes de rejet se manifesteraient. Pour notre panel, celui-ci semble loin

17 Voir la contribution de Philippe Liotard dans cet ouvrage, p. 227.

18 Sondage *Le Point*-IFOP, avril 1985.

d'être atteint, puisqu'il répond majoritairement (près de neuf personnes sur dix) par la négative (rappelons toutefois qu'une forte proportion des enquêtés étaient issus de l'ex-Empire et se trouvaient donc personnellement impliqués dans cette réponse [19]).

On peut, dès lors, déterminer les grandes aires géographiques et culturelles d'origine favorisant plus ou moins, aux yeux de nos enquêtés, l'intégration. Un premier ensemble est constitué par l'espace européen, avec des résultats approximativement identiques pour les personnes issues d'Europe du Nord, d'Europe de l'Est et d'Europe du Sud, qui ne rencontrent pas, selon les enquêtés, de « difficultés majeures » d'intégration. Ainsi, pour ce qui concerne les populations d'Europe du Nord, un peu moins des deux tiers de notre panel répondent que l'intégration est « facile (ou très facile) », le reste la jugeant « classique ». Pour celles originaires d'Europe du Sud, les résultats sont « facile » ou « classique » pour plus de neuf personnes sur dix. S'agissant des immigrés plus récents venus des pays d'Europe de l'Est, à l'exception de la Pologne, on observe un glissement assez important par rapport à l'Europe du Nord, avec un quart seulement des enquêtés percevant leur intégration comme « facile » et trois quarts comme « classique ». Sans être négatif, le jugement porté sur l'intégration des immigrés est-européens est donc plus nuancé et renvoie très certainement aux difficultés rencontrées par la vague migratoire récente en provenance de cet espace, depuis la chute du Mur de Berlin. Dans les trois cas, l'âge, l'origine, le niveau d'études, le lieu de résidence ou la profession des enquêtés ne changent pas significativement ces résultats.

Un deuxième ensemble géographique d'origine regroupe les Antilles et la Réunion, pour lesquelles les représentations sont étonnamment similaires. Les résultats sont en effet plus proches des visions plutôt négatives qui affectent les immigrés originaires d'Afrique noire que de celles des immigrés européens. Pour autant, quatre personnes ressources sur dix envisagent l'intégration des populations venues des DOM-TOM comme « facile » et la moitié comme « classique ». Mais si ces territoires sont perçus comme français, ce n'est pas forcément le cas de leurs habitants lorsqu'ils arrivent en métropole et qu'ils sont confrontés au regard qui les range dans la catégorie des étrangers en raison de leur physique [20].

---

19 L'analyse par catégorie socioprofessionnelle (CSP) des réponses à cette question confirme par ailleurs les constats dressés de longue date en la matière : les interviewés au niveau d'études élevé et dans une situation sociale privilégiée sont moins affectés par le rejet des immigrés postcoloniaux ; à l'inverse, les personnes les plus fragilisées et dans des situations précaires sont davantage sensibles aux thèses qui désignent les immigrés comme profitant illégitimement des ressources de l'État. Reste que notre panel ne reflète pas l'opinion nationale, caractérisée par un niveau d'adhésion relativement élevé aux idées du Front national. Ainsi, selon un sondage publié dans *Le Monde* du 10 décembre 2003, alors que 22 % des Français se déclaraient « tout à fait » ou « assez d'accord » avec les positions du Front national, ils étaient 59 % à se dire tout à fait d'accord (27 %) ou plutôt d'accord (32 %) avec l'assertion « Il y a trop d'immigrés en France » (ce qui montre à quel point les thèses du Front national et les discriminations sont prégnantes au sein de la société, éclairant les résultats de nos entretiens individuels).

20 Voir la contribution de Françoise Vergès dans cet ouvrage, p. 67.

Le troisième regroupement spatial comprend les populations venant d'Asie du Sud-Est, de Chine et d'Amérique du Sud, pour lesquelles les réponses sont à peu près identiques. Ainsi, nos enquêtés envisagent l'intégration des populations du Sud-Est asiatique comme étant « classique » pour plus des deux tiers et à part égale « facile » et « très difficile » pour un sixième du panel. Ces résultats sont à peu près semblables pour les populations originaires de Chine et d'Amérique du Sud. Les populations ne venant pas de l'ancien domaine colonial français constituent donc un groupe à part entière dans les représentations collectives et ne sont pas perçues comme réellement « problématiques » dans leur intégration à la société française, tant elles semblent répondre à l'exigence de se fondre anonymement dans le paysage social, politique ou médiatique : elles sont globalement perçues comme composées de « travailleurs infatigables » ne posant pas de problème particulier, absents des contestations sociales (même si cela a commencé à changer avec les mobilisations des sans-papiers chinois), des statistiques sur la criminalité [21] et qui ne « revendiquent rien ».

Le quatrième ensemble est constitué des populations originaires des régions arabes et africaines de l'ex-Empire colonial français, où elles ont longtemps été infériorisées. Cette origine, conjuguée aux différences physiques et culturelles, produit les perceptions les plus négatives quant à leurs capacités d'intégration. Ainsi, les populations provenant d'Afrique noire et du Maghreb connaîtraient, pour plus de la moitié des enquêtés (quelles que soient les catégories), une intégration « très difficile ou impossible » [22]. Le poids des liens historiques et des stéréotypes pèse assurément sur ces résultats ; et la discrimination raciale constitue également un facteur essentiel, comme nous avons pu le constater aussi bien lors des entretiens que dans l'enquête. Dans cet ensemble, l'intégration des populations du Moyen-Orient n'est perçue comme difficile « que » par un tiers de notre panel. Cette région est en effet moins associée à l'histoire coloniale, le nombre d'immigrés qui en proviennent reste limité, leur visibilité sociale (celle des Libanais par exemple) est moins forte et leur image moins connotée négativement que celle des Maghrébins et Africains.

Dans les banlieues, la violence est plus grande qu'ailleurs (entretiens individuels) :
7/10 tout à fait d'accord et plutôt d'accord, 3/10 pas d'accord.

Les banlieues sont des foyers d'intégrisme islamique (entretiens individuels) :
3/10 tout à fait d'accord et plutôt d'accord, 7/10 pas d'accord.

Pour prétendre à l'efficacité, toute politique publique concernant les immigrés — et les Français ayant des ascendants étrangers — ne peut faire l'économie de ces

21 Cependant, en 2003, pour la première fois dans la presse quotidienne nationale, paraissent des articles sur les violences et crimes de la mafia chinoise parisienne.

22 Voir la contribution de Pascal Blanchard dans cet ouvrage, p. 13.

représentations. Dans cette perspective, il est essentiel de s'interroger aussi sur les stratégies urbaines relatives aux quartiers stigmatisés par les préjugés qui affectent certaines catégories de migrants ou leurs descendants. Nous avons donc posé plusieurs questions portant sur l'image des « banlieues ».

Notre panel est majoritairement d'accord (7/10) pour estimer que « dans les banlieues, la violence est plus grande qu'ailleurs », confirmant ainsi l'image très largement médiatisée qui en est donnée depuis plusieurs années : la stigmatisation des populations discriminées se concentre de fait sur certains quartiers, cristallisant toutes les peurs de débordements, de développement de zones de « non-droit » où les représentants de la République, policiers, pompiers ou médecins, ne pourraient plus se rendre sans crainte. Des peurs largement véhiculées, depuis le début des années 1990, par les médias dominants et par une large partie de la classe politique, ralliée à la logique sécuritaire de « traitement » des banlieues « difficiles ».

Dans ce contexte, il est important de souligner que seule une minorité (3/10) des personnes ressources approuvent l'idée que « les banlieues sont des foyers d'intégrisme islamique », alors même que cet argument est presque systématiquement invoqué par le discours dominant dans l'explication de la « violence des banlieues » : pour la majorité de notre panel, implicitement ou explicitement, les causes sociales (comme les discriminations raciales dans l'accès au logement et au travail) jouent à l'évidence un rôle bien plus important.

Quoi qu'il en soit, cette image négative de la banlieue est devenue une constante des imaginaires collectifs. Par ailleurs, même si les résultats sont plus nuancés, la moitié de notre panel ne croit pas que « dans les banlieues les habitants sont plus solidaires ». Cette idée est pourtant mise en exergue depuis de nombreuses années pour affirmer que, derrière des univers urbains en crise, existerait une solidarité de fait.

Le tabou colonial au cœur de la société française ?

Selon vous, le personnage Banania appartient-il à l'histoire coloniale (entretiens individuels) :
9/10 oui, 1/10 non.

Pour conclure cette étude des stéréotypes et des perceptions de l'intégration, nous nous sommes intéressés à un mythe publicitaire français qui a traversé le siècle : l'image du « nègre à chéchia » associée à la marque Banania. Lors des entretiens individuels, nous avons tenté d'évaluer certaines perceptions plus inconscientes grâce à l'appréhension de ce personnage, le seul peut-être d'origine coloniale encore présent aujourd'hui (avec l'Antillaise du rhum Negrita) et universellement connu (97 % de reconnaissance des consommateurs de plus de 45 ans).

Pour une majorité des enquêtés, le personnage Banania appartient bien à l'histoire coloniale : il est considéré par plus de la moitié comme une représentation « raciste », et un tiers seulement le trouvent « sympathique ». Alors même que la marque Banania continue d'utiliser ce personnage dans ses publicités — au mois de juillet 2003, on pouvait le voir, toutes dents dehors et sourire aux lèvres, sur un vélo du Tour de France ; et, cinq mois plus tard, il était affublé d'un bonnet de Père Noël —, une majorité le rejette explicitement. C'est là un indicateur important d'une transformation des mentalités (en tout cas de la perception de ce symbole) par rapport aux années 1940-1970, quand Banania suscitait encore une sympathie quasi unanime (hormis un cercle restreint d'anticolonialistes, convaincus par le poème de Senghor : « Je déchirerais les rires Banania sur les murs de France... »).

Le personnage Banania continue de représenter le fait colonial, mais il a changé de visage : il porte désormais le masque du mépris, du racisme à l'égard des « indigènes » (l'icône est d'autant plus négativement ressentie par nos interviewés que l'un de leurs ascendants — ou les deux — est né dans une ex-colonie française). Incontestablement, le « nègre Banania » incarne aujourd'hui une blessure profondément enracinée, le symbole d'une stigmatisation d'autant plus détestable qu'elle prend les allures bon enfant d'une bonne conscience aussi sereine qu'européocentrique... et que celle-ci est toujours à l'œuvre dans l'univers publicitaire : la marque a produit récemment toute une série de produits dérivés « rétrocoloniaux » d'un goût pour le moins douteux — démarche rendue possible par l'occultation du fait colonial, alors que, manifestement, ces produits ne peuvent réveiller chez les Français issus de l'immigration de l'ex-Empire que des sentiments d'amertume et de rejet, voire de rage.

L'histoire coloniale explique en partie des phénomènes contemporains, comme la politique de la France envers ses anciennes colonies (entretiens individuels) : 10/10 tout à fait d'accord ou plutôt d'accord.

L'histoire coloniale est un tabou qui commence à peine à être levé (entretiens individuels) : 9/10 tout à fait d'accord ou plutôt d'accord, 1/10 pas d'accord.

À la question « L'histoire coloniale explique-t-elle [...] la politique de la France envers ses anciennes colonies ? », les réponses révèlent une configuration intéressante : près des deux tiers des enquêtés se déclarent « plutôt d'accord » avec cette proposition, plus d'un tiers affirmant être « tout à fait d'accord ». Une très forte majorité d'interviewés font donc le lien entre l'histoire coloniale et les relations entretenues par la France avec ses anciennes colonies après leurs « indépendances » [23].

Pourtant, les travaux sur cette question sont encore assez rares et les ouvrages dénonçant les pratiques politiques et affairistes issues des rapports coloniaux [24] n'ont jamais rencontré un écho public si significatif qu'ils puissent expliquer la

---

23 Voir la contribution de François Gèze dans cet ouvrage, p. 155.

24 Voir notamment : François-Xavier VERSCHAVE, *La Françafrique. Le plus long scandale de la République*, *op. cit.*

masse de réponses affirmatives. On doit, là encore, retenir l'hypothèse d'une perception relativement intuitive des interviewés, nourrie par les évidences de l'actualité, comme les ambiguïtés de l'intervention française en Côte-d'Ivoire fin 2003, ou les voyages du chef de l'État en Algérie (mars 2003) et en Tunisie (décembre 2003).

En réponse à la proposition « L'histoire coloniale est un tabou qui commence à peine à être levé », près de neuf personnes ressources sur dix se disent « tout à fait d'accord » ou « plutôt d'accord » (se répartissant à peu près équitablement). De même que lors de l'enquête par questionnaire, les interviewés ont, dans leur grande majorité, conscience que l'histoire coloniale est, en quelque sorte, un point aveugle de notre histoire collective.

L'histoire coloniale est un sujet compliqué qu'il vaut mieux oublier (entretiens individuels) :
1/10 tout à fait d'accord ou plutôt d'accord, 9/10 pas d'accord.

L'histoire coloniale explique en partie des phénomènes contemporains, comme le racisme actuel envers les populations venues de l'ex-Empire (entretiens individuels) :
8/10 tout à fait d'accord ou plutôt d'accord, 2/10 pas d'accord.

Logiquement, les interviewés répondent donc massivement par la négative à la proposition suivante, en miroir de la précédente : « L'histoire coloniale est un sujet compliqué qu'il vaut mieux oublier » (plus de huit sur dix d'entre eux se disent « pas du tout d'accord » et un peu plus d'un sur dix « plutôt pas d'accord »). Cette réponse nette semble bien confirmer l'existence d'un assez fort sentiment de frustration face au traitement actuel de l'histoire coloniale et de ses conséquences contemporaines.

Il est logique, après les réponses précédentes, qu'une question se rapportant aux liens entre périodes coloniale et postcoloniale (« Voyez-vous dans l'actualité nationale un prolongement de l'histoire coloniale ? ») reçoive un important pourcentage de réponses positives, puisque près des deux tiers des enquêtés répondent en ce sens. Mais on constate également que, hormis les linéaments de leur histoire personnelle, ils éprouvent des difficultés à identifier précisément ces liens[25]. Les réponses sont, de manière caractéristique, très éclatées entre des propositions très diverses (un peu moins de la moitié des répondants) et la petite minorité des enquêtés qui ne parviennent pas à préciser plus avant leur pensée. Ils ne disposent pas aujourd'hui des outils et des savoirs qui leur permettraient d'affiner et de comprendre la nature des liens entre la France et son ex-Empire, perçus dès lors de manière intuitive.

25 La même série de questions est posée, ensuite, mais dans une optique beaucoup plus localisée : « Voyez-vous dans l'actualité toulousaine un prolongement de l'histoire coloniale ? » Le changement de focale induit une plus grande imprécision encore sur ces liens, puisque seul un gros tiers des enquêtés estiment qu'il est possible de repérer dans l'actualité locale des liens entre histoire coloniale et histoire contemporaine.

Une autre question était ainsi formulée : « Quelles décisions devraient être prises concernant la place de l'histoire coloniale à l'école ? » Question fondamentale, car elle permettait aux interviewés de proposer eux-mêmes les actions les plus appropriées à leurs yeux pour une politique de la mémoire coloniale et de l'immigration dans le cadre scolaire. Les réponses convergent clairement vers trois propositions : revoir les contenus enseignés (« écrire l'histoire autrement ») ; donner une place plus importante à l'histoire coloniale dans les manuels scolaires ; assurer une meilleure formation des enseignants.

Ces réponses interpellent l'institution scolaire dans son rôle de transmission des savoirs sur la colonisation et la période postcoloniale, puisqu'elle est devenue officiellement un acteur majeur de la politique d'intégration des populations immigrées [26]. Or, les populations immigrées, originaires en majorité de l'ex-Empire colonial depuis le milieu des années 1950 [27], partagent sans conteste une histoire commune avec la France. Et c'est précisément cette histoire qui est la moins enseignée à l'école ou que certains courants politiques souhaitent reprendre en main à travers une législation recommandant de valoriser les aspects « positifs » de ce passé. Mémoire « familiale » et mémoire (mal) « enseignée » s'entrechoquent ainsi dans la construction des identités des personnes ressources « issues de l'immigration ».

Il en ressort une mémoire recomposée, tissée de frustrations et de tentatives de reconstruction identitaire, opposant notamment ceux qui se perçoivent comme « descendants de colonisés » à ceux qu'ils perçoivent comme « descendants de colonisateurs » [28]. Pour autant, à côté de la prise de parole militante de certains (compréhensible après quarante années de non-dits), la quasi-totalité des personnes ressources admettent un « déficit de connaissances » et émettent le souhait d'un savoir plus large sur ces questions.

Bilan des supports de transmission de savoirs sur l'histoire coloniale

Toute étude sur la mémoire et ses modes de transmission doit s'interroger sur les moyens de diffusion les plus adéquats. Les entretiens individuels se sont donc attachés à déterminer, *via* la mallette pédagogique, les outils privilégiés par les personnes ressources en fonction de leurs pratiques culturelles habituelles (cinéma, lectures régulières, etc.) et des catégories dont elles relèvent.

---

26 Voir notamment le rapport de la Cour des comptes sur le bilan « négatif » de l'action politique de la France en matière d'intégration (*Rapport au président de la République. L'accueil des immigrants et l'intégration des populations issues de l'immigration*, novembre 2004, <www.ccomptes.fr>).

27 Voir Gérard Noiriel, *Le Creuset français*, *op. cit.* ; et Ralph Schor, *Histoire de l'immigration du XIXe siècle à nos jours*, Armand Colin, Paris, 2001.

28 C'est ce qu'exprime, notamment, seize mois après l'étude réalisée à Toulouse, l'« Appel pour les assises de l'anticolonialisme postcolonial/Nous sommes les indigènes de la République ! », diffusé mi-janvier 2005 par Internet.

Pour constituer la mallette pédagogique mise à la disposition des personnes ressources, nous avons privilégié les ressources écrites, en y associant les débats et en démultipliant les supports (articles de presse et de revues spécialisées, extraits de livres, revues diverses, spectre large des ouvrages sélectionnés...). Mais nous avons également proposé des films (en cassette VHS ou DVD), ainsi que, de façon beaucoup plus limitée, des émissions radio. Huit personnes sur dix de notre panel ont vu ou lu au moins un élément de cette mallette. Un résultat encourageant, mais à relativiser : les adultes interrogés étaient volontaires et les lycéens, même si aucune obligation de consultation ne leur était imposée, ont probablement intégré la nécessité de satisfaire l'attente implicite de leur enseignant.

Les dix principaux supports consultés dans la mallette pédagogique (par ordre décroissant) (entretiens individuels) :

	Support	***Taux de consultation***
1	*Un livre-album (*Le Paris arabe*)*	*6/10*
2	*Un livre illustré (*De l'indigène à l'immigré*)*	*5/10*
3	*Un des « ouvrages historiques »*	*5/10*
4	*Un roman (*Cannibale*)*	*4/10*
5	*Une émission de TV ou de radio*	*4/10*
6	*Un article du recueil sur la colonisation*	*3/10*
7	*Une revue (*Hommes et Migrations *ou* L'Histoire*)*	*2/10*
8	*Un article du recueil sur l'immigration*	*2/10*
9	*L'exposition* Images et Colonies	*2/10*
10	*Un débat* (après un film ou une conférence)	*1/10*

Sur les soixante-huit personnes ressources de notre panel, 43 % n'ont consulté qu'un ou deux éléments de la mallette pédagogique, 22 % de trois à cinq et 18 % (principalement cadres ou assimilés, artisans ou commerçants, enseignants, techniciens et retraités) de six à huit. Ce dernier résultat est significatif, sachant que les personnes ressources n'ont eu qu'une vingtaine de jours pour utiliser la mallette, consulter les supports écrits, voir les films, assister aux projections-débats et aux conférences ou visiter l'exposition *Images et Colonies*. 53 % des personnes ressources ont donc vu ou lu en moyenne quatre supports de la mallette. Ce pourcentage élevé correspond à la consultation de plus d'un document par semaine, ce qui marque l'intérêt d'une majorité pour la question coloniale ou l'histoire de l'immigration

La proportion d'enquêtés n'ayant utilisé aucun support est assez faible, sauf chez les scolaires : un quart des élèves disent n'avoir trouvé intéressant aucun des éléments de la mallette ou des actions du programme, alors qu'ils ne sont qu'un cinquième chez les adultes. Ces chiffres montrent que, si une minorité des enquêtés est restée indifférente aux sollicitations proposées, une autre (10 % à 15 %) aurait aimé aller plus avant dans la découverte, mais mettait en cause la diversité ou le nombre insuffisant des supports mis à leur disposition (la mallette pédagogique était pourtant assez complète, avec notamment plus de cinquante livres ou numéros de revues).

Enfin, la moitié des personnes ressources n'ont pas voulu distinguer un type de document comme plus « intéressant » que les autres dans l'éventail de ressources proposées. Dans l'autre moitié, près de trois personnes sur cinq ont privilégié le livre, ce qui bouscule les représentations communes faisant du film l'outil de transmission de connaissances le plus plébiscité. Les commentaires sur les livres sont à cet égard significatifs : « Ils donnent une autre vision de l'histoire coloniale » ; « C'est le plus facile à exploiter sans contrainte d'horaire » ; « Aide à un approfondissement plus concret de mes connaissances » ; « Ils permettent de mieux comprendre certaines attitudes des populations » ; « Ils montrent la complexité des termes indigène, émigré... » ; « Il est intéressant de pouvoir y revenir ou de les comparer à d'autres ». Ces commentaires soulignent la maniabilité et la possibilité d'approfondissement du livre, qui favorisent la compréhension de cette histoire.

Parmi les livres qui ont reçu un accueil très favorable, voire enthousiaste, on trouve notamment *De l'indigène à l'immigré* [29] (consulté par un peu plus de la moitié), sans doute parce qu'il s'agit d'un ouvrage de vulgarisation largement illustré et au format de poche, proposant une information rythmée par l'iconographie et organisée en chapitres brefs et thématisés, qui favorisent une lecture rapide (c'est aussi celui qui, par son titre, fait le lien entre les deux univers historiques appréhendés par l'enquête, à savoir la colonisation et l'immigration). L'ouvrage *Le Paris arabe* [30], un « beau livre » assorti d'une abondante iconographie présentant lui aussi un contenu soutenu mais rythmé par les images, a été utilisé par six sur dix des personnes ressources (premier rang). Même si certains reconnaissent ne l'avoir que « feuilleté pour les images », la lecture de ce livre par un grand nombre de personnes est significative : sans doute la thématique interpellait-elle la partie non négligeable de notre panel ayant des origines maghrébines. Plus de la moitié des personnes ressources ont également consulté les livres *Culture coloniale*, *Histoire de la guerre d'Algérie* ou *Zoos humains* [31] — des ouvrages d'histoire, il faut le souligner, tout à fait classiques. Quant aux romans, ils ont intéressé quatre enquêtés sur dix.

---

29 Nicolas Bancel et Pascal Blanchard, *De l'indigène à l'immigré*, *op. cit.*

30 Pascal Blanchard, Éric Deroo, Driss El Yazami, Pierre Fournié et Gilles Manceron, *Le Paris arabe*, La Découverte, Paris, 2003.

31 Pascal Blanchard et Sandrine Lemaire, *Culture coloniale. La France conquise par son Empire 1871-1931*, *op. cit.* ; Benjamin Stora, *Histoire de la guerre d'Algérie (1954-1962)*, La Découverte, coll. « Repères », Paris, 2001 ; Nicolas Bancel, Pascal Blanchard, Gilles Boëtsch, Éric Deroo, Sandrine Lemaire (dir.), *Zoos humains*, *op. cit.*

La proportion est la même pour le visionnage d'au moins un des films contenus dans la mallette (à noter que plusieurs critiques ont été émises quant à la qualité des films sur l'immigration). Le niveau d'études n'influe pas de manière significative sur cette proportion (seul le lieu d'habitation semble être un facteur de différenciation, mais cette tendance devrait être confirmée sur un panel plus large).

Un peu plus de quatre personnes ressources sur dix ont spontanément regardé (à partir de la liste des programmes que nous leur avions fournie) une émission de télévision ou écouté une émission de radio sur la colonisation ou l'immigration au cours des trois semaines du programme. Ce chiffre relativement élevé s'explique probablement par le poids dominant des médias audiovisuels dans les pratiques culturelles actuelles, mais aussi par l'intérêt des personnes ressources pour des sujets, assimilés aux thèmes coloniaux, plus contemporains que ceux que nous envisagions initialement [32].

Viennent ensuite la projection suivie d'un débat à la cinémathèque et la conférence-débat *De l'indigène à l'immigré* [33] : ces deux manifestations ont rassemblé chacune moins de 8 % des membres du panel. Si le pourcentage de participants est faible — en partie en raison des contraintes de ce type de manifestation (horaire et date fixes) —, les commentaires révèlent un très fort intérêt pour l'échange public. Plus de 15 %, en revanche, ont visité l'exposition *Images et Colonies* et, selon les témoignages, l'ont particulièrement appréciée — le même nombre ont fait la démarche volontaire d'acheter au moins un des ouvrages conseillés dans notre liste bibliographique.

Les supports ou actions qui ont relativement le moins intéressé sont les revues spécialisées et les trois dossiers (colonisation, immigration, sujets annexes et périphériques) constitués de copies d'articles (une vingtaine d'articles par dossier, soit plus de quatre-vingts pages en moyenne [34]). Un peu plus d'un quart des interviewés ont lu le dossier sur l'immigration et un sur cinq celui sur la colonisation, les deux thèmes intéressant donc de manière presque identique.

32 En effet, la sélection d'émissions télévisées que nous avions proposée ne présentait pas d'éclairage particulier sur ce thème durant la période de l'enquête ; seuls les événements d'actualité, liés à la guerre en Irak ou au conflit israélo-palestinien, pouvaient éventuellement être assimilés à cette thématique.

33 Laquelle était organisée le premier jour du programme, dans une salle en périphérie urbaine (Le Mirail), un soir de semaine à 19 h 30.

34 Seulement 7,4 % des enquêtés ont utilisé *Africultures*, revue relativement spécialisée et globalement perçue comme surtout destinée aux immigrés africains (il s'agit d'un des taux les plus faibles). En revanche, 20,6 % ont lu *Hommes et Migrations*, revue pourtant assez « pointue », mais portant sur des thèmes d'actualité liés à l'immigration et donc susceptibles d'intéresser un grand nombre de personnes en dépit de sa densité. L'aspect très dense des articles et revues que nous avions proposés est sans doute à l'origine de ce jugement très négatif, le côté rébarbatif l'emportant dès lors sur l'intérêt du contenu (cela serait à nuancer pour la presse quotidienne) — la manière de présenter le support (numéros entiers de revues ou simples photocopies d'articles) n'ayant pas d'incidence sur l'intérêt manifesté.

En conclusion, on constate, chez les adultes comme chez les lycéens, une connaissance minimale du fait colonial, mais une volonté de mieux connaître cette « page de notre histoire récente ». Par ailleurs, certaines ressources de la mallette pédagogique ont été nettement privilégiées, comme les livres illustrés, mais aussi des livres historiques plus classiques, ce qui n'était pas attendu. Enfin, on ne peut que souligner à quel point les connaissances accumulées durant le programme ont permis aux enquêtés d'élargir leur appréhension des périodes coloniale et postcoloniale.

Les auteurs

Nicolas Bancel, historien, professeur à l'Université de Strasbourg-II, a codirigé de nombreux ouvrages, dont *La République coloniale. Essai sur une utopie* (Albin Michel, 2003), *De l'Indochine à l'Algérie. La jeunesse en mouvement des deux côtés du miroir colonial*, 2003 et *Zoos humains. Au temps des exhibitions humaines* (La Découverte, 2004).

Olivier Barlet, critique de cinéma et président d'*Africultures*, dirige la collection « Images plurielles » aux Éditions L'Harmattan. Il est notamment l'auteur de *Les Cinémas d'Afrique noire : le regard en question* (L'Harmattan, 1996).

Pascal Blanchard, historien, chercheur associé au CNRS (GDR 2322, Anthropologie des représentations du corps), a codirigé notamment la trilogie *Le Paris Noir* (Hazan, 2001), *Le Paris Arabe* (La Découverte, 2003), *Le Paris Asie* (La Découverte, 2005) et *La République coloniale. Essai sur une utopie* (Albin Michel, 2003).

Ahmed Boubeker, sociologue, maître de conférences à l'Université de Metz, est notamment l'auteur de *Familles de l'intégration : les ritournelles de l'ethnicité en pays jacobin* (Stock, 1999) et *Les Mondes de l'ethnicité. La communauté d'expérience des héritiers de l'immigration maghrébine* (Balland, 2001).

Anna Bozzo, historienne, enseigne l'histoire de la civilisation arabo-islamique à l'Université de Rome-III. Chercheur associé au GSRL (CNRS-École pratique des hautes études), membre correspondant de *Confluences-Méditerranée*, elle a notamment dirigé *L'Algeria nei documenti dell'Archivio di Stato di Napoli* (Istituto per l'Oriente, 1992) et *Islam e laicità in Algeria. La società algerina dal colonialismo all'indipendenza* (*ibid.*).

Rony Brauman, médecin (président de MSF jusqu'en 1994), est actuellement co-animateur du Centre de réflexion de Médecins sans frontières et professeur associé à l'IEP de Paris. Il est notamment l'auteur de *Les Médias et* *l'Humanitaire* (avec René Backmann, Éditions du CFPJ, 1996) et *Humanitaire, le dilemme* (entretien avec Philippe Petit, Textuel, 2002).

Thomas Deltombe, journaliste indépendant, est l'auteur d'un mémoire de DEA à l'IEP de Paris sur les représentations de l'islam en France dans les journaux télévisés de 20 heures de 1975 à 1995 et de *L'Islam imaginaire* (La Découverte, 2005).

Marcel Dorigny, historien, enseigne à l'Université de Paris-VIII. Il a codirigé et publié *1802. Rétablissement de l'esclavage dans les colonies françaises* (Maisonneuve et Larose, 2003) et *Révoltes et révolutions en Europe et aux Amériques, 1773-1802* (Belin, 2004).

Marc Ferro, historien, directeur d'études à l'École des hautes études en sciences sociales et codirecteur des *Annales*, est notamment l'auteur de *Histoires des colonisations. Des conquêtes aux indépendances* (Seuil, 2001) et a codirigé *Le Livre noir du colonialisme* (Robert Laffont, 2004) et *Les Individus face aux crises du XXe siècle : l'Histoire anonyme* (Odile Jacob, 2005).

Sarah Froning Deleporte, historienne d'art et muséologue, est doctorante en anthropologie à l'Université de Chicago.

François Gèze, directeur des Éditions La Découverte, a publié de nombreux auteurs d'ouvrages sur l'histoire coloniale de la France et sur l'histoire de l'Algérie contemporaine.

Nacira Guénif-Souilamas, sociologue, maître de conférences à l'Université de Paris-XIII, est notamment l'auteur de *Des « beurettes » aux descendantes d'immigrants nord-africains* (Grasset, 2000 ; Hachette Pluriel, 2003) et *Les Féministes et le garçon arabe* (L'Aube, 2004).

Arnauld Le Brusq, docteur en histoire de l'art, est l'auteur de *Le Viêt-nam à travers l'architecture coloniale* (L'Amateur/Patrimoines & médias, 1999) et de nombreux articles sur l'art et l'architecture en milieu colonial.

Olivier Le Cour Grandmaison enseigne les sciences politiques et la philosophie politique à l'Université d'Évry-Val-d'Essonne. Il est notamment l'auteur de *Faut-il avoir la haine ?* (L'Harmattan, 2003) et *Coloniser. Exterminer. Sur la guerre et l'État colonial* (Fayard, 2005).

Didier Lapeyronnie, professeur de sociologie à l'Université de Bordeaux-II, est notamment l'auteur de *L'Individu et les minorités. La France et la Grande-Bretagne face aux émigrés* (PUF, 1993) et il a codirigé *Immigrés en Europe : politiques locales d'intégration* (La Documentation française, 1992).

Sandrine Lemaire, agrégée et docteur en histoire de l'Institut universitaire européen, a codirigé *Culture coloniale. La France conquise par son Empire, 1871-1931* (Autrement, 2003), *Culture impériale. Les colonies au cœur de la République, 1931-1961* (Autrement, 2004) et *Zoos humains. Au temps des exhibitions humaines* (La Découverte, 2004).

Philippe Liotard, agrégé et maître de conférences à l'UFR STAPS de Lyon-I, a animé pendant plusieurs années la revue *Quasimodo* (parmi les derniers numéros parus : *Nationalismes sportifs*, *Fictions de l'étranger* et *Modifications corporelles*). Il a codirigé *Sport et Virilisme* (Quasimodo et fils, 1999) et notamment publié « Des zoos humains aux stades : le spectacle des corps » (*in* Nicolas BANCEL *et alii*, *Zoos humains. Au temps des exhibitions humaines*, La Découverte, 2004).

Achille Mbembe, professeur d'histoire et de science politique à l'Université du Witwatersrand (Johannesburg) et directeur de recherches au Witwatersrand Institute for Social and Economic Research (WISER), est notamment l'auteur de *De la postcolonie. Essai sur l'imagination politique dans l'Afrique contemporaine* (Karthala, 2000) et, en collaboration avec Sarah Nuttall, de *Johannesburg : the Elusive Metropolis* (Duke University Press, 2004).

Mathieu Rigouste, sociologue, ATER à l'Institut Maghreb Europe (Paris-VIII), est notamment l'auteur de « Le langage des médias sur les "cités" : représenter l'espace, légitimer le contrôle » (*Hommes et Migrations*, novembre 2004) et de « Les représentations de l'Autre : la casquette et la barbe » (*Migrations Société*, 2004).

Patrick Simon, socio-démographe, chargé de recherches à l'INED (Institut national d'études démographiques) où il est responsable de l'Unité « Migrations internationales et minorités », est notamment l'auteur de *Le Belleville des Juifs tunisiens* (Autrement, 1998) et a dirigé les dossiers « La construction des discriminations » (*Sociétés contemporaines*, n° 53, 2004) et « La politique républicaine de l'identité » (*Mouvements*, mars-avril 2005).

Benjamin Stora, professeur d'histoire du Maghreb à l'INALCO, est notamment l'auteur de *Photographier la guerre d'Algérie* (Marval, 2004) et a codirigé *La Guerre d'Algérie, 1954-2004. La fin de l'amnésie* (Robert Laffont, 2004).

Françoise Vergès, professeure au Centre for Cultural Studies du Goldsmiths College (Londres), directrice culturelle et scientifique de la Maison des civilisations et de l'unité réunionnaises, est notamment l'auteur de *Abolir l'esclavage : une utopie coloniale. Les ambiguïtés d'une politique humanitaire* (Albin Michel, 2001) et a codirigé *La République coloniale. Essai sur une utopie* (Albin Michel, 2003).

Michel Wieviorka, directeur d'études à l'EHESS où il dirige le Centre d'analyse et d'intervention sociologiques (CADIS), est notamment l'auteur de *La Différence* (L'Aube, 2001), *La Violence* (Balland, 2004) et *La Tentation antisémite* (Robert Laffont, 2005).

Table

Dans la même collection

La Découverte/Poche

Littérature et voyages

Fadhma Amrouche, *Histoire de ma vie.*

Taos Amrouche, *Le grain magique.*

Ibn Batûtta, *Voyages* (3 tomes).

Louis-Antoine de Bougainville, *Voyage autour du monde.*

René Caillié, *Voyage à Tombouctou* (2 tomes).

Christophe Colomb, *La découverte de l'Amérique. Journal de bord et autres écrits, 1492-1493* (tome 1).

Christophe Colomb, *La découverte de l'Amérique. Relations de voyage et autres écrits, 1494-1505* (tome 2).

James Cook, *Relations de voyages autour du monde.*

Hernan Cortés, *La Conquête du Mexique.*

Bernal Díaz del Castillo, *Histoire véridique de la conquête de la Nouvelle-Espagne* (2 tomes).

Charles Darwin, *Voyage d'un naturaliste autour du monde.*

Charles-Marie de La Condamine, *Voyage sur l'Amazone.*

Homère, *L'Odyssée.*

Jean-François de Lapérouse, *Voyage autour du monde sur* l'Astrolabe *et la* Boussole.

Bartolomé de Las Casas, *Très brève relation de la destruction des Indes.*

Louis-Sébastien Mercier, *L'an 2440, rêve s'il en fut jamais.*

Louis-Sébastien Mercier, *Le tableau de Paris.*

Louise Michel, *La Commune, histoire et souvenirs.*

Martin Nadaud, *Léonard, maçon de la Creuse.*

Paul Nizan, *Aden Arabie.*

Mongo Park, *Voyage dans l'intérieur de l'Afrique.*

Lady M. Montagu, *L'islam au péril des femmes.*

Marco Polo, *Le devisement du monde, le livre des merveilles* (2 tomes).

Victor Serge, *Les Années sans pardon.*

Horace Benedict de Saussure, *Premières ascensions au Mont-Blanc, 1774-1787.*

Mémoires de Géronimo.

Victor Serge, *Les Années sans pardon.*

Victor Serge, *Le Tropique et le Nord.*

Inca Garcilaso de la Vega, *Commentaires royaux sur le Pérou des Incas* (3 tomes).

Essais

Mumia Abu-Jamal, *Condamné au silence.*

Mumia Abu-Jamal, *En direct du couloir de la mort.*

Lounis Aggoun et Jean-Baptiste Rivoire, *Françalgérie, crimes et mensonges d'États.*

Fadela Amara, *Ni putes ni soumises.*

Michel Authier et Pierre Lévy, *Les arbres de connaissances.*

Étienne Balibar, *L'Europe, l'Amérique, la guerre.*

Nicolas Bancel, Pascal Blanchard et Sandrine Lemaire (dir.), *La fracture coloniale.*

Louis Barthas, *Les carnets de guerre de Louis Barthas, tonnelier, 1914-1918.*

Nicolas Beau et Jean-Pierre Tuquoi, *Notre ami Ben Ali.*

Michel Beaud, *Le basculement du monde.*

Stéphane Beaud et Younès Amrani, *« Pays de malheur ! ».*

Sophie Bessis, *L'Occident et les autres.*

Paul Blanquart, *Une histoire de la ville.*

Augusto Boal, *Jeux pour acteurs et non-acteurs.*

Augusto Boal, *Théâtre de l'opprimé.*

Lucian Boia, *La fin du monde.*

Philippe Breton, *L'utopie de la communication.*

La Découverte/Poche

François Burgat, *L'islamisme en face.*
Ernesto Che Guevara, *Journal de Bolivie.*
François Chobeaux, *Les nomades du vide.*
Denis Clerc, *Déchiffrer l'économie.*
Daniel Cohn-Bendit, *Une envie de politique.*
Sonia Combe, *Archives interdites.*
Georges Corm, *Le Liban contemporain.*
Georges Corm, *Orient-Occident, La fracture imaginaire.*
Adam Czerniaków, *Carnets du ghetto de Varsovie.*
Denis Duclos, *Le complexe du loup-garou.*
Alfred Dreyfus, *Cinq années de ma vie.*
Les Éconoclastes, *Petit bréviaire des idées reçues en économie.*
Guillaume Erner, *Victimes de la mode ?*
Frantz Fanon, *Les damnés de la terre.*
Gustave Folcher, *Les carnets de guerre de Gustave Folcher, paysan languedocien, 1939-1945.*
Daniel Guérin, *Ni Dieu ni Maître* (2 tomes).
Roger-Henri Guerrand, *L'aventure du métropolitain.*
Roger-Henri Guerrand, *Les lieux.*
Jean Guisnel, *Guerres dans le cyberespace.*
Jean Guisnel, Libération, *la biographie.*
Theodor Herzl, *L'État des Juifs.*
Rudolf Hoess, *Le commandant d'Auschwitz parle.*
Alain Joxe, *L'empire du chaos.*
Yazid Kherfi, Véronique Le Goaziou, *Repris de justesse.*
Joseph Klatzmann, *Attention statistiques !*
Paul R. Krugman, *La mondialisation n'est pas coupable.*
Bernard Lahire (dir.), *À quoi sert la sociologie ?*
Pierre Larrouturou, *Pour la semaine de quatre jours.*
Serge Latouche, *L'occidentalisation du monde.*
Christian Laval, *L'école n'est pas une entreprise.*
Jean-Pierre Le Goff, *Les illusions du management.*
Jean-Pierre Le Goff, *Mai 68, l'héritage impossible.*
Pierre Lévy, *L'intelligence collective.*
Pierre Lévy, *Qu'est-ce que le virtuel ?*
Paul Lidsky, *Les écrivains contre la Commune.*
André L'Hénoret, *Le clou qui dépasse.*
Alain Lipietz, *La société en sablier.*
Gilles Manceron, *Marianne et les colonies.*
Ernest Mandel, *La pensée politique de Léon Trotsky.*
Charles-Albert Michalet, *Qu'est-ce que la mondialisation ?*
Alexander S. Neill, *Libres enfants de Summerhill.*
Sven Ortoli et Jean-Pierre Pharabod, *Le cantique des quantiques, le monde existe-t-il ?*
Daya Pawar, *Ma vie d'intouchable.*
Paulette Péju, *Ratonnades à Paris.*
Philippe Pignarre, *Le grand secret de l'industrie pharmaceutique.*
Bernard Poulet, *Le pouvoir du* Monde.
Michel de Pracontal, *L'imposture scientifique en dix leçons.*
Jeremy Rifkin, *L'âge de l'accès.*
Jeremy Rifkin, *La fin du travail.*
Charles Rojzman, *Savoir vivre ensemble.*
Bertrand Schwartz, *Moderniser sans exclure.*
Armartya Sen, *L'économie est une science morale.*
Victor Serge, *L'an I de la révolution russe.*
Victor Serge, *Vie et mort de Léon Trotsky.*
Maryse Souchard, Stéphane Wahnich, Isabelle Cuminal, Virginie Wathier, *Le Pen, les mots.*
Isabelle Stengers, *Sciences et pouvoirs.*
Benjamin Stora, *Imaginaires de guerre.*
Benjamin Stora, *La gangrène et l'oubli.*
Charles Szlakmann, *Le judaïsme pour débutants* (2 tomes).
Pierre Vermeren, *Le Maroc en transition.*
Pierre Vidal-Naquet, *Algérie : les crimes de l'armée française.*
Pierre Vidal-Naquet, *Les assassins de la mémoire.*
Michel Wieviorka, *Le racisme, une introduction.*
Michel Wieviorka, *Une société fragmentée ?*

La Découverte/Poche

Sciences humaines et sociales

Louis Althusser, *Pour Marx.*

Jean-Loup Amselle et Elikia M'Bokolo, *Au cœur de l'ethnie.*

Benedict Anderson, *L'imaginaire national.*

Paul Bairoch, *Mythes et paradoxes de l'histoire économique.*

Étienne Balibar, *L'Europe, l'Amérique, la guerre.*

Étienne Balibar et Immanuel Wallerstein, *Race, nation, classe.*

Stéphane Beaud, *80 % au bac... et après ?*

Jean-Jacques Becker et Gilles Candar, *Histoire des gauches en France* (2 volumes).

Miguel Benasayag, *Le mythe de l'individu.*

Miguel Benasayag et Gérard Schmit, *Les passions tristes.*

Yves Benot, *La démence coloniale sous Napoléon.*

Yves Benot, *Massacres coloniaux 1944-1950.*

Yves Benot, *La Révolution française et la fin des colonies.*

Bernadette Bensaude-Vincent et Isabelle Stengers, *Histoire de la chimie.*

Pascal Blanchard *et al.*, *Zoos humains.*

Philippe Breton, *La parole manipulée.*

François Chast, *Histoire contemporaine des médicaments.*

Jean-Michel Chaumont, *La concurrence des victimes.*

Yves Clot, *Le travail sans l'homme ?*

Serge Cordellier (dir.), *La mondialisation au-delà des mythes.*

Georges Corm, *L'Europe et l'Orient.*

François Cusset, *French Theory.*

Mike Davis, *City of Quartz. Los Angeles, capitale du futur.*

Alain Desrosières, *La politique des grands nombres.*

François Dosse, *L'histoire en miettes.*

François Dosse, *L'empire du sens.*

François Dosse, *Paul Ricœur.*

Mary Douglas, *Comment pensent les institutions.*

Mary Douglas, *De la souillure.*

Florence Dupont, *L'invention de la littérature.*

Jean-Pierre Dupuy, *Aux origines des sciences cognitives.*

Abdou Filali-Ansary, *Réformer l'islam ?*

Patrice Flichy, *Une histoire de la communication moderne.*

François Frontisi-Ducroux, *Dédale.*

Yvon Garlan, *Guerre et économie en Grèce ancienne.*

Peter Garnsey et Richard Saller, *L'Empire romain.*

Jacques T. Godbout, *L'esprit du don.*

Olivier Godechot, *Les Traders.*

Nilüfer Göle, *Musulmanes et modernes.*

Jack Goody, *L'islam en Europe.*

Jack Goody, *La peur des représentations.*

Anne Grynberg, *Les camps de la honte.*

E.J. Hobsbawm, *Les bandits.*

Jacques Kergoat, *La France du Front populaire.*

Will Kymlicka, *Les théories de la justice. Une introduction.*

Camille Lacoste-Dujardin, *Des mères contre les femmes.*

Yves Lacoste, *Ibn Khaldoun.*

Bernard Lahire, *La culture des individus.*

Bernard Lahire, *L'invention de l'« illettrisme ».*

Bernard Lahire (dir.), *Le travail sociologique de Pierre Bourdieu.*

Bruno Latour, *La fabrique du droit.*

Bruno Latour, *La science en action.*

Bruno Latour, *Nous n'avons jamais été modernes.*

Bruno Latour, *Pasteur : guerre et paix des microbes.*

Bruno Latour, *Politiques de la nature.*

Bruno Latour et Steve Woolgar, *La vie de laboratoire.*

Bernard Lehmann, *L'Orchestre dans tous ses éclats.*

Prosper-Olivier Lissagaray, *Histoire de la Commune de 1871.*

Geoffrey E.R. Lloyd, *Pour en finir avec les mentalités.*

Georg Lukacs, *Balzac et le réalisme français.*

La Découverte/Poche

Armand Mattelart, *La communication-monde : histoire des idées et des stratégies.*

Armand Mattelart, *Histoire de l'utopie planétaire.*

Armand Mattelart, *L'invention de la communication.*

John Stuart Mill, *La nature.*

Arno Mayer, *La « solution finale » dans l'histoire.*

Gérard Mendel, *La psychanalyse revisitée.*

Annick Ohayon, *Psychologie et psychanalyse en France.*

François Ost, *La nature hors la loi.*

Bernard Poulet, *Le pouvoir du Monde.*

Élisée Reclus, *L'homme et la Terre.*

Roselyne Rey, *Histoire de la douleur.*

Maxime Rodinson, *La fascination de l'islam.*

Maxime Rodinson, *Peuple juif ou problème juif ?*

Richard E. Rubenstein, *Le jour où Jésus devint Dieu.*

André Sellier, *Histoire du camp de Dora.*

Jean-Charles Sournia, *Histoire de la médecine.*

Isabelle Stengers, *Cosmopolitiques* (2 tomes).

Francisco Varela, *Quel savoir pour l'éthique ?*

Francisco Vergara, *Les fondements philosophiques du libéralisme.*

Jean-Pierre Vernant, *Mythe et pensée chez les Grecs.*

Jean-Pierre Vernant, *Mythe et société en Grèce ancienne.*

Jean-Pierre Vernant, Pierre Vidal-Naquet, *Mythe et tragédie en Grèce ancienne* (2 tomes).

Pierre Vidal-Naquet, *Le chasseur noir.*

Michel Vovelle, *Les Jacobins.*

Max Weber, *Économie et société dans l'Antiquité.*

Max Weber, *Le savant et le politique.*

William Foote Whyte, *Street Corner Society.*

C. Wright Mills, *L'imagination sociologique.*

État du monde

L'État du monde en 1945.

États-Unis, peuple et culture.

Rochdy Alili, *Qu'est-ce que l'islam ?*

Bertrand Badie (dir.), *Qui a peur du XXIe siècle ?*

Marc Ferro et Marie-Hélène Mandrillon (dir.), *Russie, peuples et civilisations.*

Anne-Marie Le Gloannec (dir.), *Allemagne, peuple et culture.*

Pierre Gentelle (dir.), *Chine, peuples et civilisation.*

Camille et Yves Lacoste (dir.), *Maghreb, peuples et civilisations.*

Jean-François Sabouret (dir.), *Japon, peuple et civilisation.*

François Sirel, Serge Cordellier *et al. Chronologie du monde au 20e siècle.*

BUSSIÈRE
GROUPE CPI

Composition Facompo, Lisieux
Impression réalisée par Bussière
à Saint-Amand-Montrond (Cher)
en août 2006.
Dépôt légal : septembre 2006.
N° d'impression : 062842/1.
Imprimé en France